CHINA

简明中国史　简明中国史　简明中国史　简明中国史　简明中国史　简明中国史

图书在版编目(CIP)数据

简明中国史:珍藏版/朱汉国主编. —北京:北京教育出版社. 2004
ISBN 7-5303-3151-5

Ⅰ. 简… Ⅱ. 朱… Ⅲ. 中国—历史—青少年读物
Ⅳ. K209

中国版本图书馆 CIP 数据核字 (2003) 第 115616 号

顾　　问	柳　斌	（全国人大常委会委员　中国教育国际交流协会会长　原国家教委副主任）
主　　编	朱汉国	（国家历史课程标准组组长、北京师范大学历史系教授　博士生导师）
选题策划	李胜兵	

执行主编	程　栋　刘树勇　霍用灵　杜红卫
撰　　稿	白　琳　苗华妮　胡小梅
编辑统筹	白　琳
资料协助	孟笑宇　曹秀珍　蔡艳丽　程　新　姚　莉
设计制作	北京时代印象图文制作有限公司
封面设计	传　世　刘　玮
营销策划	传世文化

责任编辑	袁　昕　马　南　李雪洁　陈大铭
责任印制	柴晓勇

简明中国史

北京教育出版社出版（北京北三环中路六号）
邮政编码：100011
北京出版社出版集团总发行
新华书店经销
北京外文印刷厂印刷
2004 年 5 月第一版　2004 年 5 月第一次印刷
ISBN 7-5303-3151-5/G·3180

定　　价：398.00 元（全四册）

XU 序言
YAN

2001年教育部颁布的《基础教育课程改革纲要（试行）》，提出了新一轮基础教育课程改革的总体框架和目标。其中一个重要目标，即是要通过课程改革，切实有效地转变学生的学习方式。要求学习方式由单一性转向多样性，让学生在读中学、玩中学、做中学、听中学，在思考中学、游戏中学、合作中学，让学生了解和掌握更多的学习方式，充分发挥学生的主观能动性，从而获得学习中的乐趣与全面和谐的发展。

新课程自2001年秋季进入实验区以来，各实验区以新课程理念为导向，在课程改革方面进行了扎实具体的探索，取得了卓有成效的进展。在转变学生的学习方式方面取得了实质性的阶段性成果。其成果突出地表现在以下几方面：一是学习方式变得多样化、个性化；二是学生变得爱学习了；三是学生自主学习、搜集信息和处理信息的能力提高了。

但也应该看到，由于客观条件等因素的限制，在倡导学生自主学习的过程中，各地为学生提供的课程资源远远满足不了学生的需要。课程资源的相对缺乏在一定程度上影响了学生学习方式的有效转变，影响了课程改革的顺利推进。各地教育行政部门、学校、教师和出版机构为满足学生学习的需求，正在加大力度开发和利用各类课程资源。

我们编写的这套"新课标新读物"历史读本，即是为满足学生自主学习需求的一种历史课程资源。这套丛书分为简明中国史、简明世界史两部分。全书从栏目设计、内容选择到行文风格，力求坚持以下原则：紧扣历史课程标准的学习主题，切实有效地落实课程改革精神；反映时代特点和历史学科研究成果；尽可能地符合初中学生的阅读心理和习惯。我希望这套丛书能得到学生们和广大读者的喜爱。

朱汉国
（北京师范大学历史学系教授、博士生导师）

目录

第三部分 大一统的秦汉帝国

第四部分 政权分立与民族汇聚

第一部分 原始人类社会

　　人类由猿进化成为真正意义上的人经历了漫长而复杂的过程。从元谋人、北京人到山顶洞人的演进过程我们初步看到了中华大地早期人类进化的脉络。

　　大量的考古发现，中国历史上的第一个社会形态是原始社会，它包括原始人群和氏族公社两个阶段。公元前三千多年，我国的黄河流域和长江中下游等地区也呈现出文明的曙光。通过半坡村遗址、河姆渡文化、大汶口文化、龙山文化等我们可以大致领略散布于中华大地的神秘的早期人类文明的魅力。在氏族公社时期，人类没有确切的历史纪录，一些英雄的事迹通过民间口头流传下来，成为传说，这是人们了解那个时代某个侧面的镜子。传说中的炎帝、黄帝、尧、舜、禹等英雄的半功伟业，反映了这一时代在社会生产和文化方面取得的巨大进步。

专题一：　原始人类

❖ 原始群

这个石刮削器出土于北京房山周口店，属于旧石器时代的劳动工具。

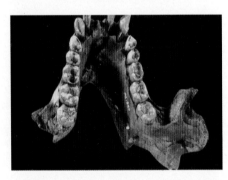

图为云南禄丰石灰霸出土的拉玛古猿下颚骨。据推测，拉玛古猿可能是人类的直接祖先，距今约400万年。

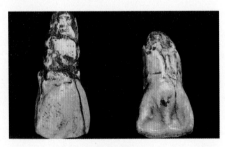

元谋人的牙齿化石。

原始群是人类最早的社会组织形式。当时的人类刚刚从猿类分化出来，生产能力低下，征服自然、改造自然的能力很弱，只能以血缘为纽带结成群体，以谋生存。这样的群体学术界称之为原始群。当时的人类所用石器是简单打制而成的，考古学称之为旧石器。称原始群时期为旧石器时代前、中期，原始群时期很长，其本身又可分为前后两个时期。

原始群前期的人类保留的猿类的身体特征较多，与现代人类差别较大，学术界称其为"直立人"。这时人类的婚姻形态属于不分辈份的乱婚时期，所生的子女知母不知其父。在我国境内，这时期的代表人类主要有元谋人、蓝田人、北京人、金牛山人等。

原始群后期的人类体质已有相当进步，学术界称为"早期智人"，亦称"古人"。其时间约距今20万年—10万年之间。这时人类已禁止不同辈份之间通婚，婚姻只能在同辈之间进行，这叫做"血缘群婚"。血缘群婚制的出现，是人类婚姻形态的一大进步。在这样的婚姻形态下所生的子女，仍知母不知父。在我国已发现的属于这一时期的人类有马坝人、长阳人和丁村人等。

❖ 元谋人

中国境内发现的最早的人类化石是元谋人，它因1965年在云南元谋县上那蚌村附近发现而得名，距今约170万年。元谋人化石包括两枚上内侧门齿，属同一成年人个体。这两枚牙齿很粗壮，唇面平坦，具有明显的原始性质。

从其出土的七件石制品来看，人工痕迹清晰，原料为脉石英，器形不大，有石核和刮削器。另外还发现两块黑色的骨头，经鉴定是被火烧过的，这表明当时人类已经开始用火。

与元谋人共生的哺乳动物化石有剑齿虎、缟鬣狗、云南马、爪蹄兽、中国犀、轴鹿等29种。从动物化石和植物孢粉分析，当时的自然环境呈森林草原景观，气候比较凉爽。

❖ 北京人

　　原始的北京人大约生活在距今约40万年—50万年以前，其遗址位于北京周口店龙骨山的洞穴中。

　　根据考古发现，北京人既像猿，又有一些人的特征。北京人的长相是：前额低平，两个眉骨连在一起，粗大而前突，颧骨很高，鼻子扁宽，嘴巴向前伸，没有下巴，牙齿粗大，脑壳比现代人厚一倍。脑量只有现代人平均脑量的80％。北京人的下肢骨髓腔较小，管壁较厚，但在尺寸、形状、比例和肌肉等方面都和现代人相似，这证明他们已善于直立行走，但腿还有点弯曲。四肢因是劳动器官，所以进化较快；头骨不是劳动器官，所以进化较慢。这一事实证明了劳动在从猿转变到人的过程起了重要作用。北京人身高约156～157厘米，具有蒙古人种的特征。

　　北京人的文化遗物包括石制品、骨角器和用火遗迹。由此可以断定，北京人已经懂得使用简单的石头工具和火。石器有砍砸器、刮削器、雕刻器、石锤和石砧等多种类型。北京人穴居，以狩猎和采集为生，靠群体的力量进行艰苦的斗争。使用火，不仅使北京人吃到了熟食，冬天还可以取暖抗寒，大大增加了原始人和大自然斗争的本领。吃熟食也容易消化，因此，北京人身体已越来越强壮，向现代人的进化也更迅速了。

山顶洞人的铜塑像。

❖ 山顶洞人

　　山顶洞人是在北京房山周口店龙骨山的洞穴中发现的，距今约有18000年。洞穴中所出石器仍为打制，属于旧石器时代晚期。有些器物制作精致，如作装饰品用的小石珠、穿孔砾石等。其中有的骨针长82毫米，最大直径3.3毫米，而且钻有规整的针鼻，以便引线缝衣。骨针的发现，证明了当时的人类已掌握了高超的钻孔技术，穿着已有很大的进步。有些石珠、鱼骨等装饰品还用赤铁矿粉染成了红色，说明当时的人类已有爱美观念。有的尸骨周围还撒布赤铁矿粉粒，可能这时已产生了原始宗教观念。在山顶洞人的居处发现有大量的动物化石，其中有鱼骨化石。说明了当时的人类过着以渔猎和采集为主的生活。还有用火的痕迹，估计可能已发明了人工取火技术。

1973年刘小岑、王熙民所作的雕塑《北京人制造工具》。

专题二： 氏族社会

❖ 半坡村遗址

仰韶文化距今约6000多年，属于母系氏族繁荣时期的文化。这类文化是1921年首次在河南渑池县仰韶村发现的，因此以"仰韶"作为这类文化的名称。仰韶文化发源于黄河中游，遍布于黄河中上游各省。著名的仰韶文化遗址有陕西西安的半坡村遗址和临潼的姜寨遗址。

半坡村遗址在西安的东郊，遗址东西最宽处近200米，南北最长为300多米，总面积约5万平方米。遗址略呈椭圆形，北面为氏族墓地，南面为居住区，东北面为陶器窑场。居住区内的房屋有大有小，大的面积达120平方米左右，只有一间，可能是氏族首长的住室或议事集会场所。

这时期的生产工具以石器为主，有石斧、石铲、石镰、石刀、石磨等，大多磨制得比较精致，各有用途。除此之外，骨器、陶器等也是他们常用的工具。这里的生产以农业为主，已经处于"锄耕农业阶段"。半坡居民种植的谷物有粟、稻等，用石磨盘、石磨棒磨去谷皮。他们还开始种植白菜、芥菜等。家畜饲养业在这时已出现，他们在居住区内建起圈栏，主要饲养猪、狗等家畜。居民除经营这样的原始农业和饲养业外，还要捕鱼、狩猎、采集果实以补助生活，渔猎经济在此时期仍占重要地位。

半坡居民日常生活的主要用具有手制的陶器、石器、骨器、纺织、木器等。陶器以粗质和细泥的红色、红褐色陶为主，最常见的是粗砂陶罐、小口尖底瓶和钵所组成的一套生活常用器，例如瓮、罐、瓶、盆、钵、鼎等，上面绘有黑色或红色漩涡纹、波浪纹、几何纹、花瓣纹、鱼纹、鹿纹和人面形图案等。人们称这类陶器为彩陶。在圆底钵口沿的宽带纹上，发现有22种不同的刻画符号，有人认为是中国古代文字的萌芽。半坡居民的装饰品有用石、骨、陶、蚌磨制成的环、璜、珠、坠、耳饰、发饰以及镶嵌饰等。

半坡类型的墓葬约一半有随葬品，主要是日用陶器。其墓葬体现了一些奇特葬俗，小孩瓮棺葬具多打洞，可能是作为灵魂出入的通口，常见"割体葬仪"，被葬者手、足趾割去另外埋藏。半坡墓葬是男子、女子分别葬在一起，说明了这里尚实行族外婚。

陕西西安半坡出土的人面鱼纹彩陶盆。高16.7厘米，口径40厘米。

1955年陕西西安半坡村出土的存储粟米的陶罐，罐子的周围还撒着一些粟米粒。

1977年浙江余姚河姆渡出土的猪纹黑陶钵，距今约7千年，高11.7厘米，两面各刻一猪，其形介于野猪和家猪之间，是人们开始养猪的物证。

河姆渡文化遗址的自然风貌。

❖ 河姆渡文化

河姆渡文化是中国长江流域下游地区的新石器文化，因首先发现于浙江余姚河姆渡而命名，主要分布在杭州湾南岸的宁绍平原及舟山岛，距今约有7000年。

河姆渡文化的农具除石斧、石凿等石质工具外，最有特色的是骨耜。骨耜是一种翻土工具，用水中大型哺乳动物的肩胛骨制成。河姆渡文化时期的陶器为黑色，有釜、钵、罐、盆、盘等，都是手制的。木作工艺是河姆渡文化手工业的又一特色。在这里出土的一件木质漆碗，外表涂有红色涂料，微显光泽，经鉴定为生漆，这是迄今中国的最早漆器。

河姆渡文化的农业以种植水稻为主。考古发掘时发现有很多稻谷、稻壳、稻茎的遗存，是迄今中国最早的稻谷实物，也是世界上目前最古老的人工栽培水稻。河姆渡居民饲养的家畜有水牛、猪、狗等。

此外，还发现一种栽桩架板高于地面的干栏式建筑。干栏式建筑是中国长江以南新石器时代以来的重要建筑形式之一，目前以河姆渡发现的为最早，与北方地区同时期的半地穴式房屋有着明显区别。这种建筑构造是与河姆渡聚落地河湖密布、潮湿炎热的地理环境相适应的，同时也表明了当时的建筑技术已相当进步。

氏族公社

氏族公社是继原始群之后出现的以血缘为纽带的人类共同体，是原始社会的高级阶段。氏族公社的历史可分为母系氏族公社阶段和父系氏族公社阶段。

在母系氏族公社时期，妇女居于支配地位，丈夫居于妻方，辈份从母系计算，财产由母系继承。这时期的婚姻实行族外婚制，只有不同氏族之间的同辈男女可以互为夫妻。后来婚姻又发展为对偶婚，就是在互婚的男女群中各有一个主要配偶，但并不严格，所生子女仍然只知其母不知其父。这时期氏族的财产实行原始共产主义。在我国境内，这时期的代表性人类和文化有山顶洞人、河姆渡文化、仰韶文化、半坡村遗址。

父系氏族公社是由氏族公社向阶级社会过渡的社会组织形式。这时期的代表文化有龙山文化、大汶口文化。在父系氏族公社里，男子居于支配地位，妻子从夫而居，辈份从父系计算，财产由父系继承。男子不再以狩猎、捕鱼为主，而是代替妇女从事农业和饲养业。妇女在经济上退居次要地位，职能已经转向主要从事于家务劳动和生儿育女。这时期的婚姻制度由对偶婚向一夫一妻制过渡。父系氏族公社内部以男子为中心分裂为若干个大家庭，各大家庭内部又分裂为若干个一夫一妻的小家庭。这样，以血缘为纽带的氏族公社逐渐瓦解，代之以地缘为纽带的农村公社，以小家庭为单位的私有制产生，随着贫富的不断分化，阶级在形成中。

狗鬶，距今4000多年，高21.6厘米。1959年山东泰安大汶口出土。

山东泰安大汶口出土的彩陶背壶。

❖ 大汶口文化

　　大汶口文化是黄河下游地区的新石器时代文化，因1959年于山东省泰安县大汶口发掘其遗址而得名。主要分布在山东省泰山周围地区，延及山东中南部和江苏淮北一带。年代约始自公元前4300年，到公元前2500年发展成山东龙山文化。

　　大汶口文化以农业经济为主，种植适合黄河流域的耐旱作物粟，已经有较多的剩余粮食。农业生产工具有石铲、鹿角锄等，木质农具如耒、耜等已经出现。

　　大汶口文化饲养的动物有猪、狗、牛、羊、鸡等。渔猎经济占有一定的比重，骨镞、角质鱼镖、网坠等遗物表明当时居民还进行狩猎和捕鱼。当时还出现了一种大汶口文化的特有的獐牙刃勾状器，鹿角为柄，可用来铺鱼和切割，为多用途复合工具。

　　大汶口文化的陶器制作工艺在不断发展。早期以红陶为主，形状简单，还有火候不足造成的一器多色的现象。中期盛行灰陶，陶制品的种类明显增加。晚期则以黑皮陶为主，陶胎为棕红色，少量为纯黑陶。轮制技术的广泛使用使陶器制作获得长足的进展。晚期出现了快轮制陶工艺，发现了新的制陶原料，产生了一种质地坚硬、胎薄而均匀，色泽明快的白色、黄色、粉红色陶器，统称为"白陶"。

　　大汶口文化的居民在前人刻木、结绳记事的基础上，开始使用一种刻在陶器上的最初的文字。大汶口文化中使用的陶文成为迄今为止我国发现的最早的文字。这些陶文都是由象形的图画或两三个图画组合而成。既有简单的象形文字，又有比较复杂的会意文字，某些字又多次出现在不同的地方，成为当时用以交流的符号。陶文的产生和使用，为甲骨文、金文的产生提供了条件。

　　制石、制玉、制骨等手工业在大汶口文化中已经比较发达。石质工具多为磨制，并穿孔，出现了管穿法和凿穿法两种穿孔方法。

　　大汶口文化的房屋有圆形半地穴式，屋顶为木质的原始梁架结构，屋顶呈圆锥形。还有方形平地起建式，墙基挖沟槽，沟内填黄土立木柱砌建而成。当时的房屋大多结构简单，面积不大。

　　大汶口文化墓葬的集中和疏散排列，反映出氏族成员之间的亲疏关系。男女合葬墓的比重越到后期越大，可能由父权制度确立后的夫妻合葬或妻妾殉葬的习俗所致，还有一种厚葬墓专门提供给为保护氏族利益而死的人使用。随葬品的多寡越到后期越是悬殊，而且男人多为生产工具，女人则多为纺轮，说明女性从事家务劳动，男子从事农业生产。随葬猪下颚骨成为当时的风尚，猪颚骨的多少成为衡量财富占有量的标尺。随葬的獐牙勾形器则为权力和地位的象征。这表明，大汶口文化晚期已经出现了严重的贫富分化，原始氏族社会已经逐渐走向解体。

大汶口文化时期的陶鬶。

❖ 龙山文化

　　新石器时代晚期，在黄河下游地区，出现龙山文化。它是由于在山东章丘县龙山镇被发现而得名。龙山文化年代约为公元前2500年—公元前2000年，覆盖范围包括山东省中、东部及江苏淮北地区。

　　龙山文化以精湛的黑色陶器制作工艺为特征。当时的制陶工艺，已达到了前所未有的高水平。陶器造型规整，器壁薄且均匀，有的器皿壁厚仅有0.5毫米，重量尚不到50克。器皿表面打磨光亮，并附有划纹、弦纹、竹节纹及镂孔等纹饰。在这时期，制玉业也达到了较高的水平。

　　龙山文化以原始农业为主，以渔猎、家畜饲养及各种原始手工业为辅，以粟作为其主要农作物。生产工具则有扁平穿孔石铲、蚌铲、骨铲、双孔半月形或长方形石刀、蚌刀、石镰、带齿蚌镰等，反映了当时农业经济的繁荣。由于山东濒临大海，故当时的渔业也占一定的比例。狩猎的对象则是以鹿类为主。饲养的家畜有猪、狗、牛、羊等，家禽有鸡，并且当时已能进行猪的人工繁殖。

　　龙山文化时期的居民建筑，主要有长方形或圆形半地面式、圆形地面式和夯土台基地面式三种，其中夯土式建筑开创了中国古代夯土建筑的先河，为后来各种大型宫殿的建筑奠定了基础。

龙山文化的蛋壳黑陶高柄杯。

专题三： 神话传说

❖ 创世神话

在南方人民的心目中，盘古是宇宙的开辟神。他生于宇宙中，经历18000年之后开天辟地，阳清为天，阴浊为地，而盘古则身化为山川日月江海草木，产生风云雷电。

在北方神话中，女娲则是创造人类的女神。她用黄色泥土揉成了人类，并且在天崩地陷洪水泛滥的时候，炼成了五色石块修补苍天，以巨鳌的足代替坍塌天柱支撑起天。女娲还屠龙堵水，造福人类。

后来出现了女娲与伏羲是夫妇的说法。伏羲是汉民族中流传最广的神话人物，是雷神之子，其形象是蛇身人首，来往于天地之间，创造了八卦以及其他一些事物，后来成为三皇之一。相传伏羲当天下之王的时候，野兽很多，他就教人们用绳子结网，用来狩猎、捕鱼。

神话是上古人民根据自己的能力对自然的理解，具有强烈的想像性和艺术性，反映了上古人民生活水平和生活环境的特征，中国神话中的女神人物如女娲、羲和、西王母等据认为在很大程度上带有母系社会的色彩。中国母系氏族社会在新石器代中晚期发展成熟，进入全盛时代，女性在氏族生活中的核心地位使得这些女神成为人类甚至万物的创造者。

唐代的伏羲女娲帛画。

❖ 神农、黄帝、蚩尤

我国古文献中记载了许多反映父系氏族社会的情况。距今约4000年前，黄河流域和长江流域出现了部落联盟。其中著名的部落联盟领袖有黄河流域的神农、黄帝和江淮流域的蚩尤。

神农又称炎帝，居于姜水流域，以姜为姓。他是农业生产和医药的发明者，用木制作耒耜，教民耕种；又曾尝百草，发现药材，教人治病。黄帝又称轩辕氏、有熊氏，居于姬水流域，以姬为姓。他造出了宫室、车船、兵器、衣裳。他的妻子发明了养蚕抽丝技术。他还让其臣属发明文字、音律、医学、算数等。传说中国的文明起源于炎帝和黄帝时代。旧时人们常以"炎黄"代表中华民族的祖先。

蚩尤是中国东方九黎族的首领，约与神农、黄帝同

蚩尤像（剪纸）。

时，传说其面如牛首，背生双翅，是牛与鸟图腾的复合体。相传他以铜为兵器，能呼云作雨。据考证，现在中国南方的苗族就是蚩尤部落的后裔。

为了扩张势力，各部落之间经常发生战斗。传说，蚩尤制造金属兵器与黄帝展开旷日持久的战争。他还请来风伯雨师前来助战，调动了风雨雷电，并作出大雾，弥漫了三天三夜。黄帝久战不胜，就请来天女止雨，并制造出了指南针辨别方向，最后终于打败了蚩尤。后来，炎帝和黄帝又为争夺中原地区，在"阪泉之野"展开大战。炎帝战败，归顺了黄帝，炎、黄两部落走向联合，占据了中原地区并不断繁衍，形成了华夏族的主体。

❖ "禅让"

尧、舜、禹是夏代建立之前最后的重要传说人物。那时候，人们不再通过战争来争夺部落联盟首领的位置，而以相对和平的部落首领推举方式来决定部落联盟首领的继承人。

尧是陶唐氏部落的首领，他被部落联盟会议选举为酋长。尧晚年曾想把职位传给儿子丹朱，虞氏部落的首领舜以氏族民主选举制为理由，反对尧的做法，天下人也都推举并拥戴贤能的舜。舜临死时，也想把位子传给儿子，但遭到了禹的反对。由于禹治水有功，在人们心中威信较高，舜也同样把领导权传给了禹。可见，这种领导权的交接并不是个人之间的权力转移，而是反映了这些部落势力的此消彼长的关系。后人称这种通过推举产生部落联盟首领的办法为"禅让"。

❖ 大禹治水

根据文献记载和古代传说，尧、舜之时，鲧奉命治理水患，失败被杀，其儿子禹被推举继承父业，平息水患。禹不辞辛苦，排除万难，居外 13 年，三过家门而不入，终于疏川导滞，治水成功。

禹吸取其父失败的教训，改变方法，不采取修堤筑坝、壅防百川的办法，而是开沟修渠，以导为主，依据地势高低排除积水和疏浚滞淤，使原来的沼泽"渥地"改变成"桑土"良田。

位于陕西省黄陵县城北桥山上的黄帝陵。

图为大禹治水，山东嘉祥武氏祠东汉画像石。

第二部分 国家的产生与社会变革

　　公元前 21 世纪，王位世袭制的实行以及国家机构的设置，标志着中国最早的国家夏朝出现。夏、商、西周时期，中国处于古代奴隶制社会时期。这一历史时期的社会生产力和科学文化比原始社会要繁荣得多，商代的甲骨文和青铜器，以及西周完备的礼法制度，都堪称中国古代文明的杰出代表。

　　春秋战国时期是我国古代社会制度发生重大变革的历史时期，突出表现为奴隶制度的瓦解，封建生产关系开始确立。"春秋"一词相传是根据孔子所编鲁国史书《春秋》而得名。"战国"一词，原来指诸侯各国连年战争。西汉末年，历史学家刘向编辑《战国策》一书后，"战国"开始被用来泛称一个历史时代。春秋战国时期开始进入铁器世代。铁器工具的普遍使用以及先进技术的发明推动了生产力的发展和社会变革，地主剥削农民的新型封建生产关系开始确立。各诸侯国竞相掀起改革的浪潮，典型的有魏国的李悝改革，秦国的商鞅变法等。在这大变革时期，人们思想大解放，文化艺术空前繁荣，在思想、学术领域形成百家争鸣的局面。

专题一： 夏、商、西周的社会与国家

❖ "家天下"的夏朝

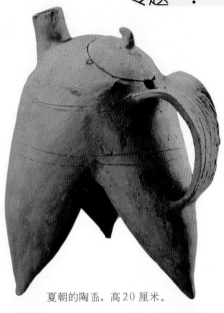

夏朝的陶盉，高20厘米。

禹治水成功后，舜举禹为他的继承人。禹把全国划分为"九州"，并铸造了象征最高权力的"九鼎"。约公元前2070年，禹即位，国号夏，定都于阳城（今河南登封）。夏朝的疆域包括今河南中部、北部和山西南部。禹年老，曾选东夷族的一位首领伯益为继承人。但禹死后，禹之子启打破"禅让制"，夺得王位。启的继位，使社会性质由"天下为公"变成"天下为家"。伯益起兵攻打夏启，企图恢复禅让制，夺回失去的领导地位，但启打败并杀掉了伯益。不久，夏族同姓部落的新旧势力之间也发生了战争。当时，居住在今陕西境内的部落有扈氏起兵反对启，启谴责有扈氏背叛天意，号召人民服从天意，惩罚有扈氏。启在钧台召集天下各部落，然后带兵与有扈氏大战于甘（今陕西户县西南），最后消灭了有扈氏。天下的各部落从此纷纷来朝拜启。启继位后，建立军队，制定刑法，设置监狱，加强国家权力，夏朝的统治初步稳定。从此，中国历史上的"禅让时代"结束，王位世袭制开始。

❖ 商汤灭夏

夏朝的铜爵，高12厘米，1974年河南偃师二里头出土。

公元前16世纪，夏桀即位。桀是个暴君，骄奢淫逸，暴戾无道。百姓都痛恨夏桀，希望能推翻他的统治。

约公元前1551年，汤（又名成汤或成唐）的军队攻占了夏都阳城，夏王朝灭亡，汤建立了商王朝。

相传商的始祖名契，他的母亲简狄在河中洗澡时吞食了玄鸟（燕子）的卵，怀孕后生下了契，所以契又被称为玄王。商族曾以鸟作为氏族的图腾，经过长期的发展，商族力量逐渐壮大起来，至汤时，迁居于亳（今河南濮阳），这里是夏和先商交界地区。从亳到夏的都城阳城，是一片平原沃野，没有什么山河阻挡，汤便于此组织军队向阳城进军。汤迁居亳是进行灭夏的准备。

对待周围各小国，商汤尽力扩大自己的影响，争取各方国和部落的拥护和支持。当汤看到夏桀的统治基础已根本动摇，灭夏时机已经成熟时，便召集诸侯开会准备征伐夏王朝。

经过一番准备之后，商汤于公元前1551年征伐夏桀。汤攻夏的进军路线是从亳起兵先伐葛、韦、顾，再伐昆吾，最后直捣夏都阳城。夏桀面对汤的进攻，毫无防备，不战而逃，后逃至南巢被囚而死。汤安抚夏朝臣民后举行祭天仪式，宣告夏王朝灭亡。其后，他在三千诸侯的拥戴下登上天子之位，宣告商王朝的成立。经过20年征伐战争，汤统一了黄河中下游地区，影响达到上游，统治区域空前辽阔，扩至"四海"东到黄海，北达渤海，西至青海湖，南抵洞庭湖。

商朝建立后，中原地区屡有江水为灾，国都一再迁移。从汤至阳甲时，迁都五次。约公元前1300年，商王盘庚把都城迁到殷，此后商朝的统治稳定下来。因此后代又把商朝称为殷。商朝的建立，使生产力得到巨大发展，并且使古代文明的进步获得转机，它使中国成为与埃及、巴比伦并称的上古文明国家的代表。

带柄玉人，高7厘米，于1976年河南安阳殷墟妇好墓出土。

❖ 武王伐纣

商朝最后一个国王叫纣，他兴建宏丽的琼楼瑶台，整日"以酒为池，以肉为林"，和爱妃妲己以及贵族们宴饮取乐。为了满足自己的享受，纣王就加重赋税，使社会矛盾越来越尖锐。百姓起来反抗，他就用重刑镇压。他设置了"炮烙"酷刑，把反对他的人绑在烧得通红的铜柱上活活烙死。叔父比干规劝他，他竟凶狠地挖出了比干的心。纣王的残暴统治激起了人们的反抗。

这个时候，活动在渭河流域的姬姓周部落逐渐强大起来，首领周武王姬发正在积极策划灭商。他继承父亲文王遗志，重用姜尚等人，使国力增强。

公元前1046年，商的军队主力远在东方作战，国内军事力量空虚。周武王联合各个部落，率领兵车300辆，卫军3000人，士卒4.5万人，进军到距离商纣王所居的朝歌只有35千米的牧野（今河南淇县西南），举行了誓师大会，列数纣王的罪状，鼓励军队同纣王决战。

因军队一时征调不及，纣王便匆忙把奴隶组织起来，发给戈、矛等武器。牧野决战时，商军中平时受尽了纣王压迫的奴隶纷纷倒戈，引导周军杀奔朝歌。纣王见大势已去，自焚而死。武王伐纣，宣告了商朝的灭亡。周武王建立周朝，定都镐京，史称西周。

玻璃河车马坑，位于北京房山县境内的西周遗址。

公元前1046年的牧野之战。

❖ 国人暴动与"共和"

公元前858年，周厉王继位。他在位期间，灾荒频繁，庄稼枯萎，民不聊生，贵族们却依然沉湎于酒色。

公元前844年，为了聚敛更多的财富，厉王实行"专利"：强行宣布山林川泽为王有，不许平民入内樵采渔猎。从而触犯了社会各阶层的利益，怨言四起。厉王又拒绝接受芮良夫的忠告，继续实行专利。于是举国怨怒。厉王从卫国找来巫师，让他用巫术监视发表"谤言"的怨恨者，并告谕国中，有私议朝政者，杀无赦。卫巫假托神灵，肆意陷害无辜，不少人死于非命。于是，人们不敢再在公开场合言语，路途相见也只能以目示意。召穆公告诫厉王："防民之口，甚于防川"，他还主张广开言路，让上至公卿大夫，下至百工庶人的各种人士都有发表意见的机会。厉王充耳不闻。广大国人忍无可忍，公元前841年终于爆发了我国历史上第一次国人暴动。

厉王被迫出逃到彘（今山西霍县）。太子静藏在召穆公家中，国人闻而围之，召公以自己的儿子代之，太子得以脱险。厉王逃亡在彘，朝中由召穆公、周定公共同执政处理国事，号为"共和"。共和元年，即公元前841年，是我国现存史料中有确切纪年的开始。公元前827年，太子静即位，称周宣王，共和时代结束。

❖ 分封制

西周的地方行政制度是"分土封侯"制，简称"分封制"。周天子将其子弟、亲戚、功臣等分封到全国各地建立诸侯国，并授予相应的土地和人民，在诸侯国中，同姓国是主体。对于异姓功臣封国，周室也通过缔结婚姻的方式，把它们纳入了"以蕃屏周"的轨道。诸侯对天子有隶属关系，有镇守疆土、捍卫王室、交纳贡税、朝觐述职的义务。

被封的诸侯，在本国内也进行同样的对其属下的分封。国内一部分土地作为采邑分封给他的卿大夫诸侯所封的人，基本为其同族，也有少数异姓，他们得到采邑，

宗法制度

西周的宗法制度是由原始社会末期的父系家长制演变而来的。它规定同一祖先的后世子孙，即一宗内部成员间的血缘亲疏、等级和世袭权利的制度。其中嫡长子继承制是以嫡长子为全宗族的大宗，旁系庶子为小宗。历世的周天子都以嫡长子的身分继承父位为天子，奉戴始祖，成为姬姓宗族的"大宗"，他的同母弟与庶兄弟受封为诸侯，是为"小宗"。在诸侯国内，也根据这一原则，由嫡长子继位为下一代诸侯，成为封国内的"大宗"。其诸弟则被封为卿大夫，是为"小宗"。卿大夫在自己的采邑内，也实行嫡长子继承制，成为采邑内的"大宗"，其诸弟则为士，是为"小宗"。士的长子仍为士，其余诸子则降为庶人。

是为"卿大夫"。卿大夫继续分封，受封者称为"士"，有食地，士以下不再分封，直接统治、剥削庶民。这样自上而下层层分封的结果，形成为一座政治宝塔，压在广大劳动人民头上。

分封制打破了夏商时期众邦林立的状态，有效地加强了周王室对各诸侯国的经济、文化联系。西周的影响不断扩大，密切了同周边各少数民族的关系，推动了边远地区的经济开发和文化发展。

❖ 周礼

西周初年，实际掌握周朝大权的摄政周公姬旦制定了完整的周礼系统，成为西周及东周数百年间统治人民的另一种手段。它决定了人们的生活方式，起着调节社会矛盾、稳定社会秩序的作用。

周礼的思想基础和核心是天命观。天命观的本质是德。德是人的行为，"以德配天"是天人交合的方式，与殷商民族求天、祭天、问天的一元决定论有了区别。

周公把周人取代殷商成为统治民族归因于德，文王"明德慎罚"，德行敦厚，勤劳谨慎，具备了"德"，才得到上天和小民的认可，被赐予王权，这不但是周人王统的理论论证，也是周公对周王朝统治构成的规定。"以德配天"肯定了人的主观努力，把它作为天和上帝对人们的作用方式，从而形成了周礼中主动的伦理学。周礼之下的统治者同人民一样不能再像殷商民族那样依靠上天、列祖列宗的恩惠和启示生活，而要主动地靠有德的生活方式来取得上天的监督和赏罚。

由这种天、德二元基础出发，周礼形成了一系列伦理道德观念，它们成为周礼的精神和核心。在统治上，周公从"敬德"出发，阐发了"保民"和"慎罚"的主张，以之作为"德"。这一点不但是周统治的中心思想，经战国儒家张大后，也成为全部中国封建政权的根本规范。从"德"的各种涵义引申出"君子"，这个合德的人的概念，把"有孝有德"作为"君子"的规范，以君子为"四方之则"。"孝"与"德"并行，"孝"是传统宗族宗法观念的伦理化，"追孝"是周人用礼器追念、祭祀先人的活动的总称，以祖先为核心的宗族观念发展为"孝"的伦理范畴。

周公姬旦像。

井田制

井田制是由原始氏族公社土地公有制发展演变而来的一种土地制度，它存在于西周以前的一段相当长的历史时期，但直到西周才臻于完善。这一制度因耕地划作井字形块状而得名，其特点是实际耕作者对土地无所有权，只有使用权。

在井田制下，凡遇需休耕轮种的土地，或土地质量相差悬殊，可据情调整各农户土地分配数额，甚至有时土地在一定范围内实行定期平均分配。成年农民，按一夫百亩的标准受田，至老死归田，对土地只有使用权，不能买卖。

井田制下劳动者的经济负担有田地税和赋。田地税不仅要缴纳地产实物，还要向领主以耕种公田的形式提供劳役地租。赋是军赋，军队的装备连同士兵的服役合在一起的统称，它既有一部分以劳役支付，又有一部分以实物支付，因此井田制下受田的夫，也就是战争服兵役的丁壮，作战所用的器械、粮食、草料、牲畜，也由国家按井数来规定。

专题二：　夏、商、西周的文化

❖ 甲骨文

商代甲骨，长74厘米，宽51厘米。

商代金文。

甲骨文是指殷墟出土的刻在占卜用的龟甲兽骨以及一般兽骨和骨角器上的文字，是商代通行的字体。因它多为记录占卜之事，亦称卜辞。商朝统治者非常迷信，每遇祭祀、征伐、疾病、狩猎、天气的阴晴等诸事，都要用占卜的方法询问鬼神。每次占卜，都要将所问事项、占卜日期、吉凶结果等，刻在龟甲或牛的肩胛骨上，成为一篇或长或短的记事文章。这是我国历史上最早的一批文献资料。我国有文字可考的历史就是从商朝开始的。

甲骨文已形成一个较完整的文字体系，文字在此时的发展已相当成熟，共约有5000多单字，已显示了象形、指事、会意、假借、形声、转注等六种构字原则。可分为九种词性：名词、单位词（或量词）、代词、动词、形容词、数词、副词、介词、连词、助词和否定词。甲骨文中，"主语—谓语—宾语"基本语序固定，并有宾语前置、状语后置等句式，复杂句子的基本语法结构已与周代及周以后的语法基本一致。

甲骨文已有从一到十和百、千、万等13个记数单字，使用十进位制记数，出现四位数，较大的数字是三万。已有奇数、偶数、倍数的概念，且掌握了初步的运算技能。

甲骨文已有完整的六十甲子，用天干地支记日。有一月至十二月，甚至十三月的历法。从书写的工具、书法的技巧看，甲骨文已达到成熟的地步。卜辞大多刀刻，有些只有横笔或只有竖笔的现象，表明刻写者对字形的掌握已非常精熟；其中有朱书、墨书，表明当时已有毛笔，或先书后刻，或刻后填朱墨，大多都是直接刻成。甲骨文的笔划无论是粗是细，都显得遒劲、富有立体感，轻重疾徐表现得当，反映出契刻人对字和刀的掌握已相当熟练。在行款上，有左行、右行、直行、横行之别，文字结体自然灵活，布局参差错落；在风格上按时期、书写人的不同，或壮伟宏放，或纤弱颓靡，或严密整饬，都体现了很高的书法艺术。

商人创造的甲骨文，不仅为研究殷商历史和汉字的发展提供了重要凭证，而且使甲骨学的研究成为考古学的分支学科之一。

司母戊方鼎。

❖ 司母戊方鼎

　　司母戊方鼎是商王文丁为祭祀母戊而铸造的祭器，1939年在河南安阳武官村殷墟出土，重875千克，是中国现存的先秦时期最重的青铜铸件。

　　司母戊方鼎造型端庄厚重，器身呈长方形，立耳，柱足粗壮，通高133厘米，器口长110厘米，宽78厘米。纹饰华美，腹部饰有兽面纹，耳廓饰有虎食人头纹。腹壁内铸铭文"司母戊"三个字。该鼎是用陶范铸造的，鼎体浑铸，铸型由腹范、顶范、芯和底座、浇口组成，鼎耳后铸，附于鼎的口沿之上，耳的内侧孔洞是固定鼎耳泥芯的部位。鼎的合金成分为铜84.77%，锡11.64%，铅2.79%，锡铅合计14.43%，较为符合铸造青铜容器硬度的要求。

　　司母戊方鼎集中表现了殷商时期青铜冶铸业的生产能力和技术水平，是商代青铜文化高度发达的标志，在世界青铜文化史上占有很重要的地位。

金文

　　殷商时期，随着青铜器铸造技术的提高和在人们生活中的广泛使用，一种刻在青铜器上的文字产生了，称为金文或铭文。金文不仅刻在青铜礼器上，而且还刻在青铜兵器、青铜杂器甚至青铜生产工具上，但刻得最多的是青铜礼器中的钟和鼎，因而又称为钟鼎文。

　　商代金文的字体和甲骨文相近，字数较少，形声字比甲骨文多，结构比甲骨文简单，字体仍不固定。金文的内容主要是记载器物归谁所有和纪念的先人的称号；还有的记载了制作青铜器的原因，并附记了年月日；少数记有比较重要的历史事实，反映了晚商记事文字有了进一步发展。商代前期的铜器上的金文一般只有一两个字，多为族徽和其他图形文字，笔道刚劲，有的还出现波磔。此外，金文中也出现了祖先庙号的标记，主要见于祭器上，如父某、祖某、母某、妣某等，目的是将祭祀某位祖先的供品与祭祀其他祖先的供品区别开来。司母戊方鼎也是商王文丁专门用于祭祀自己的母亲"戊"而铸造的祭器。在商代后期，出现了一些篇幅较长的金文，笔道多有波磔。现已发现的最长金文有40多个字。

　　商人在青铜器上铸造的金文，标志着汉字的发展已从甲骨文字逐渐走向金文阶段，对研究中国汉字的发展历史和商代社会经济文化状况具有重要价值，并为周代金文的通行奠定了良好的基础。

四羊方尊

　　四羊方尊是商代晚期的青铜酒器，1938年出土于湖南省宁乡县月山铺，是现存商器中最大的方尊。高58.3厘米，口部边长52.4厘米，重34.5千克。尊的主体部分为商代流行的方尊样式，造型庄严、雄伟。四角各铸一只大卷角羊，瘦劲的羊腿抵附于圈足之上，形态逼真，充分体现了当时工匠很强的形象塑造能力。羊的肩部，亦即尊的颈、肩结合部位，还饰有高浮雕蟠曲游龙四条，正对觚棱。全器以精美细腻的花纹装饰，羊头饰满雷纹，羊颈部、腹部饰以鳞纹，胸部为高冠鸟纹，鸟足附于羊腿上。尊颈部为夔龙纹组成的蕉叶纹和带状的兽面纹，圈足及浮雕的羊腿之间饰有倒夔龙纹。全器以细雷纹为地，线条光洁刚劲，其余配合器物造型，繁简疏密得当，雕琢精细。

　　方尊边角及各面的中心线，各有耸起的镂花长棱脊，直通器口，使得器口向外拓张，有包容万物之感，颈部转折劲利，颇有气势。颈下围拥高浮雕的卷角羊、游龙，显得稳重华贵。这样装饰，既增强造型气势，又掩饰铸造合范不准的缺陷。

　　四羊方尊集中了绘画、线雕、浮雕、分铸、合铸等诸种手法，把平面纹饰和立体雕塑，把器皿和动物形态有机地结合起来，成为商代青铜工艺中杰出的代表。

四羊方尊，现存于中国历史博物馆。

❖ 雅乐

　　中国古代统治阶级在宗教、政治等仪式典礼中所用的音乐和乐舞，后世称为雅乐。

　　雅乐的始创者是周武王姬发，在他兴师伐殷的过程中，军中常表演歌舞以鼓舞士气，灭殷后又作了《象》和《大武》等大型歌舞庆祝胜利。公元前11世纪周成王姬旦在位时，制定各种贵族生活中的礼仪和典礼音乐，以此来加强宗法制社会的等级制度，巩固王权。西周各种贵族礼仪应用雅乐的场合有：一是祭祀，二是宴飨，三是射礼，四是军事演习和军功庆典。可见，雅乐是为维持统治阶级内部秩序而设立的，普通百姓与之无涉。

　　雅乐的主要形式包括：一是六代乐舞，包括黄帝、唐尧、虞舜、夏禹、商汤、周武王留下的最高规格的乐舞，用于祭祀神明天地祖先；二是小舞，有羽舞、皇舞、干舞、人舞等名目；三是诗乐，大都载于《诗经》中的"大雅"、"小雅"、"颂"；四是宗教性乐舞。

雅乐所用乐器如编钟、编磬的制造要耗费大量人力物力，只有贵族才能配置。周王室为了推行雅乐，设置了专门机构大司乐，掌管音乐行政和贵族子弟的音乐教育。贵族子弟受教育的内容规定为"四术"，即诗、书、礼、乐。他们必须按规定的时间和严格的程序接受教育。

西周成熟的礼乐制度和音乐教育体系，对于巩固奴隶制宗法统治和积累音乐艺术实践的经验，发展乐器、乐制等音乐文化方面是有利的。但其严格的社会等级制度，礼的呆板森严，束缚了音乐艺术本身的发展，阻碍了音乐审美的大众化，因而雅乐的制度和体系随着周朝中央政权的瓦解而衰落。

西周的井叔钟。

❖ 商代历法

夏代时，历法已有很大的进步。相传中国最早的历法便是出于夏代的《夏小正》，是通过观察授时的方法进行编制的自然历。到了商代，大规模的祭祀和占卜，要求准确的祭祀时间和祭祀周期，加之农业生产的进步，社会生活的更高需求，使得商代历法在夏代的基础上进一步发展。

商代的历法是迄今已知较为完整的最早的历法。商代历法为阴阳历，阳历以地球绕太阳一周，即365（1/4）日为一回归年，故又称"四分历"。阴历以月亮绕地球一周，即29或30日为一朔望月。商代用干支记日，数字记月；月有大小之分，大月30日，小月29日。十二个朔望月为一个民用历年，它与回归年有差数，所以阴阳历在若干年内置闰，闰月置于年终，称为十三月。季节与月份有大体固定的关系。

商代每月分为三旬，每旬为十日，卜辞中常有卜旬的记载，又有"春""秋"之称。一天之内，分为若干段时刻，天明时为明，以后有大采、大食；中午为中日，以后有昃、小食、小采。旦为日初出之时，朝与大采相当，暮为日将落之时。对于年岁除称"岁"、"祀"之外，也称作"年"。

商中期的铜鼓，是我国目前发现的最早的一面铜鼓。

专题三：　　春秋五霸与战国七雄

烽火戏诸侯图。

❖ 烽火戏诸侯

周宣王死后，子宫涅继位，是为幽王。周幽王初立时，社会动荡不安，内外交困，而周幽王却以"善谀好利"的虢石父为卿士，引起国人极大的怨愤。他又宠爱褒姒，废申后和太子宜臼，立褒姒为皇后，以褒姒子伯服为太子。

褒姒为褒国（今陕西汉中西北）人，姒姓。幽王昏庸，只知讨好褒姒，不理国事。褒姒不喜笑，幽王费尽心机欲图褒姒一笑，而褒姒始终不笑。在古时为传递军事情况，往往于军事要地，每隔一段距离建一座高大的台子，谓之"烽火台"。一旦知敌入侵，白天举烟，夜里举火报警。倘若周天子举烽火报警，诸侯皆有派兵驰援之义务。周幽王为图褒姒一笑，无敌来犯却点燃烽火，诸侯闻警，纷纷率兵马至京城勤王，来到之后，方知空跑一场。此情景引起褒姒开怀大笑。幽王为此而数举烽火，其后诸侯遂不至。

❖ "尊王攘夷"

齐国改革之后，国势日强，为了争当霸主，齐桓公奉行"尊王攘夷"政策，即号召各诸侯国拥护周天子，共同抵御外族对中原地区的进犯。

这时山戎侵犯燕国，齐桓公率军北伐山戎，保卫了燕国。稍后，狄人又连侵邢（今河北邢台）、卫（今河南滑县东），齐桓公遂起兵救援邢、卫。齐桓公救患扶危的行为，得到一些诸侯的拥护，威信大增。就在此时，南方的楚国不断北侵，威胁中原。公元前650年，齐桓公率齐、宋、陈、卫、郑、许、曹等国的军队伐楚，与楚军对峙于陉（今河南郾城县东南），双方互不退让。后齐、楚在召陵（郾城县东）订立盟约，双方撤兵，史称"召陵之盟"。

齐桓公这次出兵，虽未与楚作战，但却打击了楚北进的锋芒，暂时消除了楚对中原诸国构成的威胁，因之进一步得到中原诸侯的拥护。

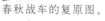

春秋战车的复原图。

❖ 葵丘之会

周惠王晚年，想废掉太子郑而改立王子带，太子郑求助于齐桓公。齐桓公会八国诸侯于首止，明确表示对太子的支持，周惠王因而不敢废太子。公元前652年底，周惠王去世，太子郑担心其弟带争位，求助于齐。公元前651年正月，齐桓公率领诸侯与周之卿大夫结盟于洮（今山东鄄城西南），太子即位为襄王。同年夏，齐桓公召集鲁、宋、卫、郑、许、曹等国诸侯以及周王室的太宰周公在葵丘（今河南兰考县东）相会，订立盟约。盟约的主要内容有：①不要废嫡立庶，以妾为妻；杀不孝的人。②要尊重贤士，养育英才，表彰有德行的人。③敬老慈幼，照顾宾客行旅。④用人唯贤，国君不得专断独行。⑤各国间要有难互助，不要禁止邻国采购粮食；不要堵塞河流，以邻为壑。此次会盟誓词所揭示的精神意在维护宗法制度嫡庶的大小，意在发扬周文化尊贤崇德敬老爱幼的精神，意在阻止诸侯国间的垄断与竞争，缓和情势，以谋合作。周襄王感激齐桓公的恩德，特意派宰孔到葵丘把祭肉赐给他。

葵丘会盟是齐桓公霸业鼎盛的标志。周襄王派代表参加会盟表明了他也承认了齐桓公在中原的霸主地位。

❖ 晋文公称霸

晋是周成王之弟叔虞的封国。最初被分封于唐（今山西翼城西），后又因唐境内有晋水，所以改称晋。春秋前期，晋国势发展。晋献公时，迁都于绛（今翼城东南），兼并了数十个小国和戎、狄部落，疆域扩大到整个汾水流域。献公死，文公重耳继位，对政治、经济进行了一些改革，国势更强大。这时齐桓公已死，齐国转弱，楚国又不断北侵。公元前632年，楚北上围宋，宋向晋告急，晋文公率军救宋。晋军为避开楚军的北进锋芒，在未战之前，主动退军"三舍"。在城濮（今山东鄄城西南），晋文公会同宋、齐、秦等军，大破楚军。这就是著名的"城濮之战"。战后，晋文公又把诸侯召会于践土（今河南原阳西南），参加会盟的有晋、鲁、齐、宋、蔡、郑、卫、莒等国，周天子也派代表参加。盟约规定：要效忠周王室，不要互战。史称"践土之盟"。从此，晋文公成为中原诸侯霸主。

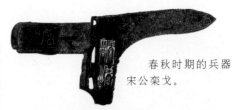

春秋时期的兵器宋公栾戈。

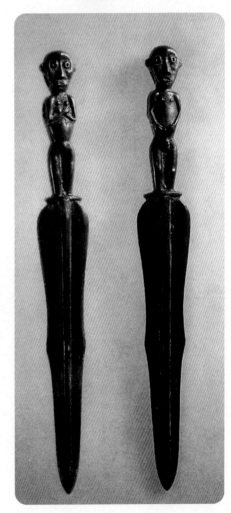

春秋时期的阴阳青铜短剑。剑柄为人形，一面为阳性，一面为阴性。

河南出土的王子午鼎，春秋中期楚国的饪食器。做器者为楚令尹王子午（字子庚）。此鼎纹饰华美，多用浮雕、立雕技法，是当时楚器的新风尚。

春秋时期的铁头盔。

❖ 楚庄王问鼎

楚是江、汉流域的一个蛮族国家，西周时，活动在丹阳（今湖北秭归）一带。公元前689年，始建都于郢（今湖北江陵纪南城），逐渐强大，兼并了附近许多小国。楚庄王（公元前613—公元前591年）时，孙叔敖为宰相，整顿内政，兴修水利，国势更加强盛。公元前606年，楚庄王率军至周定王所在的伊水、洛水流域，周定王被迫派人为他举行慰劳欢迎之礼。楚庄王趁机询问九鼎的大小轻重。鼎是王权的象征。楚庄王"问鼎"，表明了他有灭周的野心。

公元前598年，楚围郑，晋救郑。次年，晋、楚军战于邲（今河南郑州市东），晋军大败。史称"邲之战"。公元前594年，楚又围宋，宋向晋告急，晋畏楚而不敢出兵。从此，中原各国背晋向楚，楚庄王成为中原的霸主。楚庄王死后，楚国势力逐渐衰弱。

❖ 吴、越争霸

吴、越都是长江下游的国家。吴属于荆蛮，都城在姑苏（今江苏吴县）；越属于越族，都城在会稽（今浙江绍兴）。

春秋中期，晋楚争霸时，晋国曾联合吴国对付楚国，吴的国力也日益强大。公元前506年，吴王阖庐用楚的亡臣伍子胥和军事家孙武率军伐楚，楚军大败，吴军直入楚国都城郢（今湖北江陵）。这时楚得到秦的救援，越国又乘虚攻吴的都城，吴被迫撤兵。阖庐死后，其子夫差继位，于公元前494年伐越，并大败越于夫椒（今江苏吴县太湖洞庭西山），围越王勾践于会稽。勾践求和，并愿意做吴国的附属国。公元前487年，吴国在江北修建邗城（今江苏扬州），又开通邗沟，联结江淮，通粮运兵，大败齐兵于艾陵（今山东泰安）。公元前482年，吴国又与晋、鲁的国君及周天子的代表会盟于黄池（今河南封丘）。由于当时越王勾践趁机进攻吴国都城姑苏，夫差把霸主地位让给了晋定公后回师吴国。公元前473年，越王再次征伐吴国，夫差战败自杀，吴国灭亡。

勾践灭吴后，越国成为江、淮下游最强大的国家。他率师北上，继而在徐州会盟诸侯，成为新的霸主。

❖ 秦霸西戎

秦国原是活动在陕西西部的一个小国。西周灭亡，秦襄公护送周平王至雒邑有功，被封为诸侯，以岐为中心，势力逐渐发展。至公元前753年，秦才开始正式有史事记载。大约在这时，秦的经济、文化有较大发展。秦穆公（公元前659—公元前621年）时，任用百里奚为大夫，整顿内政，奖励生产，国家逐渐富强，疆土向东扩展，与晋国相接。公元前645年，秦讨伐晋国，大败晋军于韩原（今山西芮城），并俘虏了晋惠公。公元前627年，秦又袭击郑国，在回军至淆（今河南洛宁西北）时，遭到晋军的截击，秦军的三个将军被俘虏，全军覆没。史称"淆之战"。

此后，秦、晋屡有战争，互有胜负，但秦国被晋国所阻，不能向东扩展势力，遂转向西戎地区发展。

甘肃天水出土的秦公簋，具有秦国的典型风格。

❖ "初税亩"

春秋以后井田制崩溃，人口流动增加，生产力得到大发展，私田日益增多，土地私有制产生。私田在开始时，不向国家纳税。私田越多，不纳税的田地越多，拥有大量私田的人越富。诸侯却由于公田的歉收或荒芜，经济日益困难。"私肥于公"的情况对诸侯很不利。诸侯为了扩大税源，增加财政收入，先后进行了赋税制度的改革。

最早进行改革的是齐国和晋国。齐国的赋税改革叫"案田而税"，晋国的叫"做爱田"。公元前594年，鲁国为积聚财富、增强军力，颁布"初税亩"。开始实行以亩为单位征收耕地税的制度。这一制度的实行，开始承认私有土地的合法性，不分公田、私田，一律按照亩数赋税。税率为亩产量的十分之一。相继进行赋税改革的诸侯国还有楚、郑、秦，意义基本都相同。

赋税制度的改革在一定时期中扩大了诸侯的税源，充实了国库；各国实际上已经放弃了实行已久的井田制，也放弃了国家对土地的所有权，承认了土地私人占有制。自此，井田制宣告全面崩溃，一种新的封建土地制度开始形成。

桔槔是春秋时利用杠杆原理的汲水工具。

辘轳是古代的起重器械。早在春秋战国时期就已经开始运用。

三家分晋

周公灭掉唐国以后，将土地分封给周成王的弟弟叔虞。叔虞的儿子继位，改国号为晋。晋在春秋前期发生了几十年的公族内乱，晋国的君主采取不给公族子弟封地和官职的办法，消除了公族内部对君位的威胁。可是，政权却渐渐落到卿大夫手中。春秋中期以后，国君已成了傀儡。那时控制国政的卿大夫主要有智氏、韩氏、魏氏、赵氏、范氏、中行氏。赵襄子执政时赶走了范氏、中行氏，形了四卿执政的局面。

公元前453年，晋国的执政者智伯为了削弱韩、魏、赵三家势力，维护晋公室的统治，向韩康子、魏桓子、赵襄子各要50千米的土地和户口。韩氏、魏氏畏惧强横的智氏，不敢不给，而赵氏却不依。于是，智氏胁迫韩氏、魏氏一起攻打赵氏的都城晋阳（今山西太原）。晋阳城十分坚固，围困了一年也没有攻下来，智伯便掘汾河水灌城，城内的情形十分危急。赵氏派人联络韩、魏，讲明唇亡齿寒的道理，于是韩、赵、魏三家联合起来，杀掉了智伯，共同在晋国执政。他们害怕晋公室东山再起，于是便三家分晋，消灭公室，站稳了脚跟。

公元前403年，三家同时派人到洛阳，请求周威烈王封他们为诸侯。这时国力贫弱、无力驾驭诸侯的周天子，看到分晋已是既成事实，也就册封了韩侯、魏侯、赵侯。三家得到册封后，各自建立了都城和宗庙，与秦、楚、齐、燕并称七雄，历史发展到了战国时期。

❖ "围魏救赵"

孙膑曾与庞涓一起学习兵法。庞涓当上魏王的将军，但觉得自己才不如孙膑，害怕孙膑取而代之，便陷害孙膑，砍掉孙膑的膝盖骨，并在他脸上刺字。齐国使者到魏国时，孙膑以罪人之身秘密与他相见，向他进行游说。齐国使者视之为奇人，将他偷偷载到齐国。齐国将领田忌待之如宾客，孙膑亦倍感其知遇之恩。田忌曾多次与齐国诸公子赌赛马，胜负参半。孙膑便鼓动田忌下大注，并教他制胜之道，用下等马对他们的上等马，用上等马对他们的中等马，用中等马对他们的下等马，比赛结果，田忌一负两胜，获齐王千金之赏。田忌叹服孙膑的才华，向齐威王举荐，齐威王尊之为师。

孙膑任职后，积极出谋划策，很快就为齐国夺取了"围魏救赵"之战的胜利。赵国为兼并土地和扩张势力，曾进攻卫国，迫使卫国称臣。卫国原来称臣于魏，现在改为赵，魏国当然不能坐视不管，遂起兵伐赵，率宋、卫联军包围赵都邯郸。公元前353年，赵国向齐国求救，齐国以田忌为将、孙膑为军师，率兵援救。孙膑认为，魏国攻赵，精锐之师一定都在前线，内部必然空虚，如果率兵直捣大梁（今河南开封西北），迫使魏将庞涓回救本国，再在庞涓回兵必经途中，选择有利地形设伏，猝然出击，便可以打败魏军，解救赵国。田忌采纳了孙膑的计谋。其时魏将庞涓领兵8万，到达茌丘（今地不详），将围攻邯郸。田忌也带8万齐军，按照孙膑之计，向南进攻处于宋卫之间的战略要地平陵（今山东邹县。一说在今河南睢县），并准备直趋大梁城郊，迫使庞涓回师自救。齐国进攻平陵的两个都大夫的军队在途中大败。孙膑派轻快战车向西直趋大梁城

战国时期的矛头。

郊，使魏军感到惊恐。孙膑又将自己的军队分散，给敌人以兵力单薄的感觉，诱使庞涓怒而轻敌，放弃辎重，用急行军兼程赶来。庞涓率军到达桂陵（今河南长垣县西北）时，孙膑率兵出其不意地袭击魏军取得大胜，并活捉庞涓。此役孙膑采用避实击虚、"攻其所必救"之法，大破魏军，成为著名战例。

战国虎符。虎符为古代军事活动的信物。国君持右，将军持左，左右虎符合并验证后方可调兵。

❖ 合纵与连横

关东各国即韩、赵、魏、齐、楚、燕六国为了抗拒强秦，就组成军事联盟，因为是南北联合，因此称为"合纵"。秦国位于西部，为了破坏关东的"合纵"，以便于秦国势力向东方发展，秦国就用军事压力和政治离间等手段，在关东争取盟国，这是东西联合，称为"连横"。文献记载，从事于"合纵"运动的主要人物是洛阳人苏秦，从事于"连横"运动的是魏人张仪。

苏秦的主张于公元前334年首先得到燕文侯的支持，继之又得到赵肃侯的支持，后又联合韩、魏、齐、楚，形成南北联盟之势。苏秦为纵约长。"合纵"的形成，曾使秦兵15年不敢过函谷关（今河南灵宝东北农涧河畔王垛村）。可是关东各国之间互相猜疑，矛盾重重，在对抗秦的进攻方面，各有打算。后苏秦死于齐，"合纵"瓦解。

张仪稍后于苏秦，为秦相，首倡"连横"。秦之主要联合对象为魏、韩。公元前322年，张仪至魏国，劝魏背弃纵约，联结秦国。魏王不听，秦便出兵大破韩军，斩首八万余，诸侯震恐。魏迫于压力，就背弃纵约，与秦连横。后来关东各国又联合起来，赶走张仪，推举楚怀王为纵长。魏、楚、燕、韩、赵五国出兵伐秦。可是兵到函谷关，就被秦军打败，"合纵"遂瓦解。魏、韩两国又转而屈从于秦，形成秦、魏、韩三国"连横"，齐与楚两国"合纵"的对抗形势。秦为了拆散齐、楚"合纵"，就派张仪至楚，劝说楚怀王与齐绝交，并以割让商（今河南淅川西南）地300千米为酬谢。楚闭关与齐绝交之后，向秦索地，张仪却说当初只说许给"3千米"。楚怀王知道被秦骗之后，就发兵攻秦，但被秦打败。后来，秦昭王约楚怀王至秦会盟，楚怀王赴会被秦扣押，死于秦国。此后，关东各国虽还想合纵，情况更困难。

春秋战国时期的兵士所穿的皮甲胄复原模型。

邺城西门闸及西门渠遗址。

西门豹治邺

魏文侯改革中为加强边防，派西门豹到邺县任县令。县内的漳河每年雨季，泛滥成灾。当地的三老、县吏与巫婆勾结，谎称为河伯娶妇，可免除水患，他们从中横征暴敛。每到为河伯娶妇之时，巫婆到处巡行，强行聘娶贫家美女。到为河伯娶妇之日，他们就将新娘沉入水中。百姓惟恐自家女儿被选中，纷纷背井离乡。

西门豹到任后决心为民除害，到为河伯娶妇之日，西门豹亲临现场。西门豹看罢新娘后，以其相貌平庸为由，命令巫婆去报告河伯，改日选到美貌之妇后再送。巫婆即被西门豹的随从扔入漳河。不久又命三个小巫婆下河催促，并把她们投入河中。良久，西门豹转向乡官们说："巫婆皆是女流之辈，不会办事，劳驾三老亲自去通报河伯！"三老随之被投入河中。又等候良久，西门豹对县吏们说："巫婆、三老办事不力，请在你们之中再派一人去催问。"官绅惊恐万分，磕头求饶。两岸人民无不拍手称快。从此，邺县再无人敢为河伯娶妇。

❖ 李悝的改革

公元前445年，魏文侯即位后，任用贤能，推行改革。公元前406年，他启用李悝改革。

李悝在经济上推行"尽地力之利"，即把国家掌握的土地分给农民耕种，只让农民承担十分之一的实物租税和无偿劳役。同时还推行"平籴法"，在年成好的时候由国家平价购进粮食，年成坏的时候则以平价售出，这种调剂粮价的办法，对稳定魏国小农经济起了一定的作用。

军事上，他创立了常备"武卒"制度，使国家始终保持强大的军事力量。

李悝还编著了我国历史上第一部系统的封建法典《法经》六篇。头两篇《盗法》《贼法》，主张严惩盗贼，稳定变革时期的社会秩序；其次是《囚法》《捕法》主要用来惩罚破坏封建秩序和社会秩序的行为；最后两篇《杂法》和《具法》是根据具体情况加重或减轻刑罚的规定。《法经》奠定了中国封建社会的法制基础。

李悝的改革巩固了地主阶级的政权，使魏国成为战国前期最强大的国家。

❖ 商鞅变法

公元前361年，秦孝公即位，为了增强的秦国势力，孝公下决心变法求贤。卫国的公孙鞅应召入秦，以其"强国之术"说服了孝公，深得孝公赏识，遂被分封为左庶长，掌握全国军政大权。公孙鞅因功封于商，号商君，所以历史上又称他为商鞅。公元前359年和公元前350年，商鞅先后两次变法。

政治方面，商鞅制定了二十级爵，规定：凡人民立军功者，均按功劳大小赏赐封爵；国君的亲属（宗室）无军功者不得授予爵位。无军功者，虽家富也不能铺张。

实行户籍制和连坐法。商鞅的"令民为什伍"的法令规定：凡境内居民，无论男女老少都要进行户籍登记，以五家为"伍"，十家为"什"，"伍"、"什"之间要互相监督，如果其中一家犯法，邻家不去官府告发，则十家同罪连坐；不检举告发奸人的，处以腰斩；告发者可与斩得敌首者同样奖赏；如果隐匿坏人而不去告发，那么就要受到同"奸人"一样的处罚；留宿客舍者均须有官府的凭证，如果旅店收留没有官府凭证的人住宿，店主当与客人同罪连坐；商鞅还主张对轻罪用重刑，认为这样可以迫使人民连轻罪也不敢犯，这叫"以刑去刑"。他还采用了很多残酷的刑罚，增加了凿颠、抽肋、镬烹等刑罚。

实行县制，废除分封制，以县为地方行政单位。把全国分为四十一县，设置各县长官，由国君任命。令下设置丞，作为副县令，设置尉掌管军事。县下管辖着若干的都乡邑聚。

经济方面，废井田，开阡陌。废除井田制，实行和承认土地私有制，允许农民买卖田地。

他还推行重农抑商、奖励耕织的政策。凡努力从事农业生产，能使粮食和布帛增加产量者，可以免除本人的劳役和赋税；凡不安心务农而从事工商业或游手好闲而贫穷者，要全家没入官府罚做官奴；商鞅还招引韩、赵、魏的无地农民到秦国来垦荒，分给他们土地和住宅，免除其兵役和三世的劳役，使之安心务农，为秦国生产粮食。

商鞅还统一了斗、桶、权、衡、丈、尺等度量衡的规格。全国都要严格执行，不得违犯。

社会方面，商鞅鼓励个体小农经济的发展，规定凡一家有两个儿子以上者，儿子到了成年人年龄时必须分家，各自独立门户，否则要出双倍的赋税。商鞅还革除游牧民族遗风，严禁父子兄弟（成年者）同室而居。

商鞅变法历时二十多年，在孝公的支持下推行得比较彻底。公元前338年，孝公死，秦惠王即位。商鞅被人诬告犯谋反罪，因而被处以死刑"车裂"。商鞅变法，促进了社会生产力的发展，秦国由弱国变为诸侯畏惧的强国，这为秦国最终统一六国奠定了基础。

商鞅像。

吴起改革

吴起像。

吴起，卫国人，是著名的政治家和军事家。魏文侯曾任他为西河（今陕西东部）郡守。文侯死，武侯立，与吴起不睦，吴起大约于公元前395年以后逃至楚国。这时楚国较弱，国内政治黑暗，阶级矛盾尖锐，北面和西北面又一再受到魏、韩、秦等国的侵伐。公元前401年，楚悼王即位。吴起很得楚悼王的信任，并协助楚悼王进行改革。

吴起认为楚国的主要问题也是"世卿世禄"制度问题。他说此制度在楚国造成"大臣太重，封君太众"。他改革的重点和李悝一样，主要也是在于削弱旧的"世卿世禄"制度，选贤任能，赏罚严明。楚国经过此次改革，政治得到整顿，军力也日益强大。

吴起之改革遭到楚国贵族保守派的反对，双方的斗争也很尖锐。公元前381年楚悼王死，保守派立即发动政变，把吴起杀掉，吴起的改革几乎全被废除。

战国铁锤。

战国双镰铁范。经化验证明为标准的白口铁铸件。范腔光滑，范壁厚薄均匀，浇铸时受热均匀。

战国铁斧范。据化验为含碳3.82%的标准白口铁，说明是采用液体生铁铸造。

❖ 铁器、牛耕的使用和推广

春秋时期，社会生产力有很大的发展，其主要表现为铁器和牛耕的出现。

我国铸造铁器大约开始于西周末年或春秋初年。自春秋时期起，铁制工具开始广泛应用于农业生产领域。随着冶铁业的发展和冶铸技术的突飞猛进，铁器已普及到生活的各个方面。春秋时期，牛耕已经出现。孔子的弟子冉耕的字为伯牛，司马耕的字为子牛，这都是当时出现有牛耕的证明。

春秋时期的铁器主要有武器、生活用具和生产工具。生产工具主要是铁农具，种类有锄、铲、镰、耙、锸等。生活用具的铁制品更多，如铁刀、铁斧、铁削、铁铣、铁锛、铁凿等。

战国时期，冶铁业发展迅速，各种农具已普遍用铁制造。铁镰、铁锄为当时农民的必备工具，铁农具已成为农民不可离开的重要生产工具。以上铁农具已能使用于农业生产的各个环节：垦地、翻土、开沟、整地、除草和收获。同一器类的铁农具还有不同的型式。

战国时期的农具绝大多数都是木心铁刃的，即在木器上套了一个铁制的锋刃，这就比过去的木、石农具大大提高了生产效率。从考古看，不论是在山西、陕西，还是河北、河南，或在山东出土的犁铧，均作"V"形刃，后端比较宽阔，前端尖利，并有直楞，有利于减少耕地时的阻力，这是耕作技术的一大进步；铁锤可增加翻土深度；铁耨则可有效地用于除草、松土、复土和培土。此外，这一时期推广的连枷，是一种有效的脱粒农具，为后世所长期沿用。

战国中期以后，铁农具的成型和加工工艺技术都达到相当高的水平，普遍采用白口铁铸件经控制脱碳热处理的方法来制造农具。解决了某些农具既要求有坚硬锋利耐磨的刃口，而又要具有韧性的矛盾。铁农具的制造此时也趋于规范化。

铁器、牛耕的使用和推广，大大提高了生产效率，使个体生产逐渐取代大规模的强制性集体耕作，个体小农逐渐成为社会的基本生产单位。新兴地主阶级开始登上历史舞台。

都江堰水利工程

都江堰，位于四川灌县，约创建于公元前251年。都江堰水利工程的创建使成都平原变为沃野，四川因而有"天府之国"的美誉。

李冰是秦昭王、孝文王时的蜀郡太守，在担任蜀郡太守期间，主持修建了岷江上的大型引水枢纽工程都江堰。都江堰也是现有世界上历史最悠久的无坝引水工程。

岷江是长江流域上游的一条较大的支流，发源于四川北部高山地区，水流湍急。每到夏秋季节，岷江水位骤升，给平原地区造成灾害。李冰通过实地考察，总结历代民众治水的经验，巧妙地因势利导，于今四川灌县西部，主持修建了都江堰水利工程。

都江堰水利工程主要由鱼嘴（分水工程）、飞沙堰（溢流排沙工程）和宝瓶口（引水工程）三大主体工程组成。鱼嘴建在江心洲顶端，把岷江分为内江和外江。内江为引水总干渠，由飞沙堰、人字堤和宝瓶口对泥沙进行控制及对水量进行再调节。外江为岷江正道，以行洪为主，也由小鱼嘴分水至沙黑河供右岸灌区用水。由于堤岸修筑于卵石和沙砾之上，在冲积很深的河床上不易筑成永久性堤岸，所以采用竹篾编成竹笼，里面装满巨大的鹅卵石，层层堆积以使堤岸牢固。由于三大主要工程的合理规划布局和精心设计施工，都江堰水利工程发挥了良好的引水、防沙、排洪等综合作用。在适宜河段的恰当位置修建鱼嘴，能使枯水时内江多引水，洪水时外江多泄洪排沙；在河流弯段末端建飞沙堰，利用了环流作用，能大量溢洪排沙；宝瓶口凿通玉垒山使内江水通过宝瓶口引向成都平原灌溉300万亩良田，宝瓶口在人字堤的配合下又能控制内江少进洪水，减免成都平原的洪涝灾害。

都江堰在历代的完善、保护、维修和管理下，历2000多年而不废，至今仍发挥着重要的作用，是我国古代规模最大、效益最好、历时最久的水利工程。它代表了我国当时水利工程的先进水平，是古代劳动人民智慧的结晶。2000年，都江堰被联合国教科文组织列入"世界文化遗产"。

深衣

深衣形成于春秋战国时期，深衣有将身体深藏之意。深衣有4种不同名称：深衣、长衣、麻衣、中衣。深衣的样式体现着着衣人的身份。上层人物的宽博、下层社会的窄小。深衣是士大夫阶层居家的便服，又是庶人百姓的礼服，男女通用。

从马山楚墓出土实物观察，深衣是把以前各自独立的上衣、下裳合二为一，却又保持一分为二的界线，故上下不通缝、不通幅。最智巧的设计，是在两腋下腰缝与袖缝交界处各嵌入一片矩形面料，古称为"衽"，其作用能使平面剪裁立体化，可以完美地表现人的体形，两袖也获得更大的展转运肘功能。所以古人称赞深衣"可以为文，可以为武，可以宾相，可以治军旅"，认为是一种完善的服装。

这是战国对凤对龙纹绣浅黄绢面绵袍。绵袍为交领、右衽、直裾式；两袖平直，宽袖口、短袖筒。

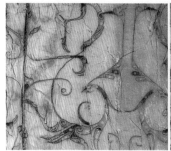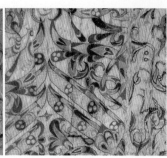

战国对凤对龙纹绣浅黄绢。　　战国凤鸟花卉纹绣。

❖ 战国刺绣工艺

中国刺绣工艺源远流长，在战国时期已经绚丽多姿，十分成熟。湖北江陵马山砖厂一号战国楚墓出土的丝绸刺绣数量之多，保存之完好，色彩之灿烂缤纷，都是前所未有的。在这里发现的刺绣品有对凤对龙纹绣浅黄绢面衾、凤鸟花卉纹绣、蟠龙飞凤纹绣浅黄绢面衾等。

通过考古发现，战国时期刺绣纹样、题材基本上是图案化并互相穿插的花草、藤蔓和动物。

花草、藤蔓的分布，都严格按照垂直线、水平线或对角线组成的方形骨格或菱形骨格布局，穿插灵活。花草藤蔓既起装饰作用，又起骨格作用。

在枝蔓交错的大小空位中，填饰动物纹样。动物纹样的头部比较写真，而身部或经过简化，或直接与藤蔓结成一体，或彼此互相蟠叠。写实形与变体形共存，数种动物或数个动物合体，动物体与植物体共生，利用几何学的原理，把动物图案变形与几何形骨格结合，这些都是春秋战国时期刺绣纹样的重要特征。

由于采取了按几何骨格对位布局、同位对称与移位对称并用等方法，因而纹样既有严格的数序规律，又有灵巧的穿插变化。战国刺绣的色彩，每一花样一般只配三色到五色，在色相上多数采取暖色基调的缓和对比或邻近调和，在色彩明度上则拉开层次，富丽缤纷又和谐统一。

战国时期刺绣纹样的题材，具有一定的象征含意。

当时最为流行的龙凤，既象征宫廷昌隆，又象征婚姻美满。鹤与鹿都与神仙长寿的神话有关，象征长寿。翟鸟是后妃身份的标志。猫头鹰则象征胜利之神。

❖ 春秋战国时期的货币

春秋战国时期，诸侯割据，政制不一，各诸侯国通用本国的货币。那时的货币种类有布、刀、钱、贝等都属于区域性货币。

公元前330年，泰国开始统一铸造铜币，流通于市。铜币形制为无郭圆钱，有"一珠重一两"、"半两"等种，以两为重量单位。"圆钱"与"刀"、"布"等同为货币的一种，但"圆钱"对后世币制影响很大，"圆钱"被一直沿用下来。

刀币是由古代的石刀演化发展出来的。刀币的流通地区是齐国、赵国和燕国的部分地区，而以齐国最为典型。齐国专门使用刀币，其刀币形制较大而币头较小。

楚国金爰在战国时代大量使用，成为当时主要黄金铸币。 黄金质量均一，价值稳定，耐久耐磨，又可以任意分割，携带贮藏方便。黄金的单位价值高，比各种铜铸币更适合于高额交易。因此，随着春秋战国时期货币经济的发展，黄金开始成为货币。

目前已知最早使用黄金铸币的是楚国。楚国铸造的爰金以若干小方块连在一起，中间有格，以利切开，每一小块为一标准单位，也可在使用时临时称量。后来黄金成为全国通行的标准货币，其单位有斤（16两）、锰（20两）和金（一块黄金）。

图为战国时期的圆钱与楚国金爰。

战国龙凤纹铜镜。

春秋战国时代，因礼乐崩溃，使王室之器衰退，诸侯之器兴起，日用器也发达起来。尤其是春秋晚期以来，随着经济生产发展，青铜工具开始增多。此时整个青铜器物的形制打破了商、西周时的呆板、厚重、千篇一律的局面，而代之以轻便、新颖的造型，种类也更增多起来。

由于经济发展，战争频繁，铸钱业、铸镜业、铜剑等兵器铸造业遂成了青铜业的重要生产部门。这一时期出现的层叠铸造、失蜡法铸造、和金属型铸造，使青铜器进一步满足了社会的各种需要；锻打、钎焊、镂刻、镶嵌、鎏金银，以及淬火回火技术，都得到了较大发展。青铜工具就是在这种环境下数量大大增加。

春秋时期开始，青铜农具比较大量地生产和使用，手工业工具、多用途工具，因手工业的发展亦逐渐增多，而且品种繁多。到了战国晚期，青铜礼器已经很少制造了，其主导地位已被青铜工具所代替。

专题四：　春秋战国时期的文化艺术

庄子

庄子像。

庄子名周（公元前369年—公元前286年），宋国蒙（今河南商丘）人。他出身穷苦，一度在蒙做过漆园小吏，以后便终身不仕。庄子生性孤傲，曾拒绝楚威王的厚币相聘，一生过着贫困的隐居生活。

庄子常以寓言的形式表达哲学思想。他吸收老子《道德经》的思想，并进一步发挥，形成自己的思想体系。在先秦百家争鸣的学术氛围中，庄子哲学占有重要的地位，他因此与老子并称道家宗师。

庄子思想中对人最有启发性的是相对主义。他指出通过"道"来观察宇宙万物，事物之间的差别都是相对的。

庄子崇尚自然，认为自然万物都是一个统一体，不能分割，人与自然应该和谐发展。他主张人应该顺其自然，无为而治。要忘记社会，忘记自己，放弃外在一切事情，去追求精神上的绝对自由。

❖ 老子

老子（约公元前580年—公元前500年），楚国苦县（今河南鹿邑）人，《史记》上说他叫李耳，字聃，"子"是古代对对于有学问男子的美称，所以叫他"老子"。他曾任东周王朝守藏史，掌管图书典籍，后来隐居起来。老子是道家派的创始人，晚年著书《老子》（又名《道德经》）。《老子》全书分上下篇，共81章，5000多字。虽然它经过老子以后其他道家学者的整理和补充，但基本上反映了老子的思想。

"道"是老子哲学体系的核心，他认为"道"先于世界万物存在并且是产生世界万物的神秘本原，"道"是一个神秘的、不可感知的精神性实体，并且由"道"可生出万物世界。这实际上是否定了上帝、天命、鬼神的传统，提高了哲学思辨的高度。

老子还认为，宇宙事物每时每刻都在运动变化之中，并且各有对立面，如有无、福祸、美恶等。每一矛盾范畴的两个对立面是相互依存和相互转化的。老子还认为对立面双方并非一成不变的，而是无不向其反方面转化，提出"反者道之动"的朴素辩法思想，作为事物矛盾转化的普遍法则。

在认识论方面，老子否认人的知识来自于感觉经验，他认为体认"道"，只需要"虚静"、"玄鉴"的认识方法。即要求人们内心虚静，不持任何成见，也不受任何外界干扰，以达到心灵虚静的状态。他主张实行愚民政策，以维护统治阶级的统治。

在政治上，老子主张"无为而治"，即统治者什么都不要做，不去打扰百姓，应该顺其自然。他希望返朴归真，回归古代社会。他的理想国家就是"小国寡民"式的，人民都过着老死不相往来的生活。

老子的思想对后来道教哲学有很大的影响，他被奉为道教"教主"。

❖ 孔子

孔子名丘，字仲尼（公元前551年—公元前479年），春秋后期鲁国人，曾在鲁国任高级和中级官吏。后自办学校，以教书为业。为宣传他的政治主张，先后游访了卫、宋、陈、蔡、楚等国，但均不被采用，后回鲁国病逝。

孔子是一位伟大的思想家和教育家。他对当时的现实不满，希望当政者有所兴革。他认为大至国家，小至家庭，人与人之间的关系都要以一定的伦理来维系。因此，人们都要加强个人的修养，各守其位，各司其事，各尽其职。他把这些行为规范概括为八个字，即"君君、臣臣、父父、子子。"总起来就是"仁"。"仁"是孔子的政治观和社会观的核心和最高境界。为实现"仁"而制定的制度和行为准则为"礼"。孔子主张行"仁政"，"为政以德"，主张以"德"教化人民，以"礼"治国；他反对"暴政"，反对残酷剥削，反对"非礼"。孔子有关"仁"和"礼"的学说把我国古代的政治和社会伦理思想推进到一个新的阶段，此学说是我国封建时代政治和社会理论的精华。

孔子是我国古代私人办学的先驱。他三十岁左右就开始创立私塾。他以六科（又称六艺）教育学生。六科就是礼、乐、射、御、书、数。他的教育思想进步，主张"因材施教"，"有教无类"。他熟悉古代经典，相传他曾删定"六经"，作为教材。六经即《诗》《书》《易》《礼》《乐》《春秋》。孔子死后，其主要言论被弟子整理保存在《论语》一书中。

孔子像。

❖ 孟子

孟子（公元前390年—公元前305年）名轲，字子舆，战国中期邹（今山东邹县）人，为孔子之孙子思的学生，后人认为他是孔子之后的儒学大师，故有"孔孟"的合称。

孟子一生以教书为业。他曾带着几百学生，游访列国，向有关国君阐述政见。但各国统治者认为不符合实际情况，因而没有采纳。他最终回到故乡，著成《孟子》一书，宣传自己的政治理想，并且阐述和发挥孔子的思想。

他提出了著名的"性善"说，即道德是一个人的本质属性。成长过程中，由于努力程度和环境的影响，道德才有了或好或坏的发展。孟子主张行"仁政"，主张"保民"，反对诸侯混战，反对残酷的剥削和压迫。他认为对一个国家而言，人民是最重要的，其次是祭祀社稷神，以获得肥沃的土地和充足的粮食，相比之下，国君并不重要。

孟子像。

墨子像。

❖ 墨子

墨子（约公元前476年—公元前390年），名翟，鲁国人，曾为宋国大夫。相传墨翟早年曾受过儒家教育，后来抛弃儒学，创立了墨家学派。墨子漫游各国，宣传自己的政治主张，其思想主要收录在《墨子》一书中。该书共有53篇，记录着墨翟及其他墨家学者的言论。

墨子的社会理论是"兼爱""非攻"，用"兼相爱，交相利"的原则作为拯救天下的药方，主张人与人之间应该互相关爱，对待别人就像对待自己，反对人对人的压迫与不正义的争战；同时，"节用"是墨翟学派的经济理论的核心，他反对穷奢极欲、挥霍浪费，"节葬"、"非乐"就是由此而提出的。墨子和他的学生组成了一个纪律严明的团体，每个人都被称为"墨者"。他们既不当官，也不从事种地和纺织，生活十分简朴。

墨子采用"三表"法来证明自己的理论。即任何理论都要以古代理论为依据；要重视群众意见，避免个人偏见；要在实践中检验理论的真实效果，看它能否给国家和人民带来好处。墨子的"三表"法是针对当时形形色色的理论提出来的，他重视历史经验和实践经验，体现着一种严谨的科学态度。

❖ 荀子

荀子（公元前313年—公元前238年），名况，赵国人。曾游访齐、楚、秦、赵等国，但没有被重用，当过齐国稷下的学官和楚国的兰陵县令。晚年他回到楚国，招收学生，著书立说，宣传自己的思想。荀子的主要思想记录在《荀子》一书中。

荀子为儒家思想的代表，但他改造并发展了儒家思想，并且还批判了其他诸子百家的思想，形成了十分庞大的哲学体系。

荀子认为人性本来是恶的，善只是一种伪装而已。善以及道德礼仪是后天和人为的，为避免成恶人，必须接受教育的改造。荀子指出，天与人各有职能，自然规律是一定的，不会因人而改变，但人可以认识规律，利用规律去改造自然。荀子认为，人的学习应该是不停止的，通过努力学习，人可以达到更高的层次，即"青出于蓝而胜于蓝"。荀子还认为，人在了解事物的内在规律时，心灵要保持纯净而专一，像面镜子，把事物的每个部分都照得清清楚楚。

政治方面，荀子有较浓厚的法家思想，他主张以"礼"治国。他所说的"礼"，就是"制度、政策"，和"法"没什么区别。他赞扬实行富国强兵政策，尤其是称赞秦国的政治和军事。他把统治者与人民的关系比作舟与水的关系。他认为，君是水，民是舟；水可以载舟，也可以覆舟。这一理论后来成为很多有作为的帝王的座右铭。

❖ 韩非子

韩非（公元前280年—公元前233年），韩国贵族，喜欢钻研刑名法术之学，曾与李斯一同从学于荀子。韩非屡次上书韩王，希望韩王变法图强。韩王不能用，韩非于是作《孤愤》《五蠹》《内外储》《说林》等文章，共计10万余字。韩非的著作流传至秦，秦王政读后十分感慨，发兵攻韩，求见韩非。韩王遂派韩非出使秦国。秦王政很高兴，但韩非口吃，善著书而不善谈，又劝秦王先伐赵而缓伐韩，秦王终未信用韩非。李斯、姚贾因嫉妒而乘机进谗言诋毁韩非，说韩非本是韩国公子，终究为韩不为秦。秦王便将韩非下狱论罪，李斯派人送毒药给韩非，迫使韩非服毒身亡。

韩非是先秦法家思想的集大成者，创立"法、术、势"三者合一的封建专制主义中央集权理论。

韩非的法治学说，大体效法商鞅，主张由国家制订宪政法令。大家都完全依法行事，立功者受赏，犯法者受罚，君王不可矫法徇情。韩非认为，君王治国若不讲究策略就会出现弊端，容易受臣下欺骗、愚弄，因此韩非采纳申不害有关术的学说，主张君王应根据才能而授人以官职，使官员名符其实，君王要执掌生杀大权，监督深察群臣的所作所为。韩非又汲取慎到的"乘势"说，强调权势的重要性，主张拉开君王与臣下之间上尊下卑的差距，加强和巩固君王的权力和威势，严防大权旁落。

韩非的这套统治理论，对于秦汉封建专制主义中央集权制度的形成、发展具有重大影响。

荀子像。

韩非子像。

中国最早的围棋记载是《论语》《左传》和《孟子》中的记载。可见，春秋时代围棋已广泛普及。

围棋在古代称弈，它的出现和战争有关，从着子的战略战术，到最后计算胜负，都是符合古代作战方略的。行棋中的用语杀、征、冲、断等，也来源于军事用语。围棋后来传到日本等国，发展为一项国际性的比赛项目。

孙武像。

❖ 孙武和孙膑

春秋、战国时期，由于各诸侯之间长期进行以兼并与反兼并为主的战争，官府和民间都很重视兵事，因之出现了许多懂得兵事的"兵家"。众多兵家各有著述，称作"兵书"。后人以兵书所论的重点或特点，分为"权谋"、"形势"、"阴阳"、"技巧"四类，其中以"权谋"最为重要。"权谋"的主要代表人物是孙武和孙膑。

孙武，春秋后期齐国人。他曾以所著兵书十三篇献于吴王阖庐，受到赞赏。后来阖庐任他为将军，与伍员率吴军西击楚，于公元前506年破楚都郢，迫使楚迁都。吴国从此成为长江中下游最强大的国家。孙武所著兵书名《吴孙子兵法》，通称《孙子兵法》，分三卷。上卷即"十三篇"，为历代兵家所必读，至今已名传中外，且有多种外文译本。其中、下卷已失传。

孙武在兵法上提出了一整套克敌制胜的战略战术。他总结了前代军事思想的成果，对夏商以来，特别是春秋时代的战争进行研究，并以自己的独到创见将其融会贯通，形成一个思想严谨、结构合理的军事理论体系。孙武的军事思想主要包括战争观、战略理论和作战思想三个方面。孙武在《孙子兵法》一书中，提出了一系列具有普遍指导意义的作战原则和作战方法。他的兵法思想标志着中国古代军事学的成熟。

孙膑，战国中期人，孙武之后代。曾与庞涓同学，后庞涓为魏将，嫉妒孙膑的才学，而将孙膑砍断双足。孙膑后逃至齐国，齐威王任之为军师，与将军田忌率齐军先破魏军于桂陵，再破之于马陵，庞涓惨败自杀。

战国中期孙膑及其弟子们写下一部中国古代著名的兵书，即《孙膑兵法》，古称《齐孙子》。

该书继承并发展了《孙子兵法》等书的军事思想，总结了战国中期及其以前的战争经验，在战争观、军队建设和作战指导上都提出了许多有价值的观点和原则。

在七国纷争的战国时代，战争必不可少且对一个国家的盛衰起着重大影响。孙膑认为，只有战争胜利，才能征服天下，否则就会有失去领地、亡国的危险。这种思想是符合当时诸国争雄的客观实际的。

在军队建设上，此书提出首要的问题是"富国"。一个国家只有富裕充足了，"强兵"也就有了可靠的基础与保障。关于强兵，它重视训练、法制和将帅条件。提出士兵要严格挑选，严格训练，有良好的组织编制，做到赏罚严明，令行禁止。对于将帅的看法，它认为他不但要具备德、信、忠、敬等品质，更应善于用兵之道。

❖ 嵌错宴乐水陆攻战纹铜壶

　　嵌错宴乐水陆攻战纹铜壶是战国时期的青铜盛水或盛酒器，1965年四川成都百花潭出土。壶高40.6厘米，口径13.4厘米，底径14.2厘米。圆形盖上有三个鸭形钮，壶侈口斜肩，鼓腹圈足，肩上有对称衔环兽耳。壶身遍饰错红铜的图案花纹和内容丰富的图像，分为三层作横向展开，每层之间以斜角云纹二方连续的装饰带相间隔。

　　上层图案包括习射和采桑两方面内容。习射所表现的是东周贵族的礼仪活动。两人在屋内射箭，屋前的箭靶上已射中三箭，而其下方还有一组人正持弓箭鱼贯而来。下方的人实际上是处于前景位置，因平列画面富于表现前后景人物之间的透视关系，故处理成上下叠置的构图方式。表现屋内人物活动，则采用剖面画法；采桑的画面表现得相当优美，一组妇女提篮在林中采桑，有的攀坐于树上，人物之间动作相呼应。

　　中层图案包括宴乐和弋射两方面内容。宴乐活动描绘东周贵族钟鸣鼎食的生动场景。大屋中，两个人正举起酒器相酬应，其后有人在温酒，屋外有人正相向而来。其前方一组乐人正在演奏。旁边还有人在鼎旁炊食；弋射画面上表现一群鸿雁正掠过长空，几名射手仰天而射，被射中的雁带箭坠地。

　　下层图案表现的是水陆攻战场面。攻城画面表现一群战士携盾持矛，爬云梯仰攻，有的被守军砍翻滚落下来，后继者仍继续进攻。在城墙上，双方战士也在搏杀，水战部分表现两只战船相向交战。交战双方战士紧握长戈、戟，长距离格斗。

　　嵌错宴乐水陆攻战纹铜壶表现出战国时代美术家高超的艺术水平，在绘画技巧还不发达的条件下，他们充分发挥平面铺展的手法，使作品发挥出最大的表现力。

上图为嵌错宴乐水陆攻战纹铜壶；下图为壶身图案。

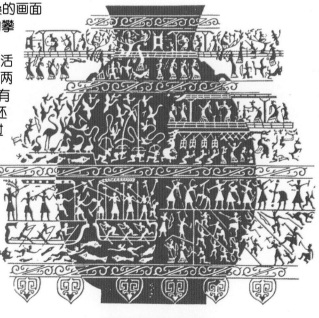

图为《诗经·幽风》中的《七月》的一段画面。

❖ 《诗经》

《诗经》是中国最早的一部诗歌总集,编成于春秋中叶,收集了从西周初到春秋中叶约500年间的诗歌305篇,先秦称为《诗》或"诗三百",到汉代《诗》被朝廷正式奉为儒家经典,始有《诗经》之名,并沿用至今。

《诗经》是经过不断的搜集、整理和编订而成的。相传周代采诗官员"行人"深入民间四出采访,收集民歌以供朝廷了解民情风俗和考察政治得失,另外周代又有公卿大夫和诸侯向天子献诗的制度。这些搜集和陈献来的作品经过乐师的审理编定,使其词汇、句法、韵律都相一致。

《诗经》的作品当时是用来配乐歌唱的,根据音乐的不同,分为"风"、"雅"、"颂"三部分。"风"是各诸侯国的地方音乐,共160篇,其中大部分是民歌;"雅"是西周京畿地区的正声音乐,共105篇;"颂"是用于宗庙祭祀的舞曲歌辞,共40篇。

《诗经》中最富有思想意义和艺术价值的是《国风》,它广泛而真实地表现了下层人民的生活困苦和喜怒哀乐,反映出当时严重的阶级对立。另外,歌颂爱情婚姻和家庭生活的作品在《国风》中占了很大比重,有的写相思苦、失恋愁,有的表现了对爱情的忠贞、对礼教的反抗等。

《诗经》的表现手法,前人概括为赋、比、兴。赋是用铺陈手法直接叙事抒情,多见于《颂》和《大雅》。赋对《诗经》的写实性和形象性起了积极作用。比即比喻，对人或物加以形象的比喻，使其特征更加鲜明突出。兴是借助其他事物作为发端，引起所要歌咏的内容，使人产生联想，或用于烘托和渲染气氛。赋、比、兴手法的运用，可在诗中产生多重艺术效果，增加诗的韵味和形象感染力，构成生动鲜明的艺术形象。

《诗经》主要是四言诗，这是在原始歌谣的基础上发展起来的早期诗歌形式，适应当时劳动、舞蹈的节奏和语言发展水平。《诗经》语言准确生动，动词和形容词运用精当巧妙，用重叠的章句来表达思想感情，在音律和修辞上都收到美的效果。

❖ 《尚书》

中国古代的一部历史文献汇编《尚书》被近代学者认为编成于战国时期，《尚书》在战国时总称为《书》，汉代改称《尚书》，"尚"的意义是上古，"书"的意义是书写在竹帛上的历史记载，"尚书"意即"上古"的史书。

《尚书》所录，据称为虞、夏、商、周各代的典、谟、训、诰、誓、命等文献，其中主要记载商、周两代统治者的一些讲话纪录，少数篇目为春秋战国人根据往古材料编成。体例上，"典"是重要史实或专题史实的记载；"谟"是记君臣谋略的；"训"是臣开导君主的话；"诰"是勉励的文告；"誓"是君主训诫士众的誓词；"命"是君主的命令。其他还有一些以人名、以事、以内容为标题。《尚书》内容丰富，在中国史学、文学、政治学上占有重要地位。

《尚书》中的殷商、西周人的记载，又是中国史学上最早的历史典册。《尚书》中的一些作品还是中国史学的萌芽。《尚书》有意识地总结朝代兴衰的历史经验及其对现实的鉴戒作用，对后代史学影响深远。

自汉以后，《尚书》一直被视为中国封建社会的政治哲学经典，既是帝王的教科书，又是贵族子弟及士大夫必遵的"大经大法"，在历史上有重要影响。

《春秋》

公元前722年春天，鲁国开始编《春秋》。《春秋》是鲁国国史，也是中国现存先秦典籍中年代最早的编年体史书。它的记事以鲁国十二公为序，起于鲁隐公元年（公元前722年），终于鲁哀公十四年（公元前481年），共242年。《春秋》文笔简约，记载有诸侯的攻伐、盟会、祭祀、灾异、礼俗等大事，共17000多字。相传《春秋》是孔子依据鲁国史官所编《春秋》加以整理修订而成。据说孔子在编订《春秋》时，在字里行间寓寄了自己的思想和主张，创立了后人所谓"微言大义"的"春秋笔法"。

《春秋》所记鲁国十二公的世次年代，经后人考证完全正确；所载日食与西方学者所著《蚀经》比较，互相符合的有30多次。因为《春秋》是史官实录，所以价值极高，后人不仅可以从中了解史实，而且可以了解中国史学源远流长，至少到西周时，已经有较为完备的史官记事制度。

《春秋》是中国史传散文的第一部作品，它开创了一种新的文学体裁，即编年体；同时，为后来诸子百家竞相著书立说开了风气之先。

史书《春秋》。

屈原作《离骚》

屈原像。

屈原（约公元前340年—公元前278年）名平，楚国贵族，曾任楚的三闾大夫。他对楚国的命运很关心，想改善政治状况，还想联合齐国以抵抗强秦。但楚王昏庸，不听他的主张。他被楚怀王和倾襄王两次放逐到江南，后来屈原满怀忧愁与愤恨投汨罗江而死。

《离骚》就是屈原在放逐期间的抒怀之作。《离骚》前部，屈原从自己的世系、品质、修养和抱负写起，回溯了自己的遭遇，表明了自己决不同流合污的政治态度与"九死未悔"的坚定信念；中间部分屈原总结历史上兴亡盛衰的经验教训，阐述了"举贤授能"的政治主张，表现了对理想的执着追求；最后部分是在追求不得之后，转而询问出路，从中反映了屈原去国自疏和怀恋故土的思想矛盾，终于不忍心离开自己的祖国，最后决心以死来殉自己的理想。

屈原是中国第一个文人诗人，《离骚》是战国最杰出的文学作品。

战国帛画《龙凤仕女图》。湖南省长沙市陈家大山楚墓出土。四周均为毛边，是当时用以"引魂升天"的铭旌。全画的主题是祈求飞腾的龙凤引导墓主人的灵魂早日登天升仙。龙凤仕女帛画是现存两幅最早的帛画作品之一，是研究战国时期楚文化的珍贵资料。

❖ 楚国帛画

帛是战国时期对丝织物的通称。帛画大概起源于战国中期，到东汉以后才消亡不复见。中国现存最早的帛画出于楚地。即江陵马山1号墓所出的帛画。楚国帛画也是中国现存最早的独幅绘画。

除了马山，在长沙沅湘流域也出土了三幅帛画。即陈家大山一号墓《龙凤仕女图》、子弹库一号墓的《御龙图》和《楚帛书》。

据学者研究帛画的内容可分为三大类：（一）巫术辟邪的天界内容；（二）模拟人间的像生内容；（三）旌幡招魂的冥间内容。帛画的分类，完整地反映出楚人的世界观，包括天界和神界观、人生和像生观、地界和冥界观。

❖ 楚辞

战国后期，在南方的楚地，楚辞的创作大放光彩，成为战国时代中国诗的主流。楚辞是屈原在楚地民歌基础上改造而成的一种新诗体，其名称最早见于汉初，人们用它来称指屈原、宋玉等人的作品以及汉代作家的模仿之作。当时这种文体又简称"辞"，或与赋连称为"辞赋"，由于它以屈原的《离骚》为代表，所以有"骚"之名。

在南方的江汉沅湘流域，有着和中原地区不同的自然条件，当地人民创造了灿烂的楚文化。春秋战国时代，楚国又接受了中原文化的影响。楚辞就是楚文化和中原文化相结合的产物，它的语言、形式、风格以及其中的神语传说、历史人物、风俗习尚、山川物产等等，都带有鲜明的楚国地方色彩。

楚地有浓厚的宗教气氛。民间祭祀时，这种祀神的巫歌与音乐舞蹈结合在一起，风格热烈活泼，富于浪漫情调。《九歌》本来就是这种民间祭歌，屈原把它们加工改造成了楚辞。另外，战国时代纵横驰说、铺采骋辞的文化气氛和当时散文中的繁辞华句，也对楚辞的出现产生了一定影响。

屈原去世后，在楚襄王年间，出现了宋玉等一大批楚辞的作者，兴起了具有浪漫主义色彩的文学潮流，是中国纯文学诗歌的第一个高潮。

简策

战国时代楚国大量使用简策，现在考古所见先秦简策都是楚国的，虽然这与楚国防腐技术有关，不能说北方各国不使用简策，但楚国的简策是极其重要的。

简策是中国早期的书籍形式之一。出现于公元前8世纪前后。在造纸技术发明以前，中国古代书籍主要是用墨写在竹木简上。人们将竹木劈成狭长的细条，经过刮削整治后在上面写字，单独的竹木片叫做"简"。若干简编连起来就叫做"策"（亦写作"册"），又称为"简策"。编缀用的皮条或绳子叫"编"。这是现在称1本书为1册书的起源。中国先秦时期的古籍，最初就是写在简策上而流传下来的。

战国时期的简策现代发掘只出现于楚国，如《信阳楚简》，出土于河南省信阳市北，出土的竹简共分两组，一组存470余字，内容是一部古佚书，其中记述有周公所说的一段话。另一组共29支，内容是记录随葬品的清单。

简文字体与长沙仰天湖楚简大体相同，也是战国时代的楚国古文。字体呈方形，结构紧密，用笔平缓而流畅，笔画匀称，表现出一种挺拔的书写风格，有较高的艺术价值。

图为中国历史博物馆藏竹简卷册。

气功

气功是通过调身、调息、调心相结合，以内外兼练、动静相兼的自我身心锻炼的功法。它是中国古代流传下来用于医疗保健等各种功法的总称。练功者通过对身心（形体和精神）呼吸等进行特定的自我锻炼，而调动生理潜能，培育人体真气（体能及其信息），达到防治疾病、保健强身、抵抗衰老、延年益寿的目的。

史学家普遍认为气功产生于春秋战国之际。由于医、儒、道、武、杂、俗等诸家的努力，春秋战国时对诸如气的形成、养气炼功的方法、要领及气功的作用等等形成了一整套认识并逐渐发展成后来不同的气功流派。

《黄帝内经》书影。

❖ 《甘石星经》

甘德，齐国人。相传他测定恒星118座，计五百多颗星，著有《天文星占》八卷，今已丢失。石申，魏人。相传他测定恒星138座，共计810颗星，著有《天文》八卷，现已无存。但在唐《开元占经》中有大量节录。后人把两人的这两部书，合编为《甘石星经》，这是世界上最早的天文学著作，书中有关恒星的记录，是世界上最古老的恒星表。

书中，二人精密地记录黄道附近120颗恒星位置及其与北极距离。书中还记录了金、木、水、火、土五大行星的运行规律。甘德发现的木星三号卫星，比意大利伽利略和德国表依耳的同一发现早近2000年。书中二十八宿用"距离"（赤经差）和"去极度"（赤纬的余弧）刻画，其余星用"入宿度"和"去极度"刻画，这与现代用赤经和赤纬来刻画天体位置使用的是同一个原理，这也就是赤道座标系。

❖ 《黄帝内经》

《黄帝内经》简称《内经》，是我国最早全面阐述中医学的名著，约出现于战国末期。

《内经》包括《素问》和《灵枢》两大部分，各九篇，主要论述人体解剖、生理、脉学、病理、病因、疾病症状、诊断、治疗、预防及养生等方面的内容。

《素问》主要从阴阳五行观念来解释生理及病理现象，它将人的五脏六腑等生理器官视为依循阴阳五行构建的一个整体，认为这个整体被破坏了，就会发生疾病。

《灵枢》则主要阐明针刺和灸的疗法，它对经络、穴位、针灸理论、针刺用具、针刺方法、针灸的适应症、注意点和禁忌等等，均有详细的阐述。其中按针的不同使用已有九种分类，称为"九针"。反映出我国的针灸疗法已有2000多年的历史。

《灵枢》还记载了有关人体解剖的知识和血液循环的概念。书中认为食管的长度与大、小肠长度的比例是1：35.5，这与20世纪初德国解剖学家所著的《人体解剖学》中的测量比例1∶37几乎相等。这表明我国2000多年前的人体解剖学，即已达到相当高的水平。

❖ 公输班

公输班是春秋战国之际鲁国人，又叫鲁班，是著名的应用技术发明家，他的事迹在《墨子》《礼记》和《战国策》等古典文献中均有记载。

据《墨子·公输》记载，云梯就是公输班发明的。楚惠王欲攻宋，但面对宋坚固的城池却一筹莫展，因为找不到一种有效的攻城器械。楚于是聘请公输班，发明了克敌制胜的器具云梯。公输班的这一发明，将中国古代战争技术推进到一个新时代。公输班发明了磨粉的石硙（即石磨），改变了传统的磨粉方式。对于木工工具的改进和发明，他作出了特别重要的贡献，相传刨、钻、锯等工具都是他发明的。他曾用竹片和木制成了一种能在天上连续飞行3天的飞鹊，并为其母制造了一辆由木制的人驾御的、结构精巧的木车马。

公输班的杰出成就使他成为中国应用技术的祖师，直至今天，农村木匠在建房时还要纪念他。

❖ 扁鹊

扁鹊名秦越人，春秋末期著名的民间医生，齐国人。因为他医术高明，被人们当成了黄帝时代的神医"扁鹊"。扁鹊自幼学医，几十年间积累了丰富的医疗经验。他曾周游列国，治愈了许多疑难杂症，名闻天下。秦国太医令李醯自知医术不够扁鹊高明，妒忌扁鹊，就指派人把扁鹊杀害了。

春秋医学是中国医学的发生期。扁鹊则是中国方剂学始祖。他的治病方法有汤（汤药）、熨（用药物熨贴、按摩）、针石（针灸）、酒醪（服药酒）等。他看病时，采取望、闻、问、切的方法。"望"是看病人的外貌和舌苔；"闻"是听病人说话和呼吸的声音；"问"是询问病情；"切"是摸脉搏。这就是中医至今沿用的四诊法。

右图为扁鹊像，出自清人《先医神像册》。

司南

《管子·地数》篇说："上面有磁石的地方，地下有铜金矿藏"，这是世界上关于磁石的最早纪录之一。到战国末年，人们已知磁铁吸铁的磁性作用。《吕氏春秋·精通》篇说："磁石对铁有吸引力。"并利用其指极性，发明了确定方位和南北的仪器司南。

司南形如汤匙，用磁石做成，底圆而滑，置于刻有方位之铜盘上，使用时，转动勺把，待其静止时，勺把指向南方。司南是世界上最早的指南仪器，后来逐渐发展成为指南针。

战国瓦当

战国母子鹿纹瓦当。

战国放牧纹半瓦当。

春秋战国时期，建筑技术迅速发展，出现了两层或三层的楼房，屋顶上使用瓦已经很普遍，还出现了瓦当。瓦当是瓦的一种，以黏土（包括页岩、煤石千石等粉料）为主要原料，经泥土处理、成型、干燥和焙烧而成。西周时期（公元前1066年—公元前771年）瓦当就已制出。一般的瓦当表面刻有各种精美的图案，既具有实用价值，又极具艺术价值。

战国时期的瓦当最为典型和重要。母子鹿纹瓦当直径14.5厘米，是封闭筒瓦顶端的圆形或半圆形部分。该瓦当与秦都雍（陕西凤翔）出土的瓦当完全相同，装饰着以子母鹿为主的花纹，既能起到保护椽木的作用，又发挥了装饰效果。

❖《乐记》

《乐记》是中国古代儒家音乐理论的重要经典，是荀子学派的著作。《乐记》主要论述了音乐的产生和形成过程。指出音乐产生于人的思想感情，受到外界事物的影响而感情激动起来，就表现为"声"（包括乐音和噪音），这种声互相应和，其变化有一定规律的成为"音"（乐音）。把音按照一定组织奏作起来，再加上舞蹈，就成为"乐"（音乐歌舞）。

它认为音乐表现不同的感情，因而反映并影响社会的治、乱。它列举了哀、乐、喜、怒、敬、爱各种不同感情在音乐上的不同表现，进而指出社会的治、乱和国家的兴亡必然会影响人的思想感情，因此必然会从音乐中得到反映；反之，音乐表现的不同，也必然会对社会的治乱和国家的兴亡起反作用，给予潜移默化的影响。

《乐记》强调音乐的社会教育作用。音乐应成为社会教育的工具，与礼、刑、政一起，在不同的方面发挥作用，以安定社会，使国家有大治。这一方面的论述，贯穿着《乐记》全文，是儒家音乐思想的核心。它在后世被称为"乐教"。

在音乐美学方面，它要求以善为准则。提倡"德音"、"和乐"，反对"溺音"、"淫乐"。艺术美的最高境界在于个体与社会、人与自然的和谐统一。

《乐记》鲜明地体现了儒家美学的理性精神和特征，具有重要的理论意义，并产生深远影响，在2000余年的封建社会中，它所表达的音乐思想被视为正统。

春秋战国时期的楚国凤鼓。

上图为曾侯乙墓编钟。

❖ 编钟

　　春秋战国时期，盛行以编钟与鼓为主要乐器的大型乐器。古代常把几件形状相同，大小不一的铜钟组合成一套编钟。最初的编钟往往是三件一组，以后又发展到十几件、几十件一组。编钟的音色丰富优美，音域宽广，人们演奏时，可以根据需要同时使用一至三组编钟。大型编钟往往悬挂在钟架上，通常分为上、种、下三层。下层是低音区，用来演奏和声；上层是高音区，用来演奏旋律。古代编钟演奏往往用于王侯贵族的宴饮娱乐与祭祀仪式。

　　湖北随县曾侯乙墓出土了很多战国时期的乐器。墓中首次发现了十弦琴、五弦琴、排箫和篪等几种失传多年的几种古老乐器。曾侯乙墓出土的编钟共65件，编成8组，是至今发现的古代保存最完好的编钟。

　　曾侯乙墓编钟的每件钟体都能发出两个乐音，在钟体的正鼓和侧鼓都有标音铭文，只要准确地敲击其部位，就能发出所标明的乐音。

　　我国古代有自己独特的记音方法，用汉字记音，音名为宫、商、角、徵、羽等。曾侯乙墓编钟铭文中发现了"变宫"、"变徵"两个音名。

　　曾侯乙墓编钟出土后，经过试奏表明：它的音色丰富优美，音域宽广，音列充实，音律较准。能演奏采用和声、复调以及转调手法的乐曲。公元前5世纪的乐器，竟具有如此水平和性能，这是音乐史上的一大奇迹。

曾侯乙墓彩绘竹胎漆排箫。

曾侯乙墓漆彩瑟。

曾侯乙墓编磬。

第三部分 大一统的秦汉帝国

公元前221年，秦始皇最终消灭了六国，建立了我国历史上第一个统一的多民族的中央集权国家。秦朝实行郡县制，统一文字、货币和度量衡，在历史上都具有开创的意义。但是强大的秦王朝并没有成为一个长治久安的国家，残暴的统治最终被农民起义所推翻。

公元前202年，刘邦建立汉朝。西汉历代统治者吸取秦亡的教训，在政治、经济方面基本上承袭了秦朝的制度，并逐步完善，实行了一系列有利于经济发展的措施，进一步巩固和发展了大一统的局面。在这一过程中，汉武帝作出了突出贡献。继秦和西汉之后，东汉再一次使多民族的中国完成了统一，并持续了很久。到东汉中后期，皇权旁落，各种政治集团交替充当皇帝发言人，朝廷的长期不稳定和地方势力的失控，加之土地高度集中带来社会矛盾，预示着统一的中央集权面临着分裂。

秦汉时期，地主经济进一步巩固，社会经济蓬勃发展。在科学技术方面，蔡伦对造纸术的改进和张衡发明的地动仪都是当时世界上的突出成就。汉代的历史写作是中国古代史学的一个高峰，司马迁和班固成为后世史学家的楷模。

专题一：　秦汉的统治

❖ 秦灭齐统一中国

秦国从商鞅变法以来，继续提倡耕战，鼓励人民发展生产，经济增长速度不断上升，国富民强。同时，吏治整肃，军队精锐骁勇。从公元前230年起，秦王用远交近攻、分化离间、各个击破的战略原则，相继灭掉韩、赵、燕、魏、楚五国。

齐国原是周初分封的诸侯国，始封君吕尚（即姜子牙），建都营丘（后称临淄，今山东淄博东北）。齐长期与秦国东、西对峙，一度互称东、西帝。公元前284年，燕将乐毅率五国之师伐齐，攻下齐国70余座城，从此，齐国国势开始中衰。战国末年，齐国与秦国修好，为图自保，听任秦国逐步攻消灭其余五国。

公元前221年，秦将王贲自燕南攻打齐都临淄，齐王建听信齐相后胜的话，不作抵御，轻易降秦。秦兵进入齐都临淄，把齐王建迁到共（今河南辉县），从此，齐国灭亡。秦灭齐之后，统一了全国，结束了春秋战国以来诸侯混战的局面，建立了中国历史上第一个统一的多民族的专制主义中央集权的封建王朝，为封建社会经济发展奠定了稳定的政治基础。

❖ "皇帝制"

公元前221年，秦消灭六国，统一全国。秦王嬴政自以为功劳高于古代所有的帝王，不应再仅仅称王。大臣们认为："古有天皇，有地皇，有泰皇，泰皇最贵。"因而尊称嬴政为"泰皇"。嬴政不满，于是把"泰"字去掉，更改名号，称始皇帝，开创了帝制，后继者依次称为"二世、三世至于万世，传之无穷"；皇帝自称"朕"，大印称"玺"，命称为"制"，令称为"诏"。

秦始皇像。

荆轲刺秦王

汉画像石荆轲刺秦王。

荆轲，卫国人，好读书击剑。荆轲在燕国时与高渐离等关系亲密。

燕太子丹惧怕秦国灭了燕国，决定找人行刺秦王。

公元前227年，燕太子丹派荆轲刺杀秦王。荆轲出发时，太子及宾客都穿白衣戴白帽到易水边为他饯行，高渐离击筑，荆轲慷慨悲壮地唱到："风萧萧兮易水寒，壮士一去兮不复还！"唱完上车离去，始终没有回头，表示了他义无返顾的决心。到了秦国，荆轲买通秦王宠臣中庶子蒙嘉，秦王在咸阳宫召见荆轲，荆轲献地图，展开地图时，卷在里面的匕首露了出来，荆轲左手抓住秦王衣袖，右手持匕首刺去。秦王惊恐万分，扯断衣袖退却，因为剑长惶恐之中未能拔出，绕殿柱而跑，荆轲紧追不舍，群臣惊愕，不知所措。秦王绕柱奔逃，将长剑移至背后，将剑拔出，击刺荆轲，断其左腿。荆轲负伤，便将匕首掷出，未能击中秦王。秦王又击中荆轲八剑，荆轲倚柱而笑，大骂秦王，后被杀。

秦始皇统一天下后，高渐离借击筑之机，扑击始皇，也失败被杀。秦始皇因此"终身不再接近诸侯各国的人"。

❖ 废分封，立郡县

公元前221年，廷尉李斯主张废除分封制，全面推行郡县制度。秦始皇接受了李斯的建议，把全国分成三十六郡，以后又陆继增设至四十余郡。中央集权的制度从此确立。

秦始皇以战国时期秦国官制为基础，建成一套适应统一国家需要的新的政府机构，即三公九卿制及郡县制。在这个机构中，中央设丞相、太尉、御史大夫。丞相有左右二员，掌政事。太尉掌军事，不常置。御史大夫是丞相的副贰，掌图籍秘书，监察百官。丞相、太尉、御史大夫以下，是分掌具体政务的诸卿。

地方行政机构分郡、县两级。每一郡设郡守管理行政，郡尉辅佐郡守，主管兵事，监御史管监察。万户以上的大县设县令，小县设县长，主管一县行政，同时设县尉掌管军事，县丞负责司法并协助行政。郡、县主要官吏由中央任免。县以下有乡，乡设三老管教化，设啬夫掌司法和赋税，设游徼管治安。乡下有亭，亭下有里。里有严格的户籍制度，并规定一人犯罪，邻里连坐。

公元前216年，秦始皇下令"使黔首自实田"，即令百姓自己申报土地，按亩纳税，这是秦王朝在全国范围推行土地私有制的法令。这个法令的推行，使国家征发租税有了主要依据，促进了地主经济的进一步发展。

❖ 统一度量衡和货币

公元前221年，秦始皇颁布诏书，规定依秦制统一全国度量衡标准，度量衡器由官府遵诏书负责监制，民间不得私造。凡制造度量衡器，皆需铸刻诏书全义。结束了战国以来度量衡制不统一的局面。

秦还下令废除秦以外通行的六国刀、布、钱及郢爰等。秦制定币制，统一货币，以黄金为上币，以镒为单位，重20两；铜币为下币，重半两，圆形，中间有方孔，面文有两字；规定珠、玉、龟、贝、银、锡等物只作器饰珍藏，不能充作货币。金、铜货币成为行通全国的法定铸币。铜钱价值单一，交换方便，规格一致，个体轻巧，便于携带，是一种进步的币制形式。自秦朝至于清朝末年，此种币制形式一直被采用。

秦铜权，为秦代的一种度量衡。铜权上刻写有诏文。

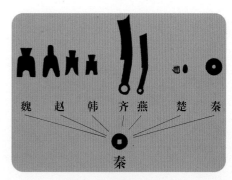

秦统一六国货币简图。

统一文字表。

秦筑驰道

古代驰道遗迹。

秦始皇完成消灭六国、统一中国的大业后，为了控制广阔的国土，并便于政令军情的传送和商旅车货的往来，下令在全国各地修筑驰道。筑道工程以秦的都城咸阳为中心向各地辐射，东至燕齐（今京津地区及山东），南达吴、楚（今江苏与两湖地区），北抵九原（今内蒙古包头西北），西通陇西（今甘肃临洮），形成较为完整的交通网络。驰道宽50步，路基较为坚固；道中央宽3丈，为车马专用道路，每隔3丈植松树一株，作为标志。驰道两旁辅以小径，为百姓行走之途。公元前212年，秦始皇又命令大将蒙恬主持拓筑从九原至云阳（今陕西淳化西北）的直道，其间凿山填谷1800余里，解决了许多工程技术难题。

这两项工程，历时数年，花去大量的人力财力。但驰道、直道修成之后，极大地方便了国家的陆路交通；而且，这些工程作为秦始皇"车同轨"的大一统政策的主要措施，迅速促进了全国政治、经济、文化诸方面的联系，有效地维护了秦朝的统治。

秦代书体"始皇帝"。

❖ "车同轨"，"书同文"

秦始皇统一六国后，为了便于车辆在全国大路上通行，下令拆毁先前各国修筑的路障、堡垒，并在全国范围内统一车轨，规定大车的两轮之间皆宽六尺，史称"车同轨"。这一措施对发展交通运输业起了促进作用。

战国时，文字的形体非常紊乱，各国文字不统一，不但字体不同，同一个字所采用的声符、形符也都有很大差异。秦统一六国后，"文字异形"给政令的推行和文化的交流造成严重障碍，于是秦始皇责令丞相李斯负责对文字进行整理，制定出新字体作为官方文字。

李斯不仅是秦代政治家，还是书法家。为统一文字，李斯作《仓颉篇》，把大篆省改，创造出小篆，并使之成为秦代官方文字。小篆，形体长方，用笔圆转，结构匀称，笔势瘦劲俊逸，体态典雅宽舒；字形图画性减少，线条符号性增强，异体字已经很少，偏旁部首的写法和位置基本固定，字形比较简化，是中国文字发展史上的一大进步。小篆之后的文字称今文，之前的则是古文。

后来，狱吏程邈又根据民间已行用的新字体，创造出了隶书，字体方正，笔画更简省，也便于书写。这种字体很得秦始皇赏识，到西汉初年，隶书已经成为全国通行的字体。

秦始皇和李斯改革并统一文字，结束了战国以来文字异构丛生、形体杂乱的局面。篆书成为官方文字，具有权威的意义，之后历代官方更采用篆书作印章文字。文字改革对于中央集权国家政令的统一、文化的传播和经济的发展，起了巨大的作用，对于中国此后历史文化的发展也产生了不可忽视的作用。

陕西秦焚书灰坑遗址及"坑儒谷"遗址。

❖ "焚书坑儒"

公元前213年，秦始皇在咸阳大宴群臣，博士淳于越指责郡县制，提出分封制的主张。秦始皇将此事交给群臣讨论。丞相李斯以"五帝不相复，三代不相袭，各以治"的例证反驳淳于越，并指责儒生们颂古非今，各尊私学，诽谤朝政，扰乱民心。李斯认为古代天下动乱，无法一统，招致诸侯并起，四海分裂，根源在于各种儒门学说和私学的存在，致使人心不一。他建议秦始皇消灭私学，除《秦记》之外的史书一律烧毁；除秦博士官所藏《诗》《书》百家语等书外，都要将书交到所在郡，由郡守、尉监督烧毁；敢谈论《诗》《书》的斩首弃市，以古非今的灭族；官吏看到、知道而不举报的，同罪；令下后30日内不烧毁该烧的书，处黥刑，到边疆修筑长城4年；医药、卜筮、种树的书不在烧毁之列；若要学习法令的，以吏为师。秦始皇采纳了李斯建议，下令焚书。一时，大量文化典籍被付之一炬。次年，方士侯生、卢生因求仙药不得，两人议论讥讽秦始皇"刚愎自用"，又指责他"乐以刑杀为威"、"贪于权势"，不值得为他求仙药，并相约逃跑。秦始皇得知后，认为卢生等诽谤他，夸大他的过失，而且其他儒生也有妖言惑众之嫌，遂责令御史审问在咸阳的儒生。儒生们互相揭发，牵连出460多人。为昭示天下，以儆效尤，460多人全部被坑杀于咸阳。始皇长子扶苏对此做法有异议，也被令离开都城，去上郡（今陕西榆林东南）监蒙恬军。

秦式篆刻

秦印章：上官郢。

秦印章：杨鸣。

篆刻，即刻印的通称。印章字体多用篆书，先写后刻，故称篆刻。篆刻为我国特有的传统艺术，春秋、战国时期已经流行。

秦代篆刻印章多由印工完成，已有较高艺术成就。秦代印章主要有官印、私印两种。秦代皇帝印章称"玺"，官吏或私人印称"印"，或称"章"。官印一般约二三厘米见方，有的略长一些。私印多作长方形，方形的比较少，间有圆形、椭圆形的，还有两面印。印材主要有铜、玉。多凿款白文，铸印较少。其字数无定则，章法多变，整齐而不呆板，风格质朴苍秀。方印多加田字格，半通印（长方印）多加日字格。所以，秦印与汉印并为后世篆刻家所取法。

广西兴安泰灵渠遗址。

公元前214年，秦军南下，对居住在今两广地区的越族发动了一场大规模的战争。

为了支援战争，解决秦军的粮食供应问题，秦始皇派监禄在今广西兴安县北开凿一条连接湘水和漓水的运河，以"通粮道"，这就是著名的灵渠。灵渠全长34千米，沟通了江南的长江水系和珠江水系。开渠的军民巧妙地使渠道迂回行进，降低渠道坡度，以平缓水势，便于行船。渠道和堤坝的工程均充分利用了我国古代水利工程技术的最新成果，并有多方面的创造。因湘水和漓水的落差较大，渠中设斗门若干道，南北往来船只，便可逐斗上进或下降。

灵渠修成后，为秦军的胜利创造了重要条件。到公元前214年末，秦军终于将岭南地区统一，设置了南海、桂林、象郡三郡。

灵渠的建成，使长江水系同珠江水系连结起来，对中原地区同南方、西南的经济文化交流起了重要作用。

❖ 秦代万里长城

战国时期，北方邻近匈奴的秦、赵、燕三国分别修筑长城以防匈奴侵袭。秦长城西起临洮（今甘肃岷县）、东北经固原至黄河。赵长城西起高阙（今内蒙古临河）、东至代（今河北蔚县）。燕长城西起造阳（今河北独石口）、东至辽东。3条长城互不连结。公元前222年，秦灭赵后，匈奴乘机占领赵属河套地区的河南地。

秦始皇统一六国后，一方面派蒙恬大军征伐匈奴，一方面征集民工将原秦、赵、燕旧时长城，随地形修筑连接，重新加固，修建成举世闻名的万里长城，以防御匈奴的侵入。

修建长城的条件是十分艰苦的。30万以上的农民及囚犯，在北方风雪萧萧的边塞上，肩挑手抬，积土垒石十余年，在留下无数的白骨后，终于修成了西起临洮，东至辽东的秦代万里长城。

万里长城修好后，蒙恬率军30万，屯驻上郡（今陕西榆林东南）十余年，声名赫赫，威振匈奴。匈奴与胡人从此不敢南下放牧、袭扰。

在秦代万里长城的基础上，经西汉、北魏、北齐、北周、隋唐、明朝历代增修，形成今天的西起嘉峪关，东至山海关，长5500余千米的万里长城。

万里长城，对于抵御匈奴的骚扰，保障内地人民生产和生活的安定，起了重要作用。它是世界历史上最伟大的建筑之一和中国历史上七大奇迹之一。它充分体现了我国劳动人民的高度智慧和无限的创造力，成为中华民族文明悠久的象征。

内蒙古固阳秦长城遗址。

❖ 蒙恬伐匈奴

秦尚未统一六国前，逐渐强大起来的匈奴经常掠夺内地的人民、牲畜、财产，使相邻的燕、赵、秦深受其害。尤其是秦灭六国的最后阶段，匈奴趁中原各诸侯国激烈征战无暇外及，占领了河套地区的所谓"河南地"。秦王朝建立后，匈奴的威胁成为最突出的问题。

公元前215年，奉命入海求仙的卢生回到咸阳，向始皇报告鬼神事，奏上的《录图书》有"亡秦者胡也"的语句。此胡本指"胡亥"之胡，但始皇却认为"胡"谓匈奴，为此，遂派大将蒙恬率军30万大举北伐匈奴。

蒙恬，其祖先为齐国人。祖父蒙骜，从齐入秦事奉秦昭王，官职为上卿。父亲蒙武，弟蒙毅，都是名将。公元前221年，蒙恬因家世殊勋被拜为秦将，受命攻陷齐国，拜为内史。第二年，蒙恬又率军越过黄河，夺取了被匈奴控制的高阙（今内蒙古杭锦后旗东北）、阳山（今内蒙古狼山）、北假（今内蒙古河套以北、阴山以南、大青山以西地区）等地。

匈奴首领头曼单于在秦军的打击下，放弃河南地及头曼城向北退却。秦王朝收复河套以北、阴山一带地区后，增设44县，重新设置九原郡，在黄河岸上构城堡戍守。公元前211年，秦迁内地人3万户到北河、榆中（内蒙古自治区伊金霍洛旗以北）屯垦，进一步巩固了对这一地区的统治。当时人们把这一新开垦的地区叫做"新秦"。

蒙恬北伐匈奴，不仅有力地制止了匈奴奴隶主贵族对中原的抢掠，而且大大促进了这一地区的开发。在长期的劳动和交往中，不少匈奴人南迁中原，逐渐同秦人及其他各族人民共同居住和生产，促进了民族的大融合。

秦代将军俑。

阿房宫

西安秦阿房宫遗址。

公元前212年，秦始皇以咸阳人多，先王留下的宫殿小为由，命令在渭河以南的上林苑（今陕西西安西北三桥镇南）营建朝宫。首先建造的是前殿阿房宫。

为修建这一庞大的宫殿，秦始皇动用70余万罪人与刑徒分工劳作。

阿房宫殿堂，东西宽约1000米，南北长约500米，殿内可以容纳1万人。殿前建立50米高的旗杆，宫前立有12尊铜人，各重12万千克。以磁石为门，有怀刃隐甲的人入宫，即被吸止。

阿房宫建制占地的范围，从咸阳以东到临潼，以西至于雍（今陕西凤翔南），以南抵于终南山，以北达于咸阳北坂，纵横150余千米。此外，从咸阳到函谷关（今河南灵宝南）以西，有朝宫300余所，函谷关以东400余所。众多的宫殿一律施以雕刻，涂以丹青，五光十色，五彩斑斓，富丽堂皇，气势雄伟。

阿房宫耗资极大，劳民伤财。到秦二世时还在继续营建。不久后秦朝灭亡，到楚汉战争，项羽入关，烧秦宫室，火一连三月不熄灭，阿房宫随之化为灰烬。

大泽乡起义

陈胜，字涉，阳城人，家为雇农。吴广，字叔、阳夏人，贫苦农民出身。陈胜年青时，常受雇为人耕作，一次在田间劳作，他放下耒锸休息，感叹道："苟富贵，无相忘"（他日如得富贵，不会忘记今日在一起受苦的同伴）。同伴闻之不以为然，陈胜叹道："燕雀安知鸿鹄之志哉！"

公元前209年7月，秦二世征发贫弱农户900人戍守渔阳（今北京密云），陈胜、吴广皆被征调，并为屯长，行至大泽乡，天降大雨，道路不通，预计无法按期到达，依照严酷的秦法，失期当斩。陈胜与吴广谋议：现在逃是死，若举大事也是死，都是死，为国事死不是更好吗？陈胜又说："天下苦秦久矣！现在若以我们900人，借公子扶苏、项燕的名义，为天下首倡起事，必有无数人响应。"吴广也同意此说法。

陈胜吴广两人又巧设"鱼腹丹书"、"篝火狐鸣"制造起义舆论，声言"大楚兴，陈胜王"，并寻机杀死了两名押送将尉，陈胜随即号令戍卒："各位都失期当斩，设若不斩，戍守死边的必有六七成；再说壮士不死则已，死就要成大名，王侯将相难道是天生的贵种吗？"900人异口同声，一举赞成举大事，于是筑坛为盟，称大楚，陈胜自立为将军，吴广为都尉，首先攻下大泽乡，进而攻占蕲县及附近各县。攻占陈县（今河南淮阳）时，起义军拥有战车六七百辆、骑兵千余人，步兵数万人，陈胜自立为王，国号"张楚"，各郡县不堪忍受秦苛法的农民，揭竿而起，争杀地方官吏，响应陈胜，农民起义达到高峰。

秦末陈胜、吴广大泽乡起义遗址。

❖ 陈胜、吴广起义失败

陈胜、吴广领导的农民起义军在反秦的斗争中，内部的矛盾和弱点不断暴露出来。陈胜骄傲自大，听信谗言，诛杀故人，日益疏远起义群众，而有些将领争权夺利导致自相残杀。

公元前208年11月，起义军将领周文率军数十万人进抵戏（今陕西临潼东北），遭到秦二世大赦的骊山刑徒和奴隶的迎击，撤退到渑池（今河南渑池西）时，被秦将章邯打败，周文自杀。

同月，吴广率军攻打荥阳（今河南荥阳西），始终未能攻克。义军将领田臧认为吴广攻不下荥阳，而且为人骄恣，又不谙军事，如不及时除掉，秦兵反扑，必然失败。于是田臧等人假托陈胜军令杀死吴广，陈胜遂晋升田臧为上将军。

章邯解除荥阳的包围后，秦增派长史司马欣、都尉董翳协助抗击起义军，章邯进击陈（今河南淮阳）西路义军张贺军时，陈胜亲自督军应战，不幸失利，张贺战亡。12月，陈胜前往汝阴（今安徽阜阳）督察军事后返回陈县，走到下城父（今安徽涡阳东南），被叛徒庄贾杀害，陈县失守。陈胜部将吕臣听说陈胜遇害，随即率领苍头军与秦军抗击，收复陈县，杀死了庄贾。

陈胜吴广发动的秦末农民大起义，在中国历史上开创了武装反对黑暗统治的传统，影响至为深远。

❖ 巨鹿之战

陈胜、吴广虽然在起义不久即相继牺牲，使农民起义军遭受暂时的挫折，但各地起义军仍继续坚持斗争。楚怀王派宋义为上将军，项羽为次将，范增为末将，率主力军去救赵。

公元前207年10月，楚怀王派上将宋义率军救赵，但到达安阳（今河南安阳西南）时，宋义停留46天不进。项羽建议迅速引兵渡河，赵、楚二军里应外合，出其不意，击败秦军，以解巨鹿之围。宋义贪生怕死，不同意项羽的战术，因此他下令全军不准出击，违者一律斩首。当时正值天寒大雨，士卒饥寒交迫，而宋义却在军中饮酒作乐。项羽大怒，杀掉宋义，向全军宣布：宋义与齐国共谋反楚，楚王秘密命令我消灭他！诸将被慑服，一致拥护项羽，共立项羽为代理上将军。楚怀王知道后就封项羽为上将军，挥师北进。

同年12月，项羽先命英布、蒲将军领兵2万人横渡漳水河，截断秦军粮道；然后亲率全军渡河。渡河完毕，命令士兵沉船只、破釜甑、烧庐舍，只携带三日口粮，宣示全军死战，不求生还的决心。（这就是成语"破釜沉舟"的来历。）

当秦军围巨鹿时，赵将陈余率数万人驻守巨鹿城北，因为兵少而畏缩不敢迎击秦军。救赵的齐燕等诸侯兵共数万人，分十多个营垒屯驻在陈余军旁，无人敢派兵出战。等项羽率军到达巨鹿，迅速出击秦军，楚军勇猛无比，莫不以一当十；战斗中诸侯将领都在自己营壁上观望，只见楚军杀敌勇猛异常，喊声震天，战斗激烈，诸侯军无不心惊肉跳。经过殊死血战，项羽率军最终大败20万秦军。

战斗结束后，项羽召见诸侯将领，众将进入辕门时，个个跪行，不敢仰视。项羽从此威震诸侯，成为诸侯上将军，统领诸侯之兵。

刘邦起兵于沛

刘邦像。

刘邦，字季，丰人（今江苏丰县人），为人豪爽慷慨，不喜欢从事农家生产，经常应征至咸阳服徭役。一次在咸阳服役时，正好遇到秦始皇出行，为皇帝的威严所震动，不禁发出感叹："大丈夫就当如此！"后来，他出任泗水亭长，一次被县廷押送役徒去骊山（今陕西临潼东南），途中很多役徒逃亡，刘邦无法阻拦，考虑到等到了骊山，役徒也就已经逃尽，自己不免要获罪。于是，途中趁黑夜把役徒全部释放，其中有19名壮士愿意跟随刘邦，一起藏匿于芒、砀（今安徽砀山东，芒山在其北）山泽之间。

公元前209年9月，刘邦在沛吏萧何、曹参等支持下，杀死沛县县令，起兵响应陈胜吴广起义。收编步兵2000余人，自称为沛公，开始反秦。

秦咸阳一号宫殿遗址。

刘邦约法三章

公元前206年10月，刘邦率军由蓝田（今陕西蓝田西）至霸上（今陕西西安东南）。秦王子婴乘素车、白马，以印绶系颈，封好秦皇帝的玺、符、节等，在轵道（今陕西西安东）旁向刘邦投降，至此，秦朝灭亡。于是，刘邦向西进入咸阳，诸将争先进入金帛财物府库分占财物，只有萧何一人首先进入秦丞相府收缴图籍、文书、律令，并妥为保藏。刘邦由此掌握全国山川险要、郡县户口、民情疾苦等社会情况，为此后平定天下奠定了战略基础。

此后刘邦听从樊哙、张良建议，将大军撤回霸上。11月，刘邦在霸上召集各县父老豪杰开会，并当众宣布：父老乡亲遭受秦朝苛法残害已经很久了。我曾经和诸侯订立盟约，率先进入函谷关（今河南灵宝东南）的人就封为关中的统治者，因此理当由我统治关中。现在与各位父老约法三章，即"杀人者死，伤人及盗抵罪"。其余秦苛法一律废除。于是秦地百姓非常高兴，刘邦也因此奠定了民众基础。

❖ 刘邦入关灭秦

公元前208年闰九月，沛公刘邦奉楚怀王之命，率兵西入函谷关（今河南灵宝东南），伐灭秦朝。

公元前208年7月，农民起义军进攻定陶（今山东定陶西北）失利，西进函谷关又受阻，楚怀王与诸将约定：先入定关中者称王。由于刘邦待人宽厚，有长者之风，定能得关内百姓拥护，所以楚怀王命他收编陈王胜和项梁的散卒，率部西进入关。

10月，刘邦率军攻下成武，12月领兵抵达栗（今河南夏邑）。第二年春2月，北击昌邑（今山东金乡西北）不克，但收编了来归顺的彭越及千余部众。刘邦转而率军过高阳（今河南杞县西）时，里监门郦食其求见献谋。刘邦听从郦食其的计谋，避开秦兵的锋芒，首先攻取了交通要道陈留（今河南开封县东南），获得大批军粮供给。郦食其因此被刘邦封为广野君，他的弟弟郦商率数千人加入刘邦，被封为将。刘邦兵力更为壮大。

3月攻克白马后，刘邦又于4月进占颍川（今河南禹县）。张良率军在此地与刘邦合兵，刘邦留下韩王成守阳翟，自己与张良一同南进。7月，又得南阳（今河南南阳）郡守吕齿奇投降。一路上，刘邦势力日益壮大，在西进途中所向无敌，先后攻下丹水（今河南淅川西）、胡阳（今河南唐河湖阳镇）及析县（今河南西峡）等。8月，刘邦率数万大军攻克武关（今陕西商南南），屠城后挥师北上，直逼咸阳。

在义军紧逼的情势下，秦中丞相赵高惟恐二世迁怒，称病不朝。秦二世派人捉拿赵高问罪，赵高便与他的女婿咸阳令阎乐、他的弟弟赵成合谋杀了二世，命二世的侄子子婴斋戒五日，准备即王位。子婴了解赵高已与义军有密约，发兵在斋宫诱杀赵高，夷灭赵氏三族，并派兵扼守山尧关（今陕西蓝田东南），抗拒义军攻势。

这时，刘邦已经率领数万大军到达山尧关南面。依照张良的计谋，义军在山上大量张插旗帜设疑兵之计，张扬声势，并派郦食其与陆贾劝秦将投降，同时，刘邦却带兵绕过山尧关，翻越蒉山，突然袭击蓝田（今陕西蓝田西），大破南北两面的秦军。公元前206年，沛公刘邦进驻霸上（今陕西西安东），秦王子婴投降，秦王朝灭亡。

❖ 楚汉战争

项羽听说刘邦已先入关，要当"关中王"，勃然大怒，也率军于同年12月入函谷关。这时，项羽有士卒40万人，刘邦只有10万人。项羽在一次史称为"鸿门宴"上，用武力压服了刘邦，随后他即以盟主身份，封立随他入关的主要将领和秦的主要降将为王，时称"新王"；又封立或改封关东已恢复旧国的贵族的王号，时称"故王"。刘邦被封为汉王，都南郑（今陕西汉中）。关中被分为三国，封给秦降将章邯等三人。新、故王合计十八人。项羽立为西楚霸王，都彭城（今江苏徐州）。分封完毕，项羽西屠咸阳，杀秦的降王子婴，烧秦宫殿，大火烧了三个月，又把宫中的财宝和妇女尽劫而东归。

项羽封新王，给予富庶地区；封故王，给予边远地区。有不少故王要将原占疆土让给新王。因之，分封不久，即引发新、故王之间为争夺疆土而进行的战争。项羽支持新王，也卷入混战之中。刘邦乘机自汉中出兵北上，迅速占领关中。又东向出关，与项羽展开争夺天下的斗争。刘邦采用"斗智不斗力"的战略方针，长期把项羽及其主要兵力吸引在荥阳、成皋（关，在今荥阳汜水镇西）一带，另派大将韩信自关中东渡黄河，先后灭掉河北诸国，又东向灭齐，最后再南下与刘邦夹击项羽。公元前202年12月，刘邦、韩信等会师于垓（gai 该）下（今安徽固镇），项羽大败，逃至乌江自杀。

公元前202年，刘邦建立了西汉王朝，称汉高祖，定都长安。

项羽像。

项羽自刎乌江

公元前203年8月，楚汉订立和约，以鸿沟为界。后项羽履约，率兵东归。而刘邦则采纳张良、陈平建议，乘势追击楚军，由此开始了刘邦对项羽的歼灭战。

经过数次胜负战斗，至公元前202年12月，刘邦部将韩信率30万汉军和诸侯联军，将项羽的10万军队包围在垓下（今安徽灵璧东南）。此时项羽兵少粮尽，士气低落，退入营壁。到了夜间，四面汉军都唱起楚歌，瓦解项羽的军心，10万楚军最后逃得只剩下了数千人。项羽听见四面楚歌，以为汉军已经全部占领了楚地，于是陷入绝望。半夜在帐中饮酒，情怀悲凉，不由地对着爱姬虞姬慷慨悲歌："力拔山兮气盖世，时不利兮骓不逝！骓不逝兮可奈何，虞兮虞兮奈若何！"高歌数遍。虞姬唱和，随后自杀死。于是项羽率800精骑趁夜突围南逃。

天明，韩信命令灌婴率5000骑兵追赶。项羽渡淮河，跟从者仅百余人，至阴陵（今安徽和县北）迷失道路，向一田夫打探，被田夫欺哄陷入沼泽中，为汉军追上。不得已，项羽又率兵向东逃到东城（今安徽定远东南）。项羽自料难以逃脱，于是仰天长叹，认为是上天要灭亡他，而并不是战争之罪，于是策马大呼，飞驰而上，斩杀汉兵上百人，最后退到乌江（今安徽和县东北），准备渡江返回江东。但项羽又自觉无颜见江东父老，在斩杀汉追兵数百人后举剑自刎，年仅31岁。

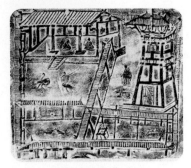

西汉庭院画像砖。

汉文帝像。

汉景帝像。

❖ "休养生息"

公元前202年5月，刘邦采取了一系列旨在恢复经济的"休养生息"的政策和措施，以谋求解决政权建立之初濒临崩溃的经济问题。

秦朝末年，由于统治阶级大肆挥霍，社会经济已到了面临崩溃的地步，又经陈胜、吴广起义和历经数年的楚汉战争与诸侯混战的影响，汉朝初年，社会经济形势更加严峻。人口锐减，生产凋蔽，物资匮乏，物价飞涨，百姓缺食少衣。

有鉴于此，刘邦乃采取了一系列的政策和措施，力求社会的稳定和经济的恢复与发展，如：下令解散大量军队，让士兵回乡务农；入关灭秦的关东人愿留关中的免徭役12年，回关东的免徭役6年；军中卒吏无爵位或爵位在大夫以下的，一律进爵为大夫；大夫以上的皆免除本人及全家徭赋；爵在士大夫以上的，首先给予田地和住宅，并给以若干户租税的封赏，称"食邑"；让在战乱中流亡的百姓各自返回故乡，恢复原来的爵号和田地住宅；因饥饿而自卖身为奴婢的一律免为"庶人"即普通老百姓；商人不得穿丝、携带兵器、乘车骑马，不允许做官，并加倍征收其租税；减轻徭役，把田租从原来的"十税一"减到"十五税一"，即征收总收成的十五分之一；令萧何制定《九章律》以代替临时颁行的约法三章；对匈奴采取"和亲"政策，力求边境地区暂时的缓和与安宁等等。

刘邦采取的这一系列休养生息的政策和措施，取得了良好的社会效果和经济效益，为汉朝初年经济的恢复发展奠定了良好的基础。

❖ "文景之治"

西汉初年，为稳定政治与社会，发展农业生产，汉高祖、惠帝及吕后都采取休养生息政策。

文帝即位后，更倡导以农为本。在位期间，进一步推行轻徭薄赋、约法省禁政策。先是减轻田租，由十五税一改为三十税一，甚至曾免收田租12年。又减算赋，将过去百姓年15至56岁每人每年须交120钱之规定，减为交40钱；徭役也有所减轻，将原来1年一更改为3年一更。文帝还一再下令列侯回自己的封国，以减免戍卒保障供给运输的辛劳。同时，减轻刑罚，废除收孥连坐法和肉刑法。此外对于汉朝边远地区少数民族采取和睦相处政策，与匈奴和亲，柔抚南越。诏举贤良方正，能直言极谏人士，任人唯贤。

公元前157年6月，文帝去世。太子启即位，称景帝。景帝时继续实行"休养生息"政策，一方面，公元前156年5月诏令进一步减轻农民负担，重新收取田租之半，三十而税一，自此成为汉朝定制，从而使农业生产得到恢复和发展，人口逐渐增多。另一方面，景帝时又继续推行剪除严刑苛法的措施，受笞者能够得以保全肢体，缓和了社会矛盾和阶级矛盾。此外，景帝为加强对臣属的约束，下诏命令廷尉和丞相重新讨论官吏贪赃的律令，在一定程度上使官吏贪赃枉法行为有所收敛。景帝还进行"削藩"，平定吴楚七国之乱，把诸侯王任免官吏的权力收归中央，巩固了中央集权。而对于北部边郡的匈奴，继续采取和亲政策，历史学家将景帝统治时期与文帝时期并举，誉称为"文景之治"。

❖ "推恩令"

公元前127年正月，汉武帝采纳中大夫主父偃的建议，颁行"推恩令"。

此令规定，诸侯王除了让自己的嫡长子（正式妻子所生的大儿子）继承王位外，其余诸子在原封国内封侯，新封侯国不再受王国管辖，直接由中央统辖的郡来管理。这样，原来的封国被分割成许多小侯国，实力大大削弱，无力和中央抗衡。

为限制诸侯王国网罗人才，结党私营，培植政治势力，汉武帝又规定，凡给诸侯做官的，绝不能再给王朝效力，严禁封国官吏与诸侯王结党营私，相互串通，致使诸侯王失去了因分封而存在的独立性。

公元前112年，汉武帝举行宗庙大祭，他以诸侯王向汉王朝交纳献费或祭祀宗庙的酬金成色不好、斤两不足为藉口，1次即剥夺诸侯爵位106人，废其封国，改设郡县。汉初因功封侯者140余人，至刘彻太初年间只剩下5人，他们只能得到丰厚的衣食租税，却没有参与政事的权力，汉代的分封制名存实亡。

削藩

晁错像。

汉景帝即位时，御史大夫晁错敏锐地看到诸侯王势力对中央政权的严重威胁，立刻向景帝提出"削藩"建议，即逐步削夺诸侯王的封地，归中央直接统辖。此时，早就准备谋反的吴王刘濞便与楚、赵、胶东、胶西、济南、淄川等六个诸侯串通，于公元前154年同时起兵，以"清君侧（清除皇帝身边的小人）、诛晁错"为名，发动叛乱，史称"七国之乱"。为平息诸侯之怒，汉景帝被迫杀了晁错。但刘濞叛乱的目的是夺取中央政权，故并未退兵。景帝如梦初醒，于是派遣太尉周亚夫率兵用武力平定了叛乱。汉景帝利用平定"七国之乱"的有利时机，接着又颁布法令，规定各诸侯国一律由中央政府派官吏治理，诸侯王只能享受封地内的租税，不再拥有独立的军政权力。这些规定的实施使中央集权得到了巩固。

"罢黜百家，独尊儒术"

四川省出土的汉代太学授业画像砖。学生手中皆有竹简缀成之教本。

公元前136年，汉武帝刘彻采纳了董仲舒的建议，罢黜百家，独尊儒术。

董仲舒建议变儒家哲学为封建最高政治原理，使之成为衡量文化思想的惟一尺度。他的建议为汉武帝所采纳。从此，儒术从私家学者的书斋走进了太学，太学设五经博士，儒学由一般学说而被尊为经，即：《诗》《书》《易》《礼》《春秋》五种。这样，生动的实践的儒学也逐渐变成繁琐死板的经学。太学弟子每年考试一次，成绩优秀者可以做官。在太学里，不同师承的儒学派，都设一讲座，名曰学官。

儒家学说自从得到政府倡导以后，获得广泛的传播。在地方设立官学，用儒家思想培训官员，教化百姓。读书人中兴起了研习儒家学说的风气。

自此，儒家学说成了专制王朝的正统思想，这种状况一直延续了两千多年。

❖ 强化监察制度

汉武帝即位以后，大力加强监察制度。在中央，设立司隶校尉，监督和检举京师百官以及皇族的不法行为；在地方，汉武帝初置刺史。除7郡外，将全国分为冀、幽、并、兖、徐、青、扬、荆、豫、益、凉及朔方、交趾等13州（部），每州设刺史一人。刺史每年八月巡视所部郡国，省察治状，断理冤狱，考查郡县长吏。刺史年终回京师奏事。刺史内隶属于御史中丞，还受丞相司直监督。其出巡时若不忠于职守，便会受到弹劾和处分。

刺史制度是一项打击诸侯王、郡守和地方豪强的措施，是一种比较严密的地方监察制度，对于加强中央集权起过重要作用。由于不满于丞相专权，致力于官制的改革，逐步建立起以皇帝制度为核心，以中央丞相制度、地方郡县制度为基础的中央集权制度。

汉武帝还利用和发展了秦代和汉初以来的加官制度，使原统属于郎中令等卿的诸大夫和诸郎等官直接由皇帝控制并使之参与政治决策。侍中、中常侍、给事中、诸曹、诸吏等都属加官，可以出入宫禁，披阅章奏，参与国家机密。还可以举法弹劾，对外朝百官行使监察职权。其中侍中、中常侍、给事中等官开始时基本上由士人担任，后来逐渐为宦官占据，成为宦官专权的重要工具。

汉武帝时期出于加强皇权、抑制相权的需要，更多地利用尚书（尚书在先秦时期原为主管文书的小官）机构办理政务。汉武帝还开始任用宦官担任尚书，称为中书。从此时开始，吏民一切章奏都可以不经过政府，而通过尚书直达皇帝，丞相九卿也必须通过尚书入奏，皇帝的旨意也由尚书下达丞相。以前归丞相、御史二府掌管的选举、任用、考课官吏之权也转归尚书。尚书还掌握刑狱诛赏的大权，可以质问大臣，并可因大臣所言不善加以弹劾。

❖ "光武中兴"

刘秀登上帝位之后，花了十年左右的时间，陆续消灭各地的农民起义军和大大小小的地方割据势力，基本上重建了统一局面。历史上称刘秀重建汉室是"光武中兴"。

刘秀即位之初，就废止了王莽订立的所有制度和政策，基本恢复了西汉时期的制度和政策。公元30年他下令各郡国减低田租，恢复"三十税一"的旧制。其次是选用良吏，减轻刑罚。刘秀还下令提倡节俭，精兵简政等等。这些政策与措施对于东汉农业生产的恢复以及社会秩序的安定具有积极意义。

刘秀建立了一个比西汉还要专制的封建政权。他给功臣们以爵位和封地，但不给他们政治权力。他把原来在内廷处理文书的尚书台提高为决策和发号施令的机构，由皇帝直接指挥。他还进一步削弱了丞相的权力，代之以司徒、司空和太尉，也称"三公"，三公表面上权力很大，实际上只能处理一些例行的公事，而尚书台才是实际行政事务的最高管辖机关。光武帝还加强了监察制度，在中央设立御史台、司隶校尉，负责监察举报朝廷百官犯法者和各郡事务。光武帝还裁撤了四百多个县，大量裁减官员，提高地方行政效率。东汉时期，刺史的监督权被扩大了，地方上一切行政、司法和军事权力也渐渐落到刺史手中。

为增加政府租税和赋役，公元39年，刘秀下诏"度田"，对全国的户口和土地进行清理、核实。但是豪族地方势力仍千方百计地把负担的赋税徭役转嫁到农民头上，同时以武装抗拒度田，从而加剧了社会的动荡。后来，刘秀采取镇压与分化瓦解相结合的办法，平息了度田引起的骚乱，有利于赋税、徭役的征调。

刘秀连续六次下令解放部分奴婢，并改善奴婢的法律地位。解放奴婢是为了增加由政府直接控制的劳动力。

公元57年，刘秀死。此后的30年间，汉明帝和汉章帝相继即位，他们都能继承先辈的事业，并有所作为。一直到汉和帝执政时期，东汉的社会经济仍在持续向前发展，人口增殖也很快。

光武帝刘秀。

黄巾起义

东汉后期的七八十年间，朝政腐败，宦官专权，社会动荡不安，各类矛盾尖锐突出，整个社会隐伏着巨大的危机。

张角，是太平道的教主，自称"大贤良师"。他利用"符水"给人治病，吸收了很多弟子，派他们到各地去传教，十几年间，徒众发展到30多万人，活动遍及各地。经过长期的部署准备之后，张角决定于公元184年的3月5日，在全国同时起义。可是，就在预定起义的前一个月，有人向东汉政府告密，起义军的主要首领之一马元义被捕处死，洛阳1000多群众也惨遭杀害。东汉政府又连夜下令到冀州搜捕张角，张角得到消息后，马上派人驰告各方，立即发动起义。

经过了长期酝酿准备的各地农民军，接到张角的命令后，同时起义。张角自称"天公将军"，他的弟弟张宝称"地公将军"，张梁称"人公将军"，兄弟三人为最高统帅。起义军头裹黄巾，因此被称为黄巾军。黄巾军杀官吏，烧官府，摧毁豪强地主的田庄，没收他们的土地和财物，开仓赈济贫民。一月之内，天下响应。

东汉政府慌忙联合地主武装，共同镇压起义军。黄巾军由于力量分散，经过九个月的英勇战斗，终于失败了。但起义军的余部继续顽强斗争了几十年。经过黄巾起义的沉重打击，东汉政府政权土崩瓦解，名存实亡了。

长信宫灯

长信宫灯，1968年出土于河北省满城县西汉中山靖王刘胜之妻窦绾墓。

长信宫灯高48厘米，通体鎏金；灯体是一位宫女，设计极其精巧，灯座、灯罩、屏板及宫女头部和右臂都可拆卸，罩下屏板又能转动开合，用以调整烛光照度；灯盘有一柄，便于转动和调整照射方向。宫女左手握灯盘的柄，右手握灯，十分巧妙地将右手袖设计成烟道，烟灰可以通过右臂纳入体内，减少了油烟污染。造型及装饰风格轻巧华丽，一改以往青铜器皿的神秘厚重，显得舒展自如，更接近人世生活。

长信宫灯的出现，表明了秦汉以后的青铜工艺，因铁器、漆器的出现和使用，而更加转向轻便、精巧、实用的生活器用及观赏艺术品方向发展。

❖ 地主庄园

西汉后期以来有权有势的大地主都占有大量的田地和佃农，世代称霸一方。至东汉时，这一情况更有发展，宗室贵族也争占田地，广蓄奴婢。拥有大量田地和奴婢的地主可称为庄园地主。庄园就是田庄。不过对地主庄园而言，属于田庄范围的田地不仅为地主所有，而且其中的山林川泽也为地主所霸占。在地主庄园内，绝大多数农民是地主的佃客，实际是农奴。山林川泽的私有化和农民的农奴化，是以土地私有制为基础的封建生产关系进一步发展的标志。

在地主庄园中，以满足地主的生活需要为主，组织生产。佃农们在地主或其代理人的指挥下，按照时令，从事于农业或副业生产。如种植各种粮食作物、蔬菜、瓜果和各种经济作物以及药材等等。副业有造酒、酿醋，制酱，作饴糖，养蚕，缫丝，织缣帛和麻布，染色，制衣服和鞋袜等。农具和手工工具也由本庄园制作。庄园对地主经济来说，是一个自给自足的单位。

地主对农民的超经济的剥削是严重的。青壮年农民都要为地主充当部曲或家兵。每年二三月青黄不接、或八九月寒冻将临之时，地主们就驱使部曲、家兵在庄园里进行战射训练，以防御贫苦农民对地主庄园的攻袭。地主庄园内都修有坞堡，是地主们藏身之处。坞堡四周有高墙、深沟围绕，还筑有三层、四层、五层、六层警楼，上有部曲、家兵守卫着。可是佃农们却低眉俯首，世代为地主作奴役。

汉代红陶城堡房屋。

汉代纺织业

中国的纺织业历史悠久，技术先进，两汉时期是纺织技术发展的一个高峰期，丝、麻、毛纺织技术都已达到较高水平，边远地区的棉纺也有所发展，缫车、纺车、络丝工具，以及脚踏斜织机都已广泛使用，提花机已经产生，染色技术进一步发展，发明了多色套版印花和蜡印工艺。"薄如蝉翼"的素纱可与今天的尼龙纱相媲美；精练后的蚕丝重量能减轻25%，质地柔软，雪亮光泽，竟与现代用科学方法计算出的丝胶占总量的1/4的数量相吻合；平纹的绢，其经线密度达每厘米164根，满城中山靖王墓出土的，经纬密度达200×90根／平方厘米，还有精美的锦，瑰丽的刺绣，都名冠当世。

西汉时原料加工技术发展迅速。当时的原料主要有蚕丝、葛、麻、毛、棉等。蚕丝主要产自黄河中下游的山东、河南、四川等地，出现了临淄、襄邑、任城等著名的蚕业中心。

汉代制毯和纺织用的毛纤维主要是羊毛，精密稀疏程度几乎与丝织罗相仿。产棉区从边境地区拓展到东南、南部沿海、新疆和云南一带。

缫纺技术进一步推广，手摇纺车早已普及，并发明了脚踏纺车。纺车的发明和推广使丝麻产品的产量和质量大大增加。

织造技术得到提高。西汉初年，钜鹿人陈宝光的妻子创制了一种新的提花机，用120蹑60天能织成一匹散花绫，"匹值万钱"。此后又有人把它简化，使片综提花机发展为束综提花，是一次大的飞跃。

此时的罗织机已能织出四经绞素罗和以四经绞罗为地，两经绞起花的菱纹罗；主要用于织造地毯、绒毯等类毛织物的立织机能织出新疆民丰尼雅东汉遗址出土的那种毛织彩色地毯，其表面用橙黄、朱红、翠绿等色起绒，花纹历历在目。

梭和筘分别是引纬和打纬的重要工具，它们的普遍使用，使得织造过程形成脚踏提综开口，一手投梭，一手持筘打纬的完整体系，这种织机一直沿用到近现代。

染印技术广泛使用。西汉时期，练、染、印工艺都有了进一步发展。

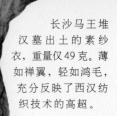

长沙马王堆汉墓出土的素纱衣，重量仅49克。薄如禅翼，轻如鸿毛，充分反映了西汉纺织技术的高超。

马王堆汉墓出土的汉代绣花绢手套。

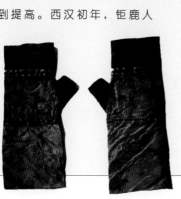

西汉彩绘骑马俑。充分显示了汉军的威严阵势。

卫青抗击匈奴

公元前124年，卫青抗击匈奴捷报频传，汉武帝拜他为大将军，勉励他继续为国出力，保卫北疆。

公元前124年，匈奴右贤王屡次侵扰朔方（今内蒙古杭锦旗北）。抗匈名将卫青奉武帝之命，率领10万余骑兵从高阙、朔方出发，直向北进，深入塞外六七百里，以迅雷不及掩耳之势包围了右贤王王廷。右贤王仓惶北逃，汉军大胜，俘匈奴小王十余人，士兵15000余人和数百万牲畜。武帝闻之，龙颜大悦，特命使者持大将军印到军中，拜卫青为大将军，令诸将皆受其节制。

卫青任大将军后，又于元朔六年四月再次统领六将军出击匈奴，激战于定襄。卫青英勇善战，再次击败匈奴，俘斩万余人。卫青成为抗击匈奴的重要军事将领。

❖ "白登之围"与汉匈和亲

汉朝初年，匈奴冒顿单于不断攻扰汉朝北方郡县。公元前200年九月，匈奴冒顿大军将汉楚王韩信包围在马邑（今山西朔县西北），韩信派人向冒顿求和遭刘邦疑忌。韩信担心被杀，于是以马邑向匈奴投降。匈奴冒顿得到韩信帮助，率军向南越过句注，围攻晋阳（今山西太原）。刘邦亲率大军北伐韩王信，击破其军，韩信逃到匈奴。当时，刘邦听说冒顿在代谷（今山西繁峙西北）驻扎，想攻击他。于是先派人侦察冒顿虚实。而冒顿将其精锐士兵、肥牛马等隐藏起来，仅以老弱之人和瘦弱牧畜引诱汉朝军队。刘邦不知是计，将汉兵32万全部派出北击匈奴，并不听刘敬的有关敌情报告，亲率先头部队前进到平城（今山西大同东），被冒顿40万精锐骑兵围困在白登山（今山西大同东北）达7天之久，汉军里外不能相救。后刘邦听从陈平计策，用重金贿赂冒顿的阏氏（相当于汉皇后），才得以突围，到平城与汉朝大军相会合。此后，冒顿率军离去，刘邦也罢兵退回长安。

经此一役，刘邦认识到仅以武力手段解决与匈奴的争端的条件还不成熟。他询问刘敬，刘敬提出采取"和亲"政策，建议刘邦以嫡长公主嫁于匈奴，作为单于的阏氏（相当汉朝的皇后），认为如生子必为太子，以后可以代立为单于。现在冒顿在世，是汉家的子婿，他死后儿子做单于，是汉家的外孙，外孙自然不会与外祖分庭抗礼。这样用不着征战就可使匈奴称臣，刘邦深以为然。

公元前198年冬，刘邦派刘敬前往匈奴，以"家人子"（汉宫人名号）充当公主嫁给冒顿单于，并约定每年进奉匈奴絮缯酒食各若干，约为兄弟，缔结和亲之约。这是汉匈之间第一次和亲。双方又开放汉与匈奴之间的关市，由此汉北部边境逐渐安宁。此后，汉惠、文、景诸帝时又各遣宗室女或公主与匈奴单于联姻。

❖ 霍去病大败匈奴

公元前121年，为了争夺河西地区，骠骑将军霍去病奉命率领1万轻骑兵与匈奴作战。在战争中，他足智多谋，转战5个王国，奔驰千余里，取得辉煌战果，共杀匈奴小王2人，俘斩8900余人，并获休屠王祭天金人。同年夏天，他又深入匈奴腹地2000余里，斩首30000多级，俘获匈奴小王70多人。从此，汉朝控制了河西走廊一带，匈奴与羌人的联系被切断。

匈奴王单于听到此败信，大为震怒，欲将浑邪王斩首治罪。于是浑邪王决定投降汉朝。这年，霍去病护送浑邪王入长安晋见武帝，并带领降汉匈奴军数万人渡过黄河，凯旋而归。浑邪王降汉后，武帝立他为漯阴侯，封万户，并把前后降汉的匈奴人分别迁徙安置于陇西（今甘肃临洮）、北地（今甘肃庆阳西北）、上郡（今陕西榆林东南）、朔方（今内蒙古伊盟西北）、云中（今内蒙托克托）五郡，称五属国。

霍去病墓前的石雕——马踏匈奴。这是为标榜霍去病功绩而凿刻的。

❖ 昭君出塞

公元前36年，汉朝消灭郅支单于，帮助呼韩邪单于重新统一匈奴。呼韩邪又高兴又害怕，在公元前34年上书汉朝，表示要入汉朝见汉帝。

公元前33年正月，呼韩邪单于第三次入汉觐见汉帝（前两次为公元前51年、公元前49年），提出愿为汉婿，复通和亲之好，元帝准其要求，把宫女王嫱以公主的礼节嫁给呼韩邪单于。王嫱，字昭君，南郡秭归（今湖北）人，幼时被选入宫做宫女。当得知朝廷选宫女与匈奴和亲的消息，昭君慷慨应召，愿远嫁匈奴。昭君姿容丰美，仪态大方，通情识理，深得呼韩邪单于钟爱。昭君离开长安时，文武百官一直送到十里长亭，她怀抱琵琶，戎装乘马出塞。到匈奴后，呼韩邪单于封她为"宁胡阏氏"。后生一子，取名伊屠智牙师，长大后被封为右日逐王。公元前31年，呼韩邪单于去世。依匈奴风俗，昭君又嫁给了复株累单于（呼韩邪单于与大阏氏之子），又生二女。昭君出塞后，匈奴与汉朝长朝和睦相处，汉匈民族间政治、经济、文化的联系有所发展，边境安宁，百姓免遭战争之苦。元帝下诏将昭君出塞这一年改为元竟宁。

西汉时期，北方游牧民族的服饰。

西汉时期，匈奴贵族的服饰。

张骞通西域

张骞通西域(壁画摹本)。此为敦煌莫高窟第323窟主室北壁的一幅画面,绘于初唐。右侧骑在马上的是汉武帝,左侧跪在地上的是张骞,他神情专注地听汉武帝的嘱咐。

汉武帝为了争取联合力量,准备反击匈奴,于公元前138年,派张骞出使大月氏(原生活于近期联山、敦煌一带,后被匈奴逼迫西迁),旨在约大月氏与汉联合,东西两面夹击匈奴,以收回河西失地。张骞在路上被匈奴所房,匈奴以女嫁张骞。张骞忠贞不屈,在匈奴10年后西逃到大月氏。但大月氏王因西迁已久,不愿再回故地,亦不愿共击匈奴。张骞没有完成使命,就东归回汉,但路上又被匈奴扣留。公元前126年,张骞又逃回长安。

张骞出使西域13年,历尽千辛万苦,原来携随从百余人,等到长安时,身边只剩下匈奴妻子和助手堂邑父。张骞在西域时,曾到过大宛、康居、大月氏、大夏(今阿富汗北部至印度河流域)等国,还了解到旁边有五六个大国。大宛的东北有乌孙,大月氏之西有安息(今伊朗),再西有条枝(今伊拉克),康居的西北有奄蔡等。他对这些国家的政治、社会、地理、物产、风俗等情况做了较详细的了解,回国后,报告了武帝。这是中国对今新疆和中亚、西亚等地有具体了解的开始。张骞的西域之行,扩大了两千年前

中国人的世界视野,促进了东西方的经济、文化交流。

公元前119年,汉武帝第二次派张骞出使西域,约乌孙(原与大月氏为邻,后被大月氏攻破,西迁)共击匈奴,收回失地。张骞与同行的持节副使和随行人员共300余人,他们给乌孙带去了价值千亿的金币帛和数以万头的牛羊。但乌孙王因其国临近匈奴,受匈奴的威胁严重,不敢与汉联合。乌孙遂派使者数十人陪张骞回长安,并回赠良马数十匹。张骞的副使们分别到大宛、康居、大月氏、大夏、安息、身毒(今印度、巴基斯坦)等国,后来亦由各国使臣陪同,回到长安。

张骞出使西域后,汉朝和西域的经济文化交流频繁。西域的葡萄、核桃和良马、地毯等传入内地,丰富了汉族的经济生活。汉族的铸铁、开渠、凿井等技术和丝织品、金属工具等,传到了西域,促进了西域的经济发展。公元60年,西汉政府设置了西域都护府,总管西域事务,保护往来商旅。新疆地区正式成为西汉中央的管辖区。

简明中国史

❖ 班超经营西域

　　班超是历史学家班彪的次子，班固的弟弟，是东汉杰出的外交家。他经营西域30年，对巩固我国的西部疆域，促进多民族国家的发展，做出了卓越的贡献。

　　明帝初年，北匈奴一再胁迫西域各国出兵，劫掠东汉的河西等地。公元73年，明帝派将军窦固、耿忠率士卒进入伊吾庐（今新疆哈密），进行屯田驻兵。第二年，又进军车师（今吐鲁番、吉木萨尔一带），设置西域都护府，驻扎在乌磊城（今轮胎县东北小野云沟）。

　　这时，西域多数国家向汉，少数从匈奴。窦固派假司马班超率36人与南道诸国联系。班超得到鄯善、于阗、疏勒的支持，杀掉了匈奴使者，控制了南道。公元87年，班超又联合于阗击败莎车（位于塔里木盆地西端）。公元90年，大月氏趁赵、匈主力正在塞外角逐之机，派70000军队由谢率领向班超进攻。班超坚定沉着、坚壁清野、以逸待劳，使爬越帕米尔高原远道而来的大月氏军队攻城不下，又无所劫掠，同时，班超又派一军埋伏于去龟兹的东界路上，大月氏粮尽，谢果然派兵持金银珠玉去龟兹求救，结果被班超所埋伏的军队击杀，谢得知后大惊，只好向班超请罪，求得生还。从此，大月氏岁岁向汉朝进贡。

　　北匈奴及大月氏的失败，使西域反汉势力失去靠山。公元91年，龟兹、姑墨、温宿都向班超投降。东汉政府委任班超为西域都护。公元94年，焉耆、危须、尉梨等地臣服于汉。至此，西域50余国尽纳入东汉版图。

　　公元97年，班超派甘英出使大秦（罗马帝国）。甘英西经条支（今伊拉克）、安息（今伊朗）诸国，至安息西界（波斯湾），没能继续前进。但甘英为打通欧、亚交通做出了重要贡献。

专题二：　　秦汉的文化艺术

❖ 张衡及其发明

张衡的水运浑天仪。

约在4世纪初，候风地动仪在动乱中失落。王振铎于1959年将张衡的候风地动仪重新复原，陈列在中国历史博物馆内。

张衡（公元78年—139年），字平子，南阳西鄂（今河南南阳石桥镇）人，我国东汉时期著名天文学家，政治家，文学家和画家。他发明闻名于世的候风地动仪，是世界地震测报史上的重要里程碑，而根据他的浑天说理论发明和制造的漏水转浑天仪，又使他成为我国水运仪家传统的始祖。

浑天说是张衡的宇宙结构理论，《张衡浑仪注》是这方面的理论著作。他认为天好像一个鸡蛋壳，地好像是蛋黄，天大地小，天地各乘气而立，载水而浮。为了演示这一理论学说，张衡以西汉耿寿昌的发明为基础，于117年，发明并制造了漏水转浑天仪。这台仪器用精铜铸造而成，是一个直径约1.5米的球，代表天球，可绕天轴转动，上刻二十八宿，中外星官以及黄道、赤道、南极、北极、二十四节气、恒显圈、恒隐圈等。为了使浑象自行运转，他利用齿轮系统将浑象与漏壶联系起来，用漏壶滴出的水作为动力启动齿轮，带动浑象绕轴转动。通过选择适当的齿轮个数和齿数，使浑象一昼夜和地球自转速度完全相等，以演示星空的周日视运动。通过对它的监测，人们可以知道日月星辰和节气的变化。

公元132年，张衡又发明制造了候风地动仪。这是世界上第一架可测地震方位的仪器，它是利用倒立惯性震摆的原理制成的，其基本构造符合物理学原理，能探测到地震波的首先主冲方向，是现代地震仪的先驱，也是当时世界上遥遥领先的发明。

该仪器系青铜铸造，整体造型宛若汉代的酒樽。仪体圆形鼓腹，直径约1.9米。在仪器体外按八方附设八条垂龙，龙口各衔一铜丸，地上并设八只向上张口铜蟾蜍，与龙头一一对应。龙头下部仪器表面雕刻四灵图案，八龙方位下书刻卦文。圈足的上部刻有山阜之形。

地动仪内部结构精巧。仪器内底部中央，立有一根"都柱"，即倒立惯性震摆，围绕都柱设有八组与仪体相连接的杠杆机械即"八道"，"八道"与仪器外面设置的八条垂龙龙头上颌接合，代表着东、西、南、北、东南、东北、西北、西南八个方位。遇有地震，震波传来，"都柱"偏侧触动龙头的杠杆，使该方位的龙嘴张开，铜球落入蟾蜍口中，发出声响，用以报警。

候风地动仪的灵敏度很高，最低可测地震烈度为3度左右（据12度地震烈度表）的地震。

❖ 造纸术

在中国，商代用甲骨，西周用青铜器，春秋时用竹简、木牍、缣帛作为记事材料。汉代，农业发达，经济繁荣，国力强盛，文化事业蓬勃发展。

蔡伦（公元62年—公元121年），字敬仲，桂阳（今湖南郴州）人，公元75年入宫为宦。公元87年任尚方令，掌管宫廷手工作坊。

蔡伦造纸之前，书写记事的纸实际上是丝织物（缣帛），蔡伦用树皮、麻头、破布、鱼网，经过挫、捣、抄、烘等一系列的工艺加工，制造植物纤维纸，一种至今大致结构没有改变的良纸，也是真正意义上的纸。公元105年，蔡伦向汉和帝献纸，受到和帝赞誉。新的造纸术使旧的不便书写的麻纸变成了至今大致结构没有改变的良纸工艺。造纸术于是广为天下所知，蔡伦造的纸被称为"蔡侯纸"。

纸的出现和推广，使汉以后的文化生活出现了崭新的面貌，纸的质量也越来越好。公元185年，山东造纸能手左伯（字子邑）造出"左伯纸"，史称"子邑之纸，妍妙辉光"。

造纸术的发明是中国古代最伟大的发明之一，也是人类文明史上一项最杰出的成就。纸的出现，是人类文明的基础，它作为一种新的信息载体在中国率先出现，使中国汉代的文明勃兴超过了其他的文明。公元8世纪左右，阿拉伯人才开始用中国的技术和设备造纸。

《九章算术》

《九章算术》是我国古代数学的经典著作，它上承先秦数学发展的源流，又经过汉代许多学者的删改增补，是先秦数学成就集大成的总结，它的出现，标志着中国古代数学体系的形成。

《九章算术》不是成于一时一人之手，而是经历了漫长的过程，由多人逐步删改、修补而在公元50年最后形成定本的。

《九章算术》内容异常丰富，题材很广泛。它共九章，分为246题202术，主要内容依次为"方田"，用于田亩面积的计算，"粟米"是谷物粮食的按比例折算，"衰分"是比例分配问题，"少广"用于已知面积、体积而反求一边长和经长等，"商功"用于土石工程体积计算，"均输"是赋税合理摊派问题，"盈不足"乃双设法问题，"方程"是一次方程组问题，"勾股"为利用勾股定理求解的各种问题，即"勾三、股四、弦五"。书中的大部分内容与当时的社会生活密切相关。

《九章算术》在我国和世界数学史上具有十分重要的地位。欧洲在16世纪才有人研究三元一次方程组，而线性方程组的理论及解法乃是18世纪末叶才出现的，这种比较足以见其先进性。

作为中国古代数学的系统总结，《九章算术》对中国传统数学的发展产生了极其深远的影响，在世界数学史上具有十分重要的地位。

左图是造纸生产过程示意图。

《神农本草经》

《神农本草经》是现存最早的药物学专著，为我国早期临床用药经验的第一次系统总结，历代被誉为中药学经典著作。在我国古代，大部分药物是植物药，所以"本草"成了它们的代名词，这部书也以"本草经"命名。《神农本草经》成书于东汉，并非出自一时一人之手，而是秦汉时期众多医学家总结、搜集、整理当时药物学经验成果的专著。

全书分3（或4）卷，共收载药物365种，其中植物药252种，动物药67种，矿物药46种。书中叙述了各种药物的名称、性味、有毒无毒、功效主治、别名、生长环境、采集时节以及部分药物的质量标准、炮炙、真伪鉴别等，所载主治症包括了内、外、妇、儿、五官等各科疾病170多种，并根据养命、养性、治病三类功效将药物分为上、中、下三品。书中有200多种药物至今仍常用，其中有158种被收入1977年版的《中华人民共和国药典》。

关于药物的配伍情况，书中认为有的药物合用，可以相互加强作用或抑制药物的毒性，因而宜配合使用。书中还指出了剂型对药物疗效的影响，丸、散、汤、膏适用于不同的药物或病症，违背了这些，就会影响药物的疗效。

由于历史和时代的局限，《神农本草经》也存在一些缺陷，尽管如此，《神农本草经》其中包含了许多具有科学价值的内容，被历代医家所珍视，而且其作为药物学著作的编撰体例也被长期沿用。

❖ 张仲景

张仲景，又名张机，汉代医学家，南阳郡涅阳（今河南南阳）人，年少时跟随同郡张伯祖学医，曾任长沙太守。东汉末年，瘟疫流行，张氏宗族的200多人在不到10年时间就死去2/3，其中大部分死于伤寒发热。张仲景悲愤之余，发愤读书，刻苦钻研《内经》《阴阳大论》等古典医药书籍，总结东汉以前众多医家和自身的临床经验，于东汉末年撰成了《伤寒杂病论》这部划时代的临床医学巨著。《伤寒论》即是《伤寒杂病论》的组成部分之一。

《伤寒论》共10卷，是一部以论述伤寒热病为主的奠基性中医临床经典著作。张仲景在《伤寒论》中，对其发病的因素、临床症状、治疗过程及愈后等问题，进行了综合分析，创造性地提出了六经辨证的学说。

在诊断上，张仲景"勤求古训，博采众云"，采用"望、闻、问、切'四诊'"和"阴、阳、表、里、虚、实、寒、热'八纲'"对伤寒各种证型、各阶段的辨脉、审证大法和用药规律用条文的形式作了比较全面的说明和分析。

《伤寒论》虽主要论述伤寒证治，但贯穿书中的"辨证论治"思想及六经大法，对于各科临床诊治均有指导意义。

原书《伤寒杂病论》撰成后，因战乱散佚，后经晋代王叔和整理，公元1065年再经校正书局校订，编纂成当时《伤寒论》的通行本。

自宋以来，注释和研究《伤寒论》的著作不胜枚举（600种左右）。而外国对张仲景的研究也很深入，论著颇多。张仲景的方剂被推为"经方"，称之为"众方之祖"。张仲景也被尊为"医圣"。

张仲景塑像。

❖ 华佗与五禽戏

　　华佗（约公元141年—208年）又名敷，字元化，沛国谯（今安徽亳县）人，是汉末著名医学家、养生家。

　　华佗擅长内、外、妇、儿、针灸各科，尤其精于外科。他首创开腹术，为后代医家誉为"外科鼻祖"。他首次把全麻醉剂（酒服麻沸散）应用于外科手术，大大推进了外科手术的发展。如果疾病发结于内，针灸药物无法治疗，华佗就让病人以酒服"麻沸散"，等病人全身麻醉，毫无知觉后，"刳破腹背，割除病结"；如果病在肠胃，就把肠胃切断，冲洗，清除积秽，然后再缝合，敷上"神膏"，四、五日后，创口便能愈合，一月之间病人就能完全恢复。

　　五禽戏，也叫五禽气功、五禽操、百步汗戏，是华佗在运动实践中创编的成套导行健身术。因模仿虎、鹿、熊、猿、鸟5种禽兽的神态和动作而得名。

　　华佗将前人的理论和实践加以总结，创编了这套保健医疗体操，并提出了预防疾病为主的理论。在中国运动史、气功史上有极重要的意义。

　　五禽戏五种类型动作的作用各不相同，一般说，虎势能使身体强健，加强肌腱、骨骼、腰髋关节功能；鹿势能引伸筋脉，益腰肾，增进行走能力；猿势能使脑筋灵活，记忆增强，发展灵敏性，开阔心胸；熊势能增强脾胃功能，增强力量；鹤势能加强肺呼吸功能，提高平衡能力。练五禽戏不仅要求形似，而且要求神似，要做到心静体松，动静相兼，刚柔并济，以意引气，气贯全身，以气养神，精足气通，气足生精。五禽戏以中医理论为基础，以人的生理特征为依据，运用五行、脏象、气血、经络等学说来解释它的作用。练五禽戏时要求守住意，运好气，集中精力，尽快入静，呼吸缓慢柔和、深长均匀、轻松自然，运动时劲蓄不露，做到"气行则血行"，每次练习应力求出汗，以促进新陈代谢，活血化瘀，去邪扶正；全过程要贯穿单腿负重、步分虚实、躬身前进，还要注意神态模仿逼真，如模仿虎的威猛、鹿的回首、猿的灵敏、熊的浑厚、鹤的翘立等。

　　五禽戏的出现，很大程度上推动了后世导引养生术的发展，对我国的运动史、气功史产生了极深远的影响。

图为《内外功图说辑要》中的五幅插图。

① 五禽戏—虎
② 五禽戏—熊
③ 五禽戏—猿
④ 五禽戏—鹤
⑤ 五禽戏—鹿

西汉乐器：竞渡纹鼓。

西汉彩绘木乐俑。

汉赋

汉朝最典型的文学形式是"赋"，它既像诗，又像散文，或者说是诗与散文的结合体。赋实际上跟楚辞有内在的联系。赋讲究宏大场面的描写，语言华丽而夸张。

西汉的赋起初以表达作者的思想感情为主。西汉中期后，成为最高统治者歌功颂德的工具，这样的赋篇幅很长，叫做大赋；东汉时期的赋篇幅短小，向反映现实的方向发展，叫做小赋。

在汉朝诸多赋作家中，司马相如（公元前179年—公元前118年）无疑是最具天才的一个。据说汉武帝非常喜欢阅读司马相如的赋，并因此提拔他当官。

❖ 乐府

乐府始创于秦，与掌管庙堂音乐的"太乐"并立。汉初沿袭下来，有"乐府令"掌管音乐，汉武帝时大规模扩建乐府机构，对郊庙礼乐进行了重大改革，乐府的性质发生了变化。

汉武帝建立乐府，目的是改革传统的郊庙音乐。即用新声改编雅乐，以创作的歌诗取代传统的古辞。所以，乐府的任务就是采集各地的民歌来创设新声曲调；选用新创颂诗作歌辞；训练乐工、女乐进行新作的排练。

乐府设在帝王游幸的上林苑，乐工组织庞大，有上千人，并且分工明确，有表演祭祀仪式的"郊祭乐员"，演奏南北乐的"邯郸鼓员"和"江南鼓员"，专门演唱的"蔡讴员"、"齐讴员"，表演少数民族音乐的"诸族乐人"等。乐府还拥有李延年、张仲春和司马相如等一批优秀的音乐家和文学家。

乐府大规模地采集、整理和改编了大量民歌。采集的民歌几乎来自全国各地。现今留存的乐府民歌，多是东汉作品，共有三四十首。

公元前7年，汉哀帝下令撤消乐府。虽然乐府作为掌管音乐的官署被撤消了，但由于它专事搜集、整理民歌俗曲，因此后人就用"乐府"代称入乐的民歌俗曲和歌辞；六朝时人们已将乐府唱的"歌诗"也称为"乐府"，与"古诗"相对并举，把入乐的歌辞和讽诵吟咏的徒诗两种诗歌体裁区别开来；宋、元以后，"乐府"又被借作词、曲的一种雅称；所以，作为文学体裁的"乐府"却流传了下来。

汉乐府民歌今存不足百篇，大部分保存在宋代郭茂倩的《乐府诗集》中，分《鼓吹曲辞》《相和曲辞》和《杂曲歌辞》三类。《孔雀东南飞》成为古代汉民族最长、最优秀的叙事诗。乐府民歌大胆反映现实的精神在诗歌发展史上影响深远。后代凡是反映民生疾苦、暴露现实黑暗的诗作往往采用乐府的形式，以至批判现实成了乐府诗的基本特点。汉乐府或为杂言诗，或为五言，标志着诗歌形式得到了更充分的发展，为后代杂言歌行及五言诗的繁荣奠定了基础。

汉乐府的建立，对中国文学、音乐发展都有决定性作用。

❖ 司马迁与《史记》

司马迁（公元前 145 年—公元前 86 年，另一说公元前 135 年—公元前 93 年），字子长，夏阳（今陕西韩城南）人。其父司马谈是专管文史星历的太史令，熟悉历史，通晓先秦诸子学术。司马迁幼时随父到长安学习经史，并曾问学于经学大师孔安国、董仲舒等。20 岁后旅行全国，查看风物，采访史迹。公元前 108 年，司马迁继父职任太史令，继承其父未竟之业。公元前 104 年，司马迁开始撰修《史记》。在编写的过程中，司马迁因替投降匈奴的李陵辩护而被处以腐刑（阉割生殖器）并被捕入狱。司马迁忍辱负重，发愤继续写《史记》，并在对历史人物的真实描绘之中融入了个人深沉的思想情感。

《史记》原名《太史公书》，全书 130 篇，共 50 多万字，是中国第一部纪传体通史。通史即通贯古今的史书。司马迁根据流传下来的历史资料以及自己实地考察的成果，记载了上起黄帝下至汉武帝太初年间约 3000 年的历史。其中对于战国、秦、西汉的历史记载尤为详细。除了记载各朝代的政事以外，《史记》还专门记录了天文历法、山川地理、农业生产、商业贸易的情况。司马迁撰写历史的态度一丝不苟，非常尊重历史的真实性，他不管历史人物的地位高低，坚持秉笔直书，决不隐讳。书成之后，由于书中内容与当时的政治不太合拍，甚至有诽谤朝廷的嫌疑，所以一开始并没有受到统治者的重视。

《史记》的体例分为记录帝王的"本纪"、记录诸侯的"世家"、记录突出人物的"列传"、记录制度沿革的"书"以及将历史进程简明化的"表"，这些体例开创了后代写作通史的先河，此后凡是全面记载一个朝代的史书，大都仿照《史记》的写法。

《史记》还具有一定的文学性，其中对于某些历史人物的叙述和描写十分细腻，栩栩如生，可谓是古代传记文学的典范，对后世的叙事散文创作产生了很大影响。

司马迁像。

班固

班固像。

班固（公元 32 年—公元 92 年）字孟坚，东汉扶风安陵（陕西咸阳东北）人，出身于有良好家学渊源的史学世家。自幼博览群籍，九流百家著作多有涉猎，并且都深入探究。公元 47 年进入太学，其父班彪死后，他继承班彪未竟的事业，开始编写《汉书》，有人告他"私改作国史"而被捕下狱，其弟班超上书辩护。明帝看了班固所撰书稿后，十分重视他的才华，任命他为兰台令史，与他人合撰《世祖本纪》。公元 62 年，班固被任命为校书郎，典校皇家藏书，并作功臣、平林、新市、公孙述等列传、载记。公元 64 年，明帝诏令他完成汉代国史，撰写《汉书》的事业正式被皇家认可。至 20 年后的章帝建初年间，这部书大致完成。

由于窦武事件的牵连，班固于公元 92 年死于狱中，《汉书》尚有八表和《天文志》没有完成，其妹班昭和同乡马续受和帝之命，继续这部书的创作，终于于汉和帝永元年间完成了这部中国史学的第一部断代史巨著。

道教的兴起

道教对古代民俗的影响无所不在，如八仙就是来自道教虚构的神仙世界。

道教是以黄帝、老子的道家学说为基础，并与民间流行的神仙方术与道家思想结合而形成的，是中国的本土宗教。

东汉末年，道教形成两个系统，一个为张角、于吉创立的太平道，他们为教主分别在黄河南北和在长江下游传教，以《太平经》为宗教经典，把老子神化。另一支为张陵创立的天师道，亦称为五斗米道，以张修和张鲁为教主，在汉中、巴蜀一带流传，奉老子为天神，以《道德经》为道教经典。这两大系统的信徒多为贫苦农民，这些信徒的多数成为农民大起义的主力。

道教宣扬通过修身养性和炼丹服药，可以长生不老，得道成仙。这种主张体现了中国传统文化关注现实、重现世的特点。这在客观上也促进了中国古代化学、医学、药物学的发展。东汉以后，思想领域逐渐形成了以儒家为主，儒、佛、道三家并立互补的局面。

❖ 佛教东来

佛教发源于古印度，两汉之际，佛教主要经由西域传入中国内地。东汉初，汉明帝曾派秦景等史臣出使天竺（印度）求佛法。他们从大月氏（在今阿富汗、巴基斯坦北部）取回佛教的《四十二章经》，并译成汉语。他们还从印度请来了两位高僧，并用白马驮回了大量经书，促进了佛教在我国的传播。汉明帝还在洛阳西门外专门为两位高僧建造了我国第一座佛教寺院即白马寺。

东汉末年，佛教在民间流传开来。这时期，安息国僧安世高于桓帝间来洛阳开始译经，在20多年中共译经34部40卷，介绍小乘禅法。印度僧人支娄迦谶于桓帝末年至洛阳，灵帝间译出佛经14部27卷，如《般若道行品经》《首楞严经》《般舟三昧经》等，都是大乘佛教经典，首次向中国人介绍了印度大乘般若学的理论。

魏晋南北朝时期，佛教在中国广泛传播，它不仅得到贵族阶层和知识分子阶层的高度重视，而且受到下层老百姓的普遍欢迎，佛教寺院遍布大江南北，以佛教为主题的石窟艺术也在民间兴起。因为在这个时期，社会大动乱，人们感到人生的苦难和希望的渺茫，极力想寻求解脱与精神安慰。佛教宣扬生死轮回、因果报应思想，认为任何人和事物都是有内在的起因和后果的，一个人在这辈子种下什么"因"就会在下辈子结什么样的"果"，善有善报，恶有恶报。佛教还认为，人生是痛苦的，但信奉佛教，努力修行，总可以达到幸福的彼岸。这种教义有利于维护现存的社会统治秩序，而且对于承受苦难的人来说有极大的吸引力。佛教还认为万事万物都是"空"，只不过因为有"缘"才产生出来。佛教这些观点与当时盛行的玄学有诸多相似处。因此佛教思想作为一种高深的哲学受到知识分子的喜爱和欢迎。

佛教在南北朝时期得到空前的发展，寺院和僧尼数量激增。与此同时，佛教与政治关系更为密切。上流社会十分尊重佛教和僧人。梁武帝还曾四次舍身到寺庙中"为奴"。大批擅长儒学和玄学的人与僧人来往密切共同探讨研究佛学，加快了佛教中国化的进程。

佛教传入后，与中国传统伦理道德结合，逐渐中国化，对中国古代思想文化、文学艺术产生了深刻的影响。

秦兵马俑

图为1号俑坑，1974年陕西临潼出土。

秦始皇为了向后人炫耀他的剪灭六国、天下归一的盖世武功，在动工修建规模浩大的皇陵工程时，还修建了举世闻名的皇陵兵马俑坑。

兵马俑坑有1、2、3、4号坑，均为规模巨大的土木结构建筑。其中4号坑内有坑无俑。最大的是1号坑，平面长方形，面宽9间，四周绕以回廊，总面积约12600平方米，6000个兵马俑以及战车、步卒相间排列，呈长方形军阵；2号坑总面积约6000平方米，内容为战车和骑、步兵混合编组的大型军阵；3号坑面积最小，总面积约520平方米，有驷马漆绘的木质战车，和执殳的仪仗，象征军阵的指挥部。

兵马俑塑造了各种各样的秦军形象，有指挥官的将军，也有一般武士的步兵、骑兵、车兵、弓弩手等。形体高大魁梧，一般均在1.75米左右，指挥官身高在1.95米以上。很多将士手中握着真正的青铜兵器。其面相多数表情刚毅，昂扬奋发。五官位置准确，富于质感。陶俑细部的雕塑颇费匠心。

兵马俑的制作，是先用泥做好内胎，再上一层细泥，然后在细泥上雕塑出俑的五官、衣纹等细微部分。俑的头、手、躯干都是分别制作然后组合的。细部加工完以后，送入窑烧制，最后进行彩绘。彩绘的颜色有朱红、粉红、绿、粉绿、紫、蓝、中黄、桔黄、灰、褐、黑、白等。眉目、须发呈黑色，面目、手足涂朱红色。

而陶马和真马一般大，用于骑兵的战马高约1.72米，体长2.03米，剪鬃，备鞍，一看便知处于临战状态。驷马体型略小，筋骨起伏变化似真马一般。马头抬起，耳前倾、双目大睁、鼻孔翕张，体现出战马静中有动的状态。

战车多为木质结构，因年长而朽毁，但从残存的遗迹中也可以看出其大概来。

秦皇陵兵马俑群，是昔日秦王朝强大国力和军威的象征。它集中体现了我国古代劳动人民高超的烧陶技巧和智慧，为后人研究秦史提供了丰富的原始资料。

第四部分 政权分立与民族汇聚

东汉末年，形成分裂割据的状态。魏蜀吴三国分别主要占据中国北方、西南和江南，形成三足鼎立的局面。同时，三国间的战争从没停止过。汉末三国的战乱对中原地区的社会经济造成很大的危害。在这期间，北方和西北方的少数民族大量进入中原，在冲突与交注中，民族融合的趋势不断加强。

三国两晋南北朝时期，战乱给人民带来了灾难。大量人口南迁，给南方带去了先进的生产技术，使南方经济得到空前的发展。

三国两晋南北朝时期，科学文化艺术取得显著进步，为国家的重新统一和繁荣昌盛奠立了坚实基础。数学、地理、农学等成就都超过了前代。文学艺术异彩纷呈，绘画、书法艺术达到空前高度。民族融合以及中外文化的交流，创造了举世闻名的石窟艺术。

专题一：　三国两晋南北朝的统治

官渡之战的遗址（位于河南中牟东北部）。

❖ 曹操

曹操（公元155年—公元220年），字孟德，沛国谯（今安徽亳县）人。汉末杰出的政治家、军事家、诗人。

他20岁被推举为孝廉，后因镇压黄金大起义有功被晋升为典军校尉。公元196年，他在国都许昌迎接汉献帝刘协，"挟天子以令诸侯"，相继削平吕布、袁绍等割据势力，统一北中国，使北方经济得到恢复和发展。公元208年，又进位相国。公元216年，被封为魏王。

曹操赏罚严明，致力于重建和强化中央集权。用人不拘一格，唯才是举，知人善任。推行屯田制，兴修水利，使汉末凋敝的北方农业生产得到恢复。他提倡节俭，以身作则。他善于用兵，精于兵法，著有《孙子略解》《兵书接要》等书。他还擅长作诗，著有《蒿里行》《短歌行》《观沧海》等，他还著有散文《让县自明本志令》。他的诗作开创了建安文学清峻、通脱的风气之先声，是"建安文学"的代表作家之一。

❖ 官渡之战

曹操、袁绍是当时北方势力中最大的两个政治集团的领袖，二人决战势在必然。袁绍有军队数十万，后方巩固，兵精粮足。而曹操能用以抵抗袁绍的军队仅一二万人，且所居之地久经战乱，物资供应远不丰富。

公元200年2月，袁绍遣谋士郭图、大将颜良进军白马，围攻曹操的东郡太守刘延，自己亲率大军进至黎阳，准备渡河直捣许都。决战中，曹操充分表现了自己的军事才能。他先是采用声东击西之计，斩大将颜良，解白马之围。然后诱敌深入，又于延津之战中大败袁军，斩大将文丑。初战胜利后，曹操主动撤兵，退屯官渡，深沟高垒，坚壁不出，等待战机，如此阻扼袁绍十万大军达半年之久。10月，袁绍谋士许攸投奔曹操，透露了袁绍新近在乌巢（今河南延津东南）屯积万余车粮草辎重的情况，并建议曹操出奇兵偷袭乌巢。曹操闻听大喜，亲自率步骑5000人打着袁军旗号，乘夜奔袭乌巢。半夜时分，曹军赶至乌巢，四面点火，围攻袁军大营，守将淳于琼出战不利，退守粮屯，等待援军。乌巢离袁绍大营仅20千米，但袁绍得知曹操亲自率兵偷袭乌巢，认为这正是攻破曹操大营的好机会，便派大将军张郃、高览等进攻官渡曹军大营，只派少数轻骑往救乌巢。在乌巢，曹操督军继续猛攻，曹军将士都殊死奋战，终于大破淳于琼军，阵斩淳于琼，烧其粮草辎重万余车。乌巢一夕，决定了官渡之战的胜负，至此袁绍败局已定。袁绍攻曹操官渡大营未下，乌巢败讯已经传来。袁军将领张郃、高览等见大势已去，投降曹操，袁军顿时全线崩溃。曹操乘势出击，大败袁军，消灭袁军七八万人，缴获大批珍宝、图书、辎重等物，袁绍与其子袁谭仅带800余名亲兵逃过黄河。

官渡之战，曹操以弱胜强，一举消灭袁绍的主力，为他统一北方奠定了基础。

❖ 赤壁之战

公元208年12月，曹操在夺取荆州（今湖北襄樊）后，写信恐吓孙权，准备以80万水军和孙权围猎吴地，随后

火烧赤壁是中国战争史上火战中最著名的战例。图为今人画的"赤壁之战"。

诸葛亮

准备沿江东取夏口（今湖北汉口），消灭刘备。刘备派谋士诸葛亮过江联合东吴共抗曹军。当时曹操大军约有20万人，诈称80万。孙权调集3万兵力，派大将周瑜、程普为正、副统帅，和刘备的2万人马组成联军，共同抗击曹操。曹操大军自江陵沿江东下，到赤壁（今湖北嘉鱼东北，在长江南岸）和孙刘联军遭遇。曹军远来疲弊，士兵不习水土，经过两小时战斗，孙刘联军获胜。曹操把军队移到乌林（今湖北嘉鱼西，在长江北岸），与对方隔江对峙。周瑜运用黄盖诈降计，派黄盖率小型战船10艘，上面满装柴草，再用膏油灌注，假称投降，向北岸的曹营驶去。距离曹营1千米时，黄盖命各船一起点火，借助风势，直扑曹操水军的船只。风猛火烈，曹军战船被火烧起，火焰借助风势，随即蔓延到北岸营寨。这时周瑜率领大队水军乘势从南岸发起进攻，曹军大败，船只全部被烧，士兵伤亡惨重。曹操率领军队从华容道（今湖北监利西北）陆路撤回江陵。这时，孙刘联军水陆并进，把曹军追逼到南郡（治所在江陵）。曹操见大势已去，再加上疾病流行，很多人染病而死，只好命大将曹仁、徐晃镇守江陵，乐进镇守襄阳，自己率大军北撤回师。赤壁大战最终以曹操失败而告终。

赤壁之战是一次以少胜多的战役，此后，三国力量对比发生变化，鼎足之势形成。曹操据北方，孙刘据江南，各自发展实力，积蓄力量，准备新的较量。

诸葛亮，字孔明，琅邪阳都（今山东沂水南）人。东汉末年，隐居邓县隆中（今湖北襄阳西），留心世事，以其才学被称为"卧龙"。公元207年，刘备"三顾茅庐"将诸葛亮请为谋主。他给刘备献谋划策，取得赤壁之战的胜利。刘备称帝后，他被委任为丞相。刘备死后，诸葛亮担任武乡侯，兼任益州牧，继续辅佐后主刘禅。当政期间，他首先安定内部，经营益州，然后平定南中，安抚夷越，进而挥师北伐，进击中原。他励精图治，任人唯贤，吏治严明，赏罚必信，又长于巧思，制作出了连弩、木牛、流马。他还推演兵法，作八阵图。他具有远大战略目光，一直坚持联吴抗曹的正确方针。诸葛亮的文笔清新率直，文章质朴无华，感情真挚，《出师表》是他的代表作。

公元234年，诸葛亮积劳成疾逝世，终年54岁。他为蜀汉政权，忠心耿耿，竭尽全力，实现了自己的"鞠躬尽瘁，死而后已"的誓言。

人口南迁

祖逖率军北伐图。

秦汉时期的经济重心在北方，西汉时期，全国大部分人口分布在黄河流域。东汉末年，北方战乱纷扰，社会动荡不安，南方比较安定。北方人们纷纷扶老携幼，带着家当，迁往南方居住。西晋后期，匈奴等北方少数民族乘汉族内乱之机起兵攻占北方疆土。西北少数民族不断向中原推进迫使北方民众纷纷渡江南下。据史书记载，从西晋末年至南朝初期的170年间，北方南迁人口达90万以上，约占当时全国在编人口的1/6。许多大贵族带着几十家甚至上百家一起南下。立志北伐的东晋将领祖逖就带着亲族数百家从洛阳南迁到京口。

北方移民历尽艰辛与磨难才到达江南。他们中的大部分定居于长江中下游地区，少数移民到岭南一带。

❖ 淝水之战

到公元382年前后，氐人建立的前秦已基本上统一了北方。前秦一直对南方的东晋政权虎视眈眈，严重地威胁着东晋的安全。此时桓冲掌握东晋军权，但面对强敌，桓冲主动将一部分军权让给辅政的司徒谢安，以便齐心协力共同抗敌，加强对前秦的防御。

公元383年，前秦苻坚征调步兵60万，骑兵27万，从长安出发，大举进攻东晋。虽然苻坚人多势众，但实际上，前秦的军队是从各族人民中强行征召来的，汉族及其他少数民族士兵都不愿意给苻坚卖命，所以前秦兵战斗力不是很强。

前秦大举进攻的消息传到东晋后，司徒谢安派弟弟谢石、侄子谢玄率领八万军队北上抗秦。双方兵力相差十多倍。谢石、谢玄率领的这支军队其成员多是从北方流亡来的移民中招募的。他们对北方少数民族贵族南侵有着强烈的抵抗决心，并且经过一定的军事训练，纪律严明，战斗力也很强。

苻坚的弟弟苻融率领前锋25万大军迅速攻下寿阳（今安徽寿县）以后，驻兵于淝水左岸，并分兵五万进驻洛涧（今安徽怀远西南）。苻融派俘虏过来的东晋将军朱序去劝说谢玄等人投降。朱序因不满前秦的统治，反而向谢玄报告了秦军的内情。他说：秦军有百万，如果到齐了，的确不易抵抗。现在应该乘他们尚未汇集起来的时机，赶快发动进攻。只要打败了他的前锋，就能胜利在握。谢玄接受了他的建议，派刘牢之率领的精兵5000人偷袭洛涧，果然获胜，秦军被歼灭1.5万多人。晋军乘胜追击，追至淝水右岸，与秦军主力隔河对峙。

谢玄派人到秦营，要求秦军稍后撤，以便晋军渡过淝水进行决战。苻坚认为，晋军渡过一半的时候，正是发动奇袭的好机会，于是同意了要求，下令后撤。秦军中的广大士兵本来就不愿对晋作战，听到命令后，掉头就往后跑，拦都拦不住。朱序趁机在后面大喊：秦军败了！士兵们以为秦军真的败了，立刻陷入混乱。晋军渡河猛追。苻融被杀，苻坚也中了箭，慌忙奔逃。最后逃到洛阳时，前秦的军队只剩下十几万人。谢玄乘胜攻击，攻占了洛阳，苻坚也被羌人所杀。

❖ 北魏孝文帝改革

　　淝水之战后，前秦崩溃，北方再次分裂。鲜卑族拓跋氏得到发展的机会，势力日渐强盛。公元386年，拓跋珪自立为王，同年改称魏王，建立了北魏政权。拓跋珪首先兼并了附近的部落，接着又战胜十六国中的后燕。公元398年，他定都平城（今山西大同），自称皇帝。到公元439年太武帝拓跋焘在位时，北魏统一了北方，与南朝的宋形成南北对峙局面。到了北魏的第五代皇帝孝文帝拓跋宏统治期间，国内各种矛盾和问题日渐暴露。魏孝文帝吸收了汉族统治者的一些经济策略，实行了一系列的改革措施。

　　公元485年，魏孝文帝颁布实行均田制，规定15岁以上的男子可以向政府领受耕地40亩，女子领受20亩，这种土地叫做"露田"。由于那时的土地每年都需要休耕，因而规定田亩一律按加一倍或二倍授给。贵族、官僚和地主的奴婢与普通农民同样受田，人数不限。牛一头也受田30亩，每户限4头。此外，另给受田的男子"桑田"20亩，用来种桑养蚕。受田农民年老或死亡时，露田要交还政府，桑田不归还，可以传给子孙。魏孝文帝还调整了田租户调（一种以纺织品为实物缴纳的税）的征收额。均田户一夫一妇每年纳租粟二石，纳调帛一匹。这项措施使一般农民的负担有所减轻。

　　魏孝文帝还废除了宗主督护制，颁行三长法。规定五家立一邻长，五邻立一里长，五里立一党长，合起来叫三长。他们的责任是检查户口，征收租调，征发徭役和兵役。

　　魏孝文帝为了进一步吸收汉族的先进文化和加强对中原地区的统治，于494年把北魏的国都从平城迁到洛阳。迁都以后，他命令鲜卑人必须改穿汉人的服装，学说汉语，还把鲜卑姓改为汉姓，并提倡鲜卑人同汉人通婚。实行这些措施在客观上促进了鲜卑族社会的封建化，也有利于北方各族人民的进一步融合。

北魏牛车。

江南经济的发展

　　从西晋后期到南朝前期，北方人民大量南迁，为南方增加了劳动人手，也带去了中原先进的生产技术。南北方人民共同修建了许多水利工程，开垦出大量良田。那时候，江南以种植水稻为主，栽培技术有了提高，稻田里开始使用绿肥，牛耕和粪肥也普遍推广。小麦的种植推广到了江南。在江南地区普遍实行麦稻兼作，五岭以南则种双季稻。这时期，利用水利加工谷物的水碓和水磨应用更为广泛。

　　南方的纺织技术进步十分明显。三国时期只有蜀锦有名。到了东晋后期，北方长安的织锦工匠大批来到健康，官府成立了专门管理丝织业的锦署。从此，江南的织锦业迅速发展。扬州、荆州是江南丝织品生产最多的地方。宋朝的织工，还随日本使者东渡，促进了日本丝织技术的进步。

　　在冶铸业中，灌钢法的发明是冶炼技术的一大进步，它不但大大提高了钢的质量，而且成本很低。用这种技术制造的兵器和农具十分坚固耐用。扬州、荆州是当时的冶炼中心城市。

　　江南的青瓷烧制技术达到相当高的水平，青瓷成为人们日常的生活用具。种类很多有壶、罐、碗、盘灯等。受佛教的影响，南方青瓷普遍以莲花为装饰。白瓷的烧制也在南朝开始，说明制瓷技术的提高。

　　南方商品经济的初步发展，促进了城市的繁荣。健康是当时人口最多，经济最活跃的一个都市。

专题二：　三国两晋南北朝的文化艺术

❖ 祖冲之和圆周率

祖冲之（公元409年—公元500年），中国历史上一位伟大的科学家，在数学、天文历法、机械制造等方面都有突出的成就。祖冲之在青年时代进入专门研究学术的华林学省，从事学术活动，曾先后在刘宋朝和南齐朝担任官职。

祖冲之是一位博学多才的科学家。在天文历法方面，他创制了《大明历》，最早把岁差引进历法，并采用391年加144个闰月的精密的新闰周，这些都是中国古代历法的重大进步。在机械制造方面，他曾设计制造过水碓磨、铜制机件转动的指南车、一天能行百里的"千里船"以及其他一些陆上运输工具。他还设计制造过计时器：漏壶和巧妙的欹器。为了纪念祖冲之对世界科学文化做出的伟大贡献，1967年，国际天文学家联合会把月球上的一座环形山命名为"祖冲之山"。

祖冲之对后世影响最大的科学成就是关于圆周率的推算。在圆周率的计算上，祖冲之在前人的基础上，他进一步算出更精确的圆周率数据。祖冲之得出的圆周率，其盈数为3.1415927，不足数为3.1415926。祖冲之计算圆周率计算到小数点后第七位，这是当时世界上最先进的成就，直到15世纪，阿拉伯数学家卡西和16世纪法国数学家F·韦达才得到更精确的结果。为了纪念他的贡献，人们把密率称为"祖率"。

祖冲之在数学方面的成就还体现为他与儿子祖日恒共同探究的关于球体积的计算方法以及《缀术》一书的著述，后者在唐代被列为重要教科书，学生需研习四年。可惜此书已失传。

❖ 贾思勰和《齐民要术》

农学家贾思勰是北魏和东魏时期青州齐群益都（今山东寿平县）人，曾任高阳太守。他一生致力于农业研究，查阅了大量资料，广泛收集民间谚语，访问有经验的农民，并亲自种植农作物，进行实地观察，最终写成《齐民要术》。

郦道元与《水经注》

《水经注》书影。

郦道元（约公元469年—公元527年），字善长，北魏范阳涿县（今河北涿县）人。先后任冀州刺史为劲镇东将军府长史、鲁阳太守、东荆州刺史等，后任御史中尉。他好学博闻，广览奇书，遍访各地，考察河道变迁和城市兴废等地理状况。

《水经注》以《水经》为纲，为《水经》作注。《水经注》共40卷，共约30万字，其注文为原书文字的20倍。书中所征引的著作多达437种，并收录了不少汉魏时期的碑刻，有很高的史料价值。《水经注》引述河流有1252条。

《水经注》以河道为纲，所记每条河道均穷源究委，并连带叙述流经区域的山陵、湖泊、郡县、城池、关塞、名胜、亭障，以及土壤、植被、气候、水文和物产、农田水利设施的情况，还记载了社会经济、民俗风气和有关的历史故事、人物、神话、歌谣、谚语等。虽然郦道元为北朝人，对南方水系的记载不免有错误，但《水经注》作为中国古代最全面而系统的综合性地理巨著，对中国地理学的发展有重大贡献，在中国以至世界地理学史上都占有重要地位。《水经注》文笔绚丽，具有较高文学价值。

《齐民要术》共10卷92篇，11万多字，内容极为丰富，涉及农、林、牧、副、渔等农业范畴。

该书主要内容有：土壤耕作和农作物栽培管理技术；园艺和植树技术，包括蔬菜和果树栽培技术；动物饲养技术和畜牧兽医；农副产品加工和烹饪技术等。

《齐民要术》系统总结了秦汉以来我国黄河流域的农业科学技术知识，其取材布局，为后世的农学著作提供了可以遵循的依据。

在土壤耕作方面，《齐民要术》针对黄河中下游的气候特征，总结摸索出从耕到耙再到耱的一整套保墒防旱措施，从而基本上形成了完整的北方旱地土壤耕作技术。为了保存土地的肥力和水分，书中对春、夏、秋三个季节的耕种时间、深浅、程序都作了明确的说明。《齐民要术》还主张实行轮作复种制和间混套作，充分利用地力和太阳光能，并且开始有意识地栽培绿肥。书中还积累了选种、播种等方面的丰富经验，重视以水稻烤田技术、病虫害防治技术为特征的田间管理技术。

在栽培技术方面，《齐民要术》中记载了蔬菜的复种和间作、果树的压条繁殖、扦插、分根和嫁接的繁殖方法以及"疏花措施"、"嫁树法"等促使果树开花结果的有效办法。

此外，《齐民要术》中提到了动物饲养和畜牧医技术，总结了家畜饲养管理方面的经验，收集了古代兽医药方48条。书中还论述了养蚕及蚕病防治技术；记载了酿酒的具体方法，提出了40多种酿造方式，在作醋、制酱和制豉方面也作了较系统的介绍。书中还介绍了169种菜肴的烹调方法及多种调味品的制作方法，是目前我们了解研究魏晋南北朝以前我国烹调技术的全面的、具体的，也是惟一的著作。书中第10卷所介绍的野生植物和南方植物的利用可以说是现存最早的南方植物志。

该书不仅是我国现存最早和最完善的农学名著，也是世界农学史上最早的名著之一，对后世的农业生产有着深远的影响。

《齐民要术》的书影。该书被誉为农业百科全书。

范缜著《神灭论》

范缜（公元450年—公元515年），字子真，南阳舞阳（今河南泌阳县西北）人。他曾任县主簿、太守，后来累官至尚书殿中郎。他性格刚直，反对迷信，在任宜都太守时，下令禁止当地人民祭祀神庙。公元489年和丞相肖子良论证"因果报应"问题后，开始著述《神灭论》。

范缜在《神灭论》中，以朴素唯物主义的形神一元论作为自己"神灭"论的出发点，提出"形神相即"的思想理论，他说明了肉体和精神的关系是统一而不可分的，精神的"生"和"灭"取决于肉体的生存和死亡，即"形存则神存，形谢则神灭"。

范缜从形神一元论出发，进一步指出精神现象只是人体的感觉器官和思维器官的作用。人们的看东西、听声音要靠眼睛和耳朵这两种器官，要进行判断是非则要靠思维器官"心"。这就驳斥了佛教宣扬的"神不灭"论以及佛教所说的人的内心有神秘先验的认识能力的唯心主义观点。

范缜在解释社会现象时，不可避免地带有古代唯物主义的局限性。他误认为"心"是思维的器官，认为"圣人"和一般人有不同的智慧和道德是因为他们的体质构成不相同，在反对"神不灭"论时，又承认神道设教的社会作用。

但范缜的《神灭论》是具有重大历史意义的唯物主义哲学论著。范缜一生对佛教神学迷信作了坚决而勇敢的斗争，是我国历史上生出的战斗无神论者和唯物主义者。

北朝民歌

北朝的乐府民歌大约有60多首。由于北方民族的气质比较粗犷豪放，因此，北朝民歌具有刚健、豪放的特点，语言质朴无华，不避俗俚，这和南朝乐府民歌的委婉轻艳迥然异趣。

北朝民歌的内容非常广泛，主要包括以下方面：其一是反映北方民族特有的气质和风俗。如《琅琊五歌》《折杨柳歌》这两首诗表现了北方健儿好勇尚武、爱刀爱马的性格。北朝民歌中的情歌也充分地体现出北方妇女豪爽刚健的个性。如《地驱乐歌》；其二是反映战争以及与战争相关的内容。如《企喻歌》，反映了战争的残酷和人民的厌战心理；有名的《敕勒歌》则描绘了北方民族的游牧生活和北国风光："敕勒川，阴山下……风吹草低见牛羊。"充分反映出北方游牧民族对自己家乡的热爱之情。

《木兰辞》是北朝长篇叙事民歌，是北朝民歌中最杰出的作品。《木兰辞》记述了木兰女扮男装，代父从军的故事。这首诗有力地说明了女子和男人同样有能力做出英雄豪杰的事业，对于那个时代的重男轻女的成见是一个重大的冲击。《木兰辞》风格也比较刚健古朴，表现了民歌的艺术特点。连续运用复叠和排比的句调，造成节奏感；用拟问作答来刻画心理活动，细致入微；对偶句子简练工整，包含了丰富的含义；而语言的精练，更增强叙事气氛。

❖ 田园、山水诗

三国两晋南北朝时期，文学的种类比较丰富，人们喜欢在文学作品中抒发自己的个性感情，审美的兴趣也是十分浓厚的。当时五言诗歌的创作是比较突出的，东晋的田园、山水诗产生并对后世影响深远。

陶渊明（365年—427年），本名叫陶潜，字元亮，渊明是他的号。浔阳柴桑（今江西九江西南）人，晋宋时期诗人、辞赋家、散文家。《五柳先生传》是他青年时期的散文，反映了陶渊明早年学仕之前的个性风貌。

陶渊明出生于没落仕宦家庭，曾祖陶侃曾是东晋开国元勋，官至大司马，都督八州军事、荆江二州刺史，封长沙郡公。祖父曾为太守。父亲早死，母亲是东晋名士孟嘉之女。由于父亲早死，陶渊明少年时代就处在贫困的生活中。但因家教优良，他自小就读了许多诗书、杂书。有《老子》《庄子》"六经"，以及文、史、神话、小说等等。陶渊明少年时代爱好广泛，时而沉湎于山野，时而醉心于琴书，时而向往胡马铁蹄下的张掖、幽州，立志四海。

陶渊明的人格十分高尚，不羡慕权力和钱财，他因厌恶官场的等级关系而辞职，成为一名隐士。陶渊明在一篇文章里虚构了一个的理想社会桃花源，在这个地方没有官府，也没有税收，人人平等、富裕快乐。陶渊明最优美的诗都是写农村生活的，这些诗叫"田园诗"。陶渊明的田园诗的代表作有《归去来辞》《归田园居》《饮酒》等。从陶渊明的诗里，我们既可以得到美妙的享受，又可以感受到他的高尚人格，他是继屈原之后中国古代又一位伟大诗人。

山水派的开创者是谢灵运。他是谢玄之孙，曾任宋永嘉太守、侍中、临川内史等职。他与陶渊明不同，是世家大族之冠，又身居高位。他描写山水，注重词藻，着意于欣赏、刻画，其代表作是《山居赋》。

左图描绘了喝醉酒的陶渊明在构思诗作。

公元353年，三月三日，王羲之与当时的文士名流谢安、孙绰等41人会集在会稽山阴县境内的兰亭，饮酒赋诗，各抒怀抱，事后集结成册，编定为《兰亭集诗》，由王羲之撰写《兰亭集序》。

❖ 王羲之

　　王羲之（公元303年—公元361年），字逸少，祖籍琅邪（今山东临沂），会稽（今浙江绍兴）人。他是晋司徒王导从子，曾任秘书郎、参军、长史、宁远将军、右军将军等职，后人称之为"王右军"。相传王羲之7岁学书，12岁开始通读前人笔论。王羲之年轻时跟随卫夫人学习书法，后来博采众长，变汉、魏朴质书风，创妍美流便之体，被尊为"书圣"。他还与其子王献之并称"二王"。

　　王羲之对隶、楷、行、草各体书法都很精工。在行书方面，创意最深。他的传世代表作有《兰亭序》《十七帖》《姨母帖》《奉橘》《丧乱》《初月》等。《兰亭序》是目前所见最早、最典型的行书作品，雄逸流动、变化多姿，在行书产生发展的历史上具有划时代的意义，被称为天下第一行书。他的另一行书名品《快雪时晴帖》与王王旬《伯远帖》、王献之《中秋帖》并为稀世珍宝。

　　王羲之的书法作品很多，梁武帝曾搜集他同子献之的书15000纸以上，唐太宗遍访王书，得羲之书3600纸，到宋时徽宗尚保存243纸。但他的书法真迹无一留存，仅能从唐代和尚怀仁集的《圣教序》和大雅集的《兴福寺半截碑》等摹本刻帖中了解基本面貌。

中国书法成为独立艺术

　　东汉时，造纸术的发明，使纸得到普及，为书法练习和传播提供了便利条件。紧洁光丽的纸，饱满柔健的笔，再加色如点漆的墨，质地精良的砚，也是促进书法发展的有利条件，在书法工具上提供了保证。

　　魏晋玄学兴起，崇尚清谈，文风放达，直接影响了当时士大夫们的思想情趣。表现在书法便开始大胆追求超逸潇洒的艺术风格，这对行书的自由挥洒，丰神潇洒，草风的遒润多波，信手万变，痛快淋漓，一气呵成，准备了心理基础。

　　这个时期，战乱纷扰，人民过着颠沛流离的苦难生活，为了脱离精神苦痛，佛学得以传入和流行。于是民间开始盛行开窟造像、凿石刻经、建寺立碑，这在客观上给书法的普及和发展起了催化促进作用。

　　魏晋时期，书法理论也很盛行，品藻风气在书法领域一浪紧接一浪，不断由表及里，探及书法本体的核心。这也是促进书法艺术繁荣发展的原因。

　　晋代，楷书经王羲之的改进最终独立成新书体，又经王献之的创新，结束了楷书体的衍变过程，使楷书发展成熟；王羲之作《兰亭序》使行书成为士大夫阶层最流行的书体；王献之又将其父的草书由"破体"而成"一笔书"，使今草由此定型；行草介在行书和草书之间，也得到深入发展。

　　晋代书法作为一种独立的艺术，可与唐诗、宋词、元曲、明清小说相提并论，是中国古代文明史上光辉灿烂的一页。

顾恺之

顾恺之是东晋绘画的卓越代表人物，也是我国历史上著名的大画家、早期的绘画理论家。顾恺之多才多艺，名声很大，当时有"画绝、才绝、痴绝"的"三绝"称号。顾恺之善画肖像，亦工山水，他认为绘画妙在传神，要以形写神。顾恺之流传至今的摹本有《女史箴图》《洛神赋图》《列女仁智图》。《洛神赋图》是依据诗人曹植的文学创作而画成的，反映了顾恺之创作题材的扩大。绘画以故事的发展为线索，分段将人物及情节置于自然山川的环境中展开描绘。画中的洛神含情脉脉，若往若还，表达出一种可望而不可及的惆怅情意。

顾恺之《洛神赋图》（宋摹本）三段。

❖ 云冈石窟

云冈石窟位于平城（今山西大同）西面，开凿于北魏文成帝时，整个工程历经数十年，共计开窟53个，小窟龛不计其数，大小石像有5.1万多尊，成为中国规模最大的石窟群之一。云冈石窟的艺术风格来自三个源头：中国原有的雕刻传统；外国僧人带来的狮子国（即斯里兰卡）的影响；西域传来的犍陀罗（今巴基斯坦和阿富汗西部一带）艺术的影响。

云冈石窟的各尊造像中，有的肩宽体硕，丰脸高鼻，衣料质感厚重、衣纹凸起，反映了犍陀罗艺术的特点；有的眉细眼长，披方格袈裟，状类炳灵寺、莫高窟的早期造像；有的服饰贴体轻薄，反映了印度恒河流域一带笈多造像的某种特点。早期石窟表现出一种挺拔劲健、浑厚粗朴的造像风格，尤其第二十窟的大佛，其博大、恢宏的气魄和力度，动人至深。

云冈石窟的第五窟正中的释迦坐像高达17米，是云冈石窟最大的佛像；六窟被誉为云冈石窟第一伟观，窟中由地面到洞顶高达20米，中央矗立着一个底宽约60平方米的塔柱，整个塔柱和窟壁，雕凿满了大小佛龛和多种眩目的装饰，不留半点空隙，其繁密精致令人叹为观止。

云冈石窟内容丰富，除了大小佛像外，还有许多描绘佛教故事的浮雕，不少穹顶和龛楣还雕有飞天、乐伎和动物。画面生动形象，充满生活气息。

❖ 龙门石窟

龙门石窟，中原地区的大型石窟群，是北魏孝文帝迁都洛阳后开凿的。它位于洛阳市郊伊水两岸，因这里古时地处隋唐都城之南，又称龙门。龙门石窟共有大小窟龛2100多处，造像约10万尊。其中北魏时期开凿的有代表性的有：古阳洞、宾阳三洞、莲花洞，洞中窟前壁刻着佛经故事和礼佛图。佛像面容庄严、肃穆，继承云冈石窟的风格，但突出了北魏"秀骨清像"的特点。衣服较为宽松，衣纹飘动流畅，栩栩如生。

龙门石窟的三分之一是在北魏开凿的，三分之二在隋唐完成的。龙门石窟继承了云冈石窟的艺术和风格，且不断发展和创新，使之更具有民族特点。

云冈石窟第二十窟主佛。

龙门石窟宾阳中洞北壁立佛一铺。宾阳中洞为穹窿顶窟，进深11米，面宽11.10米，高9.30米。窟内雕造三世佛像，释迦牟尼居中，西侧胁侍二弟子二菩萨，佛座前刻二蹲狮。左右壁各造一佛二菩萨，壁面浮雕弟子像。主次分明，线条对称明快，疏密相间，从而达到飘逸高迈的艺术效果。

简明中国史 大事记 (1) （约170万年前—公元494年）

约170万年前	元谋人生活在云南元谋一带
约70—20万年前	北京人生活在北京周口店一带
约18000年前	山顶洞人开始氏族公社的生活
约7000—5000年前	河姆渡、半坡母系氏族公社
约5000—4000年前	大汶口文化中晚期，父系氏族公社
约公元前2500年—公元前2000年	龙山文化
约4000多年前	传说中的炎帝、黄帝、尧、舜、禹时期
约公元前21世纪	禹传子启，夏朝建立
约公元前16世纪	商汤灭夏，商朝建立
约公元前14世纪	商王盘庚迁都殷
约公元前11世纪	周武王灭商，西周开始
公元前841年	国人暴动。共和元年
公元前771年	犬戎攻入镐京，西周结束
公元前770年—公元前476年	春秋时期
公元前770年	周平王迁都洛邑，东周开始
公元前475年—公元前221年	战国时期
公元前356年	商鞅开始变法
公元前221年	秦统一六国
公元前209年	陈胜、吴广起义爆发
公元前207年	巨鹿之战
公元前206年	刘邦攻入咸阳，秦亡
公元前206年—公元前202年	楚汉战争
公元前138年	张骞第一次出使西域

公元前 119 年 ——————————————————— 张骞第二次出使西域

公元前 60 年 ——————————————————— 西汉设立西域都护

公元 8 年 ——————————————————— 王莽夺取西汉政权，改国号新

公元 25 年 ——————————————————— 刘秀称帝，东汉建立

公元 73 年 ——————————————————— 班超出使西域

公元 105 年 ——————————————————— 蔡伦改进造纸术

公元 132 年 ——————————————————— 张衡发明地动仪

公元 166 年 ——————————————————— 大秦安敦王朝派使臣到中国

公元 184 年 ——————————————————— 张角领导黄巾起义

公元 200 年 ——————————————————— 官渡之战

公元 208 年 ——————————————————— 赤壁之战

公元 220 年 ——————————————————— 魏国建立

公元 221 年 ——————————————————— 蜀国建立

公元 222 年 ——————————————————— 吴国建立

公元 230 年 ——————————————————— 吴派卫温等率军队到台湾

公元 263 年 ——————————————————— 魏灭蜀

公元 265 年 ——————————————————— 西晋建立，魏亡

公元 280 年 ——————————————————— 西晋灭吴

公元 316 年 ——————————————————— 匈奴攻占长安，西晋结束

公元 317 年 ——————————————————— 东晋建立

公元 383 年 ——————————————————— 淝水之战

公元 420 年 ——————————————————— 南朝宋建立

公元 494 年 ——————————————————— 北魏孝文帝迁都洛阳

CONCISE HISTORY OF

简明中国史　简明中国史　简明中国史　简明中国史　简明中国史　简明中国史

CHINA

简明中国史　简明中国史　简明中国史　简明中国史　简明中国史　简明中国史

新课标新读物

简明中国史

CONCISE HISTORY
OF CHINA

第二册

目录

簪花仕女图
周　昉
卷绢本设色纵46厘米横180厘米
辽宁省博物馆藏

第五部分 隋唐

　　隋国公杨坚于公元581年，夺取了帝位建立隋朝，改元为开皇，定都长安，史称隋文帝。到公元589年，消灭了南方的陈朝，重新统一中国。隋朝的统治时间虽短，但它彻底结束了东晋、十六国和南北朝长达270多年的分裂形势，制定了一系列新的制度和措施，加强了中央集权，维护了国家统一，为唐朝接替后的迅速恢复发展和繁荣昌盛奠定了坚实的基础。

　　隋朝末年，李渊借农民起义的时机发动晋阳兵变，并于公元618年在长安称帝，建立了唐朝。经过七八年的争战，统一了全国。唐朝是中国历史上继汉朝以后出现的又一个强盛的王朝，其疆域之大，境内民族之多，都是空前的。以公元755年发生的"安史之乱"为界，唐朝分为前后两个阶段。前期，李世民发动玄武门之变，即位为唐太宗，在他的治理下社会经济出现了高度繁荣的景象，史称"贞观之治"。唐高宗后，皇后武则天称帝，她继续推行唐太宗的发展政策，在她的统治下社会持续稳定发展，被称为贞观遗风。至唐玄宗时国家再次出现了盛世景象，史称"开元盛世"。随着社会经济的发展，文化艺术也发展到了封建社会的顶峰，诗文书画光耀文坛。直到唐玄宗后期朝政日益腐败，"安史之乱"后陷入了藩镇割据的混乱局面。唐朝长达近300年的统治最终在唐末黄巢大起义下瓦解了。

专题一：　隋朝

❖ 隋朝统一南北

　　杨坚出身于关陇贵族，并于公元580年入宫辅政，被称为大丞相，总揽朝政。公元581年，杨坚废北周静帝，建立隋朝，自立为帝，史称隋文帝。他改元开皇，定都长安，称大兴城。

　　隋建国后，政治清明，生产发展，国力强盛，而南方陈朝的政治腐朽，边防薄弱，其统治分崩离析。隋开皇八年（588年），隋文帝命其子晋王杨广率兵50余万，分数路大举攻陈。次年初，隋将韩擒虎、贺若弼率军渡江，一举攻下建康，俘获陈后主，灭亡陈朝。岭南诸郡也在少数民族首领冼夫人的率领下，归顺隋朝。至此，中国重归统一。

❖ 开凿大运河

　　大业元年（605年），隋炀帝在营建东都的同时，又下令开凿大运河。

　　隋炀帝修建的大运河，此工程分四段进行。大业元年（605年），隋炀帝征发江南、淮北100多万民工，在北方修通济渠，从洛阳西苑通到淮河边的山阳。同年，又征发淮南几十万劳动力，把山阳邗沟加以疏通扩大。大约用了半年的时间，一条宽40步的运河邗沟修成了。河的两岸修筑成御道，沿路榆柳夹道，又是陆路交通线。接着，从通济渠向北延伸。大业四年（608年），征发河北民工100多万人开永济渠。这条河主要利用沁水的河道，南接黄河，北通涿郡。大业六年（610年），在长江以南开了一条江南河，从京口引江水穿过太湖流域，直达钱塘江边的余杭。前后不到六年的时间，大运河的全线工程竣工。

　　大运河以东京洛阳为中心，连接了海河、黄河、淮河、长江、钱塘江五大河流，全长2000多千米，是世界上伟大的工程之一。

　　隋炀帝修大运河给人民带来了沉重的负担和巨大的灾难。但是，大运河作为南北交通的大动脉，加强了中央对东方和南方的统治，既方便了从南方漕运粮食也有利于对东北用兵。大运河对中国南北的经济、文化交流和巩固国家的统一都起了巨大的作用。

营建东都

隋文帝杨坚像。

　　隋炀帝在大业元年（605年）开始营建东都，历时十个月，每月征调民夫200万人。

　　东都在旧洛阳城之西，规模宏大，周长50余里，分为宫城、皇城、外郭城三部分。宫城是宫殿所在地，皇城是官衙所在地，外郭城是官吏私宅和百姓居处所在地。外郭城有居民区100余坊，另有丰都市、大同市、通远市三大市场。

　　不久，洛阳便逐渐发展成为东方的政治、军事、经济中心。

专题二： 隋唐盛世

❖ 农民起义

大业七年（611 年），山东长白山农民首先发动起义，全国各地纷纷响应。其中翟让在瓦岗寨起义，大业十二年（616 年），李密也来投奔，还谋划攻下金堤关，又在荥阳重创隋军。次年，攻下兴洛仓，开仓赈济饥民。

后来，翟让让位给李密。李密称魏公，建元永平。此后，瓦岗军接连攻下回洛仓、黎阳仓及附近郡县，直逼洛阳城下。他们还发布檄文，声讨隋炀帝的十大罪状。瓦岗军屡败洛阳敌军，声威大振，力量不断壮大起来。

❖ 李渊建唐

大业十二年（616 年），李渊担任太原留守，并于第二年乘农民大起义之机起兵反隋，攻取长安。次年，隋将司马德戡等在江都发动兵变，推举宇文化及为丞相，缢杀了隋炀帝，繁盛一时的隋王朝覆灭了。

隋恭帝义宁二年（618 年）五月，李渊在长安即位称皇帝，建立唐朝，改元武德。李渊称帝后，很快制定方针，巩固关中，逐步消灭割据势力。他采取诱降与武力并举，远交近攻，各个击破等策略，在以后 7 年间，先西北，后东南，陆续消灭薛举、李轨、李密、王世充、窦建德等众多割据政权，基本控制了全国。至唐太宗贞观二年（628 年）统一全国。

《唐律疏议》

唐朝永徽二年（651 年），高宗令长孙无忌等撰《永徽律》，分《名例律》《卫禁律》《职制律》《户婚律》《厩库律》《擅兴律》《贼盗律》《斗讼律》《诈伪律》《杂律》《捕亡律》《断狱律》12 篇。为了统一解释律文，永徽三年（652 年），高宗又令长孙无忌、李勣、于志宁等人做解释律文的疏议，共 12 篇，30 卷，原名《疏议》，宋朝改为《唐律疏议》。它照录《永徽律》原文，逐条进行注解。到永徽四年（653 年）十月，颁行全国，它标志着唐律的进一步完善。

《唐律疏议》是集中唐以前法律大成的法典，着重鼓吹君主专制、封建伦理和等级制度，是宋、元、明、清朝代制定和解释封建法典的蓝本，是我国现存至今最古老、最系统、最完整的封建法典，对中国及国外都产生了深远的影响。

图为一艘首尾全长 60 米的龙形皇家河船，正行驶在自 605 年—610 年修建的水道上。游船的甲板上，隋炀帝在巡游大运河视察领土，展现他帝王的权威。通常在皇帝游船的后面跟着数以千计的相对较小的船只，乘坐着随从、宫女与仆人，船队有时长达 100 千米。

❖ 贞观之治

公元626年，秦王李世民发动玄武门之变登上帝位，次年改年号为"贞观"。他就是我国古代杰出的政治家唐太宗。他推行"偃武修文"，使百姓安乐的方针，采取轻徭薄赋、整饬吏治、健全法制等政策，努力做到虚怀纳谏、知人善任、以古为镜，取得显著效果，社会上出现兴旺景象。

唐太宗借鉴了隋灭亡的历史教训，制定了基本顺应当时历史发展要求的政治政策。唐初经济凋敝，人民生活十分困苦，国家财政也严重拮据。因此唐太宗首先实行了轻徭薄赋、与民休息的政策，尽量避免和减少战争，以减少军费支出，此举有力地保障了农民安居垅亩，发展了农业生产。亲疏并举、德才兼备的人才政策是唐太宗政治统治的重要保证和基础。当时房玄龄、杜如晦被任用为丞相，二人各自发挥所长，被人称为"房谋杜断"。为了集思广益、纠偏补过，唐太宗建立了一套比较完整的监察和谏官制度，谏官直接参与政事，五品以上的京官在中书内省轮流值夜，以便随时召见，询访外事，讨论政教得失。从而朝廷上下形成了一种敬贤纳谏的政治风气。魏征就是当时最有名的"诤臣"，他性情耿直，敢于诤诤，据理力争，凡有所谏，多被唐太宗采纳。贞观年间的许多政策的制定都是魏征参与和策划的。

科举制度也得到了恢复和完善，并且最终定型下来，成为贯穿整个封建社会中后期的官吏选拔制度，各阶层的优秀人才得以进入政治统治集团，知识分子有了仕进的方便之门。在政治统治中，唐太宗李世民特别重视伦理教化，将其作为巩固统治的精神支柱。他以儒家思想为基础，在推行礼治的同时也十分重视法律的建设，制定和实施了一系列法律、法令，我国古代最完备的法典《唐律》就是他授意房玄龄、长孙无忌修订的。

通过这一系列的政治、经济和军事政策的制定和推行，唐初政治空气开明而清廉，生产力得以迅速发展，经济空前繁荣，社会安定。人民获得了一个较为安定的政治环境，能够安心地从事劳动生产，从而创建了文化灿烂、国力鼎盛富强的景况，被后人誉为"贞观之治"。

唐太宗

唐太宗李世民像。

唐太宗李世民（599年—649年），唐高祖李渊次子，在推翻隋朝、建立唐朝的战争中功勋卓著。626年继位，年号"贞观"。李世民在位23年，发展生产，休养生息，使国力趋于强盛。他持有"万机之暇，游息文艺"的观点，鼓励各种风格的诗歌创作，为盛唐文学的繁荣奠定了基础。

❖ 贞观遗风

武则天（624年—705年）是中国历史上惟一的女皇帝。在她统治期间，社会经济仍能不断进步发展。

武则天初为太宗才人，后为高宗皇后并处理国家大事直至最后自立为帝，当政40年之久，长期的宫廷生涯培养了她杰出的政治才干。她称帝后，马上抑士族，举庶族。她看到当时大批庶族地主涌现出来，他们由于没有政治实权深感不满。为了打击唐氏宗亲，换取庶族支持，她重修太宗所订《氏族志》并更名《姓氏录》，庶族地主及有功军卒均被列入。这样就打破了士族与庶族的界限，提高了出身低微的官员的地位，获得了广泛支持。

科举制在武则天当政时有了进一步完善，使得庶族地主在军机要事上也有发言权，这从形式到实际都进一步提高了庶族地主的政治地位。

武则天还能广开才路，不拘一格提拔人才，借以扩大政治基础，巩固武周政治。她提倡自下往上荐举人才，并亲自接见所举之人。武则天有敏锐的政治眼光，提拔了不少有才之士，如狄仁杰、张柬之、姚崇、宋璟等，这些名臣在玄宗时都得到重用，甚至几十年后的唐朝统治者对她的此举也赞叹不已。武则天的提拔人才措施是符合新兴的庶族地主的要求的。

武周政治的一大特色就是严厉镇压反对派。武则天重用酷吏，对反对者严刑重法，酷吏如来俊臣，竟用烧红的瓮对犯人逼供，手段之残忍世所罕见。她奖励告密，只要告密，就加以授官，不实者也不追究。唐宗室贵戚，不论官职大小，不论行政人员还是军事贵族，都遭到沉重打击。这些举措确实打击过宽，但客观上它极大地巩固了武则天的统治，加强了她对中央政权的控制。

武则天对中央集权加强的举措，保证了唐王朝的稳定和繁荣。她统治期间介于"贞观之治"和"开元盛世"之间，起到了承上启下的作用，后人称之为"贞观遗风"，为"开元盛世"做了进一步的准备，这也是她加强中央集权的最大的历史意义所在。

武则天像。

开元盛世

唐玄宗李隆基具有敏锐的政治头脑和超人的政治才干。

政治上，他重用能直谏又忠心为国的姚崇、宋璟、苏颋、张说等人为相，倾心从谏。还制定了《开元格》《开元新格》澄清吏治。

经济上，收回私田分给农民使用，既增加了国库收入，也缓和了社会矛盾。同时采取与民休息的宽松政策，扩大耕地面积，大修农田水利，并且移民边疆，屯田生产，农业发展十分迅速。玄宗实行和解的民族政策，一方面加强军备，一方面安境息民。

这一系列措施，使唐王朝在各方面都达到了很高的水平，国力空前强盛。手工业、商业发展迅速。国内交通四通八达，城市极为繁华，对外贸易不断增长。波斯、大食商人纷至沓来，长安、洛阳、广州等大都市商贾云集，热闹非凡。

这个时期唐朝国势强盛，中国的封建社会在各方面都达到了前所未有的太平盛世状况，史称"开元盛世"。

饮茶风尚

我国是茶的故乡，到唐代已发展成熟。茶叶产地增加，遍及今四川、云南、贵州、广东、广西、福建、浙江、江苏等15个省区，其地理位置多为气候温湿的秦岭、淮河以南，种植规模不断扩大。当时的茶叶分为粗茶、散茶、末茶和饼茶四类，名茶也已有20多种。南北统一后，饮茶风气也普及北方。中唐以后，茶已成为人们日常生活的必需品。在边疆少数民族居住地，饮茶风气也进一步传开。

在唐朝茶业兴盛的基础上，陆羽编著了世界第一部关于茶的专著《茶经》。

正是这个时期，茶树种子和栽培技术，也从中国传到了日本和朝鲜。

图为唐花鸟人物螺钿铜镜，出土于洛阳。它制作精美，正中镶嵌花树，上有飞鸟，下有两个老人席地而坐，近景是鹤舞蹁跹，水鸟闲游，增加了园林的恬静气氛。镜背采用的是螺钿工艺，即以漆粘贴用蚌壳制成的饰片，光泽丰富，别具一格。

❖ 三省六部

隋文帝即位后，大力革新朝政，废除了北周实行的"六官制"，确立了"三省六部制"。

三省为内史省（唐朝称为中书省）、门下省和尚书省。内史省是决策机构，负责草拟、颁发皇帝的诏令，其长官为内史令。门下省是审议机构，负责审核政令，驳正违失，其长官为纳言。尚书省是执行机构，负责贯彻执行重要政令，其长官为尚书令，副长官为左、右仆射。三省为中央最高统治机构，三省长官（包括仆射）同为宰相，共同负责中枢政务。

六部即尚书省下属的吏、民（唐朝称为户部）、礼、兵、刑、工等六部。吏部主管官吏的考核任免，民部主管户口、赋税等，礼部主管礼仪制度，兵部主管军政，刑部主管法律、刑狱，工部主管水陆工程。各部长官为尚书，副长官为侍郎。三省分权的制度削弱了相权，加强了皇权。三省六部职司划分明确，提高了行政效能，加强了中央的统治力量。

唐朝的制度，基本上沿袭了隋代的"三省六部制"。宰相们平时在政事堂讨论军国大事。政事堂会议是协助皇帝统治全国的最高决策机构。宰相的权力分于三省，又由品级较低的官吏担任宰相，进一步削弱了相权，加强了皇权，因而比隋制更完善、更严格，进一步加强了中央集权。

❖ 农业的发展

隋唐农作物的构成有较大变化，粟、麦、稻是当时的三大粮食作物。随着南方水稻生产的发展，中唐以后，水稻已发展成为第一作物，它的品种增多，种植面积也有所增加，并广泛采取育身移植的栽培方法。两年三熟的耕作制逐渐在南方推广，实行稻麦轮作复种制，使水稻产量大大增加。

农作物结构的变化，也促进了农具的改进和水利灌溉事业的发展。唐代江南水田已普遍实行犁耕，并发明了"曲辕犁"、"筒车"等新式农具。它们的使用促进了土地开发，增加了粮食产量。生产耕作的技术也相应提高并不断精细化，反映了我国农业自北向南不断发展的趋势。

❖ 科举制

科举制始创于隋朝。隋文帝在位时改革选官制度，废除九品中正制，令各州每年向中央选送三人，参加秀才、明经等科的考试，合格者录用为官。

隋炀帝即位后，创立进士科，这标志着科举制的产生。"科举"即分科取士之意。这一制度把读书、应考和做官三者联系起来，成为以后士人仕进的必由之路。科举制的产生，打破了数百年来世族门阀垄断仕途的局面，一般地主子弟甚至贫寒子弟也可以由科举走上仕途。从此，选拔官吏之权从世家大族手中收归中央政府，从制度方面限制了世家大族把持政治大权，为庶族地主参与政权开辟了道路。

科举制至唐朝进一步发展、完善，成为选拔官僚的主要方法。随着科举制的推行，学校教育也日益发展。中央设国子监，下辖国子学、太学、四门学、律学、书学、算学共六学。地方上设有州学、县学。学生称生徒，成绩优异者由学校保送参加科举考试。科举一般分为常举和制举两种。

常举每年举行考试，科目主要是明经、进士、明法、明书、明算、秀才等。常举的应考者有两个来源，一为生徒，即由各级各类学校保送者；二为乡贡，即经州县考试选拔的自学者。应考者主要集中在明经和进士两科。明经科主要考试儒家经义，比较容易；进士科主要考诗赋和政论，难度很大，却又是做高官的主要途径，因此很受重视。当时人们还有"三十老明经，五十少进士"的说法。常举初由吏部主持，后改由礼部主持。常举考中以后，只是取得作官的资格，必须再经吏部考试合格，方能授官。吏部的这种考试称为"释褐试"。释褐即脱掉民服，改换官服的意思。

制举是为了搜罗非常人才而临时设置的考试，不常举行。所设科目有贤良方正直言极谏、才识兼茂明于体用等100多种。一般士人和官吏都可以应考，录取者优先授予官职或提升。

科举制有利于庶族地主参政，进一步扩大了封建统治的阶级基础。

"南青北白"

唐代陶瓷在隋代青、白瓷的基础上进一步发展，一些制瓷中心逐渐形成名窑。

其中南方越窑青瓷类玉类冰。胎骨较薄，施釉均匀，青釉莹润，最有代表性，朝廷也设官督造，因此也称之为"秘色瓷"。器形繁多，装饰手法以线造形，圆熟流畅。前期风格简朴，后期逐渐变得华丽。

邢窑白瓷生产始于初唐，类银类雪，体薄釉润，胎釉皆白，光洁纯净。因此，又有"南青北白"之称。

故宫收藏的青釉凤头龙柄壶。该壶造型别致，装饰繁缛，艺术水平很高。

唐三彩

　　唐三彩在陶瓷领域中以其绚烂多彩的颜色、富丽堂皇的视觉效果充分体现了盛唐艺术的风格。

　　唐代陶瓷艺人通过对多种金属氧化物的呈色原理的进一步认识，在原有的铅釉陶中加入铁、铜、钴、锰等不同金属氧化物，烧制出集黄、赭、绿、白、蓝等色中的一色或诸色于一器的彩陶，其中以青、绿、黄三色为主，这就是唐三彩。由于铅釉极易流动，烧制时施和用量不同，更是参差变幻、效果奇妙，在交相辉映中显示出斑驳离奇的独特艺术魅力。

　　唐三彩的烧制始于初唐，盛唐时达到顶峰，唐三彩窑址只有河南巩县窑一处。唐三彩对中国乃至东方的陶瓷发展影响很大，中国的辽三彩、宋三彩、以及外国的波斯三彩、新罗三彩、奈良三彩等，都深受其风格影响。

　　西安唐墓出土的这件骆驼载乐俑，是三彩骆驼中的代表作。这尊骆驼昂首站立，载四个乐俑，中有一舞俑，五俑中有三俑为深目高鼻的少数民族。乐俑所奏似为胡乐，既展现了少数民族艺人的风采，也体现了唐代统一繁荣的盛世景象。

❖ 繁荣的长安城

　　唐代社会安定，经济发展，商业也更加的繁荣。唐都长安仍然实行坊市制，但繁华程度远远超过隋代东都。

　　坊市制是隋唐时期官府对城区规划和市场管理的制度，又称市坊制。城市建筑的格局分为市（商业区）和坊（住宅区），市内不住家，坊内不设店肆。市门朝开夕闭，市的设立、废撤和迁徙都由官府管理，市内店铺按商品种类区分，排列在规定地点，称为"肆"或"次"，其商品、交易人、度量衡、价格、税收等都在市官的监督管辖之下。

　　唐代城市工商业较为发达，市场规划整齐，被认为是坊市制最成熟的典型。长安城内有南北向大街11条，东西向大街14条，全城居民区分为104坊，每坊占300步。城南朱雀大街的东西部各设有占地两坊的东市和西市，是集中的商业区。

　　随着商品经济的发展，到唐代后期，商业活动已不再限于两市之内，在两市邻近的各坊和城门附近也有手工业者和商人摆摊设店，进行交易。大城市出现了夜市，打破店肆白天营业的惯例，坊市制在唐代达到鼎盛时期。

❖ 纺织印染

　　唐代，随着纺织技术的提高，纺织品印染工艺也很快发展起来。唐代官府织染署下设六个练染作，分别名为青、绛、黄、白、皂、紫，除白是用来漂白外，其他分别是用来印染蓝、红、黄、黑、紫五色的。

　　唐代普遍使用植物性染料，其色谱已较齐全，包括黑白在内共计有24色之多。唐代印染技术主要有颜料印花、防染印花、碱剂印花几种。而防染印花有夹缬、蜡缬和纹缬三种。

　　唐代色谱齐全的植物性染料的运用和多种印染工艺技术的发展，在中国印染史上占有重要地位。

❖ 安史之乱

安禄山是营州柳城胡人，精明能干，通晓多种少数民族语言。他竭力逢迎唐玄宗，拜杨贵妃为干娘，甚得唐玄宗的信任。他见唐朝政治腐败，武备松弛，渐生叛变之心。

天宝十四年（755年），安禄山与同是胡人的史思明密谋叛乱，在范阳起兵，假传"密旨"，以讨伐杨国忠为口号，发兵15万。唐玄宗闻变之后，分别派封常清、高仙芝率兵防守。二人都被叛军击败退至潼关。唐玄宗又派哥舒翰领兵20万守潼关。天宝十五年（756年）正月，安禄山在洛阳称帝，国号大燕。六月，破潼关，进占长安。唐玄宗出逃，行至马嵬驿，禁军哗变，杀死杨国忠。唐玄宗被迫缢死杨贵妃，逃往成都。太子李亨逃到灵武，即帝位，即唐肃宗，年号"至德"，遥尊唐玄宗为太上皇帝。

唐肃宗即位后，依靠朔方节度使郭子仪和河东节度使李光弼的兵力，又调集西北各路军队，积极准备反攻。唐军挡住了叛军南下的通道，保障了唐朝江、淮财赋的来源。加之叛军所到之处掳掠屠杀，关中和各地人民纷起反抗，叛军连连失利。

至德二年（757年），安禄山被其子安庆绪杀死，安庆绪自立为帝。郭子仪乘机率15万大军收复长安，不久又收复洛阳。安庆绪逃至邺（今河南安阳）。乾元二年（759年），史思明大败唐军于邺城外，又杀安庆绪，自立为大燕皇帝，并乘胜再陷洛阳。上元二年（761年）史思明又被其子史朝义所杀。次年，唐在回鹘兵的帮助下，夺回洛阳。史朝义退至河北自杀。安史之乱至此平息，前后共八年之久。

❖ 黄巢起义

唐朝末年统治集团日趋腐败，社会矛盾空前激化，加之连年灾荒，农民纷纷起义。

王仙芝、黄巢领导的农民起义历时九年之久，转战大半个中国，沉重打击了唐朝的统治基础。881年黄巢率起义军攻入长安并在长安称帝，建立了大齐政权。黄巢政权没有提出明确的经济纲领，也没有乘胜追击唐朝的残余军队，给了唐军以喘息的机会，加上黄巢手下大将朱温叛变，导致在陈州等几次战役中黄巢军连连失利。882年，黄巢自杀，起义以失败告终。

杨贵妃出浴图。

藩镇割据

安史之乱被平定后，唐代宗为了求得暂时平安，将河北分封给叛将。在平叛的过程中，朝廷对内地掌兵的刺史也多加节度使称号。因此，大历十二年（777年），形成了藩镇割据的局面。

当时割据势力最大的要数成德、魏博、平卢三镇。这些藩镇相互勾结，不执行朝廷法令。他们各拥强兵，赋税不上缴朝廷，甚至节度使的职位也往往父死子继，或由部下拥立，朝廷只能事后追认，不能更改。

各藩镇的割据者对其境内百姓实行暴虐统治，重加税率。他们除拼命扩充军队外，还挑选精勇组成亲信"牙兵"。牙兵一方面对藩镇割据者效忠，另一方面也十分骄横，只要稍不如意，他们甚至能对主帅或杀或逐。藩镇在官爵、甲兵、租赋、刑杀方面都各行其道，实如异域。这种局面一直持续到唐朝灭亡。

专题三： 隋唐的民族海外关系

❖ 突厥的兴衰

突厥势力最大时在公元6世纪，东至辽海，西达咸海，南抵阿姆河南，北抵贝加尔湖，屡与北朝、隋战争。583年后分为西、东突厥两部。

唐武德九年（626年）九月，颉利、突利二可汗合兵攻占泾州，进至武功，京都长安戒严。颉利又领兵到渭水桥之北，唐太宗亲自来到渭水边，颉利见状请和，结渭水之盟，突厥退兵。贞观四年（630年）正月，唐军大破东突厥。突厥降兵被安置到漠南。在原属突利可汗之地设置顺、佑、化、长四州都督府；在原属颉利可汗之地设定襄、云中两都督府。至此东突厥平定，漠南一带尽归唐境。唐太宗开明的民族政策，赢得各民族的拥戴，被尊为"天可汗"。

此后，唐朝还于长安二年（702年）在西突厥地区先后设立了安西都护府和北庭都护府，作为管辖西域的最高行政和军事机构。

❖ 唐蕃和亲

吐蕃是今藏族的祖先。唐蕃和亲是在吐蕃立国之初开始的。7世纪初赞普松赞干布统一西藏高原，并多次遣禄东赞至长安请婚。贞观十五年（641年），唐太宗许嫁文成公主入吐蕃。唐高宗初年，又封松赞干布为驸马都尉、西海郡王，从此确立了吐蕃对唐朝的臣属关系。唐朝应请送去蚕种和善于酿酒、纸墨的工匠。吐蕃还派大批贵族子弟到长安国子监学习，唐的文人也受聘到吐蕃管理文书，连唐贵族的服饰也传入吐蕃。

文成公主入吐蕃，带去了许多书籍、手工艺品、药物以及菜种等。内地的历法、算学、医学、文学、音乐、佛教也传到吐蕃，这些都对吐蕃经济文化的发展起到了重要的作用。景龙元年（707年），唐中宗又以金城公主嫁吐蕃赞普尺带珠丹。金城公主的和亲进一步促进了唐与吐蕃的经济、文化交流，唐的大量丝织品和生产技术更广泛地传入吐蕃。应金城公主之请，开元十九年（731年）唐还赐给吐蕃《毛诗》《礼记》《左传》《文选》各一部"。在政治上金城公主在缓解唐与吐蕃的冲突，促成双方的会盟等方面也起了积极的促进作用。唐蕃"遂和同为一家"。

回鹘王像。回纥是维吾尔族的祖先，6世纪—7世纪游牧在色楞格河一带。8世纪中期，首领骨力裴罗统一各部建立回纥汗国。唐玄宗封骨力裴罗为怀仁可汗。后来回纥改名"回鹘"。

册封南诏

唐代，在今云南一带居住着许多少数民族，其中以乌蛮和白蛮为主。七世纪后期，乌蛮征服洱海一带的白蛮，在那里建立了六个不相统属的政权，称为"六诏"。其中蒙舍诏在最南边，又称南诏。

713年，唐玄宗封皮罗阁为台登郡王。737年，皮罗阁吞并其他五诏，建立南诏国。738年，唐封皮罗阁为云南王，赐名蒙归义。次年，皮罗阁徙居大和城，定之为国都，建立了南诏政权。从此，确立了对唐的藩属关系。

❖ 遣唐使与鉴真东渡

中国自古以来就与域外民族广泛进行经济文化交流。永徽四年（653年）五月，日本派遣唐大使吉士长丹、副使吉士驹、学问僧道严、学生巨世药等121人同乘一条船赴唐，同时另外派遣唐大使高田根麻吕等120人乘另一艘船赴唐，七月，高田根麻吕等120人所乘之船在萨摩国萨麻郡邻近地区遇难。这是日本遣唐使第二次来华，也是日本大化革新（645年—654年）后首次遣使赴唐。

从贞观四年（630年）始至乾宁元年（894年），日本共派13次遣唐使来华。此举加强了中日两国文化交流。

鉴真和尚（688年—763年），扬州江阳人。受中宗礼聘，为中宗解经，并在洛阳、长安讲道。天宝元年（742年），在中国已有10年的日本高僧荣睿、普照等从洛阳至扬州，访谒鉴真，恭请鉴真东渡日本传戒弘法。

天宝十二年（753年），鉴真在苏州改乘遣唐副使大伴古麻吕的船东渡。同年十二月抵达日本，受到隆重欢迎。次年（754年）四月为圣武天上皇等授戒。天宝十四年（755年），又在东大寺坛院授具足戒。日本还为鉴真修建唐禅院居住。代宗广德元年（763年）五月，鉴真圆寂于招提寺。鉴真东渡，不仅对日本佛教，而且对日本的医药、建筑、雕塑诸方面发生重要影响，为中日文化交流史上重要事件。

❖ 玄奘西行取经

玄奘，唐代高僧，佛教学者，旅行家、翻译家。玄奘俗姓陈，洛州偃师人。于贞观三年（629年）八月，独自一人由长安出发，经数年艰难跋涉，到达印度。在天竺十八年研习经文，于贞观十九年（645年）携657部梵文佛经返回长安，受到唐太宗的盛大欢迎。

玄奘精通梵、汉文，将直译、意译巧妙融为一体，共译经论775部，1235典，对佛教传播做出了贡献，并耗时一年，写成介绍西行沿线经过的国家、地区情况的《大唐西域记》，是研究中亚、印度半岛等地历史和佛学的重要典籍。

贸易往来

唐代的商业经济非常繁荣，对外贸易也非常发达。714年在广州设市舶司，管理海外贸易，促进了对外贸易的不断发展。

唐代与南海国家的海外贸易尤为频繁。当时由海上来与唐开展贸易的有日本、新罗、天竺、狮子国、波斯、大食等许多国家和地区。这些国家都是航海到中国进行贸易，大多由波斯湾经印度，绕马来群岛，抵达现今的广州，然后再从广州分散到岭南的交州、江南的扬州、福建的泉州以及福州、明州、温州等通商口岸。海上贸易发展很快，贸易额很高。同时，唐对陆上贸易也极为重视，对周边各少数民族的互市非常关注。通过互市，唐不断加强与西域各国之间的往来贸易，曾专设"互市监"来管理互市贸易。内地和西域的富商大贾东来西往非常频繁，丝绸之路也逐渐繁华兴旺。虽然当时唐与突厥、吐谷浑、回纥、党项、吐蕃等各沿边少数民族的关系时战时和，但贸易活动始终非常频繁。

图为新疆阿斯塔那唐墓中出土的有维吾尔族饮食特点的馕。丝绸之路多穿行在沙漠中，这些食品可能就是当时丝绸之路上的主要干粮。

专题四：　隋唐文化

火药的发明

唐宪宗元和三年（808年），炼丹家清虚子在其所著的《太上圣祖金丹秘诀》中记载有将硫黄伏火之法。这类伏火之法，原本是为了使硫黄改性，避免燃烧爆炸。

从而他们也认识到，上述丹方中含有硝石、硫黄和"烧令存性"（即碳化）的皂角子或马兜铃粉，三者混合具有燃烧爆炸的性能，从而发明了原始火药。由此可见，至少在808年以前，含硝、硫、炭三种成分的火药已经在中国诞生。原始火药也由此而逐渐进入军事应用的新阶段。

❖ 雕版印刷《金刚经》

雕版印刷术在唐初已经发明。唐太宗时，高僧玄奘取经归来后曾印制大量普贤菩萨像广为散发。民间还大量印制佛经、日历、占卜书等。

武宗时曾烧毁大量印本佛经，因此几乎没有印本流传下来。现在人们所能见到的世界上最早有确切纪年的印刷品就是王玠雕于咸通九年（881年）的为父母雕印的《金刚经》，它长5.3米，呈卷子形，由7个印张粘接而成。扉页印有释迦牟尼佛向长老菩提说法图，整卷经文雕刻精美、刀法纯熟，印刷墨色均匀，清晰鲜明，可见当时雕印术已达到很高水平。此卷20世纪初在敦煌发现，是现存最早有纪年的木版印刷品。现保存在伦敦大英博物馆。

❖ 赵州桥

赵州桥横跨在河北赵县城南洨河之上，又名安济桥。此桥建于隋朝大业年间（605年—617年），是在李春等工匠主持下建造的。

它是世界上现存最古老的单孔敞肩式石拱桥，拱为半圆弧的一部分，净跨度是37.37米，高7.23米，坡式平缓。在大拱的两边，对嵌有四个小拱，既减轻洪流对桥的压力，也减轻了桥自身的重量。桥上两侧有42块石栏板，栏板上雕有龙、兽、花、草等图案，刻工精巧，形态逼真，增加了桥的轻盈秀美。赵州桥的建造比欧洲石桥的建造早了整整十个世纪，距今已有1300多年。

赵州桥开创了肩式拱桥形式以及四个小拱独特的设计等巨大成就，极大地推进了我国建筑技术的发展。直到现在，赵州桥的技术也为现代钢筋混凝土桥梁所广泛采用。

唐朝驰马女俑。骑马者为贵族少女，服饰和鞍具均很华丽，脱靴束于鞍上这一细节表现出少女天真烂漫、无拘无束的性格。

❖ 僧一行

僧一行（683年—727年），本名张遂，魏州昌乐人。是我国唐代高僧、天文学家和大地测量学家。

开元年间，一行为编撰《大衍历》，发动和组织了大规模的全国天文大地测量，测量点共12个，南至交州，北达铁勒。他主持测量了各测点二分二至时、正午日影长度、测点的北极高度，以便决定南北昼夜的长短，还测量了各地日食的食分等。一行发明了《覆矩图》，并以丹穴为南界，幽都为北界，极高每变化一度，相应的变化就用覆矩图表示出来。这些测量为《大衍历》关于日食和昼夜长短的计算提供了很重要的数据。

由一行所领导，天文学家太史丞南宫说等人主持的在河南的测量是最为重要的。此次对世界上子午线（经线）1°弧长的实测工作，比阿拉伯天文学家阿尔·花剌子密于814年进行的实测早90年。

❖ 隋唐三教并用

隋、唐时期，大一统政治迫切地需要宗教政策与之相适应，三教并用的宗教政策逐渐形成。

随着隋唐政权的建立，统治集团的内部矛盾得以缓解，制定普遍适用于全国的宗教政策的政治条件基本具备，学术上表现出调和儒道佛的倾向。对于佛道二教，隋唐统治者也采取开放的政策，既尊重和利用佛教，又有效地加以抑制，并有意提高道教以平衡佛教与道教势力，同时也借道教始祖老子李耳以提高李姓的地位。对能辅助王政的佛、道加以奖励，儒佛道三教并立的局面最终形成。但儒学仍被看做与国家兴亡攸切相关的大事而受重视。在这种兼容并包的文化及宗教政策影响下，各种宗教都得到了较充分的发展，佛教在这时达到了极盛并形成了若干中国式的佛教宗派，教义哲理也有重大创新和飞跃发展，出现了一大批高僧大儒。

求法、译经和佛典著述以及传教活动空前活跃。除了儒、道、佛三教并重外，唐朝统治者对其他各种宗教如伊斯兰教、景教、摩尼教、火祆教也采取相当宽容的态度，以尊重外国商人、使者、侨民的不同宗教信仰。多教共存的局面一直保持到唐中期以后。

孙思邈

孙思邈（约581年—682年），是我国医学史上最伟大的医学家之一，后人誉之为"药王"。

孙思邈在几十年的医学临床实践中，发现古代医书浩繁、杂乱，不易查检，因而他博采众长，精心删减，结合自己的实践经验，编著了《急备千金要方》和《千金翼方》这两本书。两书还流传到国外，被日本、朝鲜的多种医学著作引用，在医学界产生了深远的影响。

唐菩萨头像。

"诗仙"李白

太白醉酒图。

李白是继屈原后我国古代最伟大的浪漫主义诗人，他与杜甫等人共同推进并完成了陈子昂所开创的诗歌革新运动，影响深远。现存诗900余首、散文60多篇，均收入宋代宋敏求所编的《李太白全集》（30卷）中。李白的诗"清水出芙蓉，天然去雕饰"，感情真炽热情奔放，想像力丰富，语言朴素优美，形式变幻多样。他被人们称为"诗仙"。

❖ "诗圣"杜甫

杜甫（712年—770年），字子美，自称"杜陵布衣"，是唐代现实主义风格的代表诗人，被奉为"诗圣"。他的诗反映了唐代社会由盛到衰的变化，再现了安史之乱前后的重大事件，被公认为"诗史"。他的诗集古典诗歌之大成，并加以创新和发展，后人对他的诗风推崇倍至。

❖ 白居易

白居易（772年—846年），字乐天，晚年自号香山居士，唐代杰出文学家。他倡导新乐府运动，主张"文章合为时而著，歌诗合为事而作"，强调诗歌应反映社会现实。他的"讽喻诗"反映生活，表现出统治阶级残酷压迫劳动人民的普遍状况。其作品质朴通俗，优美流畅，如《新乐府》《长恨歌》《琵琶行》《卖炭翁》等，都是千古不朽的名作。

❖ 古文运动

唐代古文运动主要是对文风、文体和文学语言进行改革的一次文学运动。古文是唐朝人对先秦两汉通行的散文体文言文的称呼，其特征是散行单句，不拘格式，不同于骈文的讲究排偶、辞藻、音律、典故。唐中叶，一些文人反对六朝以来的浮艳文风，大力提倡古文，逐渐形成社会风尚，这就是古文运动。古文运动的倡导者是韩愈和柳宗元。韩愈主张重视文章的思想内容，其散文气势雄健，奔放流畅。柳宗元也主张"文者以明道"，他的散文峭拔俊秀，含蓄精深，对散文的发展也有很大的影响。

❖ 唐传奇

《传奇》的作者是裴铏，是其在咸通中任静海军节度使高骈幕下掌书记时所编写的。

《传奇》多为神怪和爱情相结合的故事，情节新奇，幻想色彩浓厚，对后世戏曲小说创作有极大的借鉴意义。书中文辞华丽，夹杂骈俪句，穿插诗歌，书中的人物都是敢于与命运斗争的强者。《传奇》代表了唐文言小说的艺术风格，"传奇"一词由书名成为唐代文言小说的通称。

❖ 初唐三大书法家

欧阳询（557年—641年），字信本，潭州临湘人。他的书法远承魏晋，在六朝朴茂峻整的基础上创造了自己的风格。他初学王羲之，后来书体渐变，笔力险劲，成为一时之绝，并创立"欧体"字。其子欧阳通，继承家学，欧阳父子均声著书坛，被称为"大小欧"。

虞世南（558年—638年），字伯施，越州余姚人，唐初文学家、书法家。他博学善长文词，尤工书法，继承了二王（王羲之、王献之）书法传统，笔致外柔内刚，圆融遒丽，与欧阳询、褚遂良并称初唐三大书法家。

褚遂良（596年—658年），字登善，钱塘人，唐代著名书法家，在欧、虞之后独树一帜，自成一家。他的书法前期古朴方整、结体宽博，带有浓厚的六朝遗风，且受隶书影响，以《伊阙佛龛碑》和《孟法师碑》为代表。后期则发生较大变化，创造了绰约婀娜、遒逸婉媚的风格，代表作是《雁塔圣教序碑》。

❖ "颜筋柳骨"

颜真卿（709年—785年），字清臣，京兆万年人，开元进士，任殿中侍御史，人称"颜鲁公"。他广学博引，创造了雄伟刚劲、气势磅礴的独特字体风格，自成一体，被称为"颜体"。他的楷书端庄雄伟、气势开张，用笔横轻竖重，笔力雄劲而有厚度；竖笔向中略有弧度，刚中有柔，富有弹性，力足中锋；结构方正茂密，方中有圆。行书遒劲郁勃、凝练浑厚、纵横跌宕，用笔气势充沛、巧妙自然。使古法为之一变，开创了新风气，颜氏书法堪称登峰造极。他与稍后的柳公权并称颜柳。

柳公权（778年—865年），字诚悬，京兆华原人，唐玄宗元和初年，金榜题名考中进士。柳公权擅长行草，但是对楷书的研究，功力也非常深厚。他早年的楷书已经取得卓著成就。后来，他进一步揣摩、研究颜体的笔法，融会成体势劲媚、法度谨严、方圆兼施、富有变化而自成一体的柳体。柳体字注重骨力，在转折、顿接处显出锋棱，结构紧密，在雄浑厚实中见锋利，在严谨中见开扩，刚劲挺拔。因柳公权的书法筋力丰满、气派雍容堂正，又曾受颜氏影响，偏重骨力刚健，故又有"颜筋柳骨"之称。

张旭和怀素和尚

张旭，字伯高，吴郡人，唐朝书法家。他精通楷法，草书最为知名，开元年间他在今草基础上发展而为狂草，怪怪奇奇，逸势奇状，连绵回绕，具有新风格。传说他作草书从担夫争道、鼓乐吹唱中感悟笔意，"又观公孙大娘舞剑器，然后得其神"，可见他的草书溶铸心灵慧悟和对自然万物的体验，极富创造性，可谓"变动犹鬼神，不可端倪"。

怀素，字藏真，他继承并发展了张旭的风格，二人并称为"颠张醉素"。怀素喜欢饮酒时运笔，写出的字如同飞动圆转，好似骤雨旋风，虽然有许多变化，却不失一定的法度。

公孙大娘舞剑图。

敦煌石窟

敦煌是位于西北交通要道的一个边陲重镇，是古代东西方文化交流的必经之地。

公元4世纪以来，历代王朝不断在敦煌地区开凿石窟。石窟内以汉式宫阙表现弥勒净土，弥勒菩萨交脚坐于宫殿内。两侧的垂楼高阁中，身着霓裳羽衣的飞天弹琴奏乐，载歌载舞。楼阁之外，菩萨摩顶受戒，天女凌空散花，构成一幅幅新颖画卷。人物造型也逐步走向写实，面相丰润而多样，比例适度，上身多着僧祇支，腰束锦裙，衣裙遍饰波斯风格的织物花纹，金碧辉煌，灿烂夺目，别具风格。敦煌石窟的彩塑分为圆塑和影塑两种。彩塑体态健硕，神情端庄宁静，姿态简单，风格简朴厚重，为唐代石窟的成熟和辉煌奠定了坚实的基础。敦煌石窟逐渐形成了一座博大精深，融建筑、壁画、雕塑为一体，富有中国民族特色的佛教艺术宝库。

唐敦煌菩萨彩塑。利用垂直伫立构图与"S"形构图，塑绘同倡，形质并茂。反映了唐代匠师塑绘结合的高度纯熟的技巧。

❖ 阎立本

阎立本是初唐杰出的工艺家与人物画家。他的人物画将秦汉的纯朴豪放与魏晋的含蓄隽永融合在一起，线条圆转流畅，疏畅坚实，色彩渲染浓重凉净，富有韵律感，构图比例和谐，技法纯熟，刻画入微，使我国人物画进入一个精湛瑰丽的新时期。他常常配合当时政治上的重大事件来进行创作，以其敏锐的目光，纯熟的技法，留下了具有深远历史意义的一瞬间。他的作品以《步辇图》和《历代帝王图》最为典型。阎立本的丹青对后世影响颇大，体现了他的艺术风格，后人称赞他"兼能书画，朝廷号为丹青神化"。

❖ "画圣"吴道子

吴道子（约686年—760年），后改名道玄，早年为民间画工。他熟谙画理，中年以后笔迹磊落逸势，高度成熟，最终成了专门画师。开元年间，被唐玄宗召入宫中担任宫廷画家。他以精湛的技艺和旺盛的创造力，绘制了大量的宗教画、历史画和政治肖像画，以善绘人物、佛道、神鬼、山水、鸟兽、草木、台殿而著称于世，声名被广为传播。

吴道子极具艺术创新精神，他用状如兰叶或莼菜条的笔法表现衣褶，圆转而有飘举之势，被称为"吴带当风"。他创立的白描画主要用笔和线型，洗练而疏阔，往往只一二笔，就已具象，后人将他和张僧繇合称为疏体画家，以区别顾恺之和陆探微的"密体"。他善于通过墨线的肥瘦抑扬，表现出物象的运动感和质感，而且其人物造型重视眼神描写和夸张手法，且避免了公式化。

他的白描功底深厚，所用线条组织规律，描绘出了物体的凹凸面、阴阳面，收到了飘逸、柔软的艺术效果，较好地解决了"线"和"面"、"透视"与"角底"、阴面与阳面的处理等矛盾。吴道子被历代画家奉为不可超越的高峰，尊为"百代画圣"。

❖ 风格多样的乐舞

在唐代，中国古代所有艺术门类都得到了充分的发展，音乐和舞蹈也同样如此。

唐代的大曲是当时最为重要、最具代表性的音乐形式。它通常分散序、中序和破三部分。每部分又可分为若干段落。散序节奏自由，为器乐部分；中序也称歌头，较慢，歌唱为主，器乐伴奏；破也称舞遍，节奏渐快，以舞为主，器乐伴奏。有部分大曲又称法曲，大多清悠典雅，其起源多与佛教音乐有关，在唐代又搀入道教音乐因素，或称仙韶曲。唐代的歌舞大曲种类之繁，数量之多，也堪称一绝，无论雅乐或燕乐，燕乐中的清乐或胡乐，又无论是坐伎部或立伎部，都包括有大曲。

其中大型表演性舞蹈作品《霓裳羽衣乐舞》据说是唐玄宗中秋月夜梦游仙界，在月宫听到袅袅的仙乐，后来西凉都督杨敬述进献《婆罗门》曲，与其声调相符，于是他亲自作曲以抒情怀，以月中之曲作为整个乐舞大曲开始的序曲"散序"，而后者作为主体，谱成《霓裳羽衣法曲》。该曲在创作上融合了中、外民族民间乐舞的成分，还吸收了传统"清商乐"的艺术传统，融合了西域歌舞的形式，将音乐、舞蹈、诗歌三者结合成一部大型套曲。它的舞蹈除采用传统的优美舞姿"小垂手"等外，还大量糅合西域胡旋舞的精彩旋转技巧，包括独舞、双人舞，及多达数百人的大型群舞。霓裳羽衣乐舞是一部艺术性强、技术水平高的大型表演性舞蹈作品，是唐代舞蹈的代表作。

唐《弈棋仕女图》（部分）。绢本设色。人物线条刚劲均匀，赋彩单纯明丽，并加以晕染，特别是夹棋欲置的手指和全神贯注的生动神态描绘得得维妙维肖，具有典型"曲眉丰颊、肌胜于骨"的唐代画风，也是唐代仕女画的代表作。

唐朝时期的打马球运动。

马球

马球是唐代开始流行的一种体育活动，亦称击鞠。其名和汉代的蹴鞠有关，但蹴鞠是步行踢球，击鞠则为纵马击球，和后代的马球有共同之处。此技源于波斯，唐初传入中国。唐代诸帝自太宗始多擅马球，玄宗、宣宗、僖宗尤精此道。上行下效，长安城中达官显贵、纨绔子弟乃至宫中仕女遂打马球成风。后世亦久盛不衰，至清代方成绝响。马球规则《宋史》《金史》均有记载。唐代打马球的技巧很高，有的人专会很快地奔驰去迎接来球，球还未落地就忽然间从空中被击回去，可见马球技艺之高超，体现了这一时期马球运动开展的水平。

唐代马球活动在统治阶级的倡导下，在一定程度上得到了开展，其中在场地设施的建设、竞赛交流、军队中的开展以及高超的技术水平等方面都是很有成就的。

第六部分 五代十国、辽、宋、西夏、金

　　唐朝自"安史之乱"后，形成了藩镇割据的局面，尽管中唐的皇帝竭力挽回，但中央集权从公元907年朱温叛唐、建梁起就已分散。此后，中原地区先后建立了后唐、后晋、后汉、后周政权。与此同时，在南方各地和北方山西也先后出现了十个割据政权：吴、南唐、吴越、楚、闽、南汉、荆南、前蜀、后蜀和北汉。从此，中国历史进入了五代十国的混战时期。

　　五代后期，统一的趋势不断加强，后周世宗柴荣的发展强大为后来结束分裂割据的局面做了充分的准备。不久，宋太祖赵匡胤发动了陈桥兵变，完成了统一大业。结束了五代十国以来的分裂局面，巩固了封建中央集权，促进了社会的发展，推动了中国历史的前进。在宋的统治下，社会生活颇为丰富，社会经济也曾出现过兴盛繁荣的景象。科学技术也得到了发展，其中四大发明的完善，对世界历史的进程也产生了举足轻重的巨大影响。

　　宋朝分为北宋（906年—1127年）和南宋（1127年—1279年）两个统治时期。北宋建都开封，南宋建都杭州。北宋的统一中国是局部的，与它并存的少数民族政权有辽、西夏和后来勃兴发展起来的金。民族关系十分复杂，矛盾不断尖锐，最终导致了宋朝的灭亡。

专题一： 五代十国

❖ 后周的强大

柴荣是后周太祖郭威的养子。广顺三年（953年）被册封为晋王。显德元年（954年）正月，郭威病逝，柴荣继位。

柴荣即是后周世宗。柴荣继承郭威重农恤民的政策和统一中国的大志，且重用王朴等能臣，还采纳王朴提出的"平边策"，先攻南唐，取江北而控制南方各国，再取后蜀和幽州，最后解决契丹边患的战略思想。他大简诸军，操练精兵，于是士卒精强，征伐四方，所向披靡。显德二年（955年）到显德四年（957年），后周三度征伐南唐，每次皆胜，南唐自去帝号，割地请和。后周平定江北，得州14、县60。显德二年（955年）又大败后蜀，取秦、成、阶、凤四州，成功地发动了一系列统一兼并战争。

柴荣实施与民休养生息的政策。即位当年，他便令李谷治理黄河，修治黄河堤岸，比较彻底地根治了河患。不久又疏浚河渠，着手重建漕运网络，自显德三年（956年）起，先后疏引汴水东通泗水，北入五丈河，使鲁齐舟船可直达大梁；凿通鹳水，重新沟通长江与淮河；浚通汴口，导黄河于淮，使长江、淮河、黄河三大水系重新通航。又疏浚汴水、五丈渠，使得以大梁（今开封）为中心的水路漕运网络基本形成。并命王朴主持扩建大梁城，使大梁成为当时最繁华兴盛的首都；还令王朴撰《大周钦天历》和《律准》通行天下。又命侍御史知杂事张是 等10人详定格律，定《大周刑统》颁行天下；令中书舍人窦俨编《大周通礼》和《大周正乐》。

柴荣在位6年，仁政惠民，在他的统治下后周的社会经济稳定发展，为中国的统一奠定了基础。

大型铸铁文物河北沧州铁狮，铸于后周时期，重5万千克。

专题二： 北宋、辽、西夏

❖ 陈桥兵变

赵匡胤(927年—976年)，河北涿州人，曾多次跟从周世宗征伐，掌握了禁军统帅大权，周世宗病逝幼帝即位，国家政局动荡不安。

后周显德七年,(北)汉与契丹合兵进攻镇、定两州,宰相范质派点检赵匡胤率兵北上抵御。途中军校茵训制造舆论,说他看见太阳下面还有一个太阳。当天夜里,大军驻扎在陈桥驿,将士们已有"不如先立点检为天子,然后再向北进军"的议论。次日,赵匡义和赵普带着诸将去见赵匡胤,拥戴他为天子,并把黄袍披到他的身上,上马回师京城。大军进入开封,恭帝被迫禅位。

赵匡胤顺利夺取了政权,登上帝位,史称宋太祖。他改国号为"宋",改年号为"建隆",仍建都于开封。

❖ 王安石变法

宋神宗于熙宁二年(1069年)任王安石为参知政事,开始变法。不久,又设立了制置三司条例司这个专门机构来实行变法,此机构负责制定新的财政经济政策,变革旧法规,颁行新制度。

同年七月,国家财政出现了危机。制置三司条例司建议实行均输法,即增设发运使一职,总计六路赋税收入情况,并详细了解六路各地区财货的有无、多少而互相协调。均输法的实行,在"便转输,省劳费,去重敛,宽农民"等方面,收到一定的成效。九月,王安石根据早年的经验,并参照李参在陕西地区推行青苗钱的例子,改革常平仓制度,实施青苗法:将过去负责调节谷价的常平仓及负责赈济贫疾老幼的广惠仓所积粮谷兑换成现钱,每年青黄不接时,于夏秋两次向城乡居民借贷,届时随两税归还,或缴纳现钱,或按价折为粮米。青苗法的实行,在限制高利贷盘剥等方面,收到成效,朝廷也获得大量利息。到十一月又颁布实施农田水利法,此法规定:凡农田如荒闲可事垦辟,瘦瘠可变肥沃,旱地可为水田等,皆由州县斟酌统一实施。行之有效者,予以奖励。此法实行7年后,全国共兴修水利10793处,受益民田36万多顷,公田1915顷,收到了显著的成效。

"杯酒释兵权"

宋太祖赵匡胤像。

建隆二年(961年)七月,宋太祖宴请石守信、高怀德、王审琦、张令铎、赵彦徽等禁军宿将。

酒过三巡,太祖对他们说:"我能有今天,多亏了诸位。但做皇帝还不如当个节度使自在逍遥,一直以来我都不能安然入睡。"守信等人忙问原因,太祖说:"这不难理解,谁不想高居皇位呢?诸位虽然很忠心,但若你们的部下有贪图富贵之人,有朝一日也强将黄袍加于你们身上,你们不想当皇帝也不行了。"石守信等人这才如梦方醒,哭着请太祖指一条生路。太祖便委婉诱导他们交出兵权,出守藩镇,多买良田美宅,为子孙创下永久的家业,还可多养些歌儿舞女,每日饮酒取乐,以尽天年。这样,君臣之间互不猜疑,上下相安。石守信等人第二天便上表假称有病,要求解除兵权。太祖欣然同意,罢免了他们的军职,此后殿前都点检、副都点检一职也不再设。

不久,宋太祖用同样的方法罢免了各藩镇的节度使。至此,禁军与藩镇的兵权都集中到了赵匡胤手里。

辽代佛坐像。

❖ 阿保机建国

契丹原为胡服骑射之族，部落众多，争夺不断。阿保机以良策治军，部落日益昌盛，终于统并契丹八部，遏止了纷争。塞外物资的匮乏使得契丹族开始南下侵扰。于是中原河北的地方势力，便利用契丹为外援支持实现个人的野心，契丹则从中取得实惠。

契丹族与中原频繁的接触，中原先进的文化和政治制度给阿保机以巨大的震撼。于是他仿效汉制，以妻述律氏为后，备置百官，又在城南别建汉城。阿保机的革新为辽的建立奠定了坚实的基础。

❖ 辽的建立

后晋天福三年(938年)十一月，后晋高祖石敬瑭，向契丹称臣，称耶律德光为"父皇帝"，自称"儿皇帝"。同年十一月，后晋又派遣赵莹献幽、蓟十六州及图籍于契丹。开运三年（946年）十二月，契丹大军前锋军在后晋降臣张彦泽的率领下攻陷后晋首都大梁，次年正月初一，耶律德光率领大队人马进入大梁城，废去东京并降开封府为汴州。

大同元年(947年)二月初一，契丹主耶律德光着汉人衣冠，登正殿，受百官朝贺，全国大事庆典，契丹建国号为辽，史称辽太宗，改元大同，以镇州（今河北正定）为中京。

❖ 契丹文字

神册五年(920年)，辽太祖阿保机在文臣耶律突吕不和耶律鲁不古的参与下，依仿汉字创造了契丹文字，即契丹大字。契丹大字数量少，笔画简单。据统计契丹大字仅有1000余字，而10画以上的字仅占10%。不久，契丹辽太祖弟耶律迭剌又创制了契丹小字。契丹小字是参照汉字和契丹大字的字形，在汉字反切法的启发下创制的一种拼音文字。一般并无字义，只有拼成单词之后才有意义。契丹小字即契丹语单词，分别由1至7个不等的原字拼成，按一定规律堆在一起，单词之间有间隔，极易辨认。据现有资料统计，原字共有450多个，但"数少而该贯"则是其一大特点。契丹文字是古代契丹族人民为多民族的中国贡献出的一份珍贵历史文化遗产。

❖ 澶渊之盟

景德元年（1004年）九月，契丹圣宗与萧太后率兵20万大举南下攻宋。二十二日，萧挞凛与圣宗、太后合兵攻定州。

宋北方州县频频告急，宰相寇准坚请宋真宗亲临澶州。十一月，辽将败宋军于洺州。宋真宗在宰相寇准等极力促使下，终于决定亲征，宋真宗一行自卫南向澶州进发，先驻澶州南城，后到达北城，并登上城门楼观阵，宋军士气大振。

至此辽军损兵折将，再加上孤军深入，难以在战场上达到目的，宋朝则急欲辽撤兵，不敢与辽军决战，因而双方互派使者，加紧议和。经过几次交涉，双方于景德元年（1004年）十二月立下盟约：宋辽约为兄弟之国，辽主称真宗为兄，宋尊萧太后为叔母；宋每年要给辽绢20万匹、银10万两，称为"岁币"；双方各守现有疆界，不得侵轶，并互不接纳和藏匿越界入境之人。另辽撤军时，宋军不得沿途进行袭击。互换誓书后，辽军撤退，宋真宗亦回京师。

因该盟约订立于澶州城下，澶州亦名澶渊郡，故史称澶渊之盟。澶渊之盟缔结后，宋辽之间106年内没有发生大规模的战事，为双方的经济、文化发展及相互交流创造了条件。

契丹文大字碑残石。

宋辽贸易

宋、辽原先在边境地区设有互市市场即榷场，专设有官员监督贸易和收税，商人入场贸易，须交纳商税、牙钱。因宋、辽长期征战，榷场贸易多已停废。自澶渊之盟缔结后，辽统和二十三年（1005年）二月，辽再置榷场于振武军，以羊及皮毛换取宋地绢绸，彼此互利。同时，宋在雄州、霸州、安肃军开放榷场，双方都采取了一些管理榷场的措施，互致友好，进行贸易往来。

景德二年（1005年）二月，宋还命开封府推官、太子中允、直集贤院孙仅出使辽国母的生辰，受到极好的礼遇。十月，又派支判官、太常博士周渐出使辽国主的生辰，并对使节携带礼品名目等作了具体规定。十一月，辽圣宗耶律隆绪也遣使者祝贺宋真宗赵恒生辰。自此后百余年间，宋、辽双方基本保持一种和平友好的关系。每年双方互派使臣贺"生辰"、"正旦"；若旧君死亡、新主登位，则又有"告哀使"、"告登宝位使"的派遣，对方亦有"祭奠使"、"吊慰使"、"贺登宝位使"的报聘。宋辽双方的和睦相处，为双方的经济、文化发展及互相交流创造了条件。

浓眉大眼，八字须，身穿圆领窄袖长袍的契丹人（内蒙古库伦旗辽墓中壁画）。

西夏绘于敦煌莫高窟第327窟的飞天壁画（摹本）。

西夏的建立

夏国王李德明去世，其子元昊于明道元年（1032年）十一月继位，改年号为开运，后又改为广运。

显道二年（1033年）五月，元昊开始建立新的官制体系。大庆元年（1036年）九月，开始改革兵制，还彻底改革其所统治区内的传统风俗习惯，并根据自己的意图创造了西夏文字。在改革的同时，元昊还不断攻城掠地，在建国前就已占据了夏、银、绥、静、灵、盐、会、甘、凉、沙等州，基本上确立了西夏的版图。天授礼法延祚元年（1038年）十月，元昊与野利仁荣、杨守素等人商定由元昊称帝，定都兴庆，建国号为大夏，改年号为天授礼法延祚。西夏国正式建立。

西夏文字

西夏文字是西夏王朝开国皇帝李元昊，命大臣野利仁荣仿照汉文主持创制并推广使用的词符文字。共创制6000余字，编纂成书，分12卷，称作"国书"。

西夏文字从文字结构上可分解成单纯字和合体字两大类。西夏文字的形体结构基本上脱胎于汉字，从形体上看与汉文方块字十分相像，但也独具其鲜明的民族特色。西夏文字是党项族的宝贵财富，它的创立推行，对西夏政治、经济、文化的发展起了很大的作用，它增强了西夏人的民族意识，对西夏向汉族先进文化学习提供了条件。西夏文字至今为研究西夏的历史与文化，发挥了重要的作用。

宋夏间的战与和

康定元年（1040年）至庆历二年（1042年）间，西夏对宋连续发动了三次大规模的战事，宋朝损失严重，希望言和。西夏虽屡胜，但占掠所获与通过榷场贸易所得相比实是得不偿失。民间贸易也被迫中断，西夏百姓怨声载道。

庆历二年（1042年）六月，元昊派李文贵与宋朝议和。宋仁宗接受西夏的议和，并全权交给庞籍处理。庆历四年（1044年），宋朝与西夏最后达成协议。和约规定：夏取消帝号，名义上向宋称臣；宋夏战争中双方所掳掠的将校、士兵、民户不再归还对方；从此以后，如双方边境之民逃往对方领土，都不能派兵追击，双方互相归还逃人；宋夏战争中西夏所占领的宋朝领土栲栳、镰刀、南安、承平等地以及其他边境蕃汉居住区一律从中间划界，双方在本国领土上可以自由建立城堡；宋朝每年赐给西夏银5万两，绢13万匹，茶1万千克；每年还在各种节日赐给夏银2.2万两，绢2.3万匹，茶0.5万千克。宋仁宗同意了元昊所提出的要求，于是宋夏正式达成和议。此后，西夏多次请求宋朝开放边境地区的互市。庆历五年（1045年），宋朝政府决定在保安军和镇戎军的安平皆设置两处榷场，恢复了双方贸易往来。

专题三： 北宋、南宋、金

❖ 女真的兴起

女真族长期生活在中国东北地区"白山黑水"（今长白山、黑龙江流域）一带。女真旧称靺鞨。

辽兴起于北方时，女真分为两部，南部属辽，称熟女真；北部不为辽属，称生女真。辽初，生女真有72个部落，过着游牧打猎生活。后来，其中的完颜部逐渐强大起来，乌古乃为首领时，与其他女真部结成联盟，东和高丽，北收诸部，使诸部归附于完颜部。辽天庆三年（1113年）十二月，女真联盟长乌雅束死，其弟阿骨打嗣位，称都勃极烈。阿骨打承前代富庶之余，兵强马壮，女真渐渐有了与辽争衡的实力。在他的领导下，女真族的历史进入一个崭新的发展阶段。

❖ 金的建立

耶律延禧（天祚帝）即位之后，契丹贵族对于生女真的压榨勒索愈来愈严重。辽天庆四年（1114年）九月完颜阿骨打誓师反辽。本年七月，完颜阿骨打率兵2500人向辽进军。十月，首先攻下辽朝东北边防重镇宁江州，又败辽兵于河店，所向无敌。金收国元年（1115年）正月，反辽战争获得了胜利，完颜阿骨打建立金国，史称金太祖。

❖ 金灭辽与西辽的建立

金天辅六年（1122年），金太祖阿骨打领兵亲征，连取辽上京、中京、西京、燕京，攻占了辽极大部分地区后，天祚帝逃出燕京（今北京市）城，向西逃去，金太祖率军一路追赶，一直把天祚帝赶到荒漠之地的夹山，辽已濒临灭亡。金太宗完颜晟于宣和七年（1125年）派兵西进，擒获天祚帝，辽灭亡了。

辽朝末年，政治黑暗，统治集团内部矛盾严重。贵族耶律大石因得不到重用，便率契丹一部西走中亚。1124年大石称帝，重建以契丹人为主的国家，以虎思斡耳朵为都，史称西辽，也称哈喇契丹。西辽在传播中国文化，开发中亚，促进中国和中、西亚及欧洲的文化交流方面，起过积极作用。西辽建国88年，至1218年，为盟国所灭。

金人佩带的玉饰品。

宋徽宗让位

宣和七年（1125年），金灭辽后，分东西两路侵宋，西路军很快向太原进逼，东路军以郭药师为先锋继续南侵。不久，东路金兵已绕过中山府·（今河北定县）南下，离开封只有十天路程。因此，吴敏要求徽宗在三天内禅位，以便让新皇帝能组织军民抗金。徽宗为了能逃命，只好同意退位。

宣和七年（1125年）十二月二十三日，宋徽宗假装得病，跌倒在地，昏迷不醒，大臣们急忙灌药后，又装着苏醒过来，伸手索纸，用左手写了"皇太子可即皇帝位"一行字，正式宣布退位。由皇太子赵桓即皇帝位，是为钦宗。钦宗即位后，根据徽宗的旨意，尊徽宗为教主道君皇帝，尊为太上皇，居龙德宫。

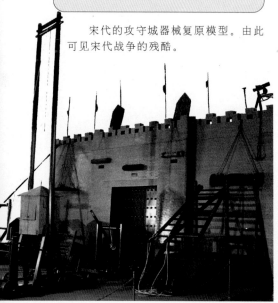

宋代的攻守城器械复原模型。由此可见宋代战争的残酷。

❖ 东京保卫战

靖康元年（1126年）正月初三，金军渡过黄河的消息传到东京，徽宗当夜就南逃镇江。

新的朝廷主战、主逃议论不一。宋钦宗也想逃往陕西避敌，在主战大臣李纲的劝阻下，才勉强留在东京。并任命李纲为亲征行营使，全面负责都城东京的防备。李纲临危受命，当即组织军民全力备战。初八日，防守准备工作还在紧张进行时，金兵就到了东京城下，占领了开封西北牟驼岗的天驷监。当晚，金兵即以火船数十艘顺汴河而下，进攻西水门。在李纲的指挥下，东京军民打退了金军的进攻，保卫了东京城，但金军并未退兵，东京城依然处于金军包围中，形势仍十分危急。

与此同时，宋钦宗却忙于议和，答应割地、赔款、留人质的条件求金人退兵。还将李纲解职，激起了军民的愤怒，迫于压力又将其复职。靖康元年（1126年），各地勤王援兵已临近东京，金军北撤燕京，因为宋钦宗已答应议和条件，于是金率军北还，东京也暂时得到解围。

❖ 靖康之变

金军北归不久，又复南下。靖康元年（1126年）十月，太原、真定相继失守后，十一月中旬，西、东两路金军分别渡过黄河。而宋钦宗依靠投降派大臣，一心议和，疏于防务。二十五日，东路金军到达东京下。几天后，东、西两路金军包围了东京。宋钦宗却听信郭京之言，用"六甲法"退敌兵，结果宋军大败，郭京逃走，金兵乘机攻占了东京外城。但是东京军民仍继续同金军战斗。

最后，金军再次提出议和。十二月初二日，钦宗奉上降表，正式向金投降。金军攻占东京后，宋钦宗被迫代徽宗去金营，答应了金提出的全部条件后于十二月初被放回。靖康二年（1127年），金借口金银数量不足，将前往金营的钦宗扣留。第二天，金军又逼迫宋徽宗及太后等人全部去金营。三月，金立张邦昌为帝，国号楚，作为傀儡。四月一日，金军掳宋徽宗、钦宗二帝和后妃、宗室、大臣三千余人，并席卷其掠夺的大量金银财宝、仪仗器物等回归金朝。历史上称这一变故为"靖康之变"，至此北宋灭亡。二帝先后死于五国城。

❖ 南宋的建立

金军灭北宋时，北宋皇族在开封者都被掳往燕京，只有徽宗第九子康王赵构因在外地幸免此难。

金军北还后，开封军民和朝廷旧臣即不再拥戴张邦昌，同时各路勤王兵马纷至沓来，声讨张邦昌。张邦昌只得迎奉康王赵构。四月，皇后亲笔写信派人送到济州，劝康王即帝位。五月初一，赵构于南京应天府（今河南商丘）即帝位，是为高宗，改元建炎，重建了宋王朝。后高宗南逃，以临安（今浙江杭州）为国都，史称"南宋"。

❖ "八字军"

建炎元年（1127年）四月，金军撤出开封，激起了华北人民的激烈反抗。他们多结为忠义社，以红巾为标志，奋勇抗金。其中以王彦领导的"八字军"最为突出。

九月，他们一度收复了新乡县，遭金军围攻后，败退至太行山区继续抗金。士兵们在脸部刺上了"赤心报国、誓杀金贼"八个字，以表示抗金的决心，从而得名"八字军"。八字军的抗金斗争得到了两河人民的响应，总人数十余万，兵寨绵亘数百里，成为黄河以北一支最强大的抗金力量。后八字军精锐渡河到开封与宗泽汇合了。

❖ 岳飞抗金

绍兴十年（1140年）顺昌大捷后，岳家军出湖北，入河南，在各地义军的配合下，一路先后收复许昌、陈州、郑州、洛阳。七月，兀术亲率精锐突袭在郾城的岳家军指挥中心。两军交战之际，战士们手执刀斧，破坏金军的"铁浮图"、"拐子马"，使其重骑兵无法发挥所长。双方激战直到天黑，金军大败退守河南。不久，岳飞挥师北进，进逼开封。

正当宋军北上节节胜利之际，秦桧却想乘机和金议和，而高宗先回撤驻军，使岳家军已处于孤军深入无援的境地，随后又连下金牌，令岳家军班师。岳飞无奈忍痛班师回朝，他悲愤填膺地哀叹道："十年之功，废于一旦！"京西的百姓们闻讯后，哭着请他们留下来继续抗金。最后岳飞决定再停留五天，掩护百姓们迁移襄汉。岳家军南撤后，已收复的土地又重陷金军之手。

围困黄天荡

建炎四年（1130年），兀术攻占杭州，大掠后北还。在将要横渡长江时，被南宋名将韩世忠阻截在黄天荡（今南京市东北长江干流）。

宋军以8000兵力借助有利地形抗拒金兵10万之众，韩世忠夫人梁红玉亲自擂鼓助威，金兵终不得渡江。兀术向韩世忠乞求过江，愿归还在江南俘掠的财物人口，并赠以名马，均遭韩世忠拒绝。兀术只得率兵沿长江南岸西行，韩世忠率舰循江北岸并行，且战且走，最后把金兵堵在了黄天荡。黄天荡是条死水港，金军多次突围，均未奏效。最后凿渠入江，又纵火掩护，兀术才得以渡江北归逃往建康。此战使金军从此不敢轻易渡江，南宋都城临安（今浙江杭州）和半壁江山得以保全。

杭州岳飞墓墓阙，对面照壁有"精忠报国"四字。

封大理王

云南大理三塔。

　　政和六年（1116年），大理派遣使臣李紫琮、副使李伯祥至宋朝贡。宋徽宗诏令广州观察使黄痘、广东转运副使徐惕陪同赴京。大理使臣由广州北上，到鼎州，参观了当地学校，瞻拜了孔子像，会见了学校学生。

　　政和七年（1117年）二月，到达京城开封，献上马380匹，以及麝香、牛黄、细毡、碧轩山等贡物。

　　宋徽宗在紫宸殿接见大理使臣，封大理国主段和誉为大理国王。

云南西双版纳曼飞龙白塔。

❖ 宋金"绍兴和议"

　　宋金淮西之役后，完颜宗弼（兀术）渐生和意。此时，宋高宗赵构和秦桧也加紧对金乞和。

　　绍兴十一年（1141年），宋廷派魏良臣赴金议和。同年十一月，宋金双方原则上达成了协议，其和约的主要内容为：宋向金称臣，"世世子孙，谨守臣节"，金册封宋康王赵构为皇帝；划定疆界，东以淮河中流为界，西以大散关为界，以南属宋，以北属金。宋割让唐、邓二州及商、秦二州之大半予金；宋每年向金贡银25万两、绢25万匹，自绍兴十二年开始，每年春季搬运至泗州交纳；金归还宋徽宗棺木与高宗生母韦氏。

　　次年二月，宋派使节进誓表于金，表示要世代向金称臣，和约正式生效。三月，金遣左宣徽使至宋，对宋高宗行册封礼，并划分了国界。

　　"绍兴和议"因最后完成于绍兴十二年（1142年，壬戌年），故又称为"壬戌之盟"。这次和议，金人得到了从战场上得不到的大片土地和金帛，宋金之间确定了政治上的不平等关系，形成了较稳定的、南北长期对峙的局面。

❖ 金迁都中京

　　天德三年（1151年）三月，海陵王因为上京地处极北，偏僻而且不便统治，于是决定将都城迁往地点居中的燕京。

　　他授命精通汉文化的尚书右丞张浩与蔡松年一起主持营建中都。张浩调集各地民工、匠人扩建燕京城，建造宫室。四月，正式下诏宣布将迁都燕京。天德五年（1153年），燕京城修建完毕。扩建后的中都城周围九里三十步，仿照汉人的都城宫室制度。城正门叫宣阳门，门内分别设有来宁馆、会馆，用来接待使臣。皇帝宫城在内城，有九重宫殿，总共三十六殿，以皇帝宫殿为中心。内城的南面，向东有太庙，向西有尚书省。内城西面有同乐园、瑶池等游乐场所。

　　天德五年（1153年）三月，海陵王举行盛大的仪式，浩浩荡荡南迁，进入中都燕京。第二年即称为中都大兴府。从此，金朝的统治中心南移到了中都。

专题四：　五代十国、辽、宋、西夏、金的发展

❖ 农业的发展

　　宋代人口迅速增长，人口数量突破了1亿，为农业发展提供了大量的劳动力。北宋农民推广使用了一些新农具，如秧马的发明使用，使农业生产发展到了一个新的水平，粮食产量有所提高。

　　北宋的统一使南北各地的农作物品种得到了交流。政府还提倡江南以及福建、广东等地种植原北方主要粮食品种粟、麦、黍、豆等。著名的品种"占城稻"也从越南引进福建，并推广到江淮和北方。甘蔗、棉花、茶叶、桑麻等经济作物的种植范围也较以前有所扩大。

　　两宋时期南方地区长期处于相对和平的的环境，南方经济迅速发展起来。全国的经济重心开始从黄河流域转移到长江流域。南宋时水稻已成为第一位粮食作物，占城稻的继续推广，使其产量大大提高。江浙地区发展为主要的稻米产区。有"苏湖熟，天下足"的谚语，表明太湖流域已成为全国最重要的粮仓。其他粮食作物和经济作物的种植面积也迅速增加。尤其是小麦、棉花、茶叶，已成为南宋农业经济的重要组成部分。

　　辽、夏、金少数民族国家也对农业相当重视，农业开发效果显著。

❖ 蜀锦宋锦

　　宋代纺织业比较发达，主要有丝、麻、毛等部门，丝织业占主要地位。纺织品种类繁多，色彩艳丽，宋代最有名的丝织品是蜀锦、宋锦两种。

　　四川生产的蜀锦，历史悠久，织造华美，绚丽多彩，与定州缂丝、苏州苏绣一起成为宋代纺织品的三大名产。苏州、湖州、杭州等江浙一带生产的宋锦是宋代南方产品的典型。蜀锦、宋锦各呈异彩，是当时人们极其喜爱的精品。另外，宋罗在宋代也相当盛行，素罗、花罗都很精美。

　　宋朝丝织中心随着蚕桑业的重心南移。纺织技术有了提高，宋朝官营纺织业和民间丝纺业生产规模不断扩大，有的地区还出现一批独立经营的机户，以家庭手工作坊的形式生产出售丝织品，反映了丝纺织业发展到一个新的高度。

吴越修建海塘

　　钱塘江海潮向来是杭州城的大患，唐朝以前当地居民就数次筑堤防护，都因潮水冲击难以修好，修成之后马上又被冲毁。

　　吴越天宝三年（910年）八月，吴越王钱镠为保护杭州地区而下令修筑捍海石塘。

　　杭州捍海石塘耗时两个月。这次钱镠组织修建的石塘，用竹笼装巨石，以十余行巨木为栏，并以铁链贯栏杆，做成塘基，修成堤坝能经受潮水冲击。此后很多年杭州城都没有因潮水影响居民生产。

　　钱氏又扩建杭州城，大修亭台楼馆，通衢巷陌，从此后杭州城逐渐发展繁荣起来，成为东南富庶之地。

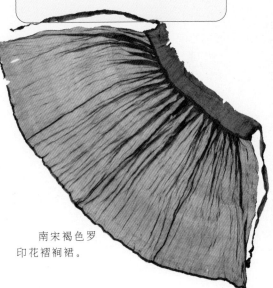

南宋褐色罗印花褶裥裙。

"瓷都"景德镇

景德镇是宋代江南地区著名瓷器产地，主要以生产青白瓷而闻名于世。

青白瓷，是一种仿玉产品。它是一种釉色介于青与白之间的薄胎瓷器，釉色明澈丽洁，白中泛出一种青绿色或青蓝色；其胎质洁白而坚，轻薄透明。青白瓷在宋以后相继有"隐青"、"影青"、"映青"、"印青"等别称。

景德镇青白瓷以日用器皿为主，器形也有自己的特点，还辅之以刻花、篦点、篦划和印花装饰，增强了青白瓷的艺术感染力，使青白瓷更加盛行。

景德镇具有优越的自然条件，它具有优质高岭瓷土，便利的水路交通等，是江南其他瓷窑无法比拟的。因而青白瓷对江南地区影响很大，江西、福建、广东、广西、浙江、湖北、湖南、安徽等八省近四十个县都出现了模仿瓷窑。它们之间形成了一个以景德镇为中心的青白瓷体系。青白瓷是江南地区两大瓷系之一，影响面之大居宋代六大瓷系的首位。

北宋卧虎瓷器，有家猫之憨态。

❖ "五大名窑"

南宋的众多瓷窑中，定窑、钧窑、哥窑、汝窑、官窑，被后人称为"五大名窑"。

定窑以烧制白瓷而著称。装饰技法主要有刻花、划花、印花、绘金花等，既突出了纹饰的立体感，也强调了主题。定窑的纹饰布局严谨，层次分明，线条清晰，密而不乱，这使定窑一开始就呈现出完美的布局形式。器形以日用器皿为主，胎体坚细轻薄，釉色较为丰富，花饰内容富有生活气息。后来定窑成为官窑，其饰花工艺更趋精巧细致，纹样既清晰明快，又典雅富丽，达到鼎盛。

钧窑坐落于河南禹县，它是首先在釉中引进了铜金属的瓷窑，是宋代众多瓷窑中独树一帜的窑系。钧窑青瓷釉色丰富，其中钧红釉、铜红釉是钧窑彩釉的重要类型，另外有天蓝釉和月白釉两种。钧窑釉色多不透明，为乳浊釉，这正是钧窑与其他瓷窑不同的独特之处。

汝窑位于今河南宝丰清凉店，属于官窑，烧造仅有20年左右。传世器物属于稀世珍品，因而汝窑有"天下第一窑"的美称。汝窑青瓷釉色呈浅青淡蓝，或如湖水晴空或如鸭蛋青色，灰而不暗，蓝而不浓，绿而不翠。釉质莹厚滋润，有玉石之感，釉面有不很明显的细小开片，器形仿古，天青色的主色调稳定且变化小，而且釉面多无光泽，体现了汝窑青瓷整体浑厚蕴润的特点。采用支钉支烧也是它的一大特色。汝窑瓷器的胎都很薄，底足多数均向外卷，这也是它的独特之处。

官窑在今杭州一带，官窑注重器形釉色，不重纹饰，素面无纹，浅青色中没有明显的开片面，器形端庄大方，富于贵族气派。

宋代彩绘陶球。

❖ 辽三彩

　　辽代的陶瓷业比较发达。其制造陶瓷技术直接继承了唐宋北方陶瓷传统，并结合契丹民族游牧特点创造出具有独特风格的辽瓷。

　　辽代的制瓷业遍及南京、上京、东京、中京等城镇。其中以林东上京窑、赤峰缸瓦窑和北京龙泉务窑最为突出。辽瓷种类很多，最常见的是白瓷，辽仿照北宋定窑生产的"仿定"，色白而滋润，其白度和透光度可与定窑白瓷相媲美。除白瓷外，辽代青瓷釉色美丽光亮，绿釉瓷以深绿色为多，古朴大方。辽三彩的烧制技术也很高，瓷质精细，釉色斑斓。辽三彩鸳鸯壶，是辽三彩中的珍品。

　　辽瓷的外形和纹饰，具有浓厚的民族特色，如鸡冠壶、鸡腿壶、长颈瓶、扁背壶、凤首瓶、海棠式长盘、方碟等制品，都是辽瓷中所特有。辽三彩受唐、宋三彩影响，一般为黄、绿、白三色，不如唐三彩华丽，也不如宋三彩典雅，但它的外表多仿当时染织纹式样，色彩热烈，很有特色。辽三彩多做印花盘碟，形态有方形、圆形、花形等。辽宁出土的辽代瓷器三彩印花海棠式长盘，黄花、绿叶、白地，极具特色。

辽代瓷器三彩印花牡丹反碟纹长盘。

西夏独立制瓷

　　西夏国原本不生产瓷器，在接受中原文化的熏陶和先进制瓷技术的传入后，西夏便开始独立生产瓷器，发展制瓷工业。

　　西夏的制瓷中心位于首都兴庆（今宁夏灵武县）附近，面向有"塞上江南"美誉的银川平原。制瓷的工艺方式除深受汉族的影响外，还具有自己的特色。在作坊内有火坑设置以便在室内烘干坯体，这就迥异于中原、南方诸窑的工艺方式。

　　灵武窑的装烧瓷器使用匣钵装置，匣钵可分平底筒状和开底筒状两种。装烧方法中以顶碗覆烧法最为突出，此法烧出的瓷器碗、盘胎壁较薄，器底尤其薄，形成了灵武窑器皿的显著特点即"挖足过肩"。

　　除了装烧方法日益先进外，其装饰技法亦受汉族地区制瓷技术的影响。灵武窑的胎质多呈浅黄色，不利于烧制白色瓷器。而西夏人偏又喜欢白色瓷器。因而灵武窑制瓷艺术人吸收中原地区定窑和磁州窑两窑系的技术，即在上釉前对胎体进行处理，先将一种浆料涂在胎体上，使其遮住胎体的颜色，待浆料干燥后再罩以透明釉，入窑烧即成白瓷。此外，他们还采用磁州窑的另一种剔刻釉的技法，使烧出的瓷器富有装饰效果。

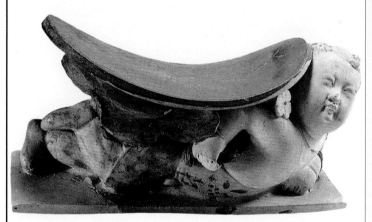

金代三彩卧童枕。金代养生家很重视睡眠与养生的关系，睡眠的卧起时间、姿势，乃至枕头、被褥都有一定的讲究。

图为北宋徽宗崇宁年间龙舟竞渡的情景。画中的大龙舟如一座华丽的宫殿，极尽豪华。

造纸业

宋代书籍印刷和书画艺术的发展对纸的质量和性能提出了更高的要求。竹纸作为一种新的品种，以其重量轻、质地好、原料来源广等优点，日益在社会上推广开来。竹纸制造主要集中在气温较高、雨水较多、盛产竹子的江浙一带，人们用嫩竹做原料制造纸张，还生产出各种性质的混合纸。竹纸质地细腻，写字作画不滞笔墨，且不易褪色变质，利于保存，竹纸的出现和推广在造纸史上具有划时代的意义。

造纸原料从麻和树皮发展到木材，是造纸技术上的飞跃。竹纸的应用和推广，使得纸的制造又向前发展了一步，便利了文化的交流和传播。西方直到大约19世纪才有竹纸出现，这比中国晚了900多年。

另外，彩色纸、水纹纸、防蛀纸等新品种的出现，也是造纸技术领域的一次横向拓宽，是造纸业本身发展的必然结果，也是造纸业走向成熟和完备的一个重要标志。

❖ 造船业

宋朝每年都要建造大批的船只，通过运河运输物资到东京，供应皇室、官吏和驻军，所以造船业十分兴旺。

北宋在许多地方设有官办造船场，其中虔州、吉州、温州、明州是著名的造船基地。到了南宋时期，主要统治区域都属于水乡，交通运输多用船只，所以造船业仍继续发展。船只有海船和内河船，主要的造船基地有临安、建康、平江、扬州、湖州、温州、明州、泉州、广州等。这些地方都设有官办造船场，能造大型船只。

宋代在造船技术上的创新，最值得一提的是水密舱技术与车船技术的普遍推广和发展。尖底船的发明制造也是当时的一重大成就。熙宁年间（1068年—1077年）在金明池北普大澳修成了世界上最早的船坞。宋朝造船的工艺过程由设计到施工都较为严密科学，在建造形式新颖或结构较为复杂的船舶时，都先制作模型，后依比例放大、施工。而西方直到16世纪才出现类似的简单船图。可见宋朝的造船业在当时世界上居于领先地位。

❖ 矿冶业

宋朝是我国古代矿冶业和冶金业快速发展的时期。

宋代大规模地开采和广泛利用煤炭，在当时世界上也是处于领先地位的。河北、山东、陕西、河东以及徐州等地都是产煤区，煤炭已广泛应用于冶炼和人民日常生活之中。

铁矿的开采冶炼也快速发展。其中最著名的是兖州莱芜监和徐州利国监。另外，河北的邢州、磁州也是北宋重要铁产区，其年产量都曾超过50万千克。冶炼业的发展，使铁农具、兵器、日用铁器等制造业也得到相应发展。

金银和铜、铅、锡以及其他矿产的开发也令人瞩目。宋代产金州郡有20余处，其中登州、莱州是北宋时期最重要的金矿区，湖南的桂阳监是宋朝最著名的银产地。另外重要矿产品中还有水银和朱砂。

宋朝的金属冶炼和合金技术、铸造技术以及金属加工技术也都有明显发展。冶铁炉上使用了活门式风扇，生铁炼炉的构筑技术有了提高发展。

❖ 城镇的发展

宋代，随着市场和交换的发展，城镇进一步繁荣，商业活动迅速发展。

北宋时期，东京作为全国的政治、经济中心，商业发展最为典型。商业活动在时间和空间上打破了"坊"、"市"和昼夜的界限。东京城内，商店可以随处开设，而且有了夜市和晓市。当时东京城内还出现了"瓦子"，里面有"勾栏"、酒肆、茶楼和说书唱戏的，热闹非常。东京城内一些重要街道形成前所未有的商业街。

南宋时期，有许多大城市，如临安、建康、镇江、平江、泉州、广州、成都等，都日益繁盛。其中临安既是全国的政治中心，也是最大的商业城市。到南宋末年，临安已发展成为120多万人的大都市，城内买卖兴隆，极其繁华。南宋的农村墟市也发展迅速，仅广州、肇天府、惠州就有墟市80多处。在墟市的基础上发展起来的乡村与城市之间的市、镇也大量涌现。宋代的榷场贸易则主要存在于宋与金、宋与西南各族之间，有政府管理，征收榷税。

与此同时，辽与金的城市也不断地发展。辽的五京不仅是政治、军事要镇，也是重要的工商业城市，其中南京最为繁荣。

金灭辽后，五京和中都成为主要的城市和商业中心。在城市商业发展中，出现了商人的行业性组织"行"，有布行、油行、银行等。参加同业的商人叫"行人"，首领一般由大商人兼任，垄断本行商业和控制小商人。金的榷场贸易比较发达，在宋、金边境线上，榷场有几十个，还设有专门为宋、金海上贸易准备的胶西县榷场。每年榷场税收是国家财政中的一项重要收入。

山西稷山金墓出土的杂剧砖雕。这些砖雕形象地刻画了杂剧人物的形态与表情，是杂剧兴盛的历史写照。

宋杂剧

宋代的杂剧，是一种独立的戏剧表演艺术，在散乐中占有首要的地位。

北宋的杂剧演出在宫廷、军队、民间勾栏里都很活跃。民间勾栏里的杂剧演出活动尤其频繁，勾栏伎艺人将勾栏杂剧与世俗民情相结合作营业性演出。杂剧与民俗活动结合在一起，对戏曲的形成与发展具有重要的影响。

北宋时期，教坊演出杂剧，即在队舞演出节次中表演"一场两段"。到南宋时发生了变化，杂剧演出是以两段或者三段的方式进行的。第一段，称艳段，表演寻常熟事；第二段，称正杂剧，表演故事内容比较复杂的事；第三段，称散段，也称"杂扮"。宋杂剧的脚色行当，有末泥、副净、副末、旦、贴等。

杂剧作为一种独立的舞台表演艺术在宋代已经发展成熟，它吸收、融合说唱、歌舞的艺术成就，为南戏的产生奠定了基础。

金代交钞铜钞版。

"交子"

北宋时随着商品经济的进一步发展，货币流通额迅速增加。于是就出现了一种类似存款收据的证券，正反面都有出票人的印记，有密码花押，票面金额在使用时填写，这就是中国最早的纸币交子，可以兑换和流通。中国由此成为纸币流通最早的国家。交子原由商人分散发行，太宗初年成都16家富商联合建立交子铺发行交子。商办交子用一色的纸张印制，铜版印刷，票面印有屋木人物图案，有铺户的印记和密押作为防伪手段。直到公元1023年，北宋政府在益州设立交子务，在次年二月开始发行官交子，将交子控制在政府手里，从而使纸币制度更加完善。交子的版面图案精美，三色铜版套印，印刷技艺精致，在世界印刷史和版画史上都具有重要的地位。1105年，交子改称为钱引，除闽、浙、湖、广外，在国内其他各路发行。

海外贸易

两宋时期，宋朝政府对海外贸易实行鼓励和支持的政策，不仅促进了海外贸易的发展，也扩大了海外贸易的规模和范围。

宋朝的海外贸易东到朝鲜、日本，南到南海各国，西到阿拉伯半岛和非洲东海岸。我国还同亚、非地区50多个国家有贸易往来，海船直接到达的国家和地区，有20多个。与宋朝海路通商的还包括以前尚未建立直接贸易联系的国家和地区，既发展了经济，又传播了中华民族的文化。

在海外贸易的推动下，宋朝增加的重要的外贸港口有泉州、广州、明州、杭州、温州等。广州是最大的海港城市。两宋政府在这些港口设立市舶司，管理海外贸易。

宋朝在海外贸易中以输出瓷器和丝织品为主，而某些商品的大量进口，对国内的生产发展和技术进步也起到了积极的作用，刺激了国内商业的发展，使市场的商品种类更加丰富多彩。

两宋时期海外贸易收入，在财政上占有重要地位，不容忽视。宋朝正是通过对海外贸易进行抽税，获得了巨大经济效益。

折扇的传入

中国古代的扇子有多种样式，如团扇、掌扇、五明扇、雉尾扇等等。南齐时有官员开始使用折叠扇，称为"腰扇"，但一直未能在民间流传开来。

北宋时，折叠扇再次从朝鲜传入。苏轼诗中曾提到过"高丽白松扇"就是指从朝鲜传入的扇子。传说宋高宗赵构(1107年—1187年)躲避金军的进攻时，曾经随身携带一把折叠扇，用玉雕童子作为扇坠。南宋使用的折叠扇一般用蒸竹做扇骨、扇面用绫罗制成。富贵人家也有用象牙作为扇骨、用金银加以装饰的。南宋时折叠扇的使用已经非常广泛，在临安府就有专门制造销售折叠扇的店铺，其中最著名的是周家折叠扇铺。折扇逐渐在人们的日常生活中普及开来。

❖ 指南针、罗盘

　　大约在10世纪中国人已掌握磁针导航技术。元符年间(1098年—1100年)，出入于广州的中国海外贸易船便开始使用指南针，在阴晦的日子里导航。中国用于航海的指南针，最初是用水浮法，到了北宋中期使用的是缕悬法指南针。

　　中国的这种先进的导航技术，迅速被阿拉伯、波斯等国家学习、传播。使用磁针导航，航海者可以根据针的变化轨迹，绘制实用的航海地图，大大提高了远洋航行中的安全系数和船只的续航能力。因此，航海罗盘的出现，便具有了重大的经济价值，它能使船只不分昼夜阴晴，遵循一定的线路，如期到达目的地。

　　中国发明的航海罗盘指引着欧洲的船只去环航全球，从而迎来了地理大发现的时代。

北宋时的水浮法指南针。它是将一支磁化的钢针穿两段灯心草，浮于水面，针尖指示南方。由于它不怕轻微晃动，在航海中得到广泛使用。

❖ 火箭

　　火药发明后，北宋时期就开始大量生产火药并用其来制造火器，主要有弓火药箭、弩火药箭、霹雳炮。

　　南宋时期，产生了最早的军用火箭。它是一种依靠自身向后喷射火药燃气的反作用力飞向目标的兵器。以火药筒作发动机，以箭杆作箭身，用翎和箭尾上的配重铁块稳定飞行方向。其构造虽简单，但组成部分却很完整，是现代火箭的雏形。火箭的火药筒用多层油纸、麻布等做成，筒内装满火药，前端封死，后端留有小孔，从中引出火线，这与现代火箭制造原理十分相似。火箭的战斗部一般用的是箭头，或者用刀、矛、剑来代替，有的可射穿铠甲，射程可达五百步(约775米)，有时会在箭头上涂缚毒药来增强杀伤效果。随着火箭武器杀伤威力的不断推进，火箭技术迅速提高，发展成种类繁多的火箭武器，并被广泛应用于军事，被称为"军中利器"。

　　宋代火箭技术的发展，不仅为中国古代战争提供了先进武器，而且具有重大的科学价值，是我国对世界文明的一项特殊贡献。

　　北宋中期的缕悬法指南针，它是用蚕丝边结磁针，垂悬在木架上，木架下有用天干地支表示24个方位的方位盘。

火药西传

火药起源于中国，是中国古代的四大发明之一。

公元 8 世纪—9 世纪（唐朝中后期），中国医药和炼丹术传入阿拉伯帝国（唐代称大食），那时，制造火药的药料硝石也同时传去了，阿拉伯人称之为"中国雪"，波斯人则称之为"中国盐"。从 12 世纪开始，火药的制造方法由南宋经海路传入阿拉伯。

13 世纪中叶，拔都在萨莱建都，建立钦察汗国，统治俄罗斯诸国。在这期间，契丹文化、蒙古文化渗入了俄罗斯南部的钦察草原。铁火罐内储火药的新式武器通过蒙古人从陆路传入俄罗斯，并随着蒙古西征，从陆路传入波斯、阿拉伯等地。

13 世纪末，制造火药和火药武器的方法由阿拉伯人传入欧洲。

❖ 活字印刷术

庆历年间（1041 年—1048 年），毕昇发明了活字印刷术，这是世界上第一套活字印刷系统。据《梦溪笔谈》记载：毕升用胶泥刻字，字的厚度薄如铁钱，每字一印，用火焙烧使之坚硬而成活字。排版时，先在铁板上放置松脂、蜡和纸灰，铁框排满活字后，用竹条楔入塞紧，放在火上加热至药熔掉，用一块平板按压字的表面，使整版字平如砥，最后在字表上面压一张纸，即可印刷。

活字印刷的优点主要是减少反复雕刻字模的过程。用泥活字印刷可印刷许多书籍而不会磨损字模，从而大大提高印刷效益。后代的木活字、铜活字、铅活字均由泥活字发展而来。

毕昇发明泥活字，比德国丁·谷腾堡发明铅活字早了 400 多年。活字印刷术的发明，是一次印刷史上的技术革命，在人类文明史上起着里程碑式的重大作用。

❖ 突火枪

南宋时，火药性能提高，火药武器的制作也日趋精良。战场上开始出现类似近代枪炮的火药兵器，突火枪是其中具有代表性的一种。

突火枪其实是用 16 层纸卷成约 2 尺长的筒，内装火药、铁渣、磁末等物，再绑在长矛前端，临阵先点燃烧杀敌人，喷完火后再用矛格斗。1259 年发明的突火枪在此思路上进一步发展，它用良竹为筒，能发射出"子窠"，即弹丸，这种弹丸已具备后世子弹的雏形，发射时声响如炮，远近皆闻。

突火枪的出现，说明火药兵器已发展成为能发射弹丸杀伤敌人的管形射击火器。尽管当时的突火枪还未使用金属发射管，但发射原理却是后世步枪、火炮的理论先导，不能不说是世界武器制造史上的划时代进步。

图为北宋发明家毕昇发明的泥活字。此发明是在印刷过程中，将单个汉字刻在泥块上，然后用火烧，可以将其重新排列成印刷所需的任何书籍。

❖《营造法式》

北宋绍圣四年（1097年），李诫奉敕编修的《营造法式》，于北宋元符二年（1100年）编成，崇宁二年（1103年）刊行颁发。

《营造法式》是一本建筑设计规范和手册，全书可分为五个主要部分，共34卷。若按照使用文章规定的模数制，既简化了建筑设计手续，又能提高房屋施工的速度进程。这种方法一直延续到清朝，设计模数制的应用于预制装备化施工，成为中国建筑的主要特征之一。

另外，在雕刻、彩画及构件的艺术加工上注意与建筑构造密切相合，采用几何的方法求得梁、柱、斗栱、椽头等轮廓曲线，无论在装饰部位、采用材料，或加工方法上都能按照建筑装饰与结构统一的原则，成为中国建筑的另一个特征。

《营造法式》是宋代建造方法的经验总结，不仅保留了唐代建筑的遗迹，还体现了后期建筑的萌芽，是中国古籍中最完善的一部建筑技术著作，是研究8世纪以后中国建筑发展史的重要典籍。

❖ 卢沟桥

卢沟桥修建于金大定二十九年（1189年），位于北京城西南15公里的永定河上，初名"广利桥"。

卢沟桥是闻名世界的中国古代多孔原墩联拱石桥，全长212.2米，加上两端，总长266米，由11孔石拱组成，桥身造型采取了以中心对称，向两侧作渐变韵律的处理。使整座桥呈微向上拱的平滑曲线。桥上留有精美雕刻，多为金代原物，风格独特，两侧护栏柱顶刻有石狮子大小达501个，个个造型生动，姿态各异。

卢沟桥的设计艺术和建筑技巧闻名中外，在中国乃至世界桥梁史上占有重要地位。

右图为坐落在中国陕西省境内的西安大雁塔。它是于11世纪宋朝时，由西夏人修建的，是中国同类木制建筑物中最古老的。它的功用效法了印度的佛塔，即用圆锥形的顶部来存放佛祖和其主要追随者的遗物。大雁塔塔高60多米，整体设计为八角形，分为五层，每两层之间由外部可见的阁楼分开，各层都供奉着佛像和菩萨像。

宋代家具

宋代家具的最大特点是民间普遍使用桌子和椅子，彻底改变了自古以来席地而坐的生活习惯。

北宋时流行的椅子式样主要有两种，一种是交椅，另一种是直腿椅。到南宋时，才第一次出现了头部有倚靠的太师椅。后来又出现了两臂可以搁在"按手"上的"三清椅"。

北宋初年，桌椅仅限于富贵人家使用，到北宋中期以后才逐渐普及到平民家庭。桌椅的流行，使各种家具在室内的摆放形成了一定的格局。

租佃关系

宋代租佃制度的主导地位，是由于生产力的发展促使土地所有制新格局的形成而得以确立的。

土地所有制的这种结构，使得农村形成了地主阶段和佃农这两大主要阶级。地主阶级约占农村总人口的5％，而拥有的土地却占全部耕地面积的半数以上。他们以地租收入为主要经济来源，称之为租佃地主，他们很少干预佃农的经营，只是对佃农进行经济剥削。佃农是农村客户的主要部分，约占农村总户数的三分之一，在某些地区占总户数的一半以上。佃农没有自己的土地，其他生产资料也不齐备，这些都需要向租佃地主租用，他们只能取得土地上收获物的半数以下，生活困苦。佃农与地主是一种契约关系，佃户可以选择地主，地主也可以更换佃户，他们间的关系不是很稳定。宋代地主与佃户之间的主仆关系是临时性的，即只有存在租佃的契约时才存在，契约一旦解除，主仆关系就随之消失。

宋代租佃地主与佃户之间的关系主要是一种契约关系，这种契约关系基本内容主要包括两方面：一是租佃的土地具体位置及数量，二是地租偿纳方式和数量。地租主要有分成租、定额租两类，以分成租最为流行，其中又以主佃各半的对半分最为常见。田租征收以实物为主。

宋代租佃关系的产生，适应了社会生产力的发展，主宰着当时农村社会，形成了典型的封建社会的生产方式，是社会历史进步的一个表现。

右图为宋代斗茶图，人们通过煮茶、饮茶、品茶和斗茶来比试自己茶道的高低。

❖ 重商思想的产生

秦汉以来，抑商思想一直占统治地位。儒家学说中惯常把民分为士、农、工、商四种，"商"被排在最后，商业不仅得不到统治者鼓励，反而受种种政策法令的抑制。

随着生产力的发展，经济愈趋繁荣，宋代商人的经济实力大大增强，商业发展十分迅速。国家通过禁榷和商税的收入在财政总收入中占有举足轻重的高比例。因此国家必须与商贾合作，充分发挥其积极性，把垄断利润的一部分让给商人，把某些不适合官僚机器直接经营的环节交给商人经营，这样既可以适应多变的社会环境，又能使禁榷机构、人员得到精简，禁榷实际收入也将成倍增加。宋朝在制定新的盐、酒、茶立法时，往往召集商人讨论，注意照顾商人利益，就是贯彻了"官商分利"的原则。

随着商业的发展，作为国家财政支柱的禁榷收入愈来愈依赖于商人的合作。作为一个有较大贡献的社会阶层，官方对他们的态度有所改变。朝廷颁布了一系列的法令以保护商人合法经营与获利，并允许商人子弟品行才能出众者参加科举考试，这是前所未有的。

宋代的这种重商思想的产生，是生产力发展的必然结果，同时又对生产力的发展及社会的全面进步起着很大的推动作用。

❖《资治通鉴》

司马光（1019 年—1086 年），字君实，陕州夏县人，北宋的史学家，世称涑水先生，后追封温国公。他于元丰七年（1084 年），成功地编纂了《资治通鉴》，历时 19 年。

《资治通鉴》是一部编年体通史，全书共 294 卷，另有《目录》30 卷，《考异》30 卷。上起周威烈王二十三年（公元前 403 年），下迄后周世宗显德六年（959 年），前后共 1362 年。内容以政治、军事和民族关系为主，还包括经济、文化和历史人物评价。通过对国家盛衰、民族兴亡、统治阶级的政策的详实描述，向统治者说明了历史经验对于政治统治的重要性，以达到"鉴前世之兴衰，考当今之得失"的目的。

《资治通鉴》所提供的历史经验教训，是以往任何一部史书都不能相比的，因此形成了专门的"通鉴学"，代表著作有朱熹的《资治通鉴纲目》、袁枢的《通鉴纪事本末》、李焘的《续资治通鉴长编》等。

❖ 沈括著《梦溪笔谈》

沈括（1031 年—1095 年），字存中，杭州钱塘人，北宋科学家。熙宁九年（1076 年）任翰林学士，权三司使。

沈括于晚年著书《梦溪笔谈》，全书共 26 卷，又《补笔谈》3 卷，《续笔谈》1 卷。以笔记为体裁，分故事、辩证、乐律、象数、人事、官政、机智、艺文、书画、技艺、器用、神奇、异事、谬误、讥谑、杂志、药议 17 目，凡 609 条。其内容涉及物理、天文、数学、化学、生物、地质、地理、气象、医学、工程技术、文学、史事、音乐、美术等。

沈括在书中首次指出了地磁场存在磁偏角，比欧洲早 400 余年；最早记载了一种简便的人工磁化法，即"以磁石磨针锋"造指南针；详细论述了指南针的四种装置方法；创制了科学的十二气历；首创了分层堰法测量地形；最早提出"石油"这个科学的命名，还特别总结了北宋时期的科学成就。

《梦溪笔谈》是一部百科全书式的优秀著作，无论在中国还是在世界上都享有很高的声誉。

司马光像。

话本小说

在宋代出现了一种新的文学式样话本小说，小说的题材为烟粉、鬼怪、传奇故事。现存宋代小说话本 30 余种，话本篇幅都很短小，话本小说从口头文学底本整理演变而来，与传统的讲唱文学有直接关系。

传统讲唱文学兴起于唐朝，到了宋代，商品经济进一步繁荣，市民们对文化娱乐要求日增，就刺激了各种演唱技艺的发展。除歌楼酒馆之外，当时的瓦肆对民众最具吸引力。其中"说话"是人们喜闻乐见的节目。

宋代的说话艺人班底壮大，还结有书会、"雄辩社"等组织，交流技艺、刊辑话稿。说话分为四种：小说、讲史、讲经、合生或说诨话，其中小说和讲史最有影响。

宋代的话本小说是成熟的说话艺术的一种书面总结，对当时的杂剧、南戏及民间歌舞伎艺演变产生了深远的影响，以后中国戏曲的形成和白话小说的发展都源出于此。

书院盛行

书院本是唐代官方藏书、校书场所的名称。从五代后期起，学者多选择名山胜地构筑书院，书院成为了研究学术和聚徒讲授的场所。

宋初，书院兴盛，白鹿洞、岳麓、睢阳、嵩阳书院是著名的四大书院，与石鼓、茅山、华林、雷塘书院，合称八大书院。这些书院代表了"宋初书院"的最高水准，并在宋初教育领域占有重要地位。

宋代书院多实行教学与行政合一的体制。强调自学，注重师生共同研习学问。教学内容主要是科举之学，四书五经是学生的必修课目，同时书院也注重学生道德伦理方面的培养和理学"理、性"方面学问的研究。书院的"洞主"、"山长"都是书院的行政领导，又兼书院的主讲教授。

宋代书院作为相对独立的民间学术研究和教育机构，弥补了许多学术文化研究领域的不足，丰富了教学经验及办学形式，对中国教育教学体系影响深远。

❖ "三苏"

北宋的苏轼与父亲苏洵、弟弟苏辙，都以散文著称，世人合称"三苏"，与曾巩、王安石、欧阳修、韩愈、柳宗元一起并入"唐宋八大家"之列。

苏轼（1036年—1101年），字子瞻，号东坡居士，眉山人。著名的诗人、词人、散文家、书画家。嘉祐二年（1057年）中进士后入仕，宋哲宗时任翰林学士、礼部尚书，后追谥文忠。他主张重视文章表达的思想内容，提倡摆脱形式上的束缚，从不同的内容出发，自由表达。

苏轼有政治抱负，"颇喜言兵"，写了许多谈史议政的文章。从儒家政治理想出发，广引史料加以论证，对当时封建社会带有根本性质的问题和各问题间的复杂关系提出了自己的见解和对策。他的散文以议论见长，纵谈古今形势及治国用兵之道。这些文章论点鲜明，论据有力，语言简劲质朴，艺术风格雄奇坚劲。他的抒情散文中，艺术价值最高的应是叙事记游之作。这些散文大致可分为写景、记人、描写楼台亭榭几种。他的散文与韩、柳、欧并称大家，既发扬了前代文章的优良传统，又发展了散文的实用性、文学性和通俗性，体现了唐宋古文运动的积极成果，对我国古代散文发展有巨大贡献。

其父苏洵（1009年—1066年），号老泉，他27岁才发愤为学，经过十多年的闭门苦读，学业大进，入京后受到欧阳修的赏识，文名大盛，是一位晚学有成的文学家。

其弟苏辙（1039年—1112年），字子由，于宋仁宗嘉二年（1057年）与苏轼同榜中进士。他的诗文受父兄影响，擅长政论和史论，而他的记叙文写得纡徐曲折，饶有情致，文章风格汪洋澹泊，颇有秀杰深醇之气。

"三苏"在散文上造诣不同，贡献各异，共同成为古文运动的中坚。

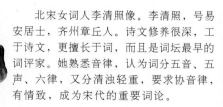

北宋女词人李清照像。李清照，号易安居士，齐州章丘人。诗文修养很深，工于诗文，更擅长于词，而且是词坛最早的词评家。她熟悉音律，认为词分五音、五声、六律，又分清浊轻重，要求协音律，有情致，成为宋代的重要词论。

❖ 南宋文坛

　　陆游（1125年—1210年），字务观，号放翁，越州山阴人，南宋著名爱国诗人、词人。他"读书万卷眼欲枯"，诗名早成，继承了从屈原到杜甫的爱国主义精神，作品中洋溢着轩昂豪壮之气，向往"上马击狂胡，下马草军书"报国立功的生活。好读兵书，又习剑法，体现了他的报国理想与英雄气概。他的诗集中反映了广大人民抗敌御侮的要求，抒发了慷慨悲壮的爱国激情，成为南宋爱国诗人的杰出代表。

　　辛弃疾（1140年—1207年），字幼安，号稼轩，泉城济南人，南宋爱国词人。他的词，能豪能婉，风格多样，不单写爱国情怀，也表现日常生活和自然风光。在他的影响下，陈亮、刘过，还有稍后的刘辰翁等，也写了一些感慨国事、笔力雄健、风格豪放的词作，文学史上称之为辛派词人，从而在南宋中叶后形成了以辛弃疾为代表的爱国词派。

　　辛词派是以抒写爱国热情为主旋律、具有慷慨豪放的风格特色的一大词派，它产生于南宋特定的社会政治环境中。在词作中反映民族斗争和政治斗争，弘扬爱国主义精神，是辛词派的创作倾向和灵魂。辛派词慷慨豪放而又悲壮沉郁的艺术风格，使宋词的思想水平和艺术成就都达到了空前的高度。

　　在南宋文坛上，陆游的诗与辛弃疾的词一样，是标志时代最高成就的旗帜。辛弃疾引领的豪放词派，主宰了南宋前期的词坛；陆游以其诗歌的卓越思想艺术成就，将我国文学史上的爱国主义传统发扬光大，两人在同时代和后代诗人中都有突出的地位和深远的影响。

辛弃疾像。

米芾创作的《珊瑚笔架图》。

"宋四家"

　　蔡襄与苏轼、黄庭坚、米芾并称"宋四家"，而蔡书的艺术成就在当时达到了最高峰。

　　蔡襄，字君谟（1012年—1067年），仙游人，官至端明殿学士。书法师承涉猎较广，遗留下的墨迹中蔡书笔札最优，这些简札有蔡襄温润婉转的独特风貌，在不同的场合随意挥写，每件作品明显不同。他的行楷书受颜体影响较浓，并领悟颜体的笔意，增强气势和虚实相生的效果。虽然不够严谨厚重，但潇洒蕴藉可上追晋人。行草书受"二王"影响很大。

　　蔡襄与其他"三家"的书法，都体现了"用意"的特色，在不同的程度上发挥了各自的个性，以书法体现意境、情趣，对后世影响很大。

李公麟

李公麟（1049年—1106年），字伯时，舒城人。他襟怀超脱，文章不失建安风格，书法不乏晋人韵味，能诗善画，尤善于鉴辨故器物，是一位修养高深的艺术家。

李公麟的绘画题材尤为广阔，并且博采众长逐渐形成自己的风格。其创作一般用水墨画在纸上，闲雅文秀，白描上极具功力，常以单纯、洗练、朴素自然的线条来表现物象的形貌神态。以《五马图》最为典型，此图是纸本水墨画，用线描表现宋哲宗时天驷监中的五匹名马，行笔劲细而略有轻重变化。马尾用淡墨虬曲的细线，丝丝不乱，用笔简洁文秀而不失骏马之神韵。

李公麟作画大胆地摒弃色彩，专用白描，形成独立的、具有高度概括性和表现力的艺术形式，创造出崭新的白描手法。形成了可与重彩和水墨淋漓的画法相抗衡的传统绘画样式之一，为丰富中国画的表现技法作出了重大贡献。

"相扑"陶塑。

❖ 张择端绘《清明上河图》

张择端，字正道，东武人，工于界画，特别擅长舟车、市桥、郭径，自成一家。于北宋末年创作了《清明上河图》。

《清明上河图》是著名的风俗画作品，绢本，长卷，卷宽24.8厘米，长达528.7厘米。描写了北宋京城汴梁及汴河两岸清明时节的风光。全画结构分明，首段写市郊风景，中段描写汴河，后段描写市区街景。并采用了传统的手卷形式，从鸟瞰的角度，通过不断推移视点来摄取景物，段落节奏分明，结构严密紧凑。笔墨技巧上线条遒劲老辣，兼工带写，设色清淡典雅，不同于一般的界画。

《清明上河图》运用全景式的构图，以其严谨精细的笔法，展现了12世纪我国都市各阶层人物的生活状况和社会风貌，反映了当时社会生活和物质文明的广阔性与多样性。是一幅写实主义的伟大作品，把社会风俗画推进到更高的阶段。

❖ 相扑、蹴鞠

相扑，是一种中国古代的体育活动，也作"角抵"，是一种角力比赛，从五代传至两宋时期，日益兴盛，从宫廷到民间，无处不有，深受欢迎。

相扑活动可分两大类：一类是正式争胜负的比赛，第二类是在瓦舍等游艺场所进行的表演性质的相扑，没有很强的竞争性。相扑的服装也沿袭汉唐的旧制，双方上身赤裸，下身光腿赤足，仅腰胯束短绔，头上梳髻不戴冠，有时也足穿靴或鞋。相扑者还组织了行业相扑社，它的出现，标志着相扑已自成一类民间运动。

宋代的蹴鞠活动在军中和民间普遍开展，活动方式有两种：一是设球门的竞赛，其球门柱高约10.5米，球门径0.93米，阔3.15米，网中有"风流眼"球门立在场地中央，比赛双方各10余人，南宋时期，人数有了变化，设左右军各7人或者16人。二是不设球门的竞赛有分班和不分班两种。北宋时期，接球和传球都改"挟"为"踢"，增加了竞技性和娱乐性。

两宋时期的蹴鞠活动形式不同于前代，可以说是一个由直接对抗到间接对抗的转化时期。

❖ 宋皇室崇佛

宋太祖赵匡胤即位后，大力支持佛教的发展，曾派内史张从信往益州刻《大藏经》，开创了中国历史上刻藏的先河。

宋皇室对佛教的推崇充分地表现在他们对佛经的翻译与刻印事业的重视上。宋太宗在太平兴国寺设立译经院，赐西域高僧入院主持译经。随着雕版印刷技术的发展，宋代开始佛经印刷，300 年间，官私刻藏 5 次，其中由皇帝亲自派人主持的官刻《开宝藏》，费时 12 年，达 653 帙，6620 卷，这个印本是以后官私刻藏的共同标准。

宋皇室的崇佛政策，使理心学援佛入儒，使儒学哲理化，进而得以广泛传播，对于中国思想发展史有巨大影响。

❖ 道教的发展

道教，在中国源远流长根深蒂固。北宋后期，多元融合成为社会的一种新趋势，三教合流成为文化思潮的主流，吸收佛道的新儒学（宋代道学）和容纳儒道的新佛学（宋代禅学）相继出现。

王喆（1113 年—1169 年），上承北宋内丹道教传统，下应时代潮流，以"三教圆融"为号召，创立了一个贯通三教并具有完整教义教创的新道派全真教，它是宋元道教鼎革浪潮中涌现出来的一个最大、最重要的新道派。王喆 为其新道派起名"全真"，正是为了提倡保全真性，以清净为宗，以识心见性为本，成就一个最完美、最真实的人生。

王喆 历经三年东行传教，成绩卓著，在理论和组织方面都为全真教的兴盛奠定了基础。王喆 继承内丹派道禅融合的思想，高唱三教合一，宣扬"三教从来一祖风"，"太上（老子）为祖，释迦为宗，夫子（孔子）为科牌"，全真教还力倡三教平等，不断抬高道家地位，与儒佛平起平坐。此后，他的门下弟子"全真七子"继续将道教发扬光大。

两宋是道教的重要发展时期，新的道教从民间应运而起，迅速流行，并受到统治者的支持利用。

这一菩萨头像，冠饰华丽丰盛，脸型已从晚唐的丰润逐渐向北宋的清俊、娟秀发展。用线流畅圆润，敷色清雅妍丽。此像为残片，20 世纪初在新疆东部地区发现，被德国人掠走。现藏于（德）柏林印度美术馆。

辽雕刻石经

房山石经位于辽代州大防山的云居寺，乃佛教圣地，积累了大量石板经文。

辽代颇崇尚佛教。辽圣宗时期，在巴林、东京、南京等地的寺院里大兴佛事，编校、刊印佛教典籍。太平七年（1027 年），辽圣宗命僧人可玄继续刊刻经版，补刻了"大般若经"。辽兴宗、道宗两朝继续以契丹藏经为底本刻造，至清宁三年（1057 年），共完成"大般若经"、"大宝积经"等经石 600 块。这些石经是后世研究佛教经典的极其珍贵的文字资料。

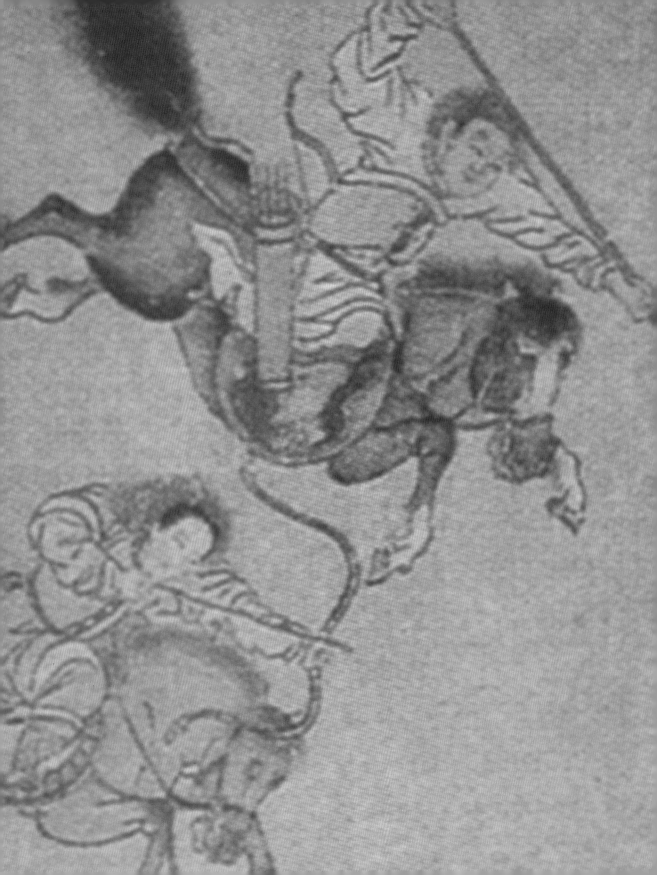

第七部分 元朝

　　就在宋与金等少数民族相互征战的时候，北方蒙古高原上的古老民族蒙古族，逐渐发展壮大起来。各部落之间经常进行残酷的战争。在这种战争中斡难河流域的一个部落强大起来，部落的首领铁木真对其他部落发动一系列兼并战争，统一了蒙古，于公元1206年建立蒙古政权，被尊称为"成吉思汗"。

　　此后，元朝相继灭掉了西夏、金，降服畏兀儿，合并吐蕃，攻占大理，对垂危的南宋形成包围之势。成吉思汗病逝后，他的孙子忽必烈即位，于公元1271年正式定国号为元，次年定都大都，是为元世祖。公元1279年元朝消灭了南宋最后一支抵抗力量，统一了全国。

　　元朝，是继唐以后的中国历史上出现的又一个规模空前统一的国家。各族人民生活在一起，相互交流融合，巩固了统一的多民族国家的基础。同时中国与东西方国家的交流更加频繁，对西方的了解比以前有所增加。在民族融合的同时，各民族之间的矛盾斗争也是十分激烈的，这是元朝社会的一个重要特点。

专题一：　元朝统一全国

❖ 统一蒙古

元世祖忽必烈像。

蒙古各部一直居住在斡难河中上游和不儿罕山地区。因为塔塔儿是其中最强大的一个部落，所以它一直作为草原各部的通称。

铁木真（1162年—1227年）乞颜氏人，是古代蒙古伟大的军事政治家，立志振兴本族，势力日益壮大起来。1189年，被推选为蒙古部首领。再此前后，打败了塔塔儿、蔑儿乞等部。又于1201年至1204年间削平群雄，征服了蒙古草原上的各游牧部落，结束了各部落长达数十年割据混战的局面，从此，"蒙古"一词成为各部的统称。

1206年，蒙古各贵族共同推举铁木真为全蒙古的大汗，尊称为成吉思汗，建立了统一的大蒙古国。其疆域东起兴安岭，西至阿尔泰山，南至大青山，北达贝加尔湖。

❖ 元朝统一全国

蒙古统一后，便开始出兵南进，主要以西夏、金、南宋为目标。太祖元年至太祖四年（1205年—1209年），曾三次攻入西夏，迫使其称臣。于太祖二十一年（1226年）秋又进攻西夏，次年七月，成吉思汗病逝，不久西夏灭亡。

金天兴三年（1234年）正月，蒙古与宋联合攻克蔡州，金国灭亡。后于淳祐四年（1244年）和吐蕃，淳祐十三年灭大理。对南宋形成包围之势，开始全力进攻南宋。

忽必烈登上蒙古汗位，建年号为"中统"，仍然没有立国号。随着征宋战争的顺利进行，蒙古政权实际上已成为效法中原地区汉族统治方式的封建政权，于是他决定在"附会汉法"方面再迈进一步，把自己的王朝建成传承汉族封建王朝正统的朝代。至元八年（1271年）十一月，忽必烈采纳刘秉忠、王鹗等儒臣的建议，根据《易经》"乾元"的意思，正式建国号为大元。

至元九年（1272年）二月，改中都为大都。忽必烈于至元十一年（1274年）正月在大都正殿接受文武百官的朝贺，大都从此正式定为元朝的政治中心。

至元十三年（1276年），元军占领南宋都城临安，俘虏了南宋皇帝，南宋灭亡。到至元十六年（1279年）二

文天祥抗元

文天祥（1236年—1282年），字履善，号文山，吉州庐陵人。是南宋朝大臣、文学家。至元十二年（1275年）元军进逼临安时，文天祥在赣州组织武装自卫。1276年任宰相赴元营谈判，被扣留，后来在镇江逃脱。临安失守后，文天祥便与陆秀夫等拥立赵昰为帝，辗转于东南沿海各省继续抗元。

1278年文天祥被俘，送到大都囚禁3年多，宁死不屈，囚禁期间写下了许多诗文，大部分收入《指南录》中，其中《过零丁洋》一诗用以明志，后人将其著作辑为《文山先生全集》。

至元十八年（1281年）十二月九日，文天祥在大都英勇就义。他作为南宋一代名臣，为历朝忠烈之臣所效仿，留芳百世。

月，元军消灭了南宋最后一支抵抗力量，宋朝彻底灭亡。至此，元朝统一了全国。

❖ 元划分四等人

元朝将各族人民划分为蒙古、色目、汉人和南人四个等级，并且规定这四等人在做官、打官司、科举条例和名额诸方面有一系列不平等的待遇。

蒙古族名列第一等，蒙古人内部也分两部分：其一为与成吉思汗皇室出于共同祖先的为尼鲁温蒙古人，有泰赤乌、兀鲁、忙兀、札只剌等二十余部；其二是被称为迭列列斤的一般蒙古人，有兀良哈、弘吉剌、伯牙兀等十余部。色目人名列第二等，主要指西域人，如钦察、唐兀、畏兀儿、回回等。1304年规定，除汉儿、高丽、蛮子外，都为色目人。这些人大多属于西北各族，还有些是中亚人。随着成吉思汗领土的扩大，色目人的数量也随之大量增加。汉人为第三等。汉人也被称为汉儿、乞塔、札忽歹，指淮河以北原金朝境内的汉、契丹、女真等族以及较早被蒙古征服的云南、四川人，东北的高丽人也是汉人。南人为第四等。南人也叫蛮人、囊加歹、新附人，指最后被元朝征服的原南宋境内各族人。元统治者根据被征服的时间顺序将汉人分为两等，以利用汉人压制南人，分而治之。

蒙古、色目、汉人和南人这四等人的地位和享受的待遇都各不相同，他们因为等级的不同而造成很大的差异。

❖ 设立行省制度

至元二十八年(1291年)五月，元行省制正式确定。行省制，即在中央设中书省总理全国政务，枢密院掌管军事，御史台负责监察；在地方上设行中书省，行省设丞相一人，掌管全省军政大事。行省下设路、府、州、县。元朝在全国共设10个行省，即岭北、辽阳、河南、陕西、四川、甘肃、云南、江浙、江西、湖广。而山东、山西、河北和内蒙等地则称为"腹里"，作为中央特区，由中书省直辖。

行省制的确立，从政治上巩固了国家统一，使中央集权在行政体制上得到保证。这是中国政治制度史上的一项重大变革，对后世有巨大的影响。

管理西藏

西藏在元朝称为吐蕃，1260年忽必烈封八思巴为帝师，统领全国佛教，兼管吐蕃军民世俗事务，成为西藏地区最高的宗教领袖和行政首领。

至元二十年(1283年)元廷设总制院，1288年更名为宣政院，协助帝师管理全国佛教及吐蕃事务，属一品官的高级官署。由于它享有自选官吏的特权而成为一个相对中书省、枢密院、御史台之外的任官系统，具有政教合一制的特点。自此，西藏开始作为有效的中央管辖区，成为中国领土不可分割的一部分。

刺绣密集金刚像。

专题二：　元朝的发展与外交

刺绣西方广目天王像。

❖ 农业的发展

　　元朝统一后，元世祖很重视农业的发展。他下令保护农田，禁止侵占农田作为牧场，并设立劝农司、司农司、营田司等管理农业的政府机构。颁行《农桑辑要》指导农业，成立村社对促进农业发展起了重要作用。在措施的实施和人民的努力下，屯田大规模地铺开，以及水利的兴修使农业生产得到快速的恢复和发展。

❖ 棉纺织业的发展

　　棉纺织业作为新兴的行业，在元代大有发展。到元朝中后期，棉花已在全国广泛种植。棉纺织业作为一种农村的家庭副业，也在江南地区普遍发达起来。在这一技术的迅速发展中，黄道婆做出了巨大的贡献。

　　黄道婆是松江府乌泥泾人，曾流落到崖州，学习那里的纺织技术。元成帝贞元年间（1295年—1297年），随船返回故乡，将造、捍、弹、纺、织等一整套工具的制作方法及织布中使用的颜色搭配、综线挈花等技艺传授开来。织成的被、褥、带等的各种纹样、图案，色彩鲜艳，远近闻名，并在长江流域扩散，使这一地区棉纺织技术出现了一次突飞猛进的发展。松江一度成为全国的棉纺织业中心。此后，棉织品逐渐普及为普通人民的服装材料。

　　元代纺织业的发展，与棉纺织业技术的革新和普及是分不开的。黄道婆为中国棉纺织业的发展作出了巨大贡献。

❖ 织金技术

　　元朝建立以后，开展了大规模的织金织物的生产。以金缕或金箔切成的金片作纬线织花，使织物呈现金属的光泽被称为织金技术。最突出的是织金锦又称纳石矢，原产波斯，包括加金锦和加金缎。有片金、印金、洒金、贴金、盘金、钉金等多种纺织技术。其织法、纹样和风格深受西域的影响，促进了中国传统纺织工艺与西域金绮工艺的交流和融合。元代织金技术的空前发展，显示了染织技术的最高水平，是中外科技交流的结晶。

修建元大都

　　元大都从1267年开始修建，直到至元二十二年（1285年）才告完工，历时18年之久。它的组织建筑是设计者刘秉忠以《周礼·考工纪》中的都城建设为指导思想进行规划修建的。

　　大都城整体接近方形，北面两个门，东、西、南三面各三个门。布局形制为三重城垣：大城、皇城和宫城。皇城周长10千米，包括宫城、御苑以及兴圣宫、隆福宫、太子宫和太液池等。宫城在皇城内偏东部，在全城的中轴线上，分为前朝、后宫两部分。社稷坛在皇城以西，太庙在皇城以东，商业活动的市集中在钟鼓楼一带。这种左祖右社，面朝后市的布局，符合中国传统的都城规划模式。大都城市布局严谨，井然有序，有明确的中轴线，以宫城为中心，南起丽正门，经皇城前广场，过灵星门，进入皇城、宫城，直抵皇城以北位于都城几何中心的中心阁。由此向北，轴线略为西移，通过鼓楼，直达钟楼。元大都的水系工程由水利专家郭守敬规划，疏通了东西向的运河（通惠河），两条主要的水系，保证了宫苑用水。

　　元大都的建成，是城市建设史上的里程碑。它是我国封建社会最后一座按照预先整体规划平地兴建的都城，也是13世纪—14世纪世界上最宏伟壮丽的城市之一。

青花瓷

　　元代瓷器是南宋青、白两大瓷系的延续，并引进了西亚伊斯兰陶艺新材料、新技术，出现了青花、釉里红、钴蓝釉、铜红釉、卵白釉等新品种。

　　元代中期（14世纪前期）创制出的中国青花是用氧化钴作颜料，在陶胎上描绘纹样，然后上透明釉，白地蓝花，属釉下彩绘。元代的青花瓷器物品种多样，器形雄大，纹样富丽，白釉泛青，蓝花深沉，精致典雅，青花料的着色力强，呈色比较稳定，使瓷器色彩鲜艳明丽，是中国乃至世界陶瓷史上的珍品。

　　青花、釉里红的日趋成熟，结束了中国瓷器长达1300年的青瓷时代，开辟了中国陶瓷以彩绘和颜色釉为主的新时代，奠定了元代陶瓷在中国陶瓷史乃至世界陶瓷史上极其重要的地位。

青白釉观音坐像。坐像胎体由三块组成，头部、腰际接胎痕明显。观音体态硕壮，广额丰颐，显出博大的胸怀和气势。

马可·波罗像。

驿站体系的建立

元代统一后，大力发展交通运输业，建立了四通八达的驿道驿站体系。驿站的设置，开始于成吉思汗时期，后来规模进一步扩大。

驿站分陆站、水站。陆站的交通工具主要是马，水站的工具是船。驿户轮流充当驭手或水手，并为过往的使臣提供规定标准的饮食。另外，还设有急递铺，专门负责朝廷和官府紧急文书的传送。广泛、完善、便利的驿站体系，成为元政府巩固政权、加强管理的一个重要环节。政府为了保证其作用的正常发挥还建立起一整套的管理制度。

驿站和急递铺的建立以军事和政治为主要目的，不仅维护了中央集权统治而且加强了各地区、各民族的政治、经济、文化联系，促进了元代的商品经济繁荣，保障了各界人士旅途畅通和行旅安全。

❖ 漕运和海运

元朝统一全国以后，为加强对辽阔海疆的统治，在建设完善的驿站体制的同时，建立了兴盛的海运业。元政府先后开辟了三条海上航线，与陆运、河运相比，海运省时、省力、省费用。

在海运业迅速发展的同时，沿海港口也逐渐兴起。太仓、密州、登州、上海、直沽的港口都能停泊巨大的船只。直沽是当时北方最大的港口。同时，海运的发展还促进了内河航运的长足进步，至元三十年（1293年），通州至北京的通惠河开通，至此，京杭大运河全线贯通。它以杭州为起点，以北京的积水潭为终点。全长超过1790公里。经北京、河北、天津、山东、江苏、浙江六省市，把海河、黄河、淮河、长江和钱塘江五大水系联系成一个统一的水运网，成为我国古代南北交通的主动脉。

海运的兴建，保证了元朝政府的粮食供应，促进了南北物资交流，加强了各地的经济联系，提高了五大水系的航运能力，也推动了航海技术的发展。海运业的迅速兴起和繁荣是中国交通史上的一件大事，它标志着元代交通运输的巨大进步。

❖ 海外贸易

至元十四年（1277年），元朝先后在泉州、庆元、上海、澉浦、广州、温州、杭州设置了七个市舶司。其中泉州是对外贸易的最大商港，由此出口纺织品、陶瓷等日常生活用品，进口丁香、豆蔻、胡椒、钻石、珠宝等。

元朝的海上贸易关系十分广泛，同亚、非、欧各国的交往频繁。外国人里，最著名的是意大利旅行家马可·波罗，回国后还撰写了《马可·波罗游记》。

至元二十八年（1291年），元朝政府着手制定了市舶法则，至元三十年，又颁布《整治市舶司勾当》22条。市舶法明确规定了市舶司的职责，包括办理船舶出入港的手续、舶货的检验和收存、舶货的抽分和纳税等等。市舶司由行省管辖，每个司设提举两人。征收舶税和市舶抽分时，往往有行省高级官员在旁边监督。市舶抽分和征收舶税成为元廷的重要财源之一。

专题三： 元朝文化

❖《授时历》

至元十七年（1280年），许衡、郭守敬、王恂奉诏编成新的历法《授时历》。第二年元世祖忽必烈诏令颁行全国。这是当时世界上最精确的历法之一。

《授时历》考证了7项天文数据；计算出5项日月运行的新数据；采用郭守敬首创的弧矢割圆术来计算太阳黄道与赤道积度；采用百进位制表示小数部分，提高计算精度；废弃上元积年法，以至元十八年冬至时刻为历法历元；推算回归年长度为365.2425日，与现行公历相同，比欧洲格里高利历早300多年，反映了测量的高水平，也说明《授时历》有很高的精度。《授时历》是中国历史上最著名的历法之一，它体现了中国传统天文学的发展，为天文学的研究和发展提供了绝好的材料。

❖ 套印版画

元代雕版印刷业兴盛，雕版印刷技术进一步发展和提高。彩色套印版画开始出现。

在雕版印刷的佛教经籍中，无闻和尚所注的《金刚经注》，用朱墨套印，是继辽代漏印套色版画之后最早的雕版彩色套印版画。经注中《无闻老和尚注经处产灵芝》一图，刊于元顺帝至元六年（1340年），比欧洲第一本带色的雕版书《梅因兹圣诗篇》早170年。

除此之外，元代版画还有建安虞氏在至治年间（1321年—1324年）刊印的由吴俊甫、黄叔安等人绘刻的5种"平话"，即《武王伐纣》《七国春秋后集》《秦并六国》《续前汉书》《三国志平话》等。书中图画绘刻颇有连贯性，可说是中国连环版画的前身，体现了元代版画不仅题材广泛，而且绘、刻、印技术都有显著提高，为明、清版画的大发展，创造了多方面的有利条件。

王祯（1271年—1330年）发明的转轮排字盘，直径78厘米，高36厘米。王祯，著有《农政全书》，是元朝的农学家、机械设计制造家和印刷技术革新家。大德二年（1298年），发明了木活字，并将其推广普及。

《农桑辑要》

元初的几个皇帝比较重视农业，世祖忽必烈在继位的第二年便设立了主管农业的"司农司"，并命人编写了《农桑辑要》。《农桑辑要》是我国现存最早的官修农书，大约在至元十年（1273年）刊刻并颁发给各行中书省的"劝农官"，开始流传和推行。

《农桑辑要》总计60000字左右，共7卷，用系统的历史资料阐述了农本思想。其余各项共记录了572项农业畜禽、养蚕业等方面的技术资料。此书是元灭南宋前指导黄河中下游地区的农业生产的专书，在内容上不涉及江南的水田生产技术，总结了当时的新经验和大量的第一手资料。它极端重视蚕桑，把它提高到空前的地位，大约占据了全书1/3的篇幅。

总体来说，《农桑辑要》充分体现了农本思想，以谷物生产为纲，兼及各种小型副业的自给自足产经济体系的特点。注意到农作物的主次顺序。还增加了谷物、纤维植物、蔬菜、果树、药用植物和畜牧等40项内容。

《农桑辑要》继承了农本思想体系和此前几部重要农书的丰富遗产，严谨而翔实，是一部实用价值极高的农业技术专著，影响和指导了此后的农业及副业生产。

关汉卿像。

赵孟頫

赵孟頫（1254年—1322年），字子昂，号松雪，又号水精宫道人，湖州人，去世后被封为魏国公，谥文敏。

他博学多才，工古文诗词，通音律，精鉴赏。擅长山水、花鸟、人物、鞍马和竹石墨戏，工笔、写意、设色、水墨无一不精，是元代文人画的主要奠基人。他崇尚唐人的艺术思想，借崇古以创新，强调画人物要描绘出其性情为佳，山水亦重师法造化。

赵孟頫还将书法与绘画用笔有机地结合起来，揭示了书画的内在联系。对元代文人画的兴盛在理论、技法、风格上都起了开辟道路、转移风气的作用，是元代画坛的领袖人物。

❖ 元杂剧

元代杂剧是在宋杂剧和金院本的基础上发展起来的一种戏剧样式。到元贞、大德年间，杂剧已是"举世行"，关汉卿、白朴等人的作品也已是天下流行了。

元杂剧的结构体制，是一本四折演一完整的故事，个别的是一本五六折。每一折包括若干场次。有的杂剧还有篇幅短小放在剧前的"楔子"。剧本包括唱词与宾白，宾白可分为有韵的诗白和无韵的散白。剧本还规定了主要动作表情和舞台效果，叫做科范。在音乐体制上，杂剧每折限用同一宫调的曲牌组成的一套曲子。演出时一本四折都由正末或正旦独唱，其他角色只有说白，分别称为"末本"或"旦本"。杂剧分为四大类：一是旦，扮演妇女的角色，女主角叫正旦，其余为外旦、老旦、小旦、贴旦、花旦等；二是末，扮演男子的角色，男主角叫正末，其余如外末、付末、冲末、小末等；三是净，扮演反面人物或滑稽人物的角色，有副净、净、丑等；四是杂，指以上三类之外的登场角色。

元代杂剧广泛深入地反映了社会生活，扩充了宋话本在这方面开拓的新领域。

❖ 关汉卿

关汉卿是著名的元代杂剧作家，号已斋，大都人。生平多与大都一带的著名杂剧、散曲家及艺人来往，商酌文辞。与白朴、马致远、郑光祖被后人称为"元曲四大家"。

他创作的杂剧具有强烈的现实性，深刻地再现了元代的社会现实，具有浓郁的时代气息。其中《窦娥冤》是部杰出的代表作。他还十分非常重视舞台实践，使情节进展自然而有层次，人物和事件的安排都符合舞台演出的要求，甚至剧中次要人物的出场都是不可或缺的，体现了他深厚的戏剧功力。并且不断吸收和提炼人民的口头语言，丰富自己的艺术再现力，在文学语言方面开一代风气之先。

关汉卿是一位伟大的戏曲作家，位于"元曲四大家"之首，具有很高的艺术成就和历史地位，对中国戏曲的发展具有深远的影响。

❖ 永乐宫壁画

元代道教也很受尊奉，道观建造很多，山西省永济县的永乐宫就是元代道教建筑中的典型代表。

永乐宫的总体布局突破了中国古代建筑的廊院式结构，在同一条轴线上布置殿堂，使空间关系主次分明。另外，采用了减柱法等一系列革新手法，扩大了建筑空间，对明清的建筑技术产生了重大的影响。在各殿中共有960多平方米的巨幅壁画，题材多样，构图和色彩运用均有许多创新，显示出元代民间画家的卓越才能。其壁画技法继承和发展了宗教人物画的传统，开相端庄生动，线条遒劲流畅，色彩绚华明丽，是元代美术的珍贵遗产。特别是三清殿的壁画规模最大、绘制最精，代表了元代壁画艺术的最高成就。

永乐宫作为元代道教全真教的三大宫观之一，反映了元代建筑在建筑和艺术的巨大成就。

❖ 喇嘛教

元代实行宗教信仰平等的政策，使各种宗教教派兼容并存，其中以佛教最为盛行。吐蕃喇嘛教是中国佛教派别之一。忽必烈即位前曾受戒于吐蕃喇嘛教高僧八思巴，此后，佛教的地位日益上升，尤其是经过忽必烈主持的佛、道两派辩论，佛教的尊崇地位便得到确定。忽必烈即位大汗后，即封八思巴为国师，授以玉印，任中原法主，统辖天下教门。这表明喇嘛教受到元室崇奉，为元室所不可或缺的地位，已确立不可动摇。

❖ 基督教的传入

至元二十六年（1289年），教皇尼古拉四世派意大利人、方济各会修士约翰·孟高维诺航海来华，基督教再次传入中国。孟高维诺是进入中国的第一位天主教传教士。1298年，他在北京建立第一座教堂。1307年，教皇任命他为中国教区大主教，相继派传教士入华协助他传教。

元朝为基督教设立专门的"崇福司"并采取宽容态度，不仅准许传教且发给薪俸。至1328年，基督教信徒已达30000人，流传于大江南北，尤以江南沿海一带为盛。

《朝元图》

图为《朝元图》中的主像之一金母，神态温柔娴雅，富丽高贵。

三清殿的《朝元图》为永乐宫壁画的一部分，是元代壁画艺术的最高典范。泰定二年（1325年）由马君祥等人绘制而成，描绘了诸神朝拜元始天尊的故事，以8个帝后主像为中心，周围有金童、玉女、星宿力士等共286尊，场面开阔，气势恢宏，是我国古代壁画中的经典佳作。它是道教壁画中最重要的作品群，集中反映了元代壁画艺术的最高成就。

第八部分 明朝

　　元朝末年，统治腐败，农民不堪忍受发动了起义。朱元璋率领的红巾军在江南地区迅速崛起。公元1368年朱元璋在南京称帝，建立明朝，年号洪武，被尊称为明太祖。明军攻入大都，元顺帝北逃，元朝在全国的统治结束。

　　明朝又用了近20年的时间完成了统一。明太祖废除宰相制并设立了特务机构，加强了中央集权的统治。从1370年到1385年间，明太祖先后分封了24个儿子和一个从孙为王，分别镇守各地，来捍卫中央皇权。1398年，长孙朱允炆即位，史称建文帝。建文帝开始削弱诸侯王的权力。燕王朱棣势力强大，1399年起兵发动了长达四年的"靖难之变"，1402年攻陷南京自立为帝，改年号永乐，是为明成祖。他积极进行削藩，设立厂卫制度，巩固专制主义中央集权。明朝的农业、手工业在明初得到了恢复和发展；经济贸易空前活跃，海外贸易更加频繁。郑和的七下西洋和华人入南洋不仅开拓了海外经济贸易，更促进了中外交流。在此基础上到明朝中后期出现了最早的资本主义萌芽。受其影响，文化领域也出现了一些进步的思想家，对后世影响深远。这一切都为清军入主中原奠定了坚实的基础。科技文化也蓬勃发展，不断发明新型的武器，创作领域里出现了一批优秀的小说、戏剧著作，而北京城的营建和明长城的修建堪称是世界建筑中的瑰宝。

专题一： 明朝的建立

❖ 明朝的建立与统一

元至正二十八年（1368年）正月四日，朱元璋在应天（今南京）即皇帝位，定国号为"大明"，年号洪武，以李善长、徐达为左、右丞相，设官分职，封赏文武百官，开始了明朝的统治。同年八月二日，徐达率大军攻入大都，元顺帝北逃，至此结束了元朝98年的统治。

明朝建立后，朱元璋一方面肃清政治，招贤纳士，积极劝课农桑，发展恢复经济，一方面继续完成全国的统一。他采取了先西北，再西南，后东北的作战策略。洪武元年（1368年）八月西征山西，败元将扩廓帖木儿。次年二月，攻打陕西，建西安府。洪武四年（1371年）正月，兵分两路进取四川，败夏明升。洪武十五年（1382年）平定云南。二十年（1387年）进军东北，征服纳哈出，并且于二十一年（1388年）四月，蓝玉袭破元嗣君脱古思帖木儿的精兵十多万人，从此，东北全境也纳入了明朝的版图。

明朝建立后，其统治者费时20余年，终于完成了全国的统一大业，促进了华夏文明的重建与发展。

❖ 胡蓝之狱

朱元璋称帝后，开始着手于中央机构的改革。明洪武十三年（1380年）正月，朱元璋以"图谋不轨"罪诛杀左丞相胡惟庸，取消中书省，废除丞相之职，更定六部。规定此后朝廷不得再立丞相。在中国实行了1000多年的丞相制至此废除。

凉国公蓝玉在南征北战中，屡立大功，战果赫赫，便恃功骄纵，蓄养庄奴，霸占民田。即使在朝廷大宴上，也出语傲慢，目中无人，得罪了不少同僚，招致了朱元璋的不满并多次否决他的奏章。洪武二十六年二月，锦衣卫指挥蒋王献密告蓝玉谋反，朱元璋立即派人逮捕了蓝玉。最后，朱元璋以谋反的罪名将蓝玉等一批元勋杀戮，此次案件株连到15000多人。于是，开国元老纷纷蒙难，朱元璋将权力更进一步集中于个人手中。明代的官制，经过明太祖朱元璋的全面改革后，专制主义中央集权得到进一步的强化，最终形成权归皇帝一人的君主极权政治。

明神火飞鸦。翅长64厘米，长56厘米。它是以扎制风筝的形式，结合火箭推动的原理发明的燃烧弹。用竹篾扎成乌鸦形状，内装火药，由4支火箭推动，可飞行300多米，多用于火战。

红巾军起义

元朝后期，政治腐败，阶级矛盾迅速激化，反元起义一触即发。至正十一年（1351年），韩山童、刘福通利用白莲教发动起义，红巾军暴起于中原，并于至正十五年（1355年）二月，建国号为"宋"，年号龙凤，建都亳州，势力遍及黄河流域及西北和东北。

红巾军还有另外三支。一支是郭子兴部，主要活动在江淮地区。另一支是徐寿辉部，主要活动在长江中游地区，并建立了政权，号"天完"。还有一支是王权和孟海马部，分别称为北锁红军和南锁红军。红巾军攻官府，杀豪强，开仓济贫，受到人民的拥护。

至正十六年（1356年），刘福通分三路北伐，次年直逼大都，元朝的主力已基本被摧垮。红巾军起义推翻了元朝的统治。

明太祖朱元璋像。

❖ 锦衣卫

明洪武十五年（1382年）四月，朱元璋废除仪鸾司，改立锦衣卫。锦衣卫作为皇帝侍从的军事机构，下设指挥使、指挥同知、指挥佥事、南北镇抚司镇抚、千户等职，指挥使由皇帝亲信心腹担任。

锦衣卫比以前的仪鸾司权力增大，除掌管侍卫职权外，还有巡察缉捕和审理诏狱的权力，实际上是明朝设立的特务组织。锦衣卫属下的镇抚司承办由皇帝命令查办的案件，他们用刑极为残酷，导致民情激愤、怨声载道。洪武二十年（1387年），朱元璋下令焚毁锦衣卫刑具，所押囚犯也由刑部审理；同时下令内外狱都归三法司审理，废除了锦衣狱。但到了明成祖时期，锦衣卫又得以恢复，并由北镇司专门处理诏狱。

锦衣卫除拥有诸多特权外，还拥有大量田地。直到成化年间，他们的权势地位才有所削弱。

东西厂

明朝为加强集权统治，于永乐十八年（1420年）八月，成祖迁都北京时，在北京东安门北设置了一个叫东厂的特务机构。

此机构由宦官统领，专门刺探官僚百姓的隐私及"大奸大恶"。太监提督东厂成为常例。太监作为提督，具有随意逮捕、刑讯朝野臣民的特权。为了平衡锦衣卫与东厂权势，既由锦衣卫调充东厂属员，又令东厂太监监视锦衣卫。二者相互依赖，彼此制约，东厂的设立，为成祖监督百官提供了耳目，却也使得宦官权力不断扩大，扰民不浅，国家陷入恐怖状态。

明成化十三年（1477年）正月，宪宗为进一步加强特务统治，又设立了一个西厂，由大太监汪直任提督。汪直陷害忠良，排除异己，屡兴大狱。本年五月，内阁大学士商辂与万安、刘珝、刘吉联合上奏汪直的罪状，兵部尚书项忠与9位大臣也联名上奏弹劾汪直，宪宗极无奈只好解散了西厂。后借天上灾异之说，宪宗又在成化十三年（1477年）六月十五日下诏恢复西厂。

到了成化十八年（1482年）三月，西厂关闭。但东厂仍在，厂祸一直未能停息。

这只出自明朝宫廷的抽屉盒的漆盘表面上雕刻着象征统治阶级的传统图形。右边的五只爪子的龙标志着皇权及对其臣民的关怀。左边的凤凰代表皇后，祈祷风调雨顺、国泰民安。

八股文

八股文是明清科举制度所规定的一种应试文体。又称八比文、时文、四书文、制艺、制义等。

八股文要求文章必须有四段对偶排比的文字，共包括八股。全文由破题、承题、起讲、入手、起股、中股、后股、束股、大结等部分组成。其中"破题"两句，说破题目要义；"承题"用四五句承破题之意引申而言；"起讲"开始阐发议论；"入手"引入本题，为议论入手处；"起股"用四五句或八九句双行文字开始发议论；"中股"是全篇重点，必须尽情发挥；"后股"或推开，或垫衬，振起全篇精神；"束股"回应、提醒全篇而加以收束；"大结"为结束语。

八股文的题目一定要用《四书》《五经》的原文；内容必须以朱熹的《四书集注》等程朱学派注释为准，不得擅自生发，独出新论，严重束缚了思想。

❖ 靖难之变

洪武三十一年（1398年），明太祖去世，皇太孙朱允炆继位，年号建文，史称建文帝。

建文帝即位后，立即起用齐泰为兵部尚书，黄子澄为太常寺卿兼翰林学士，一同谋划削藩之策。齐泰认为既然削藩，燕王居诸强藩之首，削藩必先从燕王下手。而黄子澄则认为，燕王久居北平，拥有重兵，轻易废除，颇有风险，决定不如先从周王橚下手。于是首先把周王废为庶人，拘代王朱桂于大同，又于建文元年（1399年）二月，诏令诸王不得节制文武吏士。削藩政策实施得较为顺利。与此同时，也在北平周围几城内部署兵力，并以防边为名，把燕王的护卫精兵调出塞外戍守，准备削除燕王，但没有成功。

与此同时，燕王朱棣为寻求师出有名，不违祖训，上书以讨伐齐泰、黄子澄，清君侧之恶，扶国家之既坏为名，堂而皇之地称自己的举动是"奉天靖难"，并于建文元年（1399年）七月起兵南下。从此，揭开了"靖难"战争的序幕。

这时建文帝已无大将可用，派兵讨伐均被打败。战争历时四年（1399年—1402年）最终朱棣获胜，燕军进入京城，建文四年（1402年）六月十七日，燕王朱棣即皇帝位，年号永乐，是为明成祖文皇帝。

❖ 明成祖削藩

明成祖即位后，继续执行巩固专制主义中央集权的政策。他在恢复诸王爵禄后，暗中开始"削藩"。

他先将边塞诸王迁回内地，减少诸王的护卫，同时收回诸王、将帅、卫所军的节制指挥权；重申不许诸王擅役军民吏士的禁令，不许过问地方事务；对犯有过失的诸王，先以书诫谕，继而示以惩罚，最后或废为庶人或加以惩治。这一策略的实施削弱了诸藩王的势力，军政大权得以掌控。

明成祖于永乐十九年（1421年）正月初一正式迁都北京，既巩固了北部边防，又进一步地控制了东北地区。

专题二：　明朝的恢复与发展

❖ 休养生息政策

　　明朝初年，全国流民充斥，农业生产劳动力极端缺乏，为此，宋太祖便采取休养生息的政策，以恢复和发展生产。

　　他下令严禁贩良为奴，禁止人身买卖，以解放劳力，投入生产。并大力促进移民垦荒，实行屯田，包括军屯、民屯、商屯、戍罪屯、赎罪屯等。为发展农业还大力加强水利建设，整治堤岸塘堰，疏浚河道，并设置专掌水利的营田司。编造黄册与鱼鳞册以核查全国田亩。耕民按亩交赋，其赋役比前代大为减轻，极大地提高了农民的生产积极性。推行了农业立法，使全国垦田面积和人口大增，到洪武二十六年（1393 年），全国垦田面积达到 8507623 顷，人口增至 60544812 人，社会生产得到了恢复和发展。

　　明朝统一后，加强农业生产，全面调整经济，对明代社会经济的恢复与发展起到了积极作用。

❖ 农业的发展

　　明朝，在休养生息政策的开展下，农耕种田快速地恢复发展起来。

　　宋元时的稻麦一年两熟的轮作制度也被推广到其他作物的栽培。轮作、间作、套作技术也不断提高。江南地区双季稻种植广泛，福建、广东等甚至出现了一年三熟之稻。江南水稻除与小、大麦轮作外，还与豌豆、蚕豆、油菜等其他作物轮作。北方则以大、小麦与黍、粟、豆、薯等轮作。棉麦轮作、棉稻轮作、棉豆间作、桑豆间作等技术，随着经济作物的推广也发展起来。

　　此外，棉、麻、桑等经济作物也开始推广种植，明太祖规定全国农民有田五亩至十亩者，栽种桑、麻、棉各半亩，十亩以上者加倍。到洪武末年，又下令凡多种棉花的，可以免税。不久，河北、河南、山东成为新的植棉中心。明朝的衣料也逐渐以棉布为主。从此棉花的种植与使用普及起来，不仅发展了农业，也促进了纺织业的发展。

　　随着农业的不断发展，明朝的社会经济逐渐全面恢复，并进一步发展起来。

明代的农业技术在深耕细作上，已有相当高的水平。图为《耕织图》中的耙耨情景。

农作物的引进

　　明代中后期，农业生产得到发展，多种原产美洲的农作物如番薯、玉米、马铃薯、花生、西红柿等开始被引进推广。

　　番薯即红薯、番苕或红山药，产量高，极易栽种。15、16 世纪，葡萄牙、西班牙人将它传到非洲、印度和印尼、菲律宾等地，再由陆、海路传进中国。据《金薯传习录》记载：万历二十一年（1593 年），薯蔓由福建长乐县商人陈振龙从吕宋带回。而徐光启则是最早把番薯从岭南引种至长江流域的人。玉米即御麦、玉蜀黍或玉高粱，于 15 世纪传入我国，种植并不广泛。土豆即马铃薯或洋芋，于明末传入我国，17 世纪后期才开始栽培。花生即地豆、白果、长生果、万寿果、人参果等，由福建、广东的商人从南洋一带引进。西红柿即蕃茄，约在 16 世纪末或 17 世纪初的万历年间引入，传播十分缓慢。

明金地缂丝鸾凤牡丹纹圆补。

烟草的传入

烟草是一年生草木植物，原产于美洲。16世纪传至欧洲，大约在16世纪中后期始引入中国。

烟草传入中国大致通过南北两线。南线：一路自菲律宾传入闽、广，再传至两湖及西南各地；另一路是自吕宋传入澳门，再经台湾传入内地。北线主要由日本经朝鲜传入我国东北。烟草传入中国后曾据其外来语音和其形态、味感等进行命名，从这些名称中也可见其当时的"魅力"和对人们的侵害。据清《烟草谱》记载，由于它"干其叶而吸之有烟"，所以在中国被称之为"烟"。

中国引进烟草，初期主要是作为药用，但由于烟草有使人通体俱快，别具风味的感觉和能使人吸之成瘾的特性，迅速传遍全国。烟草的传入和流行导致了种植面积的不断扩大，进而产生了与粮争地的矛盾。政府下令禁止却无成效。

❖ 丝织业

明代丝织业迅速发展，苏、杭二府成为全国纺织业的中心。这时用的织机有腰机和提花机，能够织出各种繁杂的花纹，鲜艳美观。丝织业有官营和民营两种。官营丝织作坊设于京师的有针工局、织染厂等，归工部管辖。除京师之外，还分别设于浙江、南直隶、四川成都以及山东济南等处。东南地区是官府丝织业的中心，以南京、苏州、杭州三处为主，自永乐时期开始差遣宦官督管织造。明代官营丝织作坊的年生产量每年造解15000匹，南京内织染局和神帛堂造解3369匹，各地方织染局造解28684匹。

从英宗天顺四年（1460年）开始，朝廷不断下令额外增造，尤以嘉靖、万历时期更甚，已远远超出官营丝织作坊的生产能力，各地方织染局为了完成任务，便纷纷实行"机户领织"制度，这是一种通过中间包揽人、利用民间机户进行的"加工定货"的生产形式。

机户不仅存在于城市，也存在于乡村，并促使一批丝织业市镇的形成。

❖ 永乐大钟

明朝的冶炼铁技术十分发达，冶炼金属不仅普遍用煤，也用焦炭作燃料，并使用先进的鼓风设备。河北遵化、广东佛山都是著名的冶铁中心。

明永乐年间（1403年—1424年）铸成最大的青铜钟永乐大钟，该钟是世界上著名的大钟之一。

永乐大钟通高6.75米，肩外径2.4米，口沿外径3.3米。合金成分为：铜80.54%、锡16.40%、铅1.12%。铜钟是用泥范铸造的。钟身用圈形外范分七层，逐层与范芯套合，至钟顶部，将先铸成的钟钮嵌入，浇铸后成为一体。钟壁厚度不等：最薄处在钟腰部，厚94毫米，最厚处在钟唇部，厚185毫米。重约46吨。钟体内外遍铸的端正清晰的经文，共227000字，相传是明代书法家沈度的手迹。钟声和谐宏亮。

永乐大钟在北京德胜门铸造厂铸成，后移入城内汉经厂，明万历年间（1573年—1620年）移置西郊万寿寺，清雍正十一年（1733年）移置觉生寺（今俗称大钟寺）。

❖ 彩瓷

　　明代的陶瓷工艺发展到了以彩瓷为主的黄金时期，除了闻名天下的景德镇外，还有浙江龙泉窑青瓷、福建德化窑白瓷、山西珐花器、江苏宜兴窑紫砂器等瓷器也独具特色。

　　景德镇的瓷器品种有青花瓷、点彩、釉上彩、斗彩、五彩等。在制瓷技术上创造了"脱胎"瓷器，还发明了吹釉法，制胎技术更趋成熟。釉下青花术普遍发展起来，成为全国瓷器生产的主流；釉上彩发展成熟，并开创了釉下青花和釉上多彩相结合的新工艺。高温单色釉和低温单色釉技术有不断的提高，充分显示了明代景德镇窑工匠的高超技艺。

❖ 商业经济

　　明朝中后期，从首都到州、县、乡镇的集市庙会贸易更加繁荣。作为手工业和商业中心的市镇也大量出现，以经济发达的江南地区居多。这些市镇都有发达的商业和很高的专业化特色，并且相互联系，形成市镇网络。

　　在商业性市镇蓬勃兴起的同时，各级行政中心的城市的经济机能也不断加强。北京、南京、苏州、杭州、上海等，都是商业繁荣或比较繁荣的城市。这些城市和集市庙会、市镇一起构成了商业贸易网。

❖ 资本主义萌芽出现

　　明朝中叶，资本主义萌芽首先出现在江南地区的手工业中。工场手工业是手工业中资本主义萌芽的主要形式。杭州丝织业发达，许多机户开始雇用纺织能手，并付以一定的工资，丝织业中雇佣关系就此出现。到明朝后期，苏州的机户发展到三万家以上，受雇织匠的数量相当可观。机户一般出机，而机工出人力，完全脱离了生产资料，成为一无所有的劳动者。

　　明代中叶中国出现的资本主义萌芽，尽管局限于少数地区和行业，但它的出现标志着中国古老的封建社会已经走向没落。

明朝的"仿奇窑高足杯"。

明代豆青釉雕狮烛台。

专题三： 明朝的对外民族关系

❖ 郑和下西洋

华人下南洋

16世纪在海禁与反海禁斗争中形成了南洋移民潮，大量的福建、广东移民进入南洋各地。菲律宾的吕宋，印度尼西亚的巨港、万丹、马尼拉，马来西亚的马六甲、北大年、吉兰丹，加里曼丹西部和美洛居等地，都有成批华人聚居地，出现了近代东南亚的华侨社会。

马来半岛的马六甲是16世纪东南亚最繁荣的国际市场。华人开设店铺出售各色商品，中国的园艺、手工技术成为开发南洋不可或缺的宝贵财富。1593年华人龚容在马尼拉开办了第一家印刷厂，首次将中华印刷文化引入菲律宾，印刷了菲律宾第一部书《基督教教义》，并刻过《无极天主正教真传实录》的中文书籍。华人入南洋后，推动了那里的开发和建设，促进了南洋经济和文化的发展。

明成祖朱棣，为了要控制海内，耀威异域，抚剿逃亡海外之臣民，获取海外珍宝异货，从永乐三年（1405年）六月起遣郑和多次下西洋。

郑和（1371年—1435年），本姓马，小字三保，回族，云南昆明人。靖难立战功，赐姓郑名和。永乐三年（1405年）六月十五日，郑和与副使王景弘奉命第一次出使西洋。后来又于1409年—1411年、1413年—1415年、1417年—1419年、1421年—1422年、1431年—1433年五次出使西洋，总计28年间七下"西洋"。

明宣德五年（1430年）六月九日，郑和奉命第七次下西洋。闰十二月六日，郑和率载有27550人的61艘大型宝船，从南京出发，两日后驶至刘家港，并在此刻碑纪念。此次西航，船队曾到麦加访问，以麝香、瓷器等物换回各种珍贵异兽，并画了天堂图。宣德八年（1433年）六月二十一日，船队驶返刘家港。而郑和则于二月病逝于归国途中的古里国。

郑和的船队除载货物商品外，还有粮食、淡水等生活必需品，船上有通书、行人、管带及医生、书算，也有技术人员。在远航过程中，他们随时记录航向、所经港湾及暗礁、浅滩的分布，绘制了《郑和航海图》。另外其随行人员马欢著有《瀛涯胜览》、费信著《星槎胜览》、巩珍著有《西洋番图志》等记述航海见闻，史料价值颇高，郑和的船队到达东南亚及印度、非洲30多个国家和地区。郑和经南海马六甲海峡、印度洋、波斯湾，最远到非洲东海岸红海海口及麦加。郑和所到之处，即以丝绸、瓷器、铜铁、金银等换取麝香、珍宝及奇禽异兽等。郑和不仅是贸易代表，还是外交使节，他的出使加强了与所访国家的联系和友好往来，仅永乐二十一年（1423年），就有来访使臣1200余人。

郑和下西洋丰富了人们对世界的认识。他立的《通番事迹记》《天妃灵应之记》碑，也成为航海史上的重要文物。

郑和下西洋的宝船模型。

❖ 戚继光、俞大猷灭倭寇

明朝时倭寇经常侵扰我国东南沿海一带，他们攻破城邑，掳掠财物，杀伤官吏军民不计其数，成为东南沿海一患。

嘉靖四十二年（1563年）四月，戚继光率戚家军由浙江进入福建，与俞大猷等分兵三路攻平海卫。戚家军由中路首先攻入，俞等左右也告突入，杀敌2200余人，收复兴化，取得抗倭以来的空前大捷。

嘉靖四十三年（1564年）二月，戚继光再次在仙游、同安、漳浦等地大败倭寇，斩获无数，余寇逃出海上。福建倭患逐渐平定。同年六月，俞大猷在惠州海丰斩杀倭寇1200余人，取得"海丰大捷"，迫降勾结倭寇的潮州大盗吴军及其党羽蓝松山、叶丹楼等。十二月，广东勾结倭寇的盗首、程乡的邱万里又被擒，广东的倭患也告平息。

自此，倭寇受重创而去，侵扰浙闽粤等沿海一带20余年的倭寇之患渐告平息。

❖ 利玛窦传教

利玛窦（1550年—1610年），字西泰，出生于意大利安可纳洲马切拉塔城。1571年加入耶稣会，1577年从意大利航海东行来到澳门学习中国汉语文字。万历九年（1581年）开始在中国传教，在内地建立第一个传教会所、同时也开始了他向中国传播西方近代自然科学的生涯。

为了在中国顺利传教，他苦学汉语，改随中国习俗，穿儒服，蓄须留发，起中国名字为利玛窦。他先后在广东肇庆、韶州、梅岭及南昌等地传教。其间，他绘制《坤舆万国全图》，仿制地球仪、日晷等，得到了重视。1597年，他被命为耶稣会中国传教会会长。

万历二十九年（1601年），利玛窦二次进京并定居北京。他结交了许多官员贵族、学者名流，向他们介绍西方的地理、数学、天文等科学知识。并且，由利玛窦口述、徐光启翻译出版了数学著作《几何原本》前6卷、《测量法义》等。

利玛窦在传教过程中，钻研中国典籍，研究中国的政治、宗教、风俗，既把西方先进的科学知识传到中国来，又把中国的文化介绍给欧洲，成为明代中西文化的沟通者，并逐渐引起"西学东渐"之潮。

釜山南海大战

万历二十五年（1597年）正月，丰臣秀吉拒绝明朝封赏，日军却未撤离釜山归国，准备夺回朝鲜重镇，朝鲜遣使向明朝求援。同年二月，明廷命麻贵为备倭总兵官，统率南北诸军，出师朝鲜，征剿日本侵略军。

万历二十六年（1598年）十月，刘綎、麻贵在蔚山分道击败日兵。十一月，明军水师提督陈璘派战舰封锁海路，又遣副将邓子龙偕朝鲜将领李舜臣追击日军至釜山南海，副将陈蚕、季金等率军前后夹击，焚毁日舟，日军溃败。陈璘与刘綎亦会师击日军于曳桥寨，再焚日军战船百余艘。此次釜山南海大战，明军共击沉日船900余艘，烧死日将岛津义弘，全歼日水军。日军残部退至锦山。十二月，陈璘派兵围攻乙山，发炮攻击，日军无一逃脱。明军的抗倭援朝战役以胜利告结束。

这个铁制的小型日晷仪是德国耶稣会传教士汤若望的成果，另外，这个仪器还能当作指南针。

"改土归流"

我国的西南地区，包括四川、云南、贵州和乌斯藏（即西藏），居住着苗、瑶、彝、傣、藏等民族，是明代边疆开发与建设的重点地区之一。明王朝建立以后，在沿袭元代旧制的基础上，对土司制度进行了充实和改革。主要有：首先，专门设立土司的官署和官职。其次，对土司的控制进一步加强。中央政府除了征收土贡之外，还加征其赋税。而土司除有守御地方之责外，还要随时听从中央政府的调遣，接受地方行政长官的节制。

这些土司，大多由各族大小首领世袭，他们的割据性特别强，常常因争夺财产和土地而互相仇杀火并，反抗明朝政府。明政府在平定这些战乱后，在条件成熟的地方就裁撤土司，改设可以调任的"流官"，这种办法称为"改土归流"。

彝文，是中国彝族先民使用的一种表意的单音节文字。

❖ "土木之变"

14 世纪末，蒙古分裂为三部，即兀良哈部、鞑靼部、瓦剌部。瓦剌经过长期发展，势力增强，瓦剌首领也先统一蒙古三部，并有吞并中国之心。

明正统十四年（1449 年）七月，瓦剌分东、西、中三路进攻中原，明朝官军纷纷溃败，北疆告急。败报传来，太监王振怂恿明英宗亲征蒙古，七月十六日，英宗领兵 50 万亲征。

八月一日，英宗兵至大同，前方败报仍频频传来，英宗惧怕不敢出战，于八月三日开始回师。十日，英宗退至宣府，被瓦剌也先军追上，于是向土木堡撤退。十四日，英宗率军停驻土木堡，立即被也先率军包围，明军无水可饮，陷于困境。也先又诱惑明军移营出城，趁机四面攻入。明英宗突围不出，最终被俘。此一战役，明军死伤数十万，文武官员死伤 50 余人，被称为"土木之变"。

英宗被俘消息传到京城，京城混乱。廷臣为应急计，合请皇太后立郕王即皇帝位。郕王于九月六日登基，是为景帝，以次年为景泰元年，奉英宗为太上皇。

❖ 北京保卫战

正统十四年（1449 年）十月六日，瓦剌也先挟持英宗入犯北京，北京保卫战开始。明景帝先命各地诸王率兵入京，又命兵部尚书于谦提督诸营，全权负责守战之事。于谦分遣诸将率兵 22 万，列阵于京城九门之外，并亲自与石亨在德胜门设阵，以挡敌人前锋；都督陶瑾陈兵安定门，广宁伯刘安坐镇东直门，都督杨节布阵宣武门，武进侯朱瑛陈兵朝阳门。同时九城城门全部关闭，士卒在门外拒敌，不准有反顾之念。

十一日，也先逼近京城，列阵西直门，被都督高礼、毛福寿大败。次日，也先索要金帛上亿并提出议和，被于谦坚决拒绝。十三日，于谦派兵诱敌，也先率数万众逼近德胜门。明朝伏兵趁机冲击，神机营火器齐发，败也先于城下。也先接着又转攻西直门，被都督孙镗斩杀其前锋数人，城上守军发箭炮支援，也先溃退。京师之围解除。

专题四： 明末农民战争

❖ 宦官专权

明中叶以后政局混乱、军政腐败。朝廷内部正气受压，多次出现宦官擅权乱政的不正常现象。

从英宗开始，皇帝多是幼年登基，宠用宦官，于是造成"内官日横"，皇权高度集中，皇帝自操权柄的局面开始动摇和削弱，权力逐步转移到宦官手里，使他们得以直接操纵军国大计，擅夺生杀之权，排斥忠良，迫害正直，祸国殃民，是明王朝的一大祸害。

天启元年（1621年）五月，魏忠贤窃得司礼秉笔太监的大权，从此遍邀党羽，专制朝政，作威作福，弄得朝纲大坏，冤狱遍生，民怨沸腾。天启七年（1627年）八月二十四日，朱由检即皇帝位，改次年为崇祯元年。崇祯帝即位后，便大力惩治阉党。当时嘉兴贡生钱嘉征劾魏忠贤10大罪，魏忠贤惧怕，于十一月一日，自缢而死。崇祯帝下诏戮其尸，悬首河间。十二月严厉惩处魏忠贤余党，"五虎"、"五彪"等都被处死。崇祯帝通过这一肃逆活动，扶正祛邪，整顿朝纲，稳定了当时的局面。

❖ 东林党

明神宗万历三十二年（1604年），顾宪成与其兄弟顾允成倡议修复东林书院。并同高攀龙、钱一本、薛敷教、史孟麟、于孔兼等聚众讲学，并把读书、讲学和关心国事紧密地联结在一起。"风声雨声读书声声声入耳，家事国事天下事事事关心"，这副对联，就是他们读书讲学而不忘国家安危的真实写照。

他们的讲学活动，吸引了许多有志之士。于是，以顾宪成、高攀龙为首，以东林书院为主的东林学派诞生了，在朝的不少正直官员，也与东林书院遥相应和。

东林学派又渐渐扩大成为一个政治派别，被当时的封建统治者斥为"东林党"。

东林思想

顾宪成（1550年—1621年），字叔时，江苏无锡人，世称东林先生，泾阳先生，曾任吏部文选司郎中。他与高攀龙等人一道创办了东林书院，并形成东林学派，由顾宪成主导东林思想。

东林学派的学术思想源自程朱理学，但在某种程度上有冲破经院束缚、反对封建专制思想文化的进步意义，并且在一定程度上突破了理学固有的传统观念。

东林学派在政治思想上反对封建独裁专制，极力抨击和反对大宦官大官僚的弄权专政，提倡革新政治，把矛头直指封建专制。在改革朝政方面，他们抨击科举弊端，提倡不分等级贵贱破格用人。他们提倡依法治国，提倡惠商恤民，把商与工农并举，突破了以往重农抑商的传统观念。这一系列主张和观点，基本上反映了地主阶级反对派和商人、市民的利益，与当时中国已经出现的资本主义生产关系的萌芽相关联。

东林学派的一些理学思想为后来早期启蒙思想家所借鉴，是明后期实学思潮的发端。

明象牙圆雕人物，雕像着公服冠带，栩栩如生。

陕西农民大起义

万历末年至天启、崇祯两朝，陕西连年发生天灾，统治者仍追逼钱粮，还采取连坐包赔的政策，人民痛苦不堪。

天启七年（1627年）三月，澄城县官催课甚急，终至民变爆发，农民涌进县城，捉杀知县张斗耀。崇祯元年（1628年）十一月，白水县民王二首举义旗，聚众攻蒲城的孝童、韩城的淄川镇。接着，府谷王嘉胤、宜川王佐桂同时起义，他们攻城堡，杀官吏，一时应者云集。安塞高迎祥，汉南王大梁，也聚众起事，攻城掠地，以为呼应。高迎祥自称闯王，王大梁自号大梁王，各自竖旗立号，揭开了明末农民大起义的序幕。

明代虎头牌，是防御进攻相结合的武器。在盾形火箭药架上安装四组火箭共8支，中间炮口可发射火铳，另有两个瞭望孔。

❖ "大顺"政权的建立

崇祯十四年（1641年）一月，李自成指挥大军攻克中原重镇洛阳，俘杀福王朱常洵。从当年二月至崇祯十五年（1642年）十一月，李自成指挥大军驰骋中原，围开封，战新蔡，克南阳，破襄城，下郏县，攻汝乡，农民军连战连捷。

崇祯十六年（1643年）正月，李自成攻陷承天，即皇帝位，被拥戴为"新顺王"，号"奉天倡义大元帅"，改襄阳为襄京，初步建立起农民政权。五月，确定先取关中，以陕西为基地，扩充力量，然后攻取山西、河北，进军北京的战略计划。九月，与明军大战于汝州，歼敌四万。十月破潼关，随即占领西安。不久，陕、甘、青广大地区都归农民军所有。

崇祯十七年（1644年）春节，李自成正式宣布建国，改西安为西京，国号"大顺"，建元"永昌"。并在西安调整和完善了农民政权的中央机构，大力推行各项革命措施。同时继续推行"均田免赋"、"割富济贫"等政策，安置流民，稳定物价等等。又敕令各营，加紧练兵，积极备战。

经过采取一系列军政措施以后，各营部队兵精粮足，农民革命政权根基渐渐稳固。

❖ 明朝灭亡

崇祯十七年（1644年）正月李自成正式宣布建立大顺政权后，便派兵东征。先遣队在刘宗敏、李过率领下，迅速攻克山西几十个州县。李自成于二月亲率大顺军主力从禹门渡过黄河，进入山西。八日攻克太原，俘获晋王朱求桂。接着连破上党、彰德、固关、真定，然后兵分两路直扑北京。三月中旬，两路大军会师北京城下。

三月十七日，李自成亲自指挥大军环攻九门。十八日，大顺军将士架飞梯奋力攻城，越墙而入，攻占外城。与此同时，明太监曹化淳献彰义门投降。崇祯帝朱由检听到城破，立即命其3个儿子更衣出逃，逼周皇后自缢，剑砍长女乐安公主手臂，又杀妃嫔数人，然后换上便服，携太监王承恩等数十人，出东华门，企图出逃，没成功，又返回宫内。十九日清晨，李自成军攻破内城。崇祯帝见大势已去，自缢于煤山寿皇亭树下，明朝至此宣告灭亡。

❖ "大西政权"的建立

崇祯十六年（1643年）五月，张献忠连下黄州、汉阳、武昌，自称大西王，设五府六部，铸"西王之宝"印，改武昌为天授府，开始建立官制。

大西农民革命政权初步建立后，农民军乘胜前进，于同年攻下长沙，占领江西、湖南大部分地区，下令"钱粮三年免征"，得到人民的拥护。崇祯十七年（1644年），张献忠率大军10万攻入四川，连克涪州、重庆、泸州等城，并于七八月间攻下成都，于短短几个月内占领了四川大部分地区。当年十一月六日，张献忠在成都正式称帝，国号大西，改元大顺，建立起农民革命政权。

但是，张献忠未能有效地去巩固建设根据地，以致于军事上不能保持胜利，生产经济也无大的作为，终于在两年后，在清军的攻击下瓦解了。

❖ 李自成兵败

李自成占领北京后，准备招抚吴三桂，然后率兵南下，完成统一大业。但吴三桂不肯投降，还向清摄政王多尔衮"乞师"，又迎清军至山海关。于是李自成决定东征，以铲除吴三桂的势力。

1644年春，李自成率20万大军对吴三桂发动猛攻。吴三桂倾精锐与农民军奋力搏杀，正当双方精疲力竭之时，作壁上观的清军突然从侧翼冲出，农民军措手不及，仓促应战，损失惨重，后终因寡不敌众，败退永平。

四月二十六日，李自成退回京师，二十九日，在武英殿仓促举行称帝典礼，接受群臣朝贺。三十日凌晨，李自成率领大军离京，奔归陕西。一路上屡被清军所败，又听信牛金星的谗言，错杀了李岩，导致部队人心涣散，失去战斗力。

顺治二年（1645年）五月，李自成在退往湖北的途中被杀害。

明朝的架火战车，长350厘米，宽320厘米。这是由独轮车与火箭、火铳、长枪组成一体的由两人操作的战车。

南明抗清斗争

顺治元年（1644年）明朝灭亡，明朝在南京的地主、官僚和军阀为了逃避彻底覆亡的命运，即议拥立新君。

马士英等人拥戴明神宗之孙福王朱由崧为帝，并于顺治元年五月三日监国于南京，南明政权由此建立。五月五日，福王政权以马士英、史可法等为东阁大学士，分江北为四镇，由总兵刘泽清、高杰、刘良佐和靖南伯黄得功分别驻守淮安、泗州、临淮、庐州，防守南京，防范农民军的进攻。

五月十五日，福王在南京称帝，年号弘光。弘光政权把"讨贼复仇"作为宗旨，但在政治上、军事上却毫无作为。史可法赴扬州做督师，此后大权便被阉党掌握。他们在清、明、农民起义军三种势力鼎立的形势面前，忙于与清朝议和，想利用清兵来消灭李自成等起义军，而不惜向清割让出一部分土地作为酬劳，这注定了南明小朝廷迅速灭亡的命运。

专题五：　明朝文化

❖ 北京故宫

永乐五年(1407年)至十八年(1420年)故宫修建竣工，历时14年。明故宫是在元大都宫殿基础上，依照明南京宫殿的格局规划建造的，当时集中了全国的优秀匠师，动用了30多万士兵和民工。

明故宫南北长960米，东西宽750米，周长3420米，周围筑有高10余米的城墙，墙外环以宽52米的护城河。故宫有4门，正南名午门，正北名玄武门(清改名神武门)，东名东华门，西名西华门。城墙四角矗立结构精巧、形制华丽的角楼各1座。故宫占地72万平方米，房屋9000余间，建筑面积15万平方米，多层砖木结构。整个建筑群按中轴线对称布局，层次分明，主体突出。全部建筑可分外朝、内廷两大部分。外朝以奉天(后改称持极殿，清代改称太和殿)、华盖(后改称中极殿，清改称中和殿)、谨身(后改称建极殿，清改称保和殿)三大殿为中心，文华、武英殿为两翼，是皇帝举行各种典礼和从事政治活动的场所。内廷以乾清宫、交泰殿、坤宁宫为主体，以及养心殿、宫后园、外东路、外西路等，是皇帝处理日常政务和居住之处。为满足帝后们奢侈生活的需要，还建有看戏的戏楼，供神拜佛的佛殿等各类建筑，穿插于内廷宫殿之间。

明故宫是我国现存最大、最完整的帝王宫阙，也是世界上最著名的古代建筑群。明故宫设计的指导思想，就是要突出表现帝王至高无上的绝对权威，达到巩固王权统治的目的。其建筑与都城规划紧密结合，在总体布局和空间组织方面，统一中求变化，体现了我国明代建筑艺术的辉煌成就。

三大殿

明三大殿，即奉天殿、华盖殿、谨身殿，位于皇极门内。奉天殿，是中国封建社会最高等级的建筑。建于高8米的3层白石台基上，面宽63.96米，进深37.17米，高27米，殿内面积2377平方米，上盖重檐庑殿顶。蟠龙衔珠藻井高悬正中，6根缠龙贴金柱分立左右，皇帝宝座置于中央一座雕镂精美的高台上，座后有九龙屏风相护。奉天殿是皇权的象征，御路、栏杆和殿内彩画图案，均以龙凤为题材。皇帝的即位、大婚、册立皇后、命将出征，以及每年元旦、冬至、万寿三大节等重大典礼，均在此殿举行，皇帝在这里接受文武官员的朝贺。华盖殿是皇帝举行典礼前小憩之所，平面呈正方形，四角攒尖顶，上盖黄琉璃瓦，正中鎏金宝顶。谨身殿是皇帝赐宴和科举殿试之所。每年除夕和元宵节，皇帝在此大宴王公大臣。平面呈方形，四角攒尖顶，上盖黄琉璃筒瓦。三大殿前还陈设有香炉、日晷、嘉量、铜龟、祥鹤等，借以衬托皇权的尊贵和至高无上。

天安门屋顶山花板。花板上满布着用金线和绶带组成的纹饰，红色底子上用单一的金色，在阳光照耀下，它与屋下的彩画相互辉映，构成了皇家建筑金碧辉煌的装饰特征。

❖ 修筑明长城

　　明灭元后，为了防御蒙古南下侵扰，大力修筑长城。明长城利用秦、北魏、北齐、隋和金修筑的长城，先后经过18次加修，起于洪武年间，止于万历年间，历时200多年方完成。明长城西起祁连山下，东到鸭绿江边，全长有5660千米，称为万里长城毫不为过。明长城建筑水平在历代王朝中达到最高阶段。

明朝修建的长城。

　　长城的主体是城墙，明代以前多用土筑，明代所筑的长城因地段不同，地方材料不同，而各具特点。按筑城材料和构造看有条石墙、块石墙、砖墙、夯土墙及木板墙等数种。也有因地制宜随山就势的劈山墙，利用险峻峭壁的山险墙；在黄河突口冬季还有冰墙等，而这多种墙体中，又以砖石墙、夯土墙最多。城墙的高度也视地形起伏和险要程度而有所不同。居庸关和八达岭附近及古北口、慕田峪等处的长城很有代表性，这些地段城墙高大坚实，城墙表面下部砌条石，上部为砖包砌，内部填土和碎石，顶面铺方砖，墙高平均约7～8米，墙基平均宽约6.5米，顶部高5.8米，净宽4.5米，可容5马并驰或10人并行。顶面一般随地势斜铺，在险要地改为台阶，墙顶靠里一面用砖砌筑1米多高的女墙，而向外一面砌成高约2米的垛口，每一垛口设瞭望孔和射击孔，每隔一段有吐水嘴，将墙顶雨水排出墙外。墙身上隔一定距离设一个券门，券门内有砖或石砌的阶梯通至城墙顶上，守城士兵由此上下。

　　明代长城沿线分设9镇，自东向西为辽东、蓟镇、宣府、大同、山西、延绥、宁夏、固原、甘肃，每镇均有重兵把守。长城的关口很多，是进出长城的孔道，每镇所辖多至数百，全线共有1000多个关口，其中著名的有数十座，如山海关、居庸关、雁门关等。这几处都是拱围京都北京的战略要地，修筑得最为坚固。自居庸关向西至山西偏关一段分成南北二线，称作里、外长城。明朝除在北部修万里长城外，也曾在我国贵州一带筑长城380余里。

　　明代修筑的长城是其北部边疆防御体系的主干，虽是以军事功能为基准的军事防御工程，但其宏伟壮观，为举世所叹为观止，是世界历史上伟大的工程之一。

烽火台

　　烽火台又称烽堠、烟墩、烽燧等，是报警和传递军情的建筑。

　　烽火台上贮薪，遇有敌情时白天焚烟，夜间举火。多为独立的高台，彼此相距15千米，台址选在便于互相瞭望的高岗或峰巅。多数在长城两侧，有的伸展到长城以外很远处，还有的是向关隘州府乃至首都联系的烽火台。烽火台的材料和构造与长城相同。

明式家具与民居

明朝后期，江南的苏州发展成为家具的重要产地，所以明式家具又称为"苏州家具"。明式家具多用南洋的优质硬木，如紫檀木、红木、铁木等，质地坚硬，色泽柔润，纹理优美，并逐步形成明式家具的特色。

明代家具造形简洁，突出优质硬木质地，色泽、纹理的自然美；加工精细严谨，比例合度，尺度科学，合乎人体功能要求。种类也很多，一般分六大类，即椅凳、桌案、床榻、厨柜、台架、屏座。每类又有很多种，造型非常丰富。

明式家具还继承了采用木架构造的形式，用榫卯结合，牢固美观。形成了独特的家具造形体系，是中国家具民族形式的代表。

下图的这座泥塑的农庄模型出土于一座明代地主的坟墓，是一种典型的中国式民居。居住区按由北向南为轴心排列。主要家庭成员的屋子在内院，仆人房间和客房在外院。大多数建筑均为砖、泥结构，中间有承重支柱。镶瓷砖的屋顶雕刻精美，屋脊上装有动物的雕像，据说可以防火。

❖ 李时珍著《本草纲目》

李时珍(1518年—1593年)，字东壁，号濒湖，湖北蕲州人。在34岁时，以《经史证类备急本草》为参考，开始编纂《本草纲目》，于万历六年(1578年)60岁时完成。

《本草纲目》共52卷，内容极为丰富，包含了动、植、矿物等各方面的内容。该书附药物图1109幅，方剂11096首，其中8000多首是由他自己收集和拟定的。《本草纲目》集本草学之大成，涉及药物、医学和几乎所有的自然科学领域，是关于自然知识的博物学著作，代表了这一时期中药学的最高成就，也丰富了中国乃至世界的医药学宝库。

❖ 徐光启著《农政全书》

徐光启(1562年—1633年)，字子先，号玄扈，南直隶松江府上海县人，任礼部尚书兼东阁大学士。他翻译过《几何原本》《泰西水法》等书。专注农业与水利的研究，以《农政全书》最为著名，被列入"五大农书"之一。

《农政全书》写于天启五年(1625年)，至崇祯十二年(1639年)刊行。全书分12目，共60卷，70多万字，包括农本、田制、农事、水利、农器、树艺、蚕桑、蚕桑广类、种植、牧养、制造和荒政等，是对我国几千年传统农业生产经验的总结与概括，体现了他的学术思想和独到见解。

❖ 徐霞客著《徐霞客游记》

徐霞客(1587年—1641年)，名弘祖，字振之，号霞客，南直隶江阴人，博览图经地志，专事旅游。他将30多年旅游历程中的所见所闻生动而真实地记载下来，整理成一部以日记体裁为主的地理名著《徐霞客游记》。全书共62万字，存有日记1050篇，还包括名山游记(占7%)、西南游记(占91%)、专题论文和游记(占2%)，内容以地貌、水文、植物等为主，涉及历史地理、社会政治、经济、民族风俗、城镇聚落等，十分丰富。

徐霞客开创了中国地理学研究的新方向。尤其是关于喀斯特地貌的记述和研究，早于欧洲人两个世纪，居当时世界领先水平。此书为研究中国地理提供了宝贵的资料。

李时珍像。

宋应星著《天工开物》

宋应星(1587年—约1661年)，字长庚，江西奉新人。《天工开物》是宋应星任江西分宜县教谕时著成的，崇祯十年(1637年)刊行。

《天工开物》分上、中、下编，全书分为18个类目，几乎涵盖了古代中国工农业生产各个部门的生产技术。书中附有插图120多幅，直观地反映了古代各种器物的形状、结构及其原理，以及各种工艺的生产工序、过程。

《天工开物》广泛地总结了中国古代劳动人民在农业和手工业生产技术上的实践经验，是了解中国古代科技成就的重要文献资料。

罗贯中著《三国演义》

　　罗贯中（约1330年—1400年），山西太原人，名本，字贯中，号湖海散人，元末明初小说家，以史实和传说相结合的形式创作了《三国志通俗演义》。

　　全书共120回，约75万字，描写了从东汉灵帝建宁二年（169年）至西晋武帝太康元年（280年）110余年的历史故事，尤其集中于魏、蜀、吴三国的斗争。这是中国历史演义类章回小说的开山之作，简称《三国演义》与《水浒传》《西游记》并称明代三大奇书。

大闹天宫，是《西游记》的插图。这一幅描写孙悟空打败进攻花果山的天兵天将。

❖ 明末思想家

　　明末清初，在思想文化上也出现了黄宗羲、顾炎武、王夫之等具有唯物主义和民主色彩的思想家。

　　黄宗羲（1610年—1695年），浙江余姚人。他激烈反对君主专制，批判"君为臣纲"的封建教条，提出新的治乱观。还揭露封建社会的法律是"一家之法"，并强调法治，认为应该按照"公天下"的原则来立法。

　　顾炎武（1613年—1682年），江苏昆山人。他主张限制君权，扩大地方权力。提出了"国"和"天下"两个不同的概念。他还提出君民平等的思想。

　　王夫之（1619年—1692年），湖南衡阳人。他主张"公天下"，反对"家天下"。反对封建正统的说法，认为判断一个政权的顺逆是非，是看它的政绩如何。

❖ 李贽的"异端"思想

　　李贽（1527年—1602年），字卓吾，号温陵居士，福建晋江人。嘉靖三十年（1552年）举人，万历中官至姚安知府，不久弃官，专事讲学著述。

　　李贽的学说受王守仁等人及禅宗的影响，公开以"异端"自居。他反对以孔子的是非观作为判断是非的标准，对封建地主阶级的理学家进行了猛烈抨击。他还反对封建伦理道德，鼓吹个性解放和男女平等，主张妇女入学，寡妇再嫁。著有《焚书》《藏书》《续焚书》《续藏书》等书。

❖ 汤显祖

　　明代戏曲在唱、念、做、舞以及舞台美术等方面都取得发展与提高，从而使戏曲艺术逐渐走向成熟，进入了繁荣时期。最负盛名的戏剧作家是汤显祖。

　　汤显祖（1550年—1616年），字若士，又字义仍，别号清远道人，江西临川人。万历十一年（1583年）中进士，万历二十七年（1599年）开始致力于文学、戏剧的创作研究。他所著的《牡丹亭》《紫钗记》《邯郸记》《南柯记》，合称为"临川四梦"。"临川四梦"流溢着浓重的悲剧情调，透露出清代文学感伤主义的先声。

❖ "吴门三家"

明代中叶，以绘画闻名的江南吴门地区的书法家，作为一股新生力量脱颖而出，他们相互切磋，书法风格与"千字一同"的"台阁体"迥然不同，表现出卓然独立的文人特色。形成占据明代中叶书坛主导地位的吴门书法，以号称"吴中三家"的祝允明、文征明和王宠最为著名。

❖ 董其昌代表"松江画派"

董其昌（1555年—1636年），字玄宰，号思白，华亭人，官至南京礼部尚书。他精于鉴赏，富于书画收藏，是明代后期的书画大家。董氏山水画水墨、浅绛、重彩兼而有之，以水墨为多。自运讲求"生"、"拙"合作处自具风采，他"发展"了吴门派，是文人画的继续。董其昌与文人画家顾正谊、莫是龙、陈继儒被画史称之为"松江画派"。他们的艺术主张与创作实践，被后人奉为绘画的正统传派，影响深远。

❖ 陈洪绶

陈洪绶（1599年—1652年），字章侯，号老莲。他颇能诗，工书法，尤善绘画，题材广泛，人物、山水、花鸟、竹石、草虫等造诣均深，尤以人物画著称于世。陈洪绶以简洁、洗练的线条和色彩，沉着、含蓄的表现手法，创造了一种与众不同的高古奇特的艺术风格，体现了画家孤傲倔强的个性。他的人物画享誉很高，与明末画坛上另一位人物画家崔子忠有"南陈北崔"之称。他的影响在当时已是"海内传模者数千家"，甚至远播朝鲜和日本。

❖ 徐渭

徐渭（1521年—1593年），字文长，晚号青藤道士，山阴人。他工书法，善绘画，亦长于诗词戏曲。反对复古，主张创新。他的泼墨画是把水墨倾倒在画面上，再用笔钩，做到墨中有笔，笔中有墨，代表作为《墨葡萄》。他在诗歌方面的成就以七古、七律最突出。最能体现徐渭文学成就是他创作的杂剧《四声猿》。

唐寅

唐寅的《孟蜀宫妓图》。

唐寅（1470年—1523年），字子畏，一字伯虎，号六如居士，又号桃花庵主，吴县人，有"江南第一风流才子"之称。

唐寅才气横溢，诗文流畅通俗，与祝允明、文征明、徐祯卿并称"吴中四才子"。其书法风格奇峭，绘画上博取众长，无论在山水画、人物画，还是花鸟画上都能自成一格。其作品既严谨缜密，又清逸洒脱，将"南画"重韵和"北画"尚骨的特点巧妙地糅合在一起，形成了一家之体。与沈周、文征明、仇英创建领导了吴门画派，史称"明四家"。

第九部分 清朝前期

　　随着明朝的日益衰败，建州女真首领努尔哈赤逐步统一女真各部，创立了八旗制度，使女真的势力发展强大起来。努尔哈赤于1616年称汗，建都赫图阿拉，国号后金。萨尔浒战役后，夺取了辽河以东的大片土地，并迁都沈阳。皇太极即位后于1635年改女真族名为满洲，第二年，在盛京称帝，改国号为清。他被尊称为清太祖。明末农民起义爆发，摄政王多尔衮率兵于山海关助吴三桂大败李自成，并由此入关。公元1644年顺治帝迁都北京，清朝由此正式开始。清朝是中国历史上继元朝之后的又一个由少数民族建立的统一王朝，也是最后一个封建王朝。清朝前期的中国仍是当时世界上最强大的国家之一，在康熙帝的治理下社会经济快速地恢复发展，并延续到乾隆年间被称为"康乾盛世"。但是，随着西方国家先后进入工业化社会，生产力得到空前的解放，清朝这个以小农经济为主要生产方式并且闭关锁国的封建国家，越来越显出其落后性和保守性。

专题一： 清帝入主中原

八旗制度

万历二十九年（1601年），努尔哈赤开始创设八旗制度。八旗制由牛录制扩充而来，首领称"固山额真"（汉译"都统"），每一固山有特定颜色之旗帜，当时满洲军共有4固山，分红、黄、蓝、白4种颜色之旗帜。万历四十三年（1615年），满洲军建制扩大，又增设镶黄、镶白、镶红、镶蓝4固山，共有8固山，6万人。"固山"即满语"旗"之意，亦称"八旗制度"。努尔哈赤则高居八旗主之上，为八旗首领。

八旗军中的镶蓝旗甲衣。

❖ 努尔哈赤统一女真各部

努尔哈赤（1559年—1626年），姓爱新觉罗，其先祖猛哥帖木耳自明永乐十年（1412年）受明册封为建州左卫指挥，世代是受明封爵的地方官。万历十一年（1583年），仅25岁的努尔哈赤，凭其先祖所遗13副盔甲，起兵征讨尼堪外兰，开始了他统一女真各部的征程。万历十六年（1588年），努尔哈赤灭完颜部，至此他正式统一了建州五部，力量迅速壮大。万历十七年，与明通贡受封。

由此开始，他率领的铁骑奔驰于北陲大漠，南疆高原，扩土万里，为清朝的建立奠定了基础。

❖ 后金的建立

自万历二十九年（1601年）至万历四十三年（1615年），努尔哈赤建立并完善了八旗制度。这种社会组织形式，实行兵农合一，具有生产、行政、军事三种职能，女真族在这种制度下更是如虎添翼，迅速兴盛强大起来。

明万历四十四年（1616年）正月一日，努尔哈赤在赫图阿拉称汗，年号天命，国号金，史称后金。努尔哈赤被称为清太祖高皇帝。他的即位，标志着后金的迅速崛起强大。自此后金成为明王朝在东北的主要威胁力量。

❖ 萨尔浒之战

万历四十七年（1619年）三月，努尔哈赤在萨尔浒山附近，与明军发生了决定辽东形势的一次大战。

萨尔浒在赫图阿拉西北，抚顺关以东，浑河与苏子河合流处。明朝为保持它在辽东的统治，调集大军九万人，以杨镐为经略，分兵四路进军赫图阿拉。明军主力一路为三万人，由山海关总兵杜松率领，至萨尔浒山，为努尔哈赤集中优势兵力击败，杜松战死，其他三路也被击败溃逃。双方交战五日，后金大获全胜。明全军覆没，朝鲜援军亦投降。

这次萨尔浒大战，明军损失惨重，后金军势大振，转防为攻，又于六月、八月先后攻陷开元、铁岭，并灭掉叶赫。从此，后金兵开始了长驱直入征讨明朝的掠夺之战。

❖ 皇太极建清

天聪十年（1636 年）四月十一日，皇太极在统一漠南蒙古及接纳了祖大寿、孔有德、耿仲明、尚可喜等人投降的胜利声中，在沈阳宣布称帝，用满、蒙、汉三种表文祭告天地，改国号为"大清"，改年号为崇德，改族名为"满洲"，并受尊号"宽温仁圣皇帝"。次日，清太宗率百官祭太庙，尊父努尔哈赤为太祖，随后又大封臣属。

❖ 清军入关

崇德八年（1643 年）八月皇太极去世，幼子福临即位，年号顺治。多尔衮逐渐掌握了朝廷重权，决定领兵入关。

顺治元年（1644 年）四月七日，清廷祭祖誓师伐明。八日，顺治帝特授给多尔衮奉命大将军印，掌管军中一切赏罚大事。九日，多尔衮率群臣至堂子奏乐行礼，又陈列八纛向天行礼，然后统领满洲、蒙、汉军兵总计约 14 万人，鸣炮起行，讨伐明朝。十一日大军到达辽河，十四日到达翁。十五日卯时，镇守山海关的吴三桂突然派人前来洽降，这为清兵入关提供了意料不到的方便。二十二日，清兵助吴三桂击败李自成军。随后吴清联军越关西入中原，追击农民军。五月二日，进入北京。清军从誓师伐明到占领北京，尚不到一月之久。

❖ 建都北京

顺治元年（1644 年）六月，多尔衮终于统一诸王、贝勒、大臣的意见，决定建都燕京。七月八日，顺治帝宣布"迁都定鼎，作京于燕"。八月二十日，顺治帝车驾自盛京出发，九月十九日到达京师，自正阳门入宫。十月一日，顺治帝行定鼎登基礼，亲自到南都，发布告祭天地文："兹定鼎燕京，以绥中国"，宣布继续沿用"大清"国号，纪元顺治。清政权在关内的确立，为满清贵族最终捣毁南明王朝和完成统一大业，提供了政治上的保障。

清廷在定都的过程中以及定都之后，先改革明朝敝政，减轻人民负担，又对汉族地主阶级加以笼络，并优待和重用明朝降官，还开科进士，安抚士人。这些措施在一定程度上巩固了清入主中原后的地位。

清太宗皇太极像。

征服朝鲜

在皇太极称帝的同时，朝鲜因不堪后金的各种勒索而与后金的矛盾激化。皇太极决心在登基后便征服朝鲜。

崇德元年（1636 年）十二月，皇太极率大军进攻朝鲜。清军兵分两路：左翼由多尔衮、豪格率领，由宽甸入长山口取道昌城，南下平壤；皇太极与代善亲率右翼，从东京大路经镇江进入朝鲜。十四日清军大队抵达安州，朝鲜国王逃到汉江南岸的南汉山城。二十九日皇太极南渡汉江，包围了南汉山城。崇德二年（1637 年）正月二十二日，多尔衮率军攻破城池，朝鲜国王被迫投降。

从此，朝鲜正式成为清朝的属国，皇太极在征服朝鲜之后也解除了他对明战争的后顾之忧。

专题二：　清朝的统一

康熙亲政

康熙六年（1667年）春，辅政大臣索尼奏请康熙帝亲政。七月三日，经太皇太后允许，择吉日亲政。七日，康熙帝行亲政礼，御太和殿，文武百官上表庆贺，同时宣诏天下，并分别派遣内秘书院学士等告祭岳镇海渎诸神。

康熙帝亲政后，鳌拜仍不肯放权。于是康熙帝不断给辅政大臣加官晋爵以树立威信，同时暗中准备降伏鳌拜。康熙八年（1669年）五月十六日，鳌拜单独入见，康熙帝一声令下，将鳌拜擒获。五月二十八日，提审鳌拜同党，定出了罪状30条。康熙帝将鳌拜革职拘禁，抄没家产，其党羽也得到惩治。

自此，康熙帝才真正实现了"亲政"。

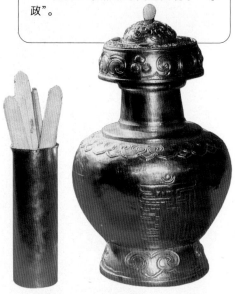

乾隆皇帝颁赐给西藏地方政府的金奔巴瓶。

❖ 康熙撤藩与三藩叛乱

清初曾利用明朝降将镇守南方：平西王吴三桂驻云南，平南王尚可喜驻广东，靖南王耿精忠驻福建，称为三藩。三藩不仅有军权，还有独立的财政权、用人权。他们各据一方，形成了割据势力，严重威胁着清的统治。

康熙十二年（1673年）三月十二日，尚可喜请归老辽东，康熙帝借此机会命尚可喜父子尽撤藩兵回籍，该藩下绿旗官兵全部交与广东提督统辖。同年七月，吴三桂、耿精忠为试探清廷态度，也提出撤藩的请求。康熙帝果断下令撤藩，将吴、耿二藩也一齐撤掉。三藩的军权、财政权及用人权收归中央，结束其各拥重兵、自雄一方的局面。

康熙十二年（1673年）清廷撤藩令下达后，吴三桂于这年十一月二十一日杀云南巡抚朱国治而反，动用全部兵力起兵反叛清廷，亮出反叛大旗，云南提督张国柱、贵州提督李本深等将领随之反叛。吴三桂自称天下都招讨兵马大元帅，建国号周，以次年为周王昭武元年，铸钱"利用通宝"，命部属剪辫蓄发，改换汉装，发布檄文，倡言"兴明讨虏"。不久三藩之乱形成，战火遍及半个中国，一直到康熙二十年（1681年），三藩之乱才算平息。

❖ 金瓶掣签

平定西藏后，乾隆帝制定了一系列制度，以强化对西藏的管理。乾隆五十七年（1792年）八月二十六日，乾隆帝第一次提出以金奔巴瓶抽签的方式，确定达赖、班禅等大喇嘛的化身呼毕勒罕。十一月十七日，正式颁布金奔巴瓶制。金奔巴瓶制的具体做法是，设金奔巴瓶于拉萨大昭寺，内装象牙签数枚，遇有呼毕勒罕出世互报差异时，将报出孩童数名的出生年月日及名姓，各写一签，放入瓶内，焚香诵经七日，由驻藏大臣会同大喇嘛等在众人面前抽签决定。金奔巴瓶制度的颁定，不仅达赖、班禅和西藏的呼图克图，就是青海、蒙古的呼图克图，其择定呼毕勒罕之权，实际上都已归属清政府。这对加强清朝中央政府对蒙藏地区的管辖，起了重大作用。

❖ 平定三藩

康熙平藩的政策是坚决打击吴三桂，决不给予妥协讲和的机会，而对其他叛变者则大开招抚之门，只要肯降，既往不咎，借此来孤立吴三桂，并把湖南作为军事进攻的重点，由江西赴长沙，以夹攻湖南。

康熙十五年（1676 年），陕西的王辅臣和福建的耿精忠先后投降，第二年广东的尚之信也投降。吴军孤立无援。

康熙二十年（1681 年）二月，清军定远平寇大将军章泰、征南大将军赖塔兵抵昆明，取得归化寺大捷，大败吴世璠军。十月，清军各路将帅以重兵围困昆明。十八日，清军攻取昆明的战役开始，征南大将军赖塔进军银锭山，绥远将军蔡毓荣领兵夺取重关和太平桥，勇略将军赵良栋、征南将军穆占等挥军夺取东、西二寺。二十二日，清军再次猛攻昆明，取得胜桥、大东门、草海和华浦。吴军城中断绝了粮草、火药供应，军心惶惶。吴军将领余从龙等出城投降，线缄等人密谋生擒吴世璠、郭壮图献给清军。二十八日，吴世璠、郭壮图及其子自杀。二十九日，线缄、吴国柱等将领开城迎降，清军进入昆明城，清军戮吴世璠尸体，传首京师。这一次战役，吴军投降文武官员有1580 余人，士卒有5130 余名。至此，云南大捷，三藩之乱结束。

西藏喇嘛教法器镶翅法螺。

西藏五世达赖喇嘛觐见顺治皇帝（布达拉宫壁画）。

册封达赖

达赖五世阿旺罗桑嘉措嗣位于明崇祯十年（1637 年），当时即遣人至清盛京进书献方物，清也遣使通聘。清入关后，多次派人前往西藏，延请达赖。

顺治九年（1652 年）十二月十五日，达赖五世至京师，在南苑谒见顺治帝。次年正月十一日和十六日，顺治帝两次在太和殿宴请达赖五世，并赐金器、彩缎、鞍马等物。二月二十日，达赖五世辞归，清廷派和硕承泽亲王硕塞同贝子顾尔玛、吴达海率八旗官兵护送至代噶地方。

四月二十二日，顺治帝遣理藩院侍郎席达礼等将封达赖五世为达赖喇嘛的金册、金印（文用满、藏、汉三种文字）送往代噶地方。封达赖五世为"西天大善自在佛，所领天下释教普通瓦赤喇怛喇达赖喇嘛"，达赖从此正式得到"达赖喇嘛"的称号。五月十日，达赖从代噶起程回藏。六月十二日，达赖喇嘛上表谢颂赐册印及封号，附献马飞、琥珀等物。

这次册封确定了达赖在西藏的政治、宗教地位。

郑成功遗物：靴鞋。

施琅平台湾

康熙二十二年（1683年）六月十四日，施琅率军出师澎湖南，十五日，攻克猫屿、花屿，当晚船泊澎湖。二十二日，清军经过一天的激烈搏斗后，攻下澎湖列岛。

闰六月，郑克塽同清政府商议归降，七月二十七日，郑克塽派官员到施琅军前，缴平王册印、招讨大将军印以及公侯伯将军督印。康熙二十三年（1684年），康熙帝命郑克塽来京，编入旗下。从郑成功1661年收复台湾到1683年台湾同大陆重归一统，共历23年。

康熙二十二年（1683年）八月十三日，施琅进入台湾。次年四月十四日，康熙帝采纳施琅奏议，决定在台湾设立一府三县，即台湾府（府治设在今台南市）和台湾、凤山（今高雄）、诸罗（今嘉义）三县，并设立巡道一员，总兵一员，副将两员，兵8000名，分为水陆八营防卫，每营各设游击、守备等官。设澎湖副将一员，兵2000名，分为两营。从此将台湾置在清政府的管理和保护之下。

❖ 荷兰侵占台湾

荷兰人在万历二十九年（1601年）驾船航海至广州。万历三十二年（1604年）袭击我国澎湖诸岛，并于天启二年（1622年）强占澎湖，在岛上修造工事，建立要塞，并以此为据点，不断袭扰福建沿海，屠杀居民，掠夺财物，绑架人口至巴达维亚（今印度尼西亚雅加达）贩卖，沦为奴隶。

天启四年（1624年），明朝派军将其赶出澎湖。荷兰人又占据我国台湾台南的安平，并在此修筑"热兰遮"、"赤嵌城"二处要塞，逐步向台湾南部扩张。天启六年（1626年），占据鸡笼（今台湾基隆）。

崇祯十四年（1641年），荷兰打败西班牙，独占了整个台湾。

❖ 郑成功收复台湾

顺治十八年（1661年）二月，郑成功在厦门召开军事会议，决定出兵收复台湾。

顺治十八年（1661年）三月，郑成功把大军从厦门移驻金门，并亲自率战舰400艘，官兵25000人，向台湾进军。四月三十日，在何斌的导引下由鹿耳门顺利登陆。

接着，郑成功指挥军队向荷兰侵略者海陆夹击。在海战中，郑军以木船击沉荷兰的战舰，切断了荷兰殖民者的海上交通联系。在陆战中，郑军在台湾人民的密切配合和积极支持下，战胜了拥有先进枪炮的侵略者，并击毙了侵略军头子汤玛斯·贝德尔，进而包围了赤嵌城。此时，荷军统帅企图以每年向郑成功纳贡，献犒师银14万两为条件，贿求郑成功撤退，被断然拒绝。五月初，赤嵌城荷军头目猫难实叮向郑军投降。然后，郑成功一面部署军队围困台湾城，一面分兵收复其他地方。

康熙元年（1662年）一月在围困台湾城近九个月之后，郑成功决定进行强攻。二十五日清晨，中国军队重炮猛轰乌特得支堡。面对中国军队的强大攻势，荷军统帅终于在投降书上签字。至此，被荷兰侵略者非法占据38年之久的台湾回归祖国。

郑成功收复台湾后，把赤嵌城改为承天府，实行军屯，继续鼓励闽、浙一带居民到台湾生产，使台湾经济、文化得到了迅速发展。

❖ 雅克萨之战

　　康熙帝二十四年（1685年）正月，清政府商议攻取雅克萨城。不久，康熙帝命都统彭春统兵，副都统班达尔沙偕同佟宝等参赞军务，命令建义侯林兴珠、都督何佑等率福建藤牌军，并且调拨直隶、山东、山西、河南等省的火器兵前往协助攻城。

　　同年四月，清都统彭春、都统郎谈、黑龙江将军萨布素率满、蒙、汉官兵3000多人，分水陆两军分别从黑龙江城和卜魁城向俄军的重要据点雅克萨进发。六月二十二日，清军抵达雅克萨城下，康熙帝用满、蒙、俄三种文字照会俄方，要求俄国方面撤出雅克萨，归还逃犯，以雅库为中俄边界，但俄方予以拒绝。

　　二十四日，俄方援军赶到，清军将"神威无敌大将军"炮列在阵前，做好攻城准备。二十五日黎明，清军向雅克萨发动进击。哥萨克势绌兵败。这天夜里，清军水陆并进，经过一昼夜激烈战斗，俄军伤亡惨重，尸横遍野，陷入绝境，但是其所余部将仍顽强抵抗。清军副统帅郎谈于是下令在城下三面积柴，准备焚城。俄军只好出城乞降，并发誓不再回到雅克萨城，都统彭春、黑龙江将军萨布素遵照康熙帝

旨意，将托尔布津及部属、妇女、儿童免去死罪，全部放回俄国，并放出被掳掠的清朝边民。

　　这样，由满、汉、蒙、达斡尔等民族组成的清军，在边疆各少数民族人民的支持下，攻克了被俄军侵略占据了20年之久的雅克萨城。

《玄烨戎装图》画轴。

　　康熙二十八年（1689年）七月二十四日，经屡次协商，并在中国做出重要让步的情况下，中俄双方经过历时14天的谈判，正式签署了《尼布楚条约》。

　　条约明确规定：中俄两国以外兴安岭至海、格尔必齐河和额尔古纳河为国界。这就从法律上肯定了黑龙江和乌苏里江流域的广大土地为中国领土。大兴安岭到海的一段山南流入黑龙江的溪河为中国领土，山北一带溪河，属于俄罗斯；额尔古纳河南岸属于中国，北岸属于俄罗斯，而其南岸的眉勒尔客河口所有俄罗斯房舍迁移北岸。此外，条约还规定将雅克萨地方俄罗斯民修城池，全部拆毁，将居住于雅克萨的俄罗斯人撤往察汉汗之地，对越界侵略、逃人的处理、中俄两国人民相互贸易条约也做了详细规定。条约规定，从签订之日起，两国的一切边界争执永远给予废除，两国永远睦邻友好相处。条约文本为拉丁文，两国使臣分别交换了经过双方签名盖章的满文本、俄文本和拉丁文本。条约还以华、俄、拉丁诸文刻在石上，置于两国边界，以作永久界碑。

　　康熙二十九年（1690年）三月五日，工部规定在额尔古纳河口和格尔必齐河口分别立碑，石碑高约2.67米，宽约1.03米，厚0.27米，正面刻满、蒙、汉文，背面刻俄、拉丁文。次年，清政府正式在两国边界立永久界碑。

　　《尼布楚条约》是在双方平等基础上并在中方做出重要让步的情况下签订的平等条约，为中俄两国关系正常化奠定了基础。

清朝的疆域

清朝在康熙、雍正、乾隆时期，经过同外部侵略势力及内部分裂割据势力的一系列斗争，建立起一个空前统一和巩固的国家。

乾隆时期，清朝的疆域已经最后形成，计有内地18省和东北的盛京、吉林、黑龙江，以及内蒙古、外蒙古、唐努乌梁海（在萨彦岭和唐努山之间）、青海蒙古、西藏、新疆等少数民族地区，幅员辽阔，西到巴尔喀什湖和葱岭，北到唐努乌梁海，东北到外兴安岭、库页岛和鄂霍次克海，东到海及台湾诸岛屿，南到南沙群岛，这就基本上奠定了今天中国疆域的规模。

康熙、雍正、乾隆三帝在加强和巩固国家统一事业上，作出了重大贡献。

蒙古盟长印。这枚乾隆十四年（1775年）提款有"乌纳恩殊朱克图旧土尔扈特东部盟长之印"的印章是清朝蒙古地区以法律形式因俗而治的一个历史见证。

❖ 平叛大小和卓

乾隆二十二年（1757年）五月，占据喀什噶尔和叶尔羌的回部大小和卓布拉尼敦、霍集占杀掉前往招抚的清军副都统阿敏道，自立为汗，发动叛乱。

乾隆二十三年（1758年）正月，乾隆帝下令征讨。五月，雅尔哈善等人由吐鲁番进至库车城下，发动进攻。霍集占兵败逃入城内。六月初，霍集占乘夜逃脱。城内所余老弱3000多人，于八月二十五日出降。清廷又命定边将军兆惠移师追击。兆惠率前锋驰抵库车城，一路先后抚定阿克苏、沙雅尔、乌什、和阗等回部诸城。十月，抵达辉齐阿里克，于城东黑水河被霍集占叛军包围，相持三个多月。

次年正月六日，富德率军援应。十四日，两军会师，黑水营解围。兆惠、富德又分别进取喀什噶尔、叶尔羌。大小和卓逃往巴达克山。当年（1759年）七月十日，兆惠、富德抚定喀什噶尔、叶尔羌。十月，巴达克山部首领素勒坦沙将大小和卓擒杀，将他们的首级献于清军。至此，回疆平定，天山南路统一。

❖ 土尔扈特归国

土尔扈特是厄鲁特蒙古四部之一，原游牧于额尔齐斯河流域。17世纪初，准噶尔势力日益强大，意图兼并土尔扈特，迫使土尔扈特西迁至伏尔加河下游，但仍和清朝政府保持密切的联系。

18世纪20年代以来，俄国扩张势力对土尔扈特部加紧控制和迫害，苛征苦敛，徭役不断，使土尔扈特人思归故土。18世纪中叶，沙俄在对外扩张的战争中，征兵于土尔扈特，迫使土尔扈特断然摆脱沙俄的控制，于乾隆三十五年（1770年）在首领渥巴锡率领下，重返祖国。他们冲破俄国军队的围追堵截，克服重重困难，忍受巨大牺牲，行程万余里，历时八个月，终于在次年六月回到新疆伊犁。

土尔扈特回归后，乾隆帝将他们安置在伊犁河谷及科布多地区驻牧。同年九月，乾隆帝在承德接见了渥巴锡等人，后又封渥巴锡为卓里克图汗，以表彰他的功绩。乾隆帝还亲撰《御制土尔扈特全部归顺记》。自此以后，漠西厄鲁特蒙古全部统一于清朝中央政府的管辖之下。

专题三： 前期的发展与锁国政策

❖ 农业的发展

　　清朝康熙帝在位的60多年间，政府奖励垦荒屯田，重视兴修水利，大举治理黄河、淮河。多次减免租税，耕地面积不断扩大，经济逐步得到恢复发展。康熙五十三年（1714年），康熙帝还向大江南北推广一年两熟、双季连作的新稻种。

　　雍正帝即位后继续发展农业，修建海塘，政府还采取多种种植方法，粮食产量明显提高。高产作物甘薯的种植也得以推广。经济作物桑、茶、棉花、烟草，种植面积扩大，经济快速发展。到乾隆时期，耕地面积大量增加，人口迅速增长，社会经济呈现繁荣景象，历史上称之为"康乾盛世"。

❖ 制瓷业的发展

　　清朝的制瓷业有了新的发展。江西景德镇仍是全国制瓷业的最大中心，其范围极大，除官窑外，还有民窑两三百。这里的瓷器供应全国各地，并大量地输出国外。除景德镇外，瓷器的产地还有几十处，分布于数十个省。清代制瓷技术突出地表现在彩色瓷器的工艺水平大有提高。清花、五彩、素三彩和粉彩、珐琅彩等都很有名，其中粉彩和珐琅最为精美，驰名中外。

❖ 冶铁业的发展

　　清朝乾隆时期，政府鼓励开矿，矿冶业得到进一步发展，其中最突出的部门是云南的铜矿开采业和广东佛山镇的冶铁业。云南的铜矿开采，既有官督商办，也有私营。全省铜矿的年开采量最多可达500多万千克，主要作为北京及各省官府铸钱之用。佛山镇是铁器制造业的中心，有铸铁炉上百，所铸造铁器既多又好。其中以铁锅最有名，不仅行销国内各地，而且大量输出国外。

康熙五彩镂空瓷香炉。

清乾隆年间珐琅仙人采药大盘。

纺织业的发展

清朝，棉纺织业随着民间手工业的发展而兴盛。以苏州、松江为典型，棉纺织业已逐渐发展为商品性生产。

丝织中心在苏州、杭州等地，到雍正、乾隆时期更是空前繁荣，并建立了机工和机户的比较固定的雇佣关系。此外，广州和佛山两地的丝织业也迅速崛起，丝织规模发展很快。

与此同时，清代宫廷丝织工艺也快速发展，它不仅继承了古代丝织工艺的传统，还汇集了全国各地的丝织工艺精华，丝织花色品种多，织造技术完善成熟。其中以织锦、刺绣和缂丝最为突出。清代宫廷丝织工艺的发展，是我国丝织技术的最高成就。

清家具风格

清乾隆时期，内务府造办处设有木作坊，分广东与苏州两大流派。在他们的影响下，清代家具开始出现新的式样和新的装饰风格。乾隆时的清宫家具用料精良，造型新颖，制作精细，综合多种工艺手法，除彩画、雕刻外，还吸收漆艺装饰手法，也镶嵌珐琅、瓷片、玉石、螺钿等，装饰华丽，反映了清代宫廷的艺术趣味。到清末，出现了"京做"、"苏做"、"广做"等三种地方特色浓厚的家具体系。

清代宝蓝地金银线绣整枝荷叶大镶边女氅衣。

❖ 闭关政策

乾隆前期，清政府加强了对外贸易的限制，形成了所谓闭关政策。

一、限定一口通商。乾隆二十二年（1757 年），规定凡外国商船只准在广州一地通商贸易。

二、严格约束外商活动。规定凡外国商人来广州贸易，只能同行商打交道。行商是清政府特许的商人，这些商人设立洋行，专门经营对外贸易。行商的职权和责任至重，凡外国商人买卖货物、交纳商税，皆由行商代为办理；凡外国商人一切居住行动，皆由行商负责管束、担保；凡清政府有所宣示或外国商人有所陈请，皆由行商居间传达。此外，还有许多条例和章程。

三、限制中国商民出海。规定凡出海商船装载不得超过五百石，又规定船上一切人员都必须详细登记姓名、年貌、履历、籍贯等，以供官府稽查。

清朝乾隆帝像。

❖ 资本主义萌芽的缓慢发展

清朝，随着社会经济的恢复发展，商品经济的活跃，资本主义萌芽也在缓慢地发展起来。

此时，江宁、苏州等地出现一些很富有的机户，经营着较大的手工业作坊和工场。一些大的包买商还开设"帐房"或"行号"。这种"帐房"或"行号"拥有大量的织机和原料，或自行设机督织，或将织机、原料分给小机户为其生产。它的周围有众多的小机户及织工受其支配，从帐房到小机户到织工，结成资本主义的生产关系。在棉织业中，资本主义萌芽最为明显。此外，在广东的冶铁业、铸铁业中，云南的采铜业中，江西景德镇的制瓷业中，四川的制盐业中，陕西的木材采伐业中，也有资本主义性质的经营。

在当时中国的社会条件下，清代的资本主义萌芽虽然有所发展，但仍非常微弱，发展缓慢。

商业市镇的繁荣

清朝，商业市镇随着商品性农业经营的发展，在集市的基础上，进入快速发展的时期。

商业市镇多出现于交通干线附近或商业性农业发达的地区，在很大程度上摆脱了以往集市的区域局限性，在商业和金融技术方面也有突破性进展。清代商业市镇最兴盛的地带当属江浙。另外，民间手工业的兴盛也推动了市镇的发展。

清朝的江南地区，是城市最为密集的地带。一些有名的商业性市镇，相互构成一个严密的区域城市网，使这一地区成为一个有机的经济整体，促进了经济领域的"传统内变迁"的进程。各个地区都有一个地区性的政治中心，加强了浓烈的商业色彩，在全国市场网中发挥着极大作用。

统治集团的腐朽

乾隆以后，统治阶级日趋腐化，上自皇帝，下至大官僚、大地主，都过着穷奢极欲的生活，奢侈之风日甚一日。

乾隆帝曾六巡江浙。所到之处，皆修行宫，搭戏台，结彩棚，制龙舟，办筵席，放烟火，大事铺张。有时所过街市，路旁牌楼、彩棚、点景、香亭不绝，绵亘数十里。有时巡幸船只千百艘，沿着运河行进，舳舻相接，旌旗蔽空，耗费民脂民膏。乾隆十六年（1751年）十一月二十五日，乾隆帝为皇太后60寿辰举行大庆，自西华门至西直门外十余里，张设灯彩，结扎楼阁，大街两旁的店铺全被遮盖。乾隆帝还大兴土木，修建宫殿、苑囿。在乾隆六十年间，圆明园的建筑费用以亿万计。

在乾隆、嘉庆时期，官场贪污成风，吏治败坏已极。乾隆时，最大的贪官和珅，历任尚书、大学士、军机大臣等要职20余年，倚势弄权，贪婪无忌。后嘉庆帝将他赐死，抄了他的家，约计其家产总值不下数万万两之多。嘉庆年间，贪风愈甚，贪污案件层出不穷。

乾隆帝玉玺。

❖ 设立军机处

清初，清廷中央政府机构在明朝的建制上，又增加了自己的特点。既设立吏、户、礼、兵、刑、工六部与内阁作为中央主要行政机构，同时又设置"议政王大臣会议"，居于内阁之上，作为最高的中枢决策机构，互相牵制。议政王大臣会议是维护满族贵族特权地位的机构。后来历任皇帝为提高皇权，对其势力加以削弱，议政制度慢慢衰落下来。康熙十六年（1677年）设立南书房，并任命亲信大臣撰拟谕旨，执行皇帝下达的各种命令，权势甚重。议政王大臣会议的权力被削弱。

雍正帝即位后，首先收回了诸王的军权，接着在雍正七年（1729年）设立军机房，雍正十年（1732年）正式改称为军机处，秉承皇帝谕旨办理各种机要事务，完全取代了议政王大臣会议，成为清廷最高决策机构。

军机处的设立，标志着清代皇权进一步的提高，封建专制已达到了登峰造极的地步。

❖ 胡中藻诗狱

胡中藻，江西新建人，鄂尔泰的门生，曾任翰林学士和陕西、广西学政。鄂尔泰、张廷玉辅政时，二人各立门户，而其门生也党同伐异，互相攻讦。于是乾隆帝欲借文字狱，惩一儆百，打击朋党势力。乾隆二十年（1755年）三月十三日，乾隆帝颁布谕旨，称胡中藻诗中有"一把心肠论浊清"一句，把"浊"字加于国号之上，居心不良；并说胡中藻在典试所出经文题内有"乾三爻不象龙"之说，认为乾隆乃皇帝年号，龙与隆同音，显然有诋毁之意；再有"并花已觉单无蒂"句，是在讥刺孝贤皇后之死等等。最后，乾隆帝斥责胡中藻鬼蜮为心，语言吟诵之间，肆行悖逆诋讪，于是胡中藻斩首弃市，鄂尔泰撤出贤良祠，不准入祀。自胡中藻诗狱兴后，讦告诗文之事更加纷起。

专题四：　清朝前期的文化

❖ 蒲松龄著《聊斋志异》

　　蒲松龄（1640年—1715年），字留仙，别号柳泉居士，山东淄川人，清代著名文学家。

　　《聊斋志异》是蒲松龄的代表作，此书通行本有16卷，合计近500篇作品。这些作品都融进了他的虚构想像、生活经验和审美趣味，反映了广阔的现实生活，有丰富深刻的思想内容。作品运用现实主义和浪漫主义相结合的方法，采用了历史传记和传奇文章相结合的样式。他描写的那些由花妖狐魅幻化而来的人物性格与花妖狐魅原型的特征有机融合，既注意了情节的曲折多变，又做到主次分明、脉络清晰，同时展开了丰富的想像，营造出幽明相间、似幻似真的神异迷离的境界。另外，《聊斋志异》的语言风格既典雅工丽又生动活泼，创造性地运用了古典文学语言，雅俗结合，行文摇曳多姿，句法富于变化，形象性和表现力都很强。蒲松龄通过志怪寄托孤愤，反映了现实生活，在艺术上达到了文言小说的高峰。

《聊斋志异·姐妹易嫁》。

　　该篇故事讲述毛公幼贫，初定张氏长女。至婆亲日，长女不肯，而以妹代之。后毛公发迹，官至相国，而张氏长女已夫死为尼，境遇竟天壤之别。该故事奇妙地讽刺了嫌贫爱富之心，倍受欢迎，据此改编的地方戏至今演出不衰。

❖ 吴敬梓著《儒林外史》

　　吴敬梓（1701年—1754年），字敏轩，晚年号文木老人，安徽全椒县人，清代著名文学家。他以揭露科举制度下封建士大夫的生活和精神状态为中心，创作了《儒林外史》。

　　在他笔下，大致有这样三类士人：第一类是以科举仕进为人生惟一目标的科举迷；第二类是一群已经考取功名的士人；第三类是科场败北、功名失意却又不甘寂寞、以风流名士自居的人物。作品通过描写他们附庸风雅、招摇撞骗的行径，侧面反映了科举对士人精神状态的毒害和带来的不良社会后果。此书的结构别具一格，全书没有贯穿全书的主要人物和中心事件，而是从反对科举制度这一主要思想出发，自如地安排各色人等，组织情节，从而广泛地反映了社会生活。《儒林外史》以高超的讽刺艺术从社会生活中提炼典型性的带有讽刺意味的人物形象，进行艺术的夸张，造成了强烈的讽刺效果。《儒林外史》以其高度的思想艺术成就奠定了我国古典讽刺小说的基础，对晚清谴责小说及现代讽刺文学都有深远影响。

《聊斋志异·画皮》。

　　该篇讲述了一个厉鬼披人皮伪装为美妇以食人的故事。

"八大山人"朱耷

"八大山人"即清初著名书画家朱耷。他字良月，号破云樵者，又号净月、破云等，一生擅长诗、书、画。他的画落款很奇特，如"三月十九日"、"相如吃"、"拾得"等等，意义都是奇异深刻，特别是署款"八大山人"，常联缀成似哭似笑之状，以表达自己誓不与清廷合作的倔强狂怪性格。

朱耷的书法、行楷源于王献之、颜真卿等人，纯朴圆润，完全摆脱了明人那种颓废习气，狂草更是落拓不羁，自成一家。他的绘画最负盛名，尤擅长画山水花鸟。他的山水画源于黄公望，在构图上又颇受董其昌的影响，但用笔干枯，看上去一片荒凉气象。花鸟在沈周、陈淳、徐渭水墨花鸟画的基础上，树立更加特殊的风格，简单奇异，不落俗套，而用笔墨，于豪放中有温雅，于单纯中有含蓄，能用极少笔墨表达极复杂的事物，与石涛书画有着异曲同工之妙。

朱耷早期多画花卉、果蔬、松、梅等，比较精细工致，劲挺有力，中期喜画鱼鸟，草虫构图险绝，好作扁方斫削之势，晚期绘画艺术更趋成熟，造型极度夸张，构图简略奇突，用笔凝重清润，格调朴茂雄奇。他善于用书画表达自己的傲兀不群、愤世嫉俗的感情。

朱耷是一位很有名望的书画家。他的山水花鸟画对后世中国画坛影响巨大。

❖ 曹雪芹著《红楼梦》

曹雪芹(1715年—1763年)，名霑，字梦阮，号雪芹，又号芹圃、芹溪，祖籍辽阳，是清代伟大的现实主义作家。他经历了由锦衣玉食的宫廷贵族到"举家食粥"的贫民百姓的沧桑之变，创作了现实主义巨著《红楼梦》。《红楼梦》在曹雪芹生前基本定稿的只有前80回，原题名为《石头记》。现在通行的《红楼梦》120回本中后40回一般认为是高鹗续补、加工而成。

《红楼梦》以贾宝玉和林黛玉的爱情悲剧及贾宝玉与薛宝钗的婚姻悲剧为经线，纵向剖析了造成悲剧的深刻的社会根源；同时以贾府的兴衰为纬线，横向展示了由众多人物构成的广阔的社会生活环境。由此揭露了封建社会后期的种种罪恶及其不可克服的内在矛盾，使读者看到封建制度行将崩溃的必然命运。这一系列矛盾冲突多角度、全方位地写出了封建社会盛极而衰的转折过程，有深刻的现实批判意义。

《红楼梦》在继承民族文化传统的基础上进行了巨大创造和发展，成为我国古典小说现实主义的高峰，给后代作家提供了丰富的艺术经验，对《红楼梦》的研究成为一种专门的学问即"红学"。

《红楼梦》中的人物王熙凤。

❖ 石涛

　　石涛，原姓朱，明朝灭亡后出家为僧，漫游名山大川，倾心诗文书画，成为清初一大家。他与朱耷、渐江、石溪合称清初四僧；与石溪并称二石；与渐江、梅清等人合称黄山派。石涛善画山水，兼工兰竹，山水画自成一家，既善于借鉴前人之长，又注意外师造化；既画法精湛，又画理深厚。

　　石涛认为作画应大胆创新，特别是主张从自然中吸取创作源泉。他的画法多变却很有特点，一是用笔灵活：粗细刚柔、飞涩徐疾兼施并用，多用粗笔勾山石，细笔剔芦草、松竹兰。二是善于用墨：浓淡相济，干以湿出，尤其喜欢用湿笔，通过水墨的渗化和笔墨的融和，表现出山川的氤氲气象和浑厚之态。有时惜墨如金，有时泼墨似水。三是构图新奇：一变古人和四王三重四叠之法，往往破空而出，奇不自胜，尤善用截取法，以特写的手法传达深邃的境界。四是讲求气势：运笔恣肆，挥洒豪放。五是技法丰富多变：善于用点，不拘成法。

　　石涛的书画独树一帜，大胆创新，为中国现实主义绘画增添了绚丽的光辉。他的绘画理论也同样是中国画坛中的奇葩，对后世画坛影响直到近代。

❖ "扬州八怪"

　　清代中叶，扬州一带有一批书画家，书画风格独异，时称扬州画派。其中以罗聘、李方膺、李鳝、金农、黄慎、郑燮、高翔和汪士慎八人为代表，被人统称为"扬州八怪"。

　　扬州八怪是一群在理想上不甘人下而在现实中却又落拓失意的中下层知识分子。他们多以寄情笔墨描写梅、兰、竹、松、石，表现其清高、孤傲、脱俗，并运用象征、比拟、隐喻等手法，赋予作品深刻的社会内容和独特的思想表现形式。同时，扬州八怪对人民的疾苦、官场的腐败、富商的巧取豪夺感受最深，加之自身的不平际遇，往往借作品表现出来，因而其作品较少士大夫的精细，而多不同流俗的狂野；在笔墨上，则不受成法的约束，直抒胸臆。

　　扬州八怪发展了中国传统水墨写意画的技巧和意境，尤其在思想上有重大的突破，在历代画坛上独树一帜。

皮影戏

　　清代，随着商业、手工业的发展，皮影戏也发展并普及开来。

　　皮影戏受到各地剧种的风格以及民间传统审美习惯的影响，经过各地皮影戏艺人的再创造，形成各种不同的造型风格和流派。此外皮影戏唱腔因各地戏曲的迥异，也有多种分类。唱腔较多的地区有陕西和湖北，流行较广的有老腔、碗碗腔、阿宫腔、弦板腔、秦腔等五大调，陕北、陕南、关中又有各种道情，安康还有地方特色浓厚的越调。

　　皮影戏的人物与剧目丰富多样，影戏角色与背景造型也不断创新。清代皮影戏因为演出灵活轻便，形象生动，且富有神奇的幻想，可以让观众看到戏曲舞台上无法看到的景观，深受人们的欢迎。

　　皮影戏的兴盛，不仅给当时人们提供了丰富的娱乐活动，而且也为我国综合艺术增添了新的瑰宝。

涿州影戏《混元盒》。

简明中国史大事记（2）（581年—1771年）

581 年	隋朝建立
589 年	隋统一南北方
605 年	开通大运河
611 年	山东长白山农民起义
618 年	唐朝建立
627 年—649 年	贞观之治
贞观年间	玄奘西游天竺
7 世纪前期	松赞干布统一吐蕃
641 年	唐蕃和亲
7 世纪末—8 世纪前期	大祚荣建立渤海政权
737 年	皮罗阁统一六诏为南诏
8 世纪中期	骨力裴罗建立回纥汗国
753 年	鉴真东渡日本
713 年—741 年	开元盛世
755 年—763 年	安史之乱
875 年—884 年	唐末农民战争
907 年	后梁建立，五代十国开始
916 年	阿保机建立契丹国
960 年	北宋建立
1005 年	宋、辽澶渊之盟
1038 年	元昊建立西夏
11 世纪中期	毕昇发明活字印刷术
1069 年	王安石开始变法

1115 年 ———————————————————————————————— 阿骨打建立金

1125 年 ———————————————————————————————— 金灭辽

1127 年 ———————————————————————————————— 金灭北宋，南宋开始

1140 年 ———————————————————————————————— 宋、金郾城大战

1206 年 ———————————————————————————————— 成吉思汗建立蒙古政权

1271 年 ———————————————————————————————— 忽必烈定国号元

1276 年 ———————————————————————————————— 元灭南宋

1368 年 ———————————————————————————————— 明朝建立，明军攻占大都

明初 ———————————————————————————————— 修建明长城

1405 年—1433 年 ————————————————————————— 郑和七次下西洋

明成祖时候 ——————————————————————————— 营建北京城，迁都北京

明朝中后期 ——————————————————————————— 资本主义萌芽出现

16 世纪中期 ——————————————————————————— 戚继光抗倭

1553 年 ———————————————————————————————— 葡萄牙攫取澳门居住权

1616 年 ———————————————————————————————— 努尔哈赤建立后金

1628 年 ———————————————————————————————— 明末农民战争爆发

1636 年 ———————————————————————————————— 后金改国号为清

1644 年 ———————————————————————————————— 李自成建立大顺政权，明灭亡

1662 年 ———————————————————————————————— 郑成功收复台湾

1673 年 ———————————————————————————————— 三藩叛乱开始

1684 年 ———————————————————————————————— 清朝设置台湾府

1685、1686 年 —————————————————————————— 雅克萨自卫反击战

1771 年 ———————————————————————————————— 土尔扈特部重返祖国

CONCISE HISTORY OF

简明中国史　简明中国史　简明中国史　简明中国史　简明中国史　简明中国

CHINA

简明中国史　简明中国史　简明中国史　简明中国史　简明中国史　简明中国史

新课标新读物

简明中国史

CONCISE HISTORY OF CHINA

第三册

目录

第十部分 中国近代史

第十部分　中国近代史

从1840年鸦片战争到1949年中华人民共和国成立，是中国近代史时期。在这长达一个多世纪的时间内，我国处于半殖民地半封建社会。

清朝后期，国势开始衰落，清政府出现了严重的财政危机。土地兼并的情况愈演愈烈，农民起义在全国各地不断爆发。当清朝封建统治走向衰落的同时，世界资本主义正处于上升阶段。西方资本主义国家中，以英国工业发展水平最高。为了开辟国外市场、推销工业品、掠夺廉价的工业原料，英国把侵略的矛头指向中国。英国东印度公司用走私的方法，向中国大量销售鸦片。后来又对中国发动了侵略战争。在同西方资本主义国家的较量中，中国军民表现了高度的爱国主义精神，但清政府却一再妥协退让，并与外国侵略者签定了一系列丧权辱国的条约。中国进入了半殖民地半封建社会。

19世纪末，维新派发动和领导了一场救亡图存的爱国运动，但最后失败了。以孙中山为首的民主革命派认识到，中国人民同帝国主义、封建主义之间的矛盾，集中表现在反对清朝统治的斗争上。在资产阶级民主革命派的领导下，中国人民推翻了清朝的腐朽统治，结束了中国两千多年君主专制统治的局面。

1919年爆发的五四爱国运动，标志着资产阶级领导的旧民主主义革命的结束和无产阶级领导的新民主主义革命的开始。1921年，中国共产党成立，和孙中山改组的国民党联合发动了轰轰烈烈的国民大革命。后来由于蒋介石叛变革命，国民革命失败。国共两党开始了十年内战。

1937年7月7日，日本帝国主义发动侵华战争。中国人民经过八年浴血奋战，到1945年抗日战争胜利结束。抗日战争胜利了，但是蒋介石想继续独裁统治，在美帝国主义的支持下发动内战。在中国共产党的领导下，中国人民解放军发起了三大战役，消灭了国民党的军事主力，取得了新民主主义革命的伟大胜利。

专题一： 列强的侵略与中国人民的抗争

大厦将倾

清朝嘉庆年间，国势开始衰落。那时侯，政治腐败、官吏昏庸、军备废弛、财政危机的现象，日益明显。清政府依靠加税卖官来增加收入。清朝官吏大多在政治上无所作为，而搜刮百姓却大显身手。而在同时，世界资本主义正处在上升阶段，西方资本主义国家，特别是英国，为了开辟国外市场，开始把侵略矛头指向中国。英国发现鸦片贸易可以牟取暴利，就开始向中国输出鸦片，使中国的白银大量外流，更加深了中华民族的灾难。农民起义在各地不断爆发。清政府统治处于风雨飘摇之中。

上图反映清人吸食鸦片的情形。

❖ 帝国主义向中国输出鸦片

早在18世纪初期，葡萄牙和荷兰商人就以澳门为据点，向中国输入鸦片。18世纪中后期，英国对中国丝茶的需要日益增加，而其工业产品在自然经济占统治地位的中国却没有多少市场，造成英国对华贸易巨额入超，英国政府开始鼓励英商大规模向中国输出鸦片，以改变这一不利局面。

乾隆三十八年（1773年）和嘉庆二年（1797年），英国东印度公司先后取得鸦片专卖权和鸦片制造垄断权，开始迅速、大规模地发展对华鸦片贸易。美国商人也开始从土耳其大量向中国运销鸦片。

从1800年到1839年，各国商人运入中国的鸦片约计7万余箱。鸦片贸易给中国带来了严重的灾难。中国在对英贸易中由出超变为入超，大量白银外流，至19世纪30年代平均每年流出白银达五六百万两。银贵钱贱的现象日趋严重，农民出卖农产品得来的是铜钱，交纳赋税却必须用白银。农民不堪重负，清政府财政危机加剧。大量人口吸食鸦片，中国人的身心受到严重摧残，中国军队的防御能力大大降低。另一方面，鸦片贸易却给英美等国带来巨额利润。英商大资本集团怡和洋行、沙逊洋行均以贩卖鸦片发家。

图为鸦片烟具。从乾隆三十八年（1773年）起英国每年对华输入鸦片上千箱。到了嘉庆年间，鸦片泛滥。

❖ 虎门销烟

　　虎门位于广州东南珠江入海口，地势险要，素有广州南大门之称。道光十九年（1839 年）四月二十二日，虎门要塞山脚下搭起了一座礼台，在此将进行焚烟活动。由于中国军民的共同斗争，英法等国商人陆续交出鸦片共约 110 多万千克。

　　1839 年 6 月 3 日，林则徐下令将缴获的全部鸦片，在虎门海滩当众销毁。清军兵士先在海滩上挖成两个 15 丈见方的池子，池底铺以石条，四壁栏桩钉板，以免渗漏，前面设一涵洞，后面通一水沟。先由沟道将水放入池子，将盐撒进，将鸦片切成小块投入卤水中，浸泡半小时，然后再投入石灰，池中立刻水汤滚沸，围观群众欢声雷动。退潮时，兵士启放涵洞，将池中水汤送入大海。然后再用清水洗刷池底，不留下烟灰。这次销烟运动持续了 20 多天，所收缴的鸦片才被销毁殆尽。在销烟期间有一些外国商人专程从澳门乘船前来旁观，他们对中国禁烟表示钦佩。虎门销烟这一壮举，有力地打击了英国鸦片贩子的嚣张气焰。

虎门销烟的遗址。

林则徐

林则徐的画像。

　　林则徐（1785 年—1850 年），福建侯官人，清末政治家、著名爱国英雄。1838 年任湖广总督，接着又被任命为钦差大臣，大张旗鼓禁止鸦片，得到民众大力支持。他克服重重阻力，收缴英美烟贩鸦片 237 万余斤，销毁于虎门海滩。1840 年 1 月，林则徐任两广总督。6 月，英国发动侵略战争，由于林则徐防守严密，战备认真，英军在广东没能得逞。清政府把英军的侵略归罪于林则徐。10 月，林则徐被革职。1841 年，林则徐被派赴浙江筹划海防，不久被发配新疆，在新疆垦辟屯田。1846 年，任陕西巡抚。

　　1850 年，清政府任命他为钦差大臣、广西巡抚，前往广西镇压太平天国起义。在赴任途中，病死于广东，终年 66 岁。

魏源和《海国图志》

魏源像。

1841年夏，魏源受林则徐之托，继续编辑《海国图志》一书。

《海国图志》50卷于1842年编成，全面系统地介绍了当时所能收集到的世界地理和历史知识。《海国图志》依次介绍了亚洲、澳洲、非洲、欧洲、美洲各国的有关情况，分析了世界政治形势，指出英国是最强盛的西方资本主义国家。书中介绍了英国发达的生产技术，记述了西方君主立宪制度、民主共和制度等各种类型的国家情况。具体介绍了英国政治和行政制度。还介绍了美国的民主共和制。书中具体介绍了西方的军事科学技术，如轮船、枪炮、望远镜、水雷、地雷等武器的制造方法。

作为第一批"开眼看世界"的爱国历史、地理学家之一，魏源及他所著的《海国图志》所提供的海外世界的新知识，对后世产生了巨大影响。

在"康华利"号接待舱中，中方代表和英国全权大臣于1842年8月29日签署了《南京条约》。

❖ 中英《南京条约》和附件

道光二十二年（1842年）七月，中英《南京条约》在英舰"康华丽"号上签订。《广州和约》签订后，英国认为没有达到其目的，悍然执行以战通和。清政府在不得已情况下，七月二十四日，由钦差大臣耆英、伊里布与英国全权代表璞鼎查签订了《江宁条约》，即中英《南京条约》。中英《南京条约》共13款，主要内容有：一、中国开放广州、福州、厦门、宁波、上海五处为通商口岸，允许英商寄居贸易，英国可以派驻领事等官；二、割让香港给英国；三、向英国赔款2100万银元，其中烟价是600万元，商欠是300万元，军费是1200万元；四、协定海关税则，英商进出口货税，由中英双方"秉公议定则例"，此外还规定取消行商制，保护以往因为英国效劳而被监禁的汉奸。八月二日，道光皇帝批准了《南京条约》。

第二年（1843年）八月十五日，清钦差大臣耆英与英代表璞鼎查在广东虎门又签订中英《五口通商附粘善后条约》（即《虎门条约》）、《中英五口通商章程》附《海关税则》作为《南京条约》附件。其补充条款破坏了中国司法权、关税自主权，并取得了片面最惠国待遇。

《南京条约》是中国近代史上帝国主义强加在中国人民头上的第一个不平等条约，它破坏了中国领土和主权的完整，从此，外国殖民者以条约形式对中国人民进行"合法化"奴役。古老东方帝国的门户被西方殖民者用大炮轰开了，各国侵略者接踵而来，中国的封建社会开始解体，向半殖民地半封建社会过渡。

❖ 英、法、美三国谋求"修约"

鸦片战争以后，英、法、美三国不满足于既得利益。为了进一步打开中国市场，扩大侵略权益，英国政府首先提出修改条约的条件。主要内容有：中国全境开放通商；实行鸦片贸易合法化；外国使节常驻北京等。1854年，英国驻华公使包令和美国驻华公使麦莲、法国公使布尔布隆向两广总督叶名琛提出修约要求，结果碰了一颗软钉子。后来，包令与麦莲又去上海游说两江总督怡良和江苏巡抚吉尔杭阿，又碰壁而归。接着，英、美公使乘兵船至大沽口，扬言要见皇帝和大学士，要求到天津修约。侵略者的无理要求也遭到了清政府的拒绝。

1856年，英、法、美三国公使，再次向清政府提出修改条约的要求，活动最积极的是美国新任驻华公使伯驾。伯驾先游说广州叶名琛，后让闽浙总督向皇帝递交美国总统的信函，都遭拒绝。于是，他去上海利用买办官僚吴健彰进行活动，企图对清廷施加压力，但由于清政府对西方资本主义国家还心有疑惧，又认为"公使驻京"有损"天朝尊严"，感到"万难接受"而加以拒绝。英、法、美就决定"自行设法办理"，即改用发动战争的办法迫使清政府屈服，来满足他们的要求。1856年10月，英国首先挑起战争，炮轰广州，第二次鸦片战争开始。

"亚罗号事件"

1856年10月8日，广东水师搜查停泊在黄埔的"亚罗号"走私船，拘捕了船上12名中国水手。这纯系中国内政，与英国毫不相干，可是英国公使包令却指使英国驻广州领事巴夏礼，硬说"亚罗号"是英国船，蛮横要求送回拘捕的人，并捏造说中国士兵扯下了挂在船上的英国旗，要求向英国公开道歉。"亚罗号"的船主是中国人，该船为走私方便，曾向香港英国殖民当局领有一张船籍登记证，为期一年。事件发生时，登记证已经过期。就连事件的策划者包令在给英国政府的报告中也承认：船籍登记证已经无效，船当时不在英国庇护下，可是中国人不知道这一点，千万不要把这一点告诉他们。两广总督叶名琛怕事态扩大，释放了被捕的水手，但拒绝道歉。这清楚地说明，所谓"亚罗号事件"只不过是英国侵略者为挑起战争而制造的借口。

第一次鸦片战争以后，英、法、美等资本主义国家虽然在中国攫取了许多的权利，但仍不满足既得的利益。他们企图进一步打开中国市场，扩大侵略权利，就提出修改条约的要求。遭到拒绝后，英国就利用"亚罗号事件"这个借口，发动了第二次鸦片战争。

左图是"亚罗号"船，英国以所谓"亚罗号事件"为借口对中国发动了第二次鸦片战争。

1860年10月6日，英法联军进攻北京，野蛮地洗劫了北京城，还闯入圆明园。英法联军占领圆明园后，联军司令部下令，官兵可以自由抢劫三天。英法联军把园内的金银珠宝抢劫一空，凡是搬不动的就棒打棍敲，任意毁坏。在场的每个入侵者都掠夺众多，在进入皇宫的宫殿后，谁也不知该拿什么东西，为了拿金子，而把银子丢了，为了拿珠宝，又把金子丢了，无价的瓷器，因为太大不能运走，竟被打碎。一个名为赫里斯的英国军官，抢到一个缕金花盆，花盆里有一株1英尺高的黄金树，树上挂着以红玉为核心的蓝宝石果子。他把这个花盆和其他宝物装了7大箱，据为己有。

10月11日，英国侵略者又组织了一支由骑兵和步兵组成的1200人的庞大抢劫队，再次洗劫圆明园。

10月18日清晨，英国骑兵团3500人，开进圆明园，手持火把，到处纵火。据当时记载："……所有的庙宇、宫殿、古建筑，被视为举国神圣庄严之物，其中收藏着历代富有皇家风味的精美物品，都付之一炬了。"被誉为"万园之园"的圆明园在侵略者的贪婪下，最终化为一片废墟。

图为被八国联军焚烧后的圆明园大水法遗址，当年辉煌的皇家园林，沦为一片废墟。

❖ 中俄签订《瑷珲条约》

咸丰四年（1854年）一月，沙皇尼古拉一世批准了狂热的扩张主义分子东西伯利亚总督穆拉维约夫提出的"武装航行黑龙江"计划。五月，穆拉维约夫率领舰船70余艘，运载侵略军近千名，不顾清政府的抗议，进入雅克萨、瑷珲等地，在黑龙江下游阔吞屯一带实行军事占领。咸丰六年（1856年）末，沙俄把黑龙江下游地区和库页岛划归它的"滨海省"，设首府于庙街。

咸丰八年（1858年），清政府对内忙于镇压太平天国，对外忙于应付英法联军的侵略。沙俄政府趁火打劫，四月十日，派东西伯利亚总督穆拉维约夫率兵船至瑷珲城，与黑龙江将军奕山进行谈判，要求把黑龙江以北的领土割让给俄国。在整个谈判过程中，沙俄使用威胁恫吓的手段，并把军队调到江边，昼夜鸣枪放炮。奕山这位在鸦片战争中被英国侵略者吓破了胆的清朝官员，再次被沙俄的炮舰所征服，终于在这年的四月十六日与穆拉维约夫签订了不平等的中俄《瑷珲条约》。

《瑷珲条约》的主要内容为：黑龙江北岸中国60多万平方千米的领土割归俄国，只有原来居住在精奇里以南至豁尔莫勒津屯（江东六十四屯）的中国人照旧"永远居住"；乌苏里江以东的中国领土为中、俄共管；原为中国内河的黑龙江、乌苏里江只准中、俄两国船只往来，别国不得航行。清政府没有批准《瑷珲条约》，并对奕山等人予以处分。

但沙俄侵略者却不管条约是非法的，欣喜若狂，把瑷珲北岸的海兰泡改名为"报苣城"（布拉戈维申斯克）。沙皇亚历山大二世特嘉封穆拉维约夫为黑龙江（阿穆尔）斯基伯爵。

中俄《瑷珲条约》使中国主权和领土蒙受重大损失，直到咸丰十年中俄《北京条约》订立时，清廷才被迫予以承认。

咸丰十年（1860年），沙俄公使伊格那提耶夫自称调停第二次鸦片战争有功，并以帮助镇压太平天国为诱饵，向奕䜣提出新的中俄东部边界条约草案，要求一字不能改。十一月十四日，清政府被迫签订了不平等的中俄《北京条约》。

第二次鸦片战争中，英法联军正在攻击天津大沽炮台。

《北京条约》

1860年10月下旬，英法两国又分别强迫清政府在北京签定了中英、中法《北京条约》。在条约中，清政府承认《天津条约》继续有效，又增开天津为商埠，割九龙司地方一区给英国，还增加了大量的赔款。

1860年，俄国也强迫清政府签定中俄《北京条约》，中国将乌苏里江以东、包括库页岛在内，约40万平方千米的广大地区割让给了俄国。

进入北京的英法联军。

图为天王洪秀全画像。

图为太平军使用过的武器。

❖ 金田起义

道光三十年（1850年）六月，洪秀全开始筹划武装起义事宜，他向各地拜上帝会会众发布总动员令，命令务必于十月一日以前到达金田村集中"团营"。各地拜上帝会会众接到团营命令，立即动身奔赴金田，将变卖家产所得悉数上交"圣库"。所有团营会众都按男女分营，实行军事编制，接受军事训练，并开始与清军进行武装斗争。11月，洪秀全、冯云山在广西平南县胡以晃家秘密布置武装起义事项。广西浔州协副将李殿元探知有拜上帝会会众聚会，就进行围攻。洪秀全组织抵抗，杨秀清得到消息，立即派精兵援救。十一月二十日，在思旺圩全歼清军。此后，拜上帝会会众越来越多。

十一月十二日，清廷派兵前去镇压。十一月下旬，驻守桂平的清远镇总兵周凤岐，派部下伊克坦布率贵州兵进剿金田村。太平军在蓉村江木桥伏击清军。周凤岐前往救援，也被击败。十二月十日，拜上帝会在金田村正式宣布起义。这一日正是洪秀全38岁诞辰。杨秀清、萧朝贵、冯云山、韦昌辉、石达开、秦日纲、胡以晃等人组织拜上帝会众举行了热烈的祝寿盛典，举行全体拜上帝仪式，宣布国号为太平天国，1851年为太平天国元年，轰轰烈烈的太平天国革命运动揭开了序幕。

❖ 青浦大捷

太平军在稳定了天京的局势以后，一度打到上海，盘踞在上海的英法侵略者，勾结地方官绅，雇用美国人华尔组织"洋枪队"，抵抗太平军的进攻。

1860年8月，华尔的"洋枪队"和清军联合进攻上海的青浦。李秀成率兵与清军交战，双方经过从早晨到中午的激烈战斗，洋枪队和清军被打败。太平军和当地的百姓一起，杀死洋枪队六七百人，收获洋枪两千多条，大炮十多门，船几百只。华尔身负重伤，狼狈逃回上海。李秀成乘胜攻克上海城附近的徐家汇，直逼上海城的西门、南门。

❖ 华尔和洋枪队

　　华尔（1813年—1862年），美国殖民主义者，长期从事海上冒险活动。1859年，他流浪到上海，第二年，到清军炮艇"孔夫子"号上当大副。当时正是太平军攻克苏州之际，英美等国为了阻止太平军攻占上海，委派华尔招募外国籍人组成"洋枪队"，由华尔亲自招募、训练和指挥，由中国方面供给军费，军官高薪，并预先讲定每攻下一城，要给一笔巨额赏金。于是华尔很快募到200多名想在中国发横财的外国水手、流氓、逃兵，组成了他的洋枪队。华尔任首领。8月，华尔率洋枪队进攻青浦太平军，结果，洋枪队死伤三分之一，华尔本人身受5处创伤。这使他认识到单凭外国籍人组成"洋枪队"不能战胜太平军，企图诱骗中国人充当炮灰。1861年8月，他在松江改组洋枪队，任用欧美人当军官，招募中国人当士兵，组成中外混合军。11月中旬，洋枪队发展到两千多人。

　　1862年初，当太平军进攻上海的时候，洋枪队配合英法在上海的正规军、清军进行抵抗。清政府赐给华尔官衔，称"洋枪队"为"常胜军"。中外反革命军保住上海以后，开始进攻嘉定、青浦、南桥等地的太平军。9月，华尔率"常胜军"和英法侵略军一起进攻浙江慈溪，华尔受伤，不久毙命。

　　1863年，戈登继任统领，领导"常胜军"。戈登率军与李鸿章的淮军联手，疯狂屠杀太平军。

太平天国钱币。

天京保卫战

　　同治三年（1864年）正月，李秀成率部进攻曾国荃大营，但是未成功，反被湘军攻陷天保城，进而逼向天京东北部太平门及神策门外，形成了对天京的合围，太平军粮源断绝。

　　四月二十七日，洪秀全去世。五月初三日，洪秀全长子洪天贵福即位，为幼天王。月底，地保城也被湘军占领，湘军凭借居高临下的形势日夜炮击天京，同时挖掘地道准备用炸药轰城。这时候，城中虽有1万多太平军，但能作战的却不足4000人。面对5万多湘军的日夜猛攻，太平军将士拼死抵抗，先后毙3名清总兵，杀死清兵无数。

　　六月十六日，天京城墙被炸药轰塌60多米，湘军蜂拥而入，天京失陷。但是太平军没有一人投降，与清军展开寸土必争的肉搏战。许多太平军坚守房屋数日，用枪炮不断轰击敌人，到无法再守时，宁肯燃火药与敌人同归于尽而不做俘虏。李秀成、林绍璋等人拥幼天王突围出城。曾国荃指挥湘军对城中百姓进行了一场野蛮的大屠杀。

　　在这幅由清政府派人制作的战争图中，挥舞着巨大的红色旗帜的清廷大军正在包围为洪水所淹的太平军阵地。

右图是1644年—1911年清王朝统治下的中国。清朝建立不久，其北部边疆就面临来自俄国的压力。19世纪中叶，其他西方国家施加的压力越来越大，对清朝政局稳定形成了更大的威胁。

阿古柏叛乱

清同治三年（1864年）七月，新疆的回族人民以妥明为大元帅，在乌桓反清举事，一路先后攻占了库车、乌鲁木齐、哈密、玛纳斯、喀什噶尔旧城等地。与此同时，新疆某些少数民族首领企图利用当地人民的反清起义实行封建割据。

同年，喀什噶尔封建主金相印为了攻下汉城，向浩罕国寻求帮助。浩罕王于是派帕夏（意为总司令）阿古柏随张格尔之子布素鲁和卓占据南疆。同治四年（1865年）正月，阿古柏率兵入侵南疆，二月占领喀什，后又相继占领新疆南路的八座城池。

同治六年（1867年），阿古柏成立"哲得沙尔王国"（七城国），受到沙俄和英国侵略者的支持。

1874年日军入侵台湾。上图是台湾新竹军民抗击日军图。

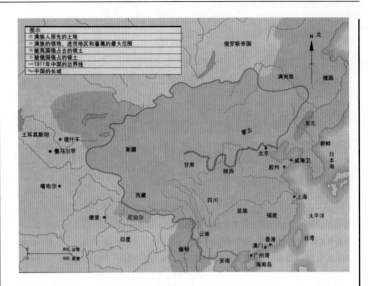

❖ "海防""塞防"的争论

1874年我国东南、西北边疆正处于多事之秋，引起了清政府内部历时半年的"海防""塞防"孰轻孰重的争论。论战关系到战略布署与国防建设，因而影响十分重大。

李鸿章是"海防"论者，认为"新疆不复，于肢体之元气无伤；海疆不防，则心腹之患愈棘"，因而反对出兵西征，收复新疆失地，要求把"塞防"经费用以扩充海军之需。

湖南巡抚王文韶是"塞防"论者，认为"海疆之患不能无因而至，其所视成败以为动静者，则西陲军务也"。因而他积极支持西征。

陕甘总督左宗棠则持"海防"与"塞防"并重论。新疆是边塞藩篱，国防要冲，和东南沿海有同样重要的战略位置，二者不能偏颇。此论符合中华民族之长远利益，得到朝野普遍赞扬。

在军机大臣文祥的支持下，塞海防并重被定为基本国策。清政府在命令左宗棠督兵出关平定西北的同时，让李鸿章着手加强东南海防建设。

❖ 收复新疆

第二次鸦片战争以后，新疆成为浩罕、俄、英三国角逐的战场，随时有被瓜分的危险。光绪元年（1875年）三月，清廷任命左宗棠为钦差大臣督办新疆军务。

光绪二年（1876年）二月，左宗棠任命刘锦棠为前敌统领，率清军分三路入疆。三月，左宗棠移驻肃州。四月三日，刘锦棠率湘军从肃州西进；六月一日抵达济木萨，连败白彦虎与浩罕国阿古柏的军队；六月二十八日，克复古牧地；二十九日，克复乌鲁木齐。到九月中旬，新疆北路全部收复。

光绪二年（1876年），清军平定北疆的分裂割据势力后，刘锦棠于第二年又率军南下。三月七日，攻克南疆门户达坂城，不久又收复托克逊，阿古柏次子海古拉逃到库尔勒。张曜、徐占彪两军则先后攻克土克腾木、辟展城（今新疆鄯善），又攻拔鲁克沁城和哈拉和卓城。白彦虎早已弃守吐鲁番。三月十三日，张曜、徐占彪与刘锦棠军一同攻克吐鲁番，清军收复吐鲁番全境。阿古柏自杀。同年九月，刘锦棠收复喀喇沙尔城。白彦虎开决都河水阻止西征军。西征军越过水淹区，抵达原阿古柏大本营库尔勒，击溃白彦虎，收复库车、拜城、阿克苏、乌什。这样，南疆东四城及附近各城镇，全部收复。十一月中旬，刘锦棠又连续收复了喀什噶尔、叶尔羌和英吉沙尔三城，白彦虎逃入俄国境内。阿古柏的儿子伯克胡里也逃到俄国。光绪四年（1878年）提督董福祥收复和阗。至此，除伊犁外的新疆领土，全部由清军收复。

清朝的鸟枪。

左宗棠

左宗棠像。

左宗棠（1812年—1885年），晚清军政重臣，湘军统帅之一，洋务派重要首领。字季高，一字朴存，号湘上农人。湖南湘阴人。

1866年，左宗棠奏请设局监造轮船，获准试行，即于福州马尾择址办船厂，聘请法国人为正、副监督，派员出国购买机器、船槽，并创办求是堂艺局（亦称船政学堂），培养造船技术和海军人才。左宗棠担任陕甘总督时，推荐沈葆桢任总理船政大臣。一年后，福州船政局（亦称马尾船政局）正式开工，成为中国第一个新式造船厂。

1875年5月，左宗棠奉命为钦差大臣，督办新疆军务。1876年，左宗棠驻肃州指挥多路军讨伐阿古柏，收复除伊犁地区外的新疆全部领土，阻遏了俄英对新疆的侵略。1878年，左宗棠建议新疆设省。1880年春，他在新疆部署兵事，出肃州抵哈密。1881年初，中俄《伊犁条约》签定，左宗棠应诏至北京任军机大臣兼总理衙门行走，管理兵部事务。同年夏，调两江总督兼南洋通商大臣。1884年6月，奉召入京，再任军机大臣。1885年左宗棠病故于福州。

《伊犁条约》

光绪五年（1879年）八月崇厚与俄国擅订的《里瓦几亚条约》，因遭到朝野反对，清廷未予批准。光绪六年正月初三日，清廷改派曾纪泽出使俄国，取代崇厚继续与俄谈判。同时，清廷于初十日照会沙俄政府，表示不承认《里瓦几亚条约》。

不久曾纪泽抵达俄首都彼得堡，双方开始谈判。经过半年多的反复交涉，光绪七年（1881年）正月二十六日，曾纪泽与俄国代理外交大臣吉尔斯在彼得堡签订了《中俄伊犁条约》，又称《圣彼得堡条约》和《改订陆路通商章程》。根据该条约，中国收回伊犁，取消了前约中割让特克斯河流域条款，在商务方面，将前约中的"概不纳税"改为"暂不纳税"（指俄商在天山南北两路各城的贸易），俄货由陆路至嘉峪关则减税三分之一；在嘉峪关、吐鲁番两处增设俄领事馆；清对俄赔款由原先的500万卢布增加到900万卢布。四月十八日，清廷批准了此约，并于次年二月初四与俄方正式办理了收交伊犁手续。

此后，俄国利用《伊犁条约》中关于"勘界"的条款，以及光绪八年至十年（1882年—1884年）的5个边界议定书，共割占了中国7万多平方千米的土地。

清末的银元。

中日海战中被击伤的日本主力舰"松岛"号。

❖ 日本挑起侵略中国的战争

光绪二十年（1894年）正月初三，朝鲜民间反政府秘密组织东学党（又称"东学道"）在全罗道古阜郡举行起义，拒纳附加税，以全琫准为总督，传檄四方，痛斥吏治腐败。二月，朝鲜南部全罗、忠清、庆尚三道人民群起响应，与政府军交战。四月，起义军攻占全罗道首府金州。朝鲜政府请求清政府派兵赴朝，协助镇压。日本政府也极力劝诱清政府出兵。

五月初一，李鸿章派淮军将领、直隶提督叶志超和太原镇总兵聂士成率兵2000多人赴朝，并由驻日公使汪凤藻照会日本政府，通知中国出兵一事。其实，日本早就作好了占领朝鲜的准备，并按预定计划于五月初二成立了战时大本营，同时，以护送驻朝公使和保护使馆商民为名，于五月初六在仁川登陆，初七侵占汉城。东学党起义被镇压后，李鸿章建议中日两国同时撤兵。但日本蓄意扩大事态，拒不从朝鲜撤兵，并提出由中日共同监督朝鲜"改革内政"，遭到中国拒绝。光绪二十年（1894年）五月，驻朝日使大鸟圭介向朝鲜国王李熙提出"改革内政"的书面要求；六月十八日要求朝鲜驱逐清军并宣布废除中朝签定的各条约。二十一日，朝鲜政府未予答复，日军随即攻占朝鲜王宫。二十三日，日舰在牙山口外突袭中国由朝鲜返航的运兵船，正式挑起了侵略中国的战争。七月一日，中日双方正式宣战。

黄海海战

　　1894年9月16日，北洋海军提督丁汝昌率北洋舰队护送招商局轮船运兵至鸭绿江口大东沟登陆。不料这一军事秘密事先被日本得知。

　　9月17日上午北洋舰队准备返航时，突遭日本联合舰队袭击。丁汝昌立即下令迎战，列成人字队阵的北洋舰队，以"定远"、"镇远"居中直扑敌舰。

　　战斗开始时，定远发炮震塌飞桥，在其上督战的丁汝昌被摔伤，随之信旗被毁，各舰失去指挥。日舰利用其舰航速快、速射炮位多的优势，避开北洋舰队"定远"、"镇远"两主力舰，绕向北洋舰队侧后，以左右舷炮轰击两翼小舰，而以首炮狂轰"定远"、"镇远"两舰背后，致使北洋舰队队形混乱，陷入被动局面。"致远号"和"经远号"重创后在管带邓世昌和林永升指挥下，奋力冲向敌舰，直至中鱼雷相继沉没。"定远"、"镇远"、"靖远"、"来远"四艘北洋主舰，在被敌舰分隔包围的逆境中，反而越战越勇、拼死搏斗。"定远号"管带兼总兵刘步蟾，负起全部督战的重任，镇定自若地指挥战斗，给予敌旗舰以致命的重创。战争约持续五个小时，日本舰队首先撤离，北洋舰队亦返回旅顺。北洋舰队"致远"、"经远"、"超勇"被击沉，另有六艘受创，死伤管带以下官兵1000余人；日本联合舰队旗舰"松岛"及"赤城"、"吉野"、"比睿"、"西京丸"受重创，死伤舰长以下官兵600余人。经此一战，日本控制了制海权。

　　"镇远"舰的铁锚。"镇远"舰是北洋舰队的主力舰。

　　"致远"舰的部分官兵。其管带是邓世昌。在黄海大战中，全舰官兵壮烈殉难。

邓世昌

邓世昌像。

邓世昌（1849年—1894年），原籍广东东莞，生于番禺（今广州）。字正卿。1867年考入福州船政学堂。历任福建水师海东云、振威、扬威等舰管带，巡守海口。

1879年调北洋水师，随丁汝昌赴英购铁甲舰。1882年奉命率舰泊朝鲜仁川，旋升游击，管带扬威舰，又迁参将。1887年以参将衔随同叶祖珪赴英、德接收定购的致远等4舰，回国后升北洋海军中军中营副将兼致远舰管带。第二年擢总兵加提督衔。

1894年中日甲午战争爆发，9月17日在黄海海战中，率全舰将士，英勇抗击日舰。在军舰受到重创，弹药耗尽的情况下，下令向日舰吉野号猛撞，不幸被鱼雷击中，邓世昌与全舰250余名官兵壮烈殉难。

❖ 威海卫战役

旅顺失陷以后，北洋舰队停泊在威海卫军港，成为日军进攻的主要目标。威海卫位于山东半岛顶端，港口呈新月形，港湾南北两翼，远远伸向大海，怀抱着湾内的刘公岛。岛上和海湾南北两翼都设有炮台，与港内舰队互相配合，可形成立体交叉的强大火力，足以对付海上来的任何强敌。但是，如果岸上炮台失守，将形成对港湾和刘公岛南北夹击的形势。

1895年1月20日，日军在威海卫的荣成湾成三角登陆，包抄威海卫后路，日海军从海上封锁威海卫。躲在港内的北洋舰队腹背受敌。接着，日军攻占南北两翼炮台。日军占领炮台后，把大炮转向港内，轰击北洋舰队。

日海军于2月3日向刘公岛和北洋舰队发起进攻，中国将士英勇抗击。北洋舰队旗舰定远号中鱼雷后，管带刘步蟾下令将军舰开到刘公岛码头外面，把军舰当炮台使用，直至舰上炮弹全部打完，才自行炸沉，刘步蟾也自杀殉国。这时，丁汝昌也主张沉船死战，几个船上的外籍顾问反对，并勾结舰队中苟且偷生的清军将领，逼迫丁汝昌投降，丁汝昌宁死不降，服毒自杀。

1895年2月12日，洋员浩威盗用丁汝昌名义草书乞降，交出残舰11艘、刘公岛上的炮台和军资器械。北洋舰队至此全军覆灭。

甲午战争中的威海卫海战图。

《马关条约》

中日谈判，签定《马关条约》时的情景。

光绪二十年（1894年）十月旅顺失守后，慈禧害怕日军进犯京津，支持奕䜣委托美使田贝秘密向日本疏通。第二年正月，清廷任命李鸿章为头等全权大臣赴日，与日本商谈和约。

二月二十四日，李鸿章同日本首相伊藤博文等在马关（今下关）春帆楼开始谈判。谈判过程中，日本肆意勒索，所提各项条款，只准李鸿章说"允，不允"两句话而已，并时时以战争再起和进攻北京相威胁。三月二十三日，李鸿章被迫在条约上签了字。

《马关条约》共11款，附有《另约》和《议订专条》。主要内容包括：中国承认朝鲜完全"自主"；中国割让辽东半岛、台湾、澎湖列岛给日本；赔偿日本军费二万万两；开放沙市、重庆、苏州、杭州为通商口岸；允许日本人在中国通商口岸设立工厂、输入机器，日本在华制造的一切物品免征各项杂税；交换俘虏，中国立即释放日军事间谍或因涉嫌而被逮捕的日本人。

四月八日，清政府批准了这一丧权辱国的条约。十四日，中日双方在烟台互换批准书，《马关条约》开始生效。

右图是自1891年起在中国流行的一幅版画，它鼓舞人们去抵制外来的侵略。

帝国主义瓜分中国的狂潮

《马关条约》签订后，清政府割辽东半岛给日本。这损害了俄、德、法三国利益，于是就出现了"三国干涉还辽"的事件。

1896年6月，俄国政府诱迫李鸿章在莫斯科签订了《中俄密约》，不久俄国趁德国强占胶州湾之机，于1897年底派军舰开赴旅顺，第二年迫使清政府签定《旅大租地条约》，强占旅顺、大连，并获得了南满铁路的修筑权，把整个东北划入了自己的势力范围。

1897年11月，德国借口山东巨野两名传教士被杀一案，派兵强占胶州湾沿岸各地。1898年3月，迫使清政府签定《胶澳租界条约》，把山东划入了自己的势力范围。

1895年6月法国签订了中法界约和商约，割占了我国云南边境的一部分领土，获得了陆路通商减税的特权，并首先获得了筑路、开矿的特权。1898年4月，法国获得了租借广州湾的特权。从此，广东、广西、云南划入了法国的势力范围。

1897年，英国获得了中国西南边境的大片领土，1898年7月，又获得租借威海卫的权利。1898年，又获得了九龙"新界"大批土地的租借权。这样，英国在长江流域及华南、西南、东北等地都划定了自己的势力范围。

美国由于种种原因没能参加瓜分中国的狂潮。1899年，提出了"门户开放"政策。

❖ 义和团的兴起

义和团原名义和拳，来源于白莲教和秘密结社。这些教社，最初都是以"反清复明"为宗旨的。甲午战争后，随着外国资本主义列强对中国侵略控制的加强，反清的号召逐渐让位于反侵略的号召。

1898年秋，山东巡抚张汝梅主张持平解决民教纠纷，并对义和拳组织采取以抚为主的政策后，冠县的义和拳首领赵三多首先打出了"助清灭洋"的旗号。

1899年，山东清平县义和拳改称义和团。同年夏季，清政府转变了对义和拳一味剿杀的政策，改行抚剿兼施的策略。毓贤接任山东巡抚后，奏请朝廷承认义和拳为合法民间团练，正式改义和拳为义和团。

此后，义和拳争得了合法地位，各地义和拳陆续改称义和团。毓贤对义和团的招抚政策，使山东义和团迅速扩展，团众四处攻打教堂，驱逐教士，与助教士为虐的地方官府作对。朱红灯在平原县，树起了"兴清灭洋"的大旗。此后，"顺清灭洋"、"保清灭洋"、"扶清灭洋"等口号都陆续出现，后来大都统一为"扶清灭洋"。同时，日趋高涨的义和团运动也波及直隶、天津。各国公使因各地教堂遭受沉重打击，多次照会清政府，施加种种压力。清政府畏于列强的一再逼迫，不久后改派袁世凯为山东巡抚，开始了对山东义和团的血腥镇压。

❖ 廊坊大捷

　　光绪二十六年（1900年）五月上旬，八国联军制定了占据天津，由铁路进犯北京的计划。当联军到达廊坊时，被蜂拥而来的义和团及民众包围。这些团民和民众直扑联军，将联军团团包围。十八日，联军突围北进，团民继续围堵。同一天下午，义和团又猛攻京津路上已被联军占据的落垡车站，迫使西摩尔派部分联军回去救援。这一路联军被包围在廊坊和杨村之间，前后两端的铁路都被拆毁，火车无法行进，联军进退不得，供应断绝。二十日，西摩尔率领部分联军退到杨村，企图改由运河水路向北进犯，被击退。二十三日，西摩尔由水路逃往天津；二十七日退到西沽，随即又被清军和义和团围住。直到三十日，大队联军赶到，被围的联军才退回天津。

　　这次战役被称为廊坊之战，义和团大胜，联军被击毙62人，伤228人。

造于康熙十二年（1673年）的象限仪。在1900年八国联军侵华的时候，被法国人掠入法国大使馆。

义和团进京

　　光绪二十六年（1900年）春季以来，直隶、天津一带的义和团日趋活跃，慈禧太后因为忌恨列强干预朝政，倾向于借义和团的力量泄个人私愤。当时，地方上有为数不少的官吏，因痛恨列强的侵略行径，同情和支持义和团抵抗外侮的爱国举动，纷纷要求朝廷对义和团采取招抚政策。于是清廷暂时承认了义和团的合法地位，默许他们进京。

　　同年的五月二十五日，慈禧太后发布对外宣战谕诏后，颁布了招抚义和团的谕诏。从此，京外义和团团民昼夜鱼贯进入京城，日以千计，到处设立神坛拳厂，北京城顿时成为义和团的世界。五月下旬，义和团与董福祥甘军一道，对各国驻京使馆发起围攻。德国公使克林德等人被清军虎神营士兵在东单牌楼击毙。围攻战持续了56天，团民们奋不顾身地战斗，把北京的义和团运动推向高潮。

清政府承认义和团"合法化"以后，北京和天津街头出现了很多义和团团员，图为全副武装的义和团团员。

右图是西摩尔率领八国联军侵华，在大沽口登陆时的情景。

西摩尔

西摩尔（1840年—1929年）英国海军将领。英国海军上将西马糜格里之侄。1854年—1856年参加英、法对俄国的克里木战争。1857年以中尉见习生的身份参加英、法侵华的第二次鸦片战争。1862年在上海随军与太平军作战。1863年回英国，后升为中将。1897年—1901年任英国驻东亚舰队总司令。

义和团运动期间，参加八国联军侵华。1900年6月10日，以保护北京使馆为名，他率领一支由英、美、德、法、俄、日、意、奥八国水兵组成的2000余人的联军，分批从天津向北京进犯。6月12日—14日，被清军和义和团困于廊坊。因铁路断绝，16日西摩尔决定退回杨村。19日，开始向天津总撤退。22日于败退途中占领天津西沽武库。26日得援军接应才退回天津。

1900年7月下旬—9月下旬，他到上海、南京等地指挥调动英国军队，为英国在长江流域的利益及"东南互保"施加军事影响。而后返回大沽，与沙俄争夺山海关。曾参与策划并指挥了列强共同占领山海关和秦皇岛的军事行动。西摩尔在1929年死去。

❖ 八国联军进攻天津、北京

1900年6月，为镇压中国人民的反抗，英、美、俄、日、法、德、意、奥八国联军2000多人，由英国海军西摩尔率领，分3批从大沽经天津乘火车北进。消息传到北京，董福祥率领的清兵甘军迅速控制了北京车站，准备迎击联军。前往火车站迎接联军的日本使馆书记官杉山彬，在永定门外被甘军射杀。在联军开往北京的途中，沿铁路线的义和团及民众破坏铁路，随处拦击侵略军。当联军到达廊坊时，发生了廊坊之战。

各国公使感到形势恶化，立即举行会议，一致同意调军队保护各国使馆。驶达大沽口外的各国舰队先后接到奉命进京的电报，并迅速派出陆战队，由海河乘船到达天津，准备向北京进犯。后来，迫于列强的威逼，慈禧太后命令总理衙门同意八国调兵入京，但每一国派兵不得超过30名。这些军队实际上是八国联军的先遣队。进入天津租界内的各国军队后来已达2000人。

1900年7月中旬，八国联军攻陷天津，清政府宣布对各国开战。义和团著名首领张德成率"天下第一团"5000多人进入天津，参加战斗。义和团和清军攻打紫竹林的战斗整整持续了一个月，天津防御力量急剧衰退。但是此时清军又开始大肆捕杀义和团，致使天津最后失陷。八国联军接着向北京进攻。1900年8月中旬，八国联军侵入北京。北京陷落。联军入京后，对北京义和团和广大民众进行了残暴的屠杀，联军还在城中肆意放火，大批珍贵图书档案遭到焚毁和劫掠。

❖《辛丑条约》的签订

1901年，清政府全权谈判大臣奕劻、李鸿章与英、美、俄、德、日、法、意、奥、西、荷、比等11国公使在北京签订《辛丑条约》。《辛丑条约》共12款，另外还有19个附件。主要内容有：

1.中国赔款四亿五千万两白银，以海关税、通商口岸的常关税和盐税作担保，分三十九年还清，年息四厘，本息合计白银九亿八千余万两，被称为"庚子赔款"；

2.在北京东交民巷设立使馆区，界内不准中国人居住，由各国派兵驻守；

3.拆毁大沽炮台和北京至大沽沿途的各炮台，外国军队驻守北京和北京至山海关沿线十二个战略要地；

4.清政府在各地颁布上谕两年："永禁设立或加入与诸国仇敌之会，违者皆斩。""惩办"首祸诸臣及地方官。各省官吏必须保护外国人，否则"即行革职，永不叙用"。凡发生反帝斗争的城镇，一律停止文武课考试5年；

5.清政府允许将各个通商条约中"诸国视为应行商改之处"及其他应办的通商事项，"均行议商"；

6.将原来的总理各国事务衙门改为外务部，其地位"班列六部之前"；

7.清政府应分别派王公大臣赴德、日两国"谢罪"，并在德国公使克林德、日本使馆书记生杉山彬被杀处建立牌坊。

大臣奕劻乘轿在前往《辛丑条约》签约现场的路上。

清政府举借外债

甲午战争后，到1911年间，清政府大举借外债。中日甲午战争后，清政府无力偿还巨额的对日赔款，帝国主义列强乘虚而入，竞相贷放巨款给清政府。这些借款95％由债权国在国外直接转付给日本，中国分文未得。1900年八国联军迫使清政府签订《辛丑条约》，其中赔款一项达白银9.8亿余两，即著名的"庚子赔款"，亦由列强贷款赔付。1910年，列强在争夺中国路矿利权过程中，各国财团联合组成国际银行团，共同垄断国际市场上中国债券的发行。

从1894年—1911年，清政府共举借外债110笔。累计债额折合银元为16.72亿元，中国实收仅9.17亿元，其他全被债权国以折扣形式侵吞，有的实交仅83％。所借债额，75.3％属政治、军需和财政借款，其他用于铁路和实业借款。债权国中，英国占29.8％，德国与奥地利占21.7％，法国比利时占18.94％，俄国占15.5％。

图为汇丰（英）、花旗（美）、东方汇理（法）、道胜（俄）、德华（德）、正金（日）等外国银行在华发行的钞票。

专题二： 近代工业的兴起

江南制造总局的建立

1869年江南制造总局建立的炮厂。

1865年6月8日，曾国藩和李鸿章成立江南制造（总）局，又称上海机器制造局。江南制造总局是洋务派开办的最大的军事工业，主要制造枪、炮、子弹等军用品，也能制造轮船。厂旁设立的兵工学校，招收学生学习有关机械工程的理论和技术。厂内还设翻译馆，主要翻译军事和工程方面的书籍。1867年，局址由虹口迁到城南高昌庙。至1893年，江南制造总局成为当时中国规模最大、最早使用机器生产的大型综合性军事工业企业，是中国按西方工业模式自办近代工业的开端。

江南制造总局制造出中国第一艘近代兵轮"恬吉"号；冶炼出中国第一炉钢水；创办了中国第一所机械工业制造学校；最早从外国引进先进技术。1868年6月设立翻译馆，介绍西方科技情况和成就。

甲午战争后，江南制造总局的生产锐减。1905年4月，江南制造局实行局坞分家，所属造船厂改称江南船坞，而制造军火部分则改称上海制造局，至1917年改称上海兵工厂。

❖ 洋务运动

19世纪60年代—90年代，清政府内部洋务派官僚以"自强"和"求富"为口号，在军事、政治、经济、文教及外交等方面开展了一系列的洋务运动，它是中华文明与西方文明碰撞后的第一次大规模的反应。

《北京条约》签订后，国门再次被打开。为了适应外国的需要设立了总理衙门，清政府还设立了南、北洋通商大臣，管理南北各通商口岸的商务和处理各种对外事务。两江总督长期由湘系曾国藩、曾国荃、左宗棠、刘坤一交替占据，直隶总督由李鸿章独占。他们都有仿效西方、练兵自强的要求。为培养与外国联系的翻译人员，1862年在北京设立同文馆。此后，又陆续派遣出国临时使节和常驻使节，这为与西方的沟通打下了基础。

洋务运动初期，在以"自强"为中心的口号下，洋务派官僚在各地创办兵工厂，制造枪炮和船舰。如安庆军械所、江南制造总局、福州船政局等企业。为适应洋务日益扩大的需要，1872年清政府派遣第一批留美生出国学习，开始了中国的留学教育。1875年，清政府又委派李鸿章、沈葆桢筹建北洋、南洋海军。他们在"自强"的同时，又提出"求富"的口号。从70年代到80年代，他们兴办了一批民用的工矿业和运输业。这样，洋务运动就在全国范围内展开了。

上图是1890年江南制造总局建立的炼钢厂，第二年在此炼出了中国的第一炉钢。

左图是左宗棠1866年开始创办的福州船政局。福州船政局是当时国内最大的造船企业。

❖ 福州船政局

同治五年（1866年），左宗棠（1812年—1885年）在福州马尾创办福州船政局。这是清政府经营的规模最大的新式造船厂。船政局内设铸铁厂、铸模厂、拉铁厂、打铁厂、锅炉厂、轮机厂、合拢厂、钟表厂等，规模之大不仅在中国历史上前所未有，在当时亦属世界先进行列。船政局是官办企业，创办费47万两，每月经费起初是5万两，后来增加到7万两，机器和材料都从法国购买。左宗棠的工程师都是法国人。船政局中工匠约为二三千人，杂工有八九百人。后来，船政局附设船政学堂，也称"求是堂艺局"，是中国最早的造船和驾驶技术学校。

同治六年（1867年），福州船政局开始生产，同治八年（1869年），造成第一艘轮船"万年青"号，开中国自造轮船之先河。从同治八年铁厂开工到同治十三年，船政局用法国破旧机器共造大小轮船15艘，均为木质。从光绪元年（1875年），外国技术人员撤走，福州船政局依靠自己的力量独立进行轮船制造。光绪三年（1877年），第一艘铁肋船"威远"号下水。80年代，船政局依靠留学归来的吴德章、杨廉臣、李寿田等人，开始建造2400马力的巡洋快船。第一艘快船名为"开济"号，除了龙骨、锅炉从外国购进，其余都是自行设计制造。1882年建成第一艘巡洋舰。光绪三十三年（1907年），船政局共造各种船只40艘。辛亥革命后，改称为"海军造船所"。

轮船招商局

1872年，李鸿章上奏请求设立轮船招商局，得到清政府批准。于是，中国第一家新式航运企业轮船招商局在上海正式成立。这是中国规模最大的民用企业之一。清政府派浙江海运委员、候补知府朱其昂招股试办。因朱其昂经营不善，后李鸿章委任唐廷枢为总办，改组全局，轮船招商局名为商办，实际是官商合办。总局设在上海，分局设在牛庄、烟台、天津、汉口、广州、香港以及国外的横滨、新加坡等地，主要承运漕粮，兼揽商货。初创时，只有轮船3艘，后来又不断购买，增加到12艘。唐廷枢主事后，招商局发展顺利，1877年，又购进旗昌轮船公司的旧轮船18艘，组成一支实力可观的商船队。

1885年，盛宣怀奉命进行"整顿"，改为官督商办，但仍连年亏损。1909年，轮船招商局再次改组，归邮传部管理。

上图为金陵机器制造局所制的炮弹。

福建海军建成

从光绪元年（1875年）起，清政府创建近代海军的计划开始实施。沈葆桢分管的南洋包括江苏、浙江、福建和广东四省，基础较好，因而发展十分迅速。

福州船政学堂和马尾港等基础设施为南洋水师的起步奠定了较好的基础。1870年，福建水师提督李成谋被任命为"轮船统领"时，已拥有"万年青"、"湄云"和"福星"三船，并于第二年制定了《轮船出洋训练章程》和《轮船营规》。近代海军终于艰难地起步了。

到1874年，福建海军已拥有18艘舰船。在1884年8月，福建海军作为法国远征军的重要攻击目标，在马尾海战中遭到重创。其参战的11艘舰船被击沉击毁9艘，击伤2艘。官兵伤亡达700多人。福建海军的精锐损失殆尽，从此一蹶不振。虽经努力，但再也无法恢复昔日的雄威。

福建海军的建成毕竟是我国近代海军的开端，它在与法国侵略者的英勇作战中创立的卓越功勋是不可磨灭的。

广东虎门炮台大炮。

上图是开平矿务局矿井。

❖ 开平矿务局

光绪四年（1878年）六月，开平矿务局在直隶（今河北）唐山开平镇成立，这是清末官督商办的大型新式采煤企业。

光绪二年（1876年）九月，李鸿章派轮船招商局总办唐廷枢到唐山开平一带勘测，发现此地蕴藏有丰富矿产，而且质地优良，就在第二年八月派唐廷枢筹办矿务局，并拟定《直隶开平矿物局章程》，招商集股。

矿物局成立后，光绪四年（1878年）开工凿井，用机器采掘；光绪七年（1881年）全面投产，雇工3000人，当年产煤3600余吨；到了光绪二十四年（1898年）增加到73万吨。该局不断扩充设备，改善运输条件，光绪十二年（1886年）成立了开平铁路公司，后来还购买了一艘运煤船。该局产煤主要供应轮船招商局和天津机器局，也大量销售市场，获利甚厚。到19世纪末，总资产已近600万两，是洋务派所办采矿业中成效最为显著的。

光绪十八年（1892年）唐廷枢死后，由江苏候补道张翼接任总办。因盲目扩建，耗资过巨，大借外债，致使外国垄断势力渗入。

光绪二十六年（1900年），张翼将矿物局实行中英合办，改名开平矿务有限公司，在英国注册，矿权逐渐被英国人霸占。

清末北京西四牌楼的商业景观。

❖ 中国兴办电信事业成立电报总局

光绪六年（1880 年）八月，北洋通商大臣李鸿章奏请筹设津沪电报线，在天津成立官办的津沪电报总局，委派盛宣怀为总办。光绪七年（1881 年）十一月津沪线完工前，正式命名为中国电报总局。

早在 1869 年，丹挪英电报公司、丹俄电报公司和挪英电报公司联合组成大北电报公司（总部设在丹麦首都哥本哈根）。次年，该公司为将电报线路从日本展设到中国海岸，成立大北中国电报公司，开始在香港、上海之间以及上海、长崎之间铺设海底电缆，并擅自将电缆接通至上海租界。1871 年，英国大东电报公司从印度铺设海底电缆至香港。1877 年，清政府开始自办有线电报。

津沪电线通报后，从光绪八年三月起，中国电报总局改为官督商办，招股集资，以充经费。十二月，李鸿章设苏浙闽粤电线；第二年，两江总督左宗棠奏设江宁至汉口的长江电线，都由中国电报总局办理，于光绪十年建成。同时为扩大招股，又将总局由天津移到上海，一方面与外商公司交涉折冲电报利权事宜，另一方面统筹各路电线的架设，陆续建成干线多条。

光绪二十年（1894 年）开始，盈利显著增加。光绪二十八年，北洋大臣袁世凯奏准电报收归官办，自兼总办，引起商股的反对。光绪三十三年，改中国电报总局为上海电政局。光绪三十四年，邮传部收赎了商股。

电报总局的设立，使中国新式通讯业得以产生，从而改变了延续了两千年的驿站通讯方式。

中国自建唐胥铁路

1880 年，开平煤矿为运送煤炭，修筑唐山至胥各庄铁路，1881 年，唐胥铁路正式通车，铁路全长 11 千米，这是中国自己筹建的第一条铁路。

清政府拆毁淞沪铁路之后，自筑铁路的议论却日渐热烈起来。经过长期不休的争论，清政府终于网开一面，准许在开平煤矿修筑自唐山至胥各庄铁路，专事运输开平煤矿的煤炭。唐胥铁路全长 11 千米，单轨铺设，轨距为146 厘米，以后此轨距便成为中国铁路的标准。起初用骡马拖载列车厢，人称马车铁道。后来，负责筑路工程的技师金达利用旧锅炉制成小型火车机车，开始使用机车曳引。

1885 年以后，唐胥铁路不断伸展，向东延伸至山海关、绥中，向西延伸至天津和北京，全长 276 千米，1893 年通车。这是当时中国最长的一条铁路。

1885 年，唐胥铁路正式通车。上图是清政府修建唐胥铁路举行的通车仪式。

张之洞

张之洞像。

张之洞（1837 年—1909 年），洋务派首领之一。字香涛，又字香岩、孝达，号壶公，又号无竞居士，晚号抱冰，又号广雅，清直隶南皮（今属河北）人。张之洞少时工词章。同治二年进士。张之洞遇事敢言，曾请斩崇厚，毁俄约。中法战争的时候任两广总督，起用冯子材击败法军。又设广东水师学堂，立广雅书院，武士与文备并举，以谋自强。他还筹备卢汉铁路，办汉阳铁厂、萍乡煤矿、湖北枪炮厂，设纺织四局，创两湖书院等，为后起洋务派首领。提出"中学为体，西学为用"。维护封建纲常，反对戊戌变法。

1906 年，张之洞协办大学士，被授予军机大臣。1908 年 11 月，以顾命重臣晋太子太保，次年病卒，谥文襄。

❖ 状元实业家张謇

张謇（1853 年—1926 年），字季直，号啬庵，江苏南通人，清朝末年的状元。他不愿做官，决心以兴办实业来救国。

1895 年 4 月，日本强迫清政府签订了结束中日战争的不平等条约《马关条约》，除了割地、赔款、开辟商埠外，还有允许日本人在中国内地开办工厂的条款。为了抢在外资在内地设厂之前创办一些工厂，张之洞委派张謇在通州集资兴办纱厂。经过张謇的一番努力，到 1899 年 5 月在南通把大生纱厂建成，大生纱厂投产后，得到了官府的支持。该厂投产后不但较快地站稳了脚跟，经受住了洋商、洋货的竞争，而且年年盈余。大生纱厂创办成功，是张謇生平的一件大事，它也鼓励了一些有钱人敢于投资办厂。

为了发展生产，张謇又陆续开办了一批企业。张謇还参加投资了很多公司，成为名噪东南的实业家。

可是有利于企业发展的好景并不长久。1920 年—1922 年间，各盐垦公司连续遭遇自然灾害，加上用人不当、经营不善，使大生纱厂负债愈重。加之国内军阀连年混战，以及第一次世界大战结束后帝国主义国家对华经济压迫加剧。到 1923 年，连一向盈利的大生纱厂也转为亏损。

张謇虽曾有"失败不要紧，第一要失败得光明，第二要失败后有办法。大家打起精神，决心再来打一个败仗以后的反攻，不要馁，不要退"的打算，但这个决心未及实现，张謇就在 1926 年 8 月 24 日病故于南通，终年 74 岁。张謇兴办实业的历程，成为中国民族工业曲折发展的一个缩影。张謇是位清末从封建士绅转化过来的民族资产阶级上层人物。他在兴办实业方面所取得的成就，对我国民族资本主义的发展起了带头和促进作用。

图为张謇像。

京张铁路通车典礼。

❖ 詹天佑修筑铁路

　　詹天佑（1861年—1919年），字眷诚，广东南海人。同治十一年（1872年）作为清政府派出的第一批幼童生赴美国留学，1881年以优异成绩毕业于美国耶鲁大学土木工程系。从1888年起，他参与和主持修筑多条铁路，成为中国铁路工程的先驱。

　　詹天佑先后参与修建、勘测和主持修建的铁路路线有：京奉铁路、江苏铁路、京张铁路、张绥铁路、津浦铁路、洛潼铁路、川汉铁路、粤汉铁路和汉粤川铁路等。从1905年—1909年，他以总工程师的身份主持修建的京张铁路全长200多千米，是第一条由中国人勘测、自行设计和施工的铁路。詹天佑克服种种困难，以有限的经费、高超的技术，用复式大功率机车前引后推，大坡度"之"字线展线，越过险峻的八达岭；并采用新工程技术，减少了工程数量，缩短了工期，节约了费用，受到中外人士的高度赞扬。此外，詹天佑还勘测设计并主持修筑了中国自建的川汉铁路宜昌至万县段以及主持了粤汉铁路和汉粤川铁路的修建工程。

　　1909年，詹天佑获清政府工程进士第一名。在1916年，他获香港大学法学博士学位。此外，詹天佑还编写了中国第一部《华英工学字汇》，另外并著有《京张铁路工程记略》等著作。

洋务派创办的主要工矿企业

　　1861年曾国藩在安庆设立安庆军械所，标志着中国近代史上洋务运动的开始；1865年，李鸿章将上海洋炮局大加扩充，成立江南制造总局，是洋务派开办的最大的近代军事工业；1866年，左宗棠在福州创设福州船政局，专造轮船，是清政府设备最齐全的一个船舶制造厂；1867年崇厚在天津创办天津机械局；1872年李鸿章在上海创办上海轮船招商局；1877年李鸿章在唐山创办唐山开平煤矿；1888年，张之洞创办湖北织造局，湖北织造局先在广东后迁武昌；1890年张之洞在湖北汉阳创办汉阳铁厂。

詹天佑像。

专题三： 维新运动

❖ 公车上书

1895 年，康有为联合上京会试举人，联名上书光绪帝，这就是历史上著名的"公车上书"。

甲午战败，清政府被迫与日本签订了丧权辱国的《马关条约》，激起了广大人民的强烈反对。空前严重的民族危机，也刺激爱国知识分子干预国事，要求维新变法，拯救国家。于是，康有为联合在京参加会试的举人1300 多人在松筠庵集会，联名上书光绪帝，痛陈割地弃民的严重后果，指出割让台湾将失去全国民心，力主拒绝和议，明定对策。

上书提出了四项解决办法：一、下诏鼓天下之气；二、迁都定天下之本；三、练兵强天下之势；四、变法成天下之治。康有为指出前3 项还只是权宜应敌之策，第4 项才是立国自强的根本大计。

汉代曾用公家车马接送应举的人，后来便以"公车"作为举人入京应试的代称，所以这次举人的联名上书被称为"公车上书"。

"公车上书"原名为《上皇帝书》，由康有为连夜起草，长达14000 多字，也是康有为第二次向清帝上书。这次上书，都察院以《马关条约》已经签订，无法挽回为理由，拒绝接受，但是，上书却在全国广泛流传。"公车上书"使酝酿多年的资产阶级维新变法思潮发展成为爱国救亡政治活动，对社会的影响和震动都很大，康有为从此取得了维新运动领袖的地位。

梁启超少年时在广东新会文昌阁读书。

康梁主张变法

康有为是戊戌变法运动的主要领导者之一，维新派的重要首领。中日甲午战争之后，民族危机日益加深。在客观形势的刺激和影响下，康有为逐步形成了改变现状、变法图强的思想。在他给光绪皇帝所上的七封对书中，详细阐释了他的变法思想。

首先，他指出变法乃是势所必然。中国面临的民族危机已决不是变不变法的问题，而是怎样变法的问题，不变法就无以救亡图存。其次他指出变法要"全变"、"变本"。康有为的以"全变"、"变本"为标榜的变法政治纲领，就是企图在封建制度许可的范围内，争取资产阶级在政治、经济、文教等方面的权利，为发展资本主义开辟道路。

梁启超是康有为的学生，也是戊戌变法的主要领导者，维新派的重要首领，提倡改良主义的思想家。1895 年梁启超赴北京会试，和康有为一起参与和发动了"公车上书"活动。

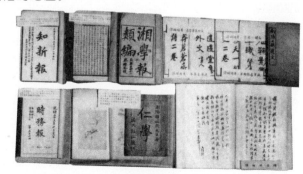

维新变法代表人物的著述及改良派报刊。

时务学堂的部分教员（左二为谭嗣同）。

❖ 强学会的成立

1895 年，由康有为发起、帝党成员、翰林院侍读学士文廷式出面，在北京成立强学会。强学会是戊戌运动期间的维新派的重要政治团体，户部主事陈炽为提调，梁启超为书记员。强学会有会员数十人，除维新人士外，徐世昌、袁世凯、张之洞、聂士成以及外国传教士李提摩太、李佳白、林乐知等都曾入会。李鸿章也表示要捐 2000 两银子入会，由于甲午战败后他的名声不好，没有被接受。强学会每 10 天集会一次，每次都有人讲"中国自强之学"。康有为写《强学会叙》，痛陈列强侵略下的危急形势以及成立学会挽救时局的紧迫性。

上海强学会在张之洞的支持下，于光绪二十一年十月成立。宣言由康有为起草，以张之洞的名义发表；章程由张之洞的幕僚梁鼎芬会同康有为共同拟定；经费主要由张之洞资助。章程标明"本会专为中国自强而立"，并规定该会任务是译印图书，出版报刊，设图书馆及开博物院。江浙维新名士纷纷入会。北京的强学会发行《中外纪闻》；上海的强学会则创《强学报》，宣传变法维新。1896 年，两地的强学会被清政府查封。

时务学堂的创办

1897 年，时务学堂创办，标志着湖南省的教育改良运动进入了高潮，它以"广立学校、培植人材"为宗旨，并宣称"吾湘变，则中国变；吾湘立，则中国存"。梁启超任时务学堂总教习，宣传大同思想，要求青年学生"以保国、保种、保教为己任"，他制定学堂课程设置的指导思想为："中学以经义掌故为主，西学以宪法官制为归"。梁启超还通过批改学生课卷，指责君主集权专制。

在时务学堂及其后创办的南学会的影响下，湖南教育领域风气大变，不到半年间设立了很多学堂和学会。尽管后来维新派人士倡导的民权学说和其他激进的变法思想，引起守旧势力的不满，梁启超和其他康门弟子也被迫离湘出走，维新派在湖南发起的改良主义教育终告失败。但是强学会在湖南的影响还是很大。

北京陶然亭慈悲庵。康有为、梁启超、谭嗣同等人曾在此计议变法维新。

梁启超

梁启超（1873年—1929年），广东新会县茶坑村人，祖父和父亲都是封建文人。梁启超出身于和资产阶级有联系的地主家庭，17岁考中举人。1890年到北京参加会试开始看到《瀛环志略》和江南制造总局翻译的书籍，初步接触西方资本主义的文化。1891年，他就学于康有为，开始接受维新思想。1895年，他在北京协助康有为发动"公车上书"，组织强学会。1896年，在上海主编《时务报》。1897年，他到湖南，担任长沙时务学堂的主讲。变法失败后，他逃亡日本，又创办《新民丛报》，鼓吹封建立宪，反对孙中山领导的革命。1916年，他与蔡锷联合反袁世凯，8月，他组织宪法研究会，依附于段祺瑞，出任段政府财政总长，1920年，他反对马克思主义在中国的传播。晚年在清华大学讲学。著有《饮冰室合集》。1929年去世。

梁启超像。

严复为《天演论》写的序言手稿。

❖ 严复和《天演论》

严复（1854年—1921年）字几道，又字又陵，福建侯官人，他是近代向西方寻找真理的代表人物，也是系统地在中国传播西学的资产阶级启蒙思想家、翻译家。他是福州船政学堂第一届毕业生，后留学英国海军学校。

1880年（光绪元年）任北洋水师学堂总教习，后升总办。中日甲午战争后，他发表《原强》《救亡决论》和《辟韩》等一系列政治文章，发出爱国救亡的强烈呼声，主张维新变法，并着手译述英国自然科学家赫胥黎的著作，取名《天演论》。戊戌变法前，他曾主办《国闻报》。戊戌变法后，他翻译《原富》《群学肄言》《法意》等，传播西方资产阶级政治经济思想和逻辑学。辛亥革命后，他思想日趋保守，1915年列名"筹安会"。其著译编为《侯官严氏丛刊》《严译名著丛刊》。

1898年，严复翻译英国赫胥黎所著《进化论与论理学》一书，定名为《天演论》正式出版，为中国近代较早的一本直接介绍西方资产阶级理论著作的书。该书系统介绍了达尔文的生物进化论，以"物竞天择，适者生存"的论点，号召人们救亡图存，"与天争胜"，对当时思想界起了很大影响。严复翻译《天演论》的特点不在于简单地转述赫胥黎原著，而是创造性地"取便发挥"，以求服务于当时中国社会的需要。书中"物竞天择，适者生存"的理论对打击封建势力、宣传变法维新起过积极作用。他是中国近代的启蒙思想家。

❖ 戊戌变法开展

　　光绪二十三年（1897 年）十月，德国强占胶州湾，激起全国人民的爱国义愤。康有为第五次上书光绪皇帝，陈述了民族危机的严重性，强调变法维新、救亡图存已刻不容缓。

　　光绪二十四年（1898 年）正月，康有为被召到总理衙门，再次申说了变法的主张。康有为上《应诏统筹全局折》呼吁光绪皇帝坚定变法的决心，指出只有变法才能救国。他提出了变法的具体办法。《统筹全局折》是资产阶级维新派政治改革的全部要求，也是戊戌变法的施政纲领。光绪帝看了这个奏折，非常满意，更加坚定了变法的决心。

　　同年三月，康有为等发起成立保国会，保国会是戊戌变法期间维新派的重要政治团体，以"保国、保种、保教"为宗旨。康有为、梁启超等人在集会上发表的演说，在天津、上海、广东各地报刊登载，影响很大。

　　光绪二十四年（1898 年）四月，光绪帝颁布"明定国是"诏书，决定变法。四月二十八日，光绪帝召见康有为，商讨和确定变法的步骤和措施。不久准许康有为专折奏事，并任命他为总理衙门章京上行走。康有为利用专折奏事的特殊待遇，不断地上奏折，递条陈，提出一系列新政建议。根据康有为等人的建议，在百日维新期间，光绪帝先后颁布了 100 多道除旧布新的改革诏令。

　　新政遭到了封建守旧势力的一致抵制和反对。光绪帝颁布的变法诏令，除了湖南巡抚陈宝箴还能认真执行外，其他地方督抚大多置若罔闻。在中央，有些新政机关形式上虽然建立起来，但基本上被顽固派所把持。因此，变法诏书大多成为一纸空文。

　　右图为光绪帝的宠妃珍妃（1876 年—1900 年），支持变法，被慈禧太后打入冷宫监禁，后又被溺死于宫井中。

变法诏书

　　1898 年 6 月 11 日—9 月 21 日，光绪帝颁布了一系列变法诏书。

　　1．政治方面：允许官民上书言事。

　　2．经济方面：保护农工商业，设立农工商总局，切实开垦荒地，提倡私人办实业，奖励新发明、新创造；设立铁路、矿务总局，修筑铁路，开采矿产；设立全国邮政局，裁撤驿站；改革财政，编制国家预算等。

　　3．文化方面：普遍设立中小学堂，设立京师大学堂。设立译书局，翻译外国书籍。准许创办报馆、学会。奖励科学著作和发明。

　　4．军事方面：精练陆军，改习洋操。添置兵轮，扩建海军。

　　变法诏书的颁布，有利于中国资本主义的发展和西方科学技术在中国的传播。

光绪帝像。

光绪帝（1871年—1908年），爱新觉罗·载湉，是道光帝之孙。1875年—1908年在位。年号光绪，庙号德宗。是清朝定都北京以后的第九位皇帝。

同治帝早夭无子，慈禧太后为了继续垂帘听政，于1874年立4岁的载湉入继大统，是为光绪帝。1898年，光绪帝19岁，举行"大婚典礼"，按照清代的制度，此后皇帝应该"亲政"，慈禧太后不得不宣布"归政"，但是要政还须请示她，慈禧太后仍然掌握着内政大权。

光绪帝经历了1883年—1885年中法战争和1894年—1895年的甲午中日战争的失败，目睹了帝国主义掀起的割地狂潮。1896年6月，他决定支持维新派人士康有为、梁启超等实行变法，颁布《定国是诏》和一系列维新命令，企图在维护封建统治的基础上发展一些资本主义。以慈禧太后为首的顽固派，视变法为亡国，于1898年9月21日发动政变，大肆逮捕维新人士，并幽禁光绪帝于瀛台。1908年11月光绪帝死于涵元殿，时年38岁。

❖ 慈禧太后发动政变结束变法

光绪二十四年（1898年）四月二十七日，即"明定国是"诏书颁布后的第四天，慈禧就迫使光绪帝下令免去翁同龢的一切职务，并驱逐其回原籍。

由于维新派的政制改革触犯了封建官僚的利益，而且威胁到慈禧太后的权威，顽固派和洋务派联合起来，向光绪帝和维新派发动了反攻。

面对慈禧的连连反扑，光绪帝和维新派深感大祸临头，一筹莫展。他们想把掌握新建陆军的袁世凯拉过来，对付慈禧和荣禄。八月一日，光绪召见了袁世凯。袁世凯玩弄两面派手法，一方面对光绪的"特恩"表示感激涕零，另一方面又到世铎、奕劻、刚毅、裕禄、李鸿章等旧臣处尽力周旋。八月上旬，政变已有一触即发之势，情况十分危急，谭嗣同只身前往袁世凯的寓所，劝他拥护光绪帝，杀掉荣禄。袁当面表示对光绪帝的"忠诚"，回天津后，却向荣禄告密，出卖了光绪帝和维新派。

八月六日，慈禧经过周密布置之后，发动政变，将光绪帝囚禁于中南海的瀛台，自己重新"训政"，继而大肆搜捕和屠杀维新派。政变后，除京师大学堂被保留外，新政措施全部被取消。

政变前夕，康有为离京到沪，后往香港；梁启超也由天津赴日。八月十三日，谭嗣同等6人被杀于北京菜市口，史称"戊戌六君子"。

图为取代光绪皇帝主持朝政的慈禧太后在宫中。

专题四： 辛亥革命

❖ 兴中会

孙中山（1866年—1925年）最初的革命活动是从华侨中开始的。1894年11月，孙中山在进步华侨的支持下，在檀香山（今美国夏威夷）创立兴中会。当时参加兴中会的有华侨工商界人士20多人，其中有孙眉（孙中山的哥哥）、邓荫南、何宽等人。据统计，华侨人数占全部兴中会成员的78%，因此孙中山把华侨称为"革命之母"。

兴中会以救国为目的，孙中山在会员秘密入会誓词中提出"驱除鞑虏，恢复中国，创立合众政府"的革命纲领，表明兴中会以推翻清政府、建立资产阶级共和国为宗旨。兴中会成立后，数月之内会员增至百余人。

1895年2月21日，孙中山又在香港成立兴中会总会，对外用"乾亨行"名义作掩护，杨衢云被选为会长。

兴中会是中国最早的资产阶级革命团体，该会先后在横滨、长崎、旧金山、台北、河内及南洋、南非等地遍设分会，主要在华侨中发展组织。1905年，兴中会与华兴会和光复会等联合组成中国同盟会。

在兴中会成立以后，1904年2月15日，秘密革命团体华兴会在长沙成立。上图为华兴会的部分成员（前排左一黄兴，左四宋教仁；后排左一章士钊，左四刘揆一）。

孙中山

1896年断发后的孙中山。

孙中山（1866年—1925年），名文，号逸仙，广东香山县（今中山市）人。1894年在檀香山组织资产阶级革命团体兴中会，次年在香港成立兴中会总会，准备在广州发动起义，事败未成。1897年在日本奔走革命时化名中山樵，此后即以孙中山见称于世。1900年派人至惠州发动起义。1905年在日本东京创立同盟会，被推为总理，确定以"驱除鞑虏、恢复中华、创立民国、平均地权"为同盟会的革命纲领，提出"三民主义"学说。

1911年10月10日武昌起义后，孙中山被推为中华民国大总统，1912年1月1日在南京建立中华民国临时政府，宣誓就职。2月3日，因革命党人与袁世凯妥协，被迫辞去大总统职务。其后领导"二次革命"、护国运动、护法运动，屡次失败。1924年在广州召开中国国民党第一次全国代表大会，通过宣言，实行联俄、联共、扶助农工三大政策，把旧民主主义发展为新民主主义，实现国共第一次合作。

1925年3月12日孙中山在北京逝世，遗体安葬于南京中山陵。

光复会

主张以暗杀方式反满抗清的光复会会长蔡元培。

光复会是上海的资产阶级革命团体。1903年，东京军国民教育会派龚宝铨等回国，在上海组织暗杀团，增加的成员基本上是浙江籍的留日学生。1904年冬，在暗杀团的基础上成立了光复会，蔡元培被推为会长。光复会以"光复汉族，还我山河，以身许国，功成身退"十六字誓词为宗旨，以暗杀和暴动为革命手段。光复会以排满复仇为号召，带有较为浓厚的汉族传统的民族主义色彩。以后陶成章、徐锡麟、秋瑾、章太炎等先后入会，成为领导骨干，光复会还注意联络苏、浙、皖、闽、赣五省的会党，光复会在江浙会党中迅速扩大势力。第二年，其主要会员以个人身份加入同盟会。1910年，同盟会内部分裂加剧，陶成章在日本成立光复总会，以章太炎为会长。辛亥革命后，陶成章被暗杀，该会遂解体。

❖ 中国同盟会的成立

　　1905年7月，孙中山来到日本，客观的形势使孙中山认识到汇集各革命团体的力量，在政治上、思想上提出一个明确的革命纲领，才能指导新的革命形势。孙中山先后同黄兴、宋教仁、陈天华等人商议筹建统一的革命政党问题。7月30日，召集筹备会，决定成立中国同盟会。

　　1905年8月20日，中国同盟会在东京召开正式成立大会。这次会议通过了由黄兴等人起草的会章，选举了孙中山为"总理"、黄兴为执行部庶务等。同盟会把原有的兴中会、华兴会、光复会等带有地方性的小团体联合起来，成为一个全国性的组织。同盟会成立后，分设执行部、评议部和司法部，采用三权分立制度。确定以"驱除鞑虏、恢复中华、建立民国、平均地权"为同盟会的革命纲领，孙中山又把同盟会的纲领阐发为"民族、民权、民生"三大主义，称为三民主义；制定《军政府宣言》《中国同盟会总章》，对外宣言，对内布告等文件，发刊机关报《民报》，宣传革命；在国内外各地建立支部，国内有东、西、南、北、中五个支部，分布于华南、华中、华北及东北等地。国外有南洋、欧洲、美洲、檀香山四个支部，并在各省区设立分会。同盟会把原来分属各地的革命组织统一起来，产生了全国性的号召力，使革命派有了一个核心组织，极大地推动了资产阶级民主革命运动的发展。

上图是1905年4月，孙中山赴比利时会晤湖北籍留学生，发展革命力量。

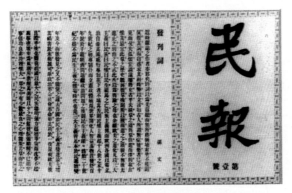

为了宣传民主革命的思想，在同盟会成立不久，同盟会创办了《民报》。上图为孙中山为《民报》所写的发刊词。

❖ 中国同盟会设立《民报》

中国同盟会成立后，于11月26日创办《民报》作为同盟会的机关报，极大地推动了民主革命运动的发展。《民报》每期约150页，6万多字，自发刊起至1910年2月停刊共出版26期。《民报》的创刊得到日本友人宫崎寅藏的大力帮助，甚至连《民报》发行所的招牌都悬挂在他的住宅门前。先后任《民报》主编的有胡汉民、章太炎和汪精卫，章太炎、陈天华、胡汉民、汪精卫、朱执信、汪东、廖仲恺、宋教仁、黄侃等都为其撰写过文章。

《民报》分为评论、时论、译丛、谈丛、纪事、撰录等栏，以刊载政论文章为主。孙中山对《民报》作过具体指导，在《发刊词》中孙中山首次提出了三民主义，并为其规定了将"非常革新之学说""灌输于人心，而化为常识"的办刊宗旨。

《民报》是在揭露清政府的腐朽卖国和反对保皇派的斗争中发展起来的。同盟会成立不久，革命派和保皇派就分别以《民报》和《新民丛报》为阵地展开了一场激烈的思想大论战，这场论战《民报》取得彻底胜利。《民报》在论战中的胜利，推动了革命派的办报活动，出现了一批革命报刊。

同盟会创办《民报》，为资产阶级民主革命创造了舆论上的准备，推动了革命形势的发展，宣扬了民主共和的思想观念，促进了辛亥革命的胜利的到来。

邹容

邹容像。

邹容（1885年—1905年），四川巴县人，出生在一个商人家庭。他父亲希望儿子能在科举道路上考取功名，光宗耀祖。但邹容从小就关心时政，仰慕谭嗣同，对科举根本不感兴趣。16岁那年，他冲破家庭的阻拦，到日本留学。在日本，他积极参加进步留学生的革命活动，阅读了大量西方的政治学、社会学著作，视野进一步开阔，逐渐产生了反清的思想。后来因反对一个驻日的清朝官员，他被赶出日本。那个驻日的清朝官员是清政府的忠实奴仆，负责监督留学生，专门破坏学生运动。邹容决定杀杀他的威风。一天晚上，邹容和几个同学乘他不防备，将他痛打了一顿，并且剪掉了他的辫子。第二天，他们将这条辫子悬挂在留学生会馆的正梁上，向清政府"示威"。邹容回国后在上海撰写《革命军》一书，号召推翻清朝统治，建立中华民国。《革命军》写成后，风行海内外，发行总数达一百多万册。

陈天华

陈天华像。

　　陈天华（1875年—1905年），字星台，湖南新化人，出生于农民家庭。他从小就爱学习，戊戌变法期间，考入新式的新化求实学堂，1903年留学日本。后来因为抗议日本政府颁布的取缔中国留学生的规定，愤然投海自杀，当时他只有31岁。他撰写了《猛回头》和《警世钟》两本小册子，主要宣传反帝爱国思想。他用浅显通俗的语言指出，由于帝国主义对中国进行的政治、经济和文化等方面的侵略，中国人民已经完全丧失了自由，这时的清政府已经成为"洋人的朝廷"。他认为，要想反抗帝国主义的压迫，必须先推翻清政府的统治。陈天华的文章一字一泪，深刻感人。这两本书流传到全国各地，深受读者欢迎，先后印刷了十几次，广泛地宣传了革命的思想。

　　在黄花岗起义事后，收殓遗骸72具，合葬于黄花岗。右图为黄花岗七十二烈士墓。

❖ 黄花岗起义

　　黄花岗起义原定在1911年4月13日举行，后来由于一位革命党人刺杀清政府广州将军，引起清政府的注意，在广州实行戒严，到处搜捕革命党人；而且同盟会从国外购买的武器，也还没有到齐。在这种情况下，按原计划起义已非常困难，因此，起义被迫推迟到了1911年4月27日。

　　1911年4月27日下午，同盟会的敢死队员把起义指挥所布置得喜气洋洋，像办喜事的新房。黄兴在这里召集了起义队伍。五点三十分，起义时间已到，敢死队员脚上穿着黑鞋子，扮作仆从的样子，抬着一顶轿子，里面坐着黄兴，直奔总督府。总督衙门的卫兵加以阻拦，黄兴立即命令吹响号角。队员们听到号令，马上开枪射击，冲进总督衙门，总督张鸣岐抢先一步从后院逃走了。敢死队退出总督衙门的时候，迎面碰上了清军的大队人马，双方展开了激战。最后由于革命党人的增援部队没有按时到达，寡不敌众，不得不撤退。在战斗中，黄兴受了伤，左手的四个手指被打断了。他且战且走，躲入一家洋货店内，等晚上战斗停止后，才在店内伙计的帮助下，化装乘船渡过珠江，奔向珠江南岸的秘密机关。起义以失败告终。

　　起义失败后，清政府大肆搜捕革命党人。清军对死难烈士非常仇恨，让他们的尸体在街上曝晒了四天。当地群众冒着生命危险，在黄花岗安葬了72位烈士的遗体。

武昌起义

湖北武汉位处 9 省通衢之地，战略地位十分重要。自科学补习所成立以后，经过不懈努力，革命党在新军中的势力已蔚然可观。当时黄花岗起义引起全国震动，保路运动风起云涌，革命时机成熟。

1911 年，湖北革命团体共进会与当地新军中的秘密革命组织文学社合并，同时建立领导起义的机构。文学社首领蒋翊武为总指挥，共进会首领之一孙武为参谋长，他们对在武昌发动起义进行了部署。只因被邀为统帅的黄兴迟迟未到，一直引而未发。

1911 年 10 月 9 日，在汉口俄租界宝善里 33 号的一间房子里，革命党人孙武正在为武装起义赶制炸弹。旁边一个人在吸香烟，不小心将火星掉进了炸药中，引起了爆炸。事件发生后，清政府采取措施严加防范，湖广总督瑞澂下令关闭城门，全城戒严，按名册逐个逮捕革命党人，形势十分危急。革命党人被迫提前起义，工程第八营熊秉坤等首先率领新军举事，10 月 10 日晚上 7 时，士兵程正瀛打响了第一枪，熊秉坤带工兵营迅速占领楚望台军械库。其他各路军中革命党人闻枪而动，按原定部署，向各自的目标发起攻击。

10 月 11 日清晨，总督衙门被攻克，瑞澂逃至楚豫号兵舰，第八镇统制张彪逃往汉口，武昌遂为起义者占领。接着汉阳、汉口也均被占领。武昌起义很快取得了胜利。

武昌起义后，湖南、陕西、山西、云南、江西、贵州、湖北、江苏、广西、安徽、福建、广东、四川等 14 省相继宣布独立，形成全国规模的革命浪潮，这年是农历辛亥年，这次革命又称辛亥革命。

孙武像。孙武是领导武昌起义的革命党首领之一。

武昌起义及各省宣布独立图。

武昌起义时使用的大炮。

中华民国成立

　　1912年1月1日，南京临时政府成立。孙中山就任临时大总统，定国号为中华民国。

　　当武昌起事获得全国响应时，清王朝注定失败，革命派开始筹建共和国临时政府。1911年12月20日，17省代表会议在南京再度召开，决定成立临时政府，以16票的绝对优势选举孙中山为中华民国第1任临时大总统。

　　临时大总统府设在南京城内旧两江总督衙门内。1月1日晚11时，举行孙中山大总统受任典礼。孙中山宣读誓词说："颠覆满洲专制政府，巩固中华民国，图谋民生幸福，此国民之公意，文实遵之，以忠于国，为众服务。至专政府既倒，国内无变乱，民国卓立于世界，为列邦公认，斯时文当解临时大总统之职。"同时发布《临时大总统宣言书》和《告全国同胞书》。宣言毕，即接受大总统印，并由秘书长将其盖于宣言等文件上。之后，孙中山下令定国号为"中华民国"，同时改用阳历。2日，孙中山通电各省改历，并以1912年1月1日作为中华民国建元的开始。

　　1912年1月3日，代表团依临时政府组织大纲举行副总统选举会，黎元洪以17票当选。陆军部长为黄兴；司法部长伍廷芳；实业总长张謇；教育总长蔡元培，会议还任命了其他各个部长，基本上都是同盟会的会员。1月11日，各省代表会议又议决以五色旗为中华民国国旗，十八星旗为陆军旗，青天白日满地红旗为海军旗。

　　临时政府成立之后，颁布了不少除旧布新的法令。临时参议院通过的具有宪法效力的《中华民国临时约法》，规定了资产阶级民主自由的一般原则，使共和国的方案具体化和法律化。中华民国的诞生，结束了中国2000多年的封建帝制。

1912年1月28日，孙中山（前左五）、黄兴（前左四）等中华民国临时政府成员与参议员合影。

❖ 袁世凯"逼宫"，清帝退位

1912年1月26日，袁世凯指使北洋军将领段祺瑞等40多人联名向内阁军谘府、陆军部和各王公大臣发出通电，极言局势万分危急，如"政体仍待国会公决"而再迁延不决，即"有兵溃民乱，盗贼蜂起之忧。寰宇糜烂，必无完土，瓜分惨祸，迫在目前"。强硬要求"明降谕旨，宣示中外，立定共和政体，以现内阁及国务大臣等暂时代表政府"，否则将带兵入京。原已心惊胆颤的皇族亲贵读到这份通电后，更加丧魂失魄，感到大势已去。1月29、30日清廷御前会议决定"逊位"，以取得革命党人的优待条件。

2月12日清政府公布退位诏书，并宣布退位后"由袁世凯以全权组织临时共和政府，与民军协商统一办法"。

清王朝至此覆亡，中国封建君主制也随之结束。

❖ 袁世凯篡夺胜利果实

清帝于1912年2月12日宣布退位。清帝退位的第二天，袁世凯就通电全国宣誓效忠共和。孙中山辞职，并推荐袁世凯继任。15日临时参议院选举袁世凯为临时大总统。袁世凯借口北方发生兵变和列强干涉，拒绝到南京就职。

袁世凯刚被举为临时大总统，孙中山便催促他南下就职。孙中山让位给袁世凯附有三个条件：一、临时政府地点设于南京；二、新总统亲自到南京受任之时，大总统及国务各员乃行辞职；三、临时政府约法为参议院所制定，新总统必须遵守颁布的一切法制章程。孙中山欲使袁世凯脱离北京并想用《临时约法》约束他。而袁绝不离开自己的势力中心，坚持建都北京。

1912年3月2日，各国军队在市区列队示威，日、英、美、法、俄、德等国纷纷从旅顺、香港、哈尔滨、青岛等地调军入京。同时北京、天津、保定各商务总会、议事会、顺直咨议局及各政团，都上书袁世凯要求"声明决不南行"。孙中山等人被迫让步，允许袁氏在北京宣誓就职，并将临时政府迁往北京。北方各省的巡抚、总督一律改称都督。中华民国在形式上接收了北方的统治权，完成了国家统一。3月10日，袁世凯在北京就任临时大总统。

摄政王载沣，清末皇帝溥仪的父亲。

1912年2月12日，清帝退位。清王朝宣告结束。上图是清末皇帝溥仪像。

专题五：　　北洋军阀的统治

❖ 袁世凯筹备帝制

1915年5月，《时报》刊载的反对"二十一条"的血书："五月九日永记勿忘"。

1915年1月，日本向袁世凯政府提出了将中国政治、经济权益交由日本控制的"二十一条"。袁世凯看完"二十一条"之后，惊诧无比，但他未断然拒绝。

2月2日，中、日在北京举行正式谈判。日方要求中国首先要对"二十一条"全案发表意见，中方则主张逐条讨论。在日方强行要求下，中方不得不于5日对全案提出其意见大纲。

5月4日，日本为迫使中国接受"二十一条"，便召开内阁会议及元老大臣会议，决定对华发出最后通牒。与此同时，日本政府颁布关东戒严令，命令山东和奉天日军备战，进行武力威胁。

5月8日下午，袁在总统府召集会议。发言者大都认为只有接受日本要求一途，惟独段祺瑞主张动员军队，对日示以强硬，但袁世凯认为无法挽回。

5月25日，中日双方在北京签定"中日条约"和"换文"。5月9日，袁政府接受最后通牒的消息一经传出，群情激愤。各城市爱国团体，纷纷集会，拒不承认"二十一条"。上海各界召开国民大会，一致表示拒日到底。各地青年学生尤为悲愤。接着，汉口、镇江、汉阳、福州等地，相继出现反日活动。

1915年，袁世凯政府机关报《亚细亚日报》发表了宪法顾问古德诺的《论共和与君主》，公然宣传中国应实行帝制。8月14日，杨度串联刘师培、严复等6人组织"筹安会"，为袁世凯称帝鸣锣开道。8月中，北京掀起实行帝制的请愿风潮，在袁的党徒操纵下请求袁世凯当皇帝。

8月24日下午，由段芝贵、袁乃宽发起，在石驸马大街袁宅开军警大会，讨论筹安事宜。会场上备有签名簿两本：一为"赞成君主"，一为"赞成民主"。众人一致赞同君主。无人在另一本签名簿上签字。9月19日，梁士诒、张镇芳、杨度、孙毓筠等人，收买各请愿团，组成全国请愿联合会，于9月16日向参政院呈上第二次请愿书，要求召开国民会议。袁世凯遂于25日发布命令，11月20日召集国民会议，议决国体。9月2日，19位将军联名向袁发劝进电。10月25日，全国各地开始选举国民代表，从28日起陆续举行国体投票。会场内外布满军警，名为保护，实际上都是袁世凯的党徒。票面印"君主立宪"四字，令投票人写上"赞成"或"反对"字样，再签上自己的姓名。投票前每个代表发大洋500元，作为"川资或公费"。国体投票开始后，各省将军、巡按使，都有劝进的密呈或密电给袁世凯，报告各地选举投票情形，内容都是要求袁氏"俯顺民情，早登大位"。

1914年9月，袁世凯率文武百官在孔庙行跪拜祭孔礼。

两广护国军都司令部使用的飞机。

❖ 护国运动

1915年12月25日，云南宣布独立，组织护国军政府。1916年元旦，护国军誓师出征。第一军总司令蔡锷，进军四川；第二军总司令李烈钧，出兵两广；第三军总司令唐继尧，坐镇云南。护国军在四川、贵州、广西、广东等地与袁军交战，攻势甚猛。北洋军纪败坏，军心涣散。曾投靠袁世凯的贵州督军刘显世、广西将军陆荣廷，先后于1月27日和3月5日宣布独立。袁世凯被迫3月22日取消帝制，但仍居大总统位，要求停战。

1916年4月6日，袁的打手广东将军龙济光被迫宣布独立。12日，浙江宣布独立。5月8日，滇、黔、粤、桂四省在广东肇庆共组军务院，以唐继尧、岑春煊为正副抚军长，梁启超为政务委员长，蔡锷、李烈钧为抚军。军务院提出以袁世凯去位为讲和条件。孙中山也由日本返国，发表第二次《讨袁宣言》，号召"除恶务尽"。5月15日，陕西独立。北洋大将军冯国璋、段祺瑞，不肯为袁作战，冯国璋还劝袁世凯退位。袁世凯陷入了四面楚歌、众叛亲离的绝境，于6月6日忧惧病死。此后，黎元洪继任总统，护国战争结束。

北洋军阀

北洋军阀，袁世凯建立的封建军阀集团。1895年清政府命袁世凯在天津小站编练"新建陆军"，归北洋大臣节制。1901年袁任北洋大臣，所建军队称为北洋军。1905年北洋军扩建成六镇（镇等于师）。辛亥革命后袁窃取大总统职位，形成控制中央和地方的军阀集团，主要将领先后有段祺瑞、冯国璋、王士珍、曹锟、吴佩孚、孙传芳、张作霖等，还有一批北洋系官僚徐世昌、唐绍仪、赵秉钧、钱能训等。1916年袁死后，北洋军阀分裂成直、皖两系，另外，东北有奉系，云南有滇系，广西有桂系等军阀。各系军阀之间为争权夺利不断发生混战。1926年皖系军阀段祺瑞被赶下台，1927年直系军阀被国民革命军消灭，1928年奉系军阀政府垮台，统治中国17年的北洋军阀从此覆灭。

陆荣廷像。1916年3月5日，广西宣布独立。陆荣廷通电全国，反对袁世凯。

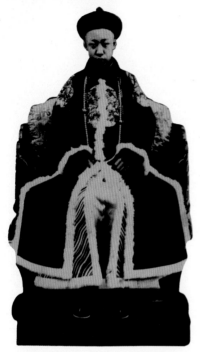

1917 年 7 月 1 日复辟帝制的时候，溥仪的朝服像。

❖ 张勋复辟

因对德宣战问题引起府院之争激化后，1917 年 6 月 2 日，徐树铮、段祺瑞等人另组政府的计划，遭到张勋强烈反对。张勋主张推翻民国，复辟清室，并警告段、徐等人"不得于通常名目之外，别立名目"。

6 月 28 日，曾以变法维新领袖身份名震天下的康有为秘密进京。6 月 28 日，康有为一行抵京，下车后即被张勋迎至他的公馆。当晚，张勋、康有为在张宅举行会议。康有为说，徐勤"自两广来归，悉南方诸帅，俱备响应"，督促张勋立即动手。会议当即议定了复辟计划。6 月 7 日，黎发布请张进京"调停国事"的总统命令。6 月 7 日，张勋率辫子军步、炮兵 10 营 4300 余人由徐州登车北上。黎元洪于 12 日下令免去伍廷芳的代总理职务，改任步兵统领江朝宗暂代，并由江朝宗副署，发布解散国会令。13 日，黎元洪通电：解散国会。随后，张勋也通电全国：大总统已颁布法令解散国会。30 日傍晚，张勋偕刘廷琛潜入皇宫，与溥仪的师傅陈宝琛举行"御前会议"，将复辟行动计划告知清室。7 月 1 日凌晨，废帝溥仪在养心殿召见张勋。张勋率领诸人，向溥仪行三跪九叩礼，接着由张勋奏请复辟。

1917 年 7 月 1 日，溥仪下八道"上谕"，内容为下诏即位；设内阁议政大臣；授张勋、王士珍、陈宝琛、梁敦彦、刘廷琛、袁大化、张镇芳为内阁议政大臣。当天，张勋通电各省说："创改共和，纲纪隳颓，老成绝迹，暴民横恣。"只有实行君主制才能"享数百年之幸福"，并命令各地立即改用宣统年号，悬挂黄龙旗，来恢复清朝旧的制度。

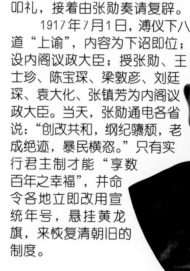

张勋像。

北洋政府

北洋政府，北洋军阀所控制的北京政府。1912 年 4 月—1916 年 6 月，袁世凯任大总统。袁死后，黎元洪继任总统至 1917 年 7 月张勋复辟。冯国璋、徐世昌、黎元洪、曹锟又先后任总统。1924 年 11 月—1926 年 4 月段祺瑞在临时政府执政。段下台后，北洋政府处于混乱状态。1926 年 12 月，张作霖以"安国军总司令"名义控制北京政府，1927 年 6 月，改称中华民国军政府陆海军大元帅。1928 年 6 月，张与蒋介石作战失败，退回东北，北洋政府垮台。

❖ 护法运动

　　袁世凯死后，黎元洪继任总统，任命段祺瑞为国务总理。段祺瑞操纵北京政府实权。他拒绝恢复《中华民国临时约法》和国会。为恢复《临时约法》及国会，孙中山发起护法运动。他率领宣布脱离北洋政府的海军于1917年7月由上海到广州，联合两广、云贵地方实力派，召开国会非常会议，于9月组成中华民国军政府。孙中山任海陆军大元帅，云南督军唐继尧和两广巡按使陆荣廷为元帅。护法政府由湖南进军北伐。

　　1917年9月18日，湘南宣告独立，组成护法军湘南总司令部，程潜为总司令。至此，以南北对峙为主要形式的护法战争正式拉开了战幕。15日，护法军在北军撤出衡山后，向北推进，连克湘潭、株州，直趋长沙。18日，湘军第一师师长赵恒惕抢先进入长沙，21日，程潜赶到长沙。第二天，湖南各界代会议公举陆荣廷为湘粤桂巡阅使，谭浩明为湖南督军，程潜为省长。24日，程潜就任湖南省长。11月1日，川边屯殖使张煦在西昌宣告独立，并致电军政府大元帅孙中山，表示"拥护真正之共和"。3日，颜德基以"四川靖国临时司令"名义，在绥定通电独立。

　　11月25日，焦子静等在陕西白水县通电宣布自立，筹建陕西护法军。11月26日，宁波驻军通电宣告自主。同日，温州、处州宣布独立，与宁波取一致行动。绍兴、台州、严州等处也随之响应，或宣告独立，或声称自立。陆荣廷等为了和北洋军妥协，操纵非常国会于1918年5月改组并控制了军政府，迫使孙中山辞去大元帅，离粤赴沪。

❖ 中国正式对德、奥宣战

　　1917年8月14日，北京政府发布《大总统布告》，正式宣布对德、奥宣战。布告声称："我中华民国政府以德国实行潜水艇计划，违背国际公约，危害中立国人民生命财产，曾于本年二月九日向政府提出抗议，并声明抗议无效，不得已将与德国断绝外交关系"等语。于三月十四日与德国断绝外交关系，并将经过情形宣示中外。"自中华民国六年八月十四日上午十时起，对德国、奥国宣告立于战争地位"。

图为身着戎装的孙中山。1917年10月，孙中山在广州就任海陆军大元帅后，正式组成中华民国军政府，与北京政府对抗。

专题六： 清末民初的文化和教育

左一、左二是清光绪年间民信局所用的实际封；左三、左四是清同治年间官方传递文书所用的官用封套。

京师同文馆

在清政府与外国订立《南京条约》、《天津条约》和《北京条约》时，清政府竟连一个懂得外文的中国人都找不到，任凭侵略者的蒙骗。1861年奕䜣奏请设立外语学校，培养外语人才和外交人才。

1862年8月，同治帝正式批准成立"京师同文馆"。学员除学习汉文外，主要学习外文。聘有外籍教师英国人包尔腾，法国人司默灵、毕利干，俄人柏林，美国人丁韪良、傅兰雅、海灵敦等任教。丁韪良1863年任教，1869年任总教习，总管教务达30年。总税务司赫德兼任监察官，实际控制了经费和人事大权。

同文馆完全按正规学校来办，陆续开设英文馆、俄文馆、德文馆和日文馆。原只招收13、14岁以下八旗子弟，后又招收15岁—25岁的满汉学员，也招收不限年龄的满汉学员。学习期限初定3年，到1876年分为两种：一是由外文而及天文、化学、测地等科的学生，学制8年；一是年龄稍大、仅借中文译本学习天文、化学、测地等科的学生，学制5年。

所设课程，1867年时增设算学、化学、万国公法、医学生理、天文、物理、外国史地等。学生最多时达120人。毕业生大多任清政府译员、外交官员和其他洋务机构官员。1873年同文馆附设印刷所负责编辑出版事务。采用适当鼓励的方法鼓励译书。曾经翻译并印刷了《万国公法》及数理化和文史等方面书籍。1902年同文馆并入京师大学堂。

右图是清末邮局的中外工作人员合影。

❖ 中国兴办邮政事业

同治五年（1866年），清政府委托海关总税务司英国人赫德在全国范围内开办国家邮政，由各地海关办理。

在此之前，太平天国的洪仁玕最早提出兴办邮政，惜未实施；清地方政府又曾在台湾实行改驿归邮，但只是小范围实施。1898年3月清政府正式批准成立大清邮政，海关总税务司赫德兼任总邮政司。1911年邮政脱离海关，由邮传部接管。盛宣怀先后任邮传部尚书和邮传部大臣。1912年中华民国建立后改称中华邮政。1914年加入万国邮政联盟，主要经营函件、包裹、汇兑与储金。

1904年全国有邮政局所1319处，到了1936年增加到72690处；邮政员工1911年有15288人，到了1936年增加到28007人；邮运工具从早期的肩挑、马驮等逐渐发展为利用汽车、火车、轮船，并开办了航空邮路；邮路总长度从1904年的50500千米发展到1936年的584816千米。

在清代和北洋政府统治时期，中国邮政控制在外国人的手里。1928年后逐渐转由国民党政府控制。但由于邮政实行独立经营，绝少受军阀混战和政局变动的影响，有较高的信誉；又由于它在经营上实行垂直领导、高度集中、全程全

网、联合作业、人有专责、事有定章、纪律严明等，因而从1915年即开始盈利。

❖ 容闳开拓留学教育

19世纪70年代，容闳向洋务派重臣提出了一个划时代的建议：派幼童出国学习，从此揭开了中国留学教育的序幕。容闳（1828年—1912年），是中国留学美国并获耶鲁大学学位的第一人。他从小就读于澳门的英语学校，19岁赴美留学。容闳早年便立志以开拓教育为救国之道，欲使更多的人能像他一样享受文明教育，因此大学毕业后立即回国，争取实施他的留学教育计划。在曾国藩、李鸿章的支持下，清廷委派刑部主事陈兰彬及容闳为正副委员，常驻美国，主持留学教育的一切事宜。

从同治十一年（1872年）起，中国连续4年每年派遣幼童30名赴美留学。他们在美国每2人一组住进美国人家中学习外语，然后就近入学，并陆续进入美国各大学开始深造。从同治十三年起，还建成了留学事务所的永久办公所。

后来由于守旧派如陈兰彬之流不断打击、毁谤留学幼童，诬指他们失去爱国心、全盘西化，导致清政府于光绪七年（1881年）六月电令留美学生全部撤回。这批幼童尽管回国后遭遇坎坷，但经过艰难曲折的奋斗，多数仍成长为国家栋梁之材，如民国首任总理唐绍仪、海军元帅蔡廷锴、著名工程师詹天佑等，便是其中的佼佼者。

清廷派外留学生始于1872年。上图为首批赴美留学的30名学生。其中有詹天佑。

清末三大谴责小说

李伯元的《官场现形记》。李伯元（1867年—1906年）清末谴责小说代表作家，名宝嘉，江苏武进人，曾办过多种报刊杂志。《官场现形记》是他的长篇小说，共60回，描写了晚清官场贪污勒索、迫害人民和投靠帝国主义的种种现象，思想上表现出改良主义的倾向。

吴沃尧的《二十年目睹之怪现状》。吴沃尧（1866年—1910年）清末谴责小说代表作家，亦名研人，广东海南人。所作《二十年目睹之怪现状》为108回长篇小说，以描写官场为主线，涉及商场和洋场，在一定的程度上暴露了晚清政治的腐败和社会的黑暗，表现出改良主义的倾向。

曾朴的《孽海花》。曾朴（1872年—1935年），谴责小说作家，笔名东亚病夫，江苏常熟人。1904年创办小说林书店，并着手写作《孽海花》。该书以金雯青、傅彩云的故事为线索，描写当时一些官僚和文士的活动，暴露了清末政治的腐败，对维新派抱有幻想。

河北承德避暑山庄的藏书楼文津阁。

《四库全书》

《四库全书》是清朝乾隆时官修的一部丛书。清政府派纪昀等160余人用十余年时间编辑而成，分经、史、子、集四大类，各类又分许多子目，该书共收录书籍3457种，装订成36000余册，保存了十分丰富的文献资料，是我国历史上最大的一部丛书。

《四库全书》分经、史、子、集四大类。所谓经、史、子、集，是我国古代图书"四部分类法"的四大基本部类的名称。《四库全书》采用的分类法，是集"四分法"之大成。其中经部，收录了儒家经典以及注释、阐述这些"经典"的书；史部收录各种体裁的历史书，地理书以及目录书；子部收录先秦以来诸子百家和释道宗教的著作；集部收录了历代的诗文集以及文学评论、词曲方面的著作。

中国早期数学刊物。

送报图。同治十一年（1872年）三月二十三日，英国商人美查等四人在上海合资创办《申报》。

❖ 《申报》的创办

同治十一年（1872年）三月二十三日，英国商人美查等四人在上海合资创办《申报》。

晚清新闻业逐渐发达，各类报刊纷纷发行。其中影响最大、历史最久的就是上海《申报》，它是中国近代第一份商业性报纸。

《申报》开始是用油光纸以铅字排印，隔日出版一张。4个月以后，由于销路逐渐看好，改为日报。当时的办报宗旨是"为闾阎申疾苦，为大局切维图"，编辑和经理也都聘请中国人担任，时事政治、社会新闻、商业信息等等，无所不载，涵盖了社会生活的各个方面。《申报》主要行销上海，也向各通商口岸发行。

宣统元年（1909年），由于营业额下降，发行不景气，被该报华人经理买办席裕福（子佩）收买，从此，《申报》为中国人所有。到民国初年（1913年）席裕福将《申报》转让给史量才等人。史量才等人接办后，使《申报》成为著名大报。1949年5月上海解放时，该报停刊。

《申报》的办报形式大都为后来的报纸所继承，《申报》是中国大众传播媒体的先驱。

❖ 商务印书馆开始出版业务

　　商务印书馆成立于清光绪二十三年（1897年），为夏瑞芳、高凤池、鲍咸恩等人创办，初期主要从事商业簿册报表之印刷业务。

　　光绪二十八年（1902年），张元济进入上海商务印书馆，改变该馆业务范围，从印刷业走向出版业。1904年，商务印书馆出版中国第一套科目齐全的中小学教科书《最新教科书》，为开办新式学堂提供了启蒙课本。从此，出版教科书成为商务印书馆的传统。而且印刷出版的范围更加广泛，遍及大、中、小学教科书、自然科学、社会科学、应用技术、工具书、儿童读物、古籍、文学艺术等书籍，并且发行期刊。上海商务印书馆影响越来越大，在香港、新加坡等地设有分馆。1905年与日商合股，改组为股份有限公司。

　　1932年"一·二八"事变中，该馆大部分遭日军炮火焚毁。后部分恢复。1954年，总馆迁址北京。根据国家规定的出版方针，商务印书馆的主要任务为编译出版世界哲学、社会科学方面的古典学术著作，介绍各国当代的社会、哲学、政治、经济、历史、地理各学科各流派的代表性著作及知识读物等。作为中国近代出版事业中历史最悠久的出版机构，商务印书馆自开馆以来，出版印行各种图书2万多种，受到中外学者的普遍赞誉。在继承、发展和传播中国传统文化及介绍新知识方面作出了重要的贡献。

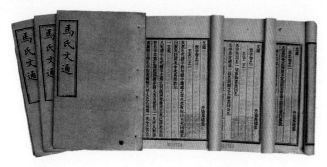

　　商务印书馆出版的范围很广泛，除了出版教科书以外，还出版自然科学、社会科学、应用技术、工具书、儿童读物、古籍、文学艺术等书籍。上图是上海商务印书馆出版的《马氏文通》。

照相艺术的出现

慈禧晚年在宫中的照片。

　　照相术于19世纪30年代末在西方国家诞生，40年代以后传入中国，19世纪晚期，照相这一西方科技文明成果开始走进清朝宫廷生活。不久中国的许多城市都有了照相馆，拍照留影逐步融入社会生活。下图是清宫中的摄影师勋龄，他为慈禧的晚年生活留下了大量的照片。

北京丰泰照相馆拍摄的中国第一部舞台艺术短片《定军山》。这是一部京剧艺术记录片，它揭开了中国电影事业的序幕。上图是京剧名角谭鑫培在《定军山》中的扮相，谭鑫培扮黄忠。

中国南方小镇照相馆中用作道具的木制自行车。

❖ 电影艺术传入中国

清光绪二十二年（1896 年）八月十一日，上海徐园内的"又一村"放映了"西洋影戏"，这是中国第一次电影放映。

光绪二十三年（1897 年）七月，美国电影放映商雍松来到上海，先后在天华茶园、奇园、同庆茶园等处放映电影。光绪二十五年（1899 年），西班牙商人加伦百克来上海放映电影。光绪二十八年（1902 年），北京也开始放映电影。当时，有一个外国人携带影片、放映机及发电机来到北京，在前门打磨厂租借福寿堂映演。影片内容多为"美人首旋转微笑，或着花衣作蝴蝶舞"以及"黑人吃西瓜"、"脚踏赛跑车"等。次年，中国商人林祝三从欧美携带影片、放映机等返国，也在打磨厂借天乐茶园放映。这是中国人自运外国影片在国内放映的开始。

光绪三十年（1904 年），慈禧太后 70 寿辰时，英国驻北京公使曾进献放映机一架和影片数套祝寿。影片在宫内上映时，放映了 3 本，发电机就发生炸裂，慈禧认为不吉利，清宫内从此不准放映电影。光绪三十一年，清政府派五大臣出国考察，五大臣之一的端方在回国时也曾带回放映机一架，并在次年宴请载泽时，"演电影自娱"，还令通判何朝桦在旁边作解说员，但演至中途，猝然爆炸，何朝桦等人均被炸死。

光绪三十一年（1905 年），北京丰泰照相馆拍摄了中国最早的一部戏曲片《定军山》。这也是中国人自己摄制的第一部影片。光绪三十二年（1906 年）以后，北京城内电影放映就逐渐多起来，如北京西单市场内的文明茶园和大栅栏的庆乐茶园，便开始放映有故事情节的侦探滑稽短片。

在香港，大约在光绪三十年至光绪三十一年（1904 年—1905 年）间，第一家电影院比照影画院在中环的云咸街建成。在上海，意大利商人 A·雷玛斯经营电影放映，赢利颇丰，并在光绪三十四年（1908 年）建起了一座可容纳 250 人的虹口大戏院，这是上海第一家正式修建的电影院。

此后，电影放映在中国就逐渐遍于南北，深入内地了。电影艺术也进一步为国人所接受而得到发展。

1905年，京师大学堂第一次开运动会，上图是京师大学堂的足球队。

❖ 京师大学堂

　　京师大学堂的部分前身是1862年清政府在总理衙门设立的京师同文馆。京师同文馆主修外国语言，后增设有关自然科学科目，并延请外国人担任教习，具中等专科学校性质。

　　1898年光绪帝下诏变法，强调要开办京师大学堂，后由梁启超草拟大学堂章程。7月，光绪帝正式下令批准设立京师大学堂。12月正式开学，有学生近百人。京师同文馆于1902年正式并入京师大学堂。京师大学堂初以"广育人材，讲求实务"为宗旨，1900年八国联军入侵北京后，京师大学堂遭破坏，停办。

　　1902年复校，由张百熙任管学大臣，设预备、速成两科。预备科又分政、艺两科；速成科分为仕学馆及师范馆。1903年增设进士馆、译学馆及医学馆。同时办分科大学。1910年改设经、法、文、格致、农、工、商、医等8科46门。京师大学堂是中国近代最早的国立大学。

　　辛亥革命推翻清王朝后，1912年，京师大学堂正式改名为北京大学，首任校长严复。1917年，著名学者、教育家、民主主义革命家蔡元培出任校长，推行"思想自由，兼容并包"的方针，对学校进行了整顿和革新，设文、理、法3科14个系，并成立了文、理、法3个研究所。先后聘请陈独秀、李大钊、鲁迅、钱玄同、胡适、刘半农等具革新精神和丰富学识的著名学者到校任教，使学校的学术空气为之一新。

清朝教育制度的改革

　　清代官学制度取自明代或更早，因而也继承了各种陈腐陋习。清中期以后，连原本有几分清新气息的书院也逐步官学化了。于是清廷开始从国子监入手来整顿旧学。清廷实行了一系列的措施来整顿国子监，改变了国子监生员不足、馆舍空设的局面，扩大了国子监的教学规模，使教学得以正常进行。

　　从光绪初年起，清廷又努力整顿八旗官学。从同治二年（1863年）起，规定贡生中优生可以参加廷试，并录用为官。这样既扩大了学校内部升贡的途径，改变以往地方学生不愿赴京报考的情形，还保证了国子监生员的来源。

　　同治元年（1862年），清廷加强了对翰林院庶吉士教育的实学内容。清廷还特别表彰一批以经世致用办学立教的著名教育家。

　　鸦片战争以后，洋务派创办了一些新式学堂，1904年，清政府迫于形势，拟订了《奏定学堂章程》。1905年，废除科举制度，清末新的教育制度才算建立。

国子监一条街入口。

李叔同创作歌曲

一度风流倜傥、悠游于上海名流之间的名士李叔同悄然出家。上图为剃度后的李叔同，法号弘一。

李叔同（1880年—1942年），原名文涛，字叔同，清代后期著名的学堂乐歌音乐家之一，原籍浙江平湖，生于天津。1898年入上海南洋公学，开始接触救亡图存的维新思想。1903年又从沈心工处接受了乐歌和西洋音乐知识。他编选出版了《国学唱歌集》，这是早期重要的歌曲集之一。他根据日本留学生传唱的《大国民》改编成《祖国歌》，表现了他的爱国热情，且被广为传唱。

1905年，李叔同赴日本学习西洋绘画和音乐，他自编了我国近代最早的音乐刊物《音乐小杂志》。

1910年回国后主要从事音乐、美术教育工作，并再次投入乐歌创作活动。李叔同的乐歌作品，有选曲、填词、作词、作曲4种方式，风格则有表现爱国的《大中华》《出军》《扬鞭》等，以及风俗性和抒情性的独唱和小型合唱。他的《送别》《西湖》等具有较完美的艺术性。他创作的作品，具有含蓄、典雅的风格，如《春游》，是近代创作中的优秀之作。

❖ 任伯年、吴昌硕

任伯年（1840年—1895年）清末画家。名顾，字伯年，浙江山阴（今绍兴）人。工花鸟人物，重视写生。画花鸟勾勒、点簇、泼墨兼用，色彩鲜丽，形象活泼，往往以花开为背景，突出禽鸟。人物画包括画像，浅描淡染，笔墨不多而得神情。画风颇有影响。

"海上画派"后期的巨擘是吴昌硕。吴昌硕（1844年—1927年），原名俊、俊卿，字昌硕、仓石，别号缶庐、苦铁、大聋等，浙江安吉人。自幼受家庭熏陶，成年后刻意求学，诗、书、篆刻皆精。30多岁才师从任颐学画，并感悟徐渭、朱耷、赵之谦诸家法，成熟后的作品在题材、风格方面另辟新途，独创局面。吴昌硕喜作梅、竹、松、石、荷花，寓意清高超逸，刚直不阿，继承了文人画的传统。他作画参悟篆法、草书的笔意、篆刻的行笔、运刀及章法体势，形成大气磅礴、颇具金石味的独特画风。他的花开，线条飞舞交错，笔力雄强，在追求豪迈气度的同时，又讲求笔墨沉稳。他敷色喜用"西洋红"、黄、绿等重色，画面色彩显得浑厚复杂，对比强烈，而又能与墨色有机结合，新鲜活泼中透出凝重的气韵。

这两幅图均为吴昌硕的作品。

❖ 京剧

　　同治、光绪年间，京剧于北京形成。京剧的前身是徽剧，通称皮簧戏。徽剧进京后，吸收其他地方戏的优点，在艺术形式上进行革新，形成一个崭新的剧种京剧。

　　京剧大致经历了两次合流：秦徽合流与徽汉合流。乾隆年间，徽班进京，以唱二簧调为主，兼唱昆腔、吹腔等各个腔调，很快压倒秦腔。秦腔班的演员有些加入徽班，形成徽、秦两腔合作的局面。徽班在徽调的基础上吸收京秦两腔，在京师取得了主导地位。作为一个剧种的二簧调开始取代昆曲，独尊剧坛，风行一时，成为京剧形成的最早萌芽。道光年间，湖北演员王洪贵、李六、余三胜等入京，使湖北的西皮调与安徽的二簧调第二次合流。湖北的西皮调与北京的二簧调结合以后，经过一段时间的发展，京师梨园出现一番新的气象，领班的主要演员的行当有了改变，其主要演员由旦角变为生角，演出的剧目改以老生为主，且都是唱功戏和唱做并重的戏。名重一时的"同光十三绝"皆为同治至光绪初期活跃在舞台上和观众心目中的各行名角。光绪、宣统年间，北京皮簧戏到上海演出，以悦耳动听的京调取胜安徽皮簧班，人称"京戏"。"京戏"一名，遂由上海传至北京。

徽剧和四大徽班

京剧中项羽的扮相。

　　徽剧旧名徽调、徽戏。明末清初形成于徽州一带，清初在南方流传很广。唱腔分徽昆、吹腔、二黄、西皮等多种，伴奏乐器以徽、胡、笛、唢呐为主。乾隆五十五年，三庆、四喜、和春、春台四大徽班先后进京，长期活动于北京。四大徽班各有特色，三庆班以连台本戏见长，四喜班以昆曲剧目见称，和春班善演武戏，春台班童伶出色。故当时俗谓"三庆的轴子，四喜的曲子，和春的把子，春台的孩子"。四大徽班给北京剧坛带来了生气，是京剧诞生的前奏。宣统年间相继散班。

　　"同光十三绝"。自左至右：郝兰田、张胜奎、梅巧玲、刘赶三、余紫云、程长庚、徐小香、时小福、杨鸣玉、卢胜奎、朱莲芬、谭鑫培、杨月楼。

专题七： 开启近代思想解放的闸门

民国时期的妇女时装。

上海美术专科学校17届西画系毕业班的教师、学生与裸体模特儿合影。1914年起，刘海粟在这里首次采用人体写生进行教学。

❖ 服饰的变化

清末民初，民主思想的传播，激励了人们对西方文明的向往，人们醉心于天赋人权、自由平等的理想，认为由这种理想建立的生活方式代表社会前进的方向，谁接受西方习俗，谁就是文明维新，否则就是守旧。洋装就成了西方文明的象征，被人们推崇备至。民国建立后，以国家法制的形式通令改革服装，民众的穿着打扮不再受国家禁令的约束。在各种服装中，西服开始受到民众的欢迎。

西服是欧洲传统服装，在中国最初只有外国人穿着。后来，许多中国人走出国门，留学深造，接受了西服并带回国内。在使西服平民化，并能尊重中国人的穿着习惯情况下出现了中山装，中山装就是中西合璧的产物。是由民国元勋孙中山创制而得名。

从西服洋装传入中国以后，轻盈利落，紧身贴身的西式连衣裙吸引了中国女性，促进了传统服装的改良，宽大的衣裤逐渐收小，阔条的滚边也随之缩减，扁扁的"韭菜边"，圆圆的"灯果边"，都是窄窄的，俗称"线香滚"，在民国初年甚为流行。袖子缩短了，像只喇叭，飘飘欲仙，露出一截忏忏玉腕，但领子却是高高的，据说这是模仿西式女装敞开而高耸的翻领，到中国演变成把脖子紧紧裹住的高立领，收拢的腰身，衬起高高的胸部，这就是流行至今的旗袍。显然，这是依照西方流行的人体曲线美加以重新剪裁，演变成今日的旗袍。

中山装和旗袍都是沿用西式服装的价值观念和审美习俗，结合中国人穿着的习惯和传统服装的形制而创制的新服式，在国际上已被视为具有中国气派的民族服装。

❖ 刘海粟开办绘画教育

刘海粟（1896年—1995年），中国现代画家，美术教育家。江苏常州人。

1912年，刘海粟为发展东方固有的艺术，并谋中华艺术的复兴，他与乌始光、张聿光等创办上海图画美术院，1915年3月，为开办绘画教育，冲破封建束缚，在该院西洋画科三年级设置人体模特写生课，并分别于1917年和1919年展出人体油画，引起社会的强烈反响。刘海粟在开办绘画教育中，鼓励学生走向社会，师法自然，进行旅行写生，还开办了暑假学校和函授班，普及美术绘画教育，并打破常规实行男女同校。刘海粟多次出国考察与研究美术，宣传中国传统绘画特点，使他的艺术在建国后进入全面发展阶段。

❖ 剪发辫，改称呼

到20世纪初随着清王朝的倒台，断发形成自发的群众运动，如火如荼地展开。真正在社会上发生重大影响的是从军队开始的，1904年归国的留日学生从实战出发，建议军队剪掉辫子，受到一些士兵的响应，各报刊纷纷予以宣传鼓动，1905年端方出洋考察，随员中有一半剪了辫子，其中有翰林、道府、教员、武员等。1906年新编陆军为便于戴军帽，带头去掉辫子，一时"军界中纷纷落发辫者不可胜数"。练兵处不敢公然变更祖制，拖着辫子练兵是一大累赘，不得已采取折衷的办法，下令将辫子盘在军帽内，"不准擅自裁割，"新军中有很多是留日学生，并不把这一通令放在眼里，剪发者仍然不断，这对社会很有影响力，1906年天津警察受到新军影响，剪了三分之一。从军队到社会，相互促动，剪去辫子穿洋装已经不可抑制。

革命军在街头强行剪掉男人的辫子。

武昌起义前一些爱国的青年就自发地割掉辫子，脱下清装。1912年3月，孙中山以临时大总统名义颁布剪辫令，要求留有发辫者，限期剪去辫子，去除旧俗。剪辫令颁布后，人们纷纷响应，剪不剪辫子成了是否革命的标志。广东省宣布独立之时，老老少少争先恐后地剪辫子，一日有20余万人，中山县纷纷成立剪辫会，一直深入到农村小城镇。

同时，中华民国临时政府还颁布法令，革除"大人""老爷"等前清官场的称呼，规定民国政府的职员相互之间一律改称职务。同时规定，民间普通称呼改为"先生"或"君"。从此，"先生"和"君"的称呼很快就在社会交往中流行起来。

中华民国建立以后，剪辫子运动流行全国。右图是正在剪辫子的情形。

《青年杂志》从第 2 期起改名《新青年》。上图是《新青年》的封面。

❖ 《新青年》创刊

《新青年》初名《青年杂志》，后改名为《新青年》，由陈独秀主编，于1915年9月15日在上海创刊。初为月刊，是中国"五四运动"时期和第一次国内革命战争时期的著名刊物。

《新青年》的发展可分为三个阶段：第一阶段它是新文化运动的中心，激进民主主义者的战斗旗帜，它所全力进行的反对封建主义思想的斗争客观上为马克思主义在中国的传播起了积极的作用。第二阶段它由民主主义刊物向社会主义刊物转变，在思想上为中国共产党的建立奠定了基础。第三阶段它是中国共产党上海发起组织的机关报和党中央早期的机关理论刊物，在宣传马克思列宁主义和中国共产党的方针、政策上有过一定的成就。《新青年》宣传科学与民主，发起批孔运动和文学革命运动，成为新文化运动的倡导者和主要宣传阵地。陈独秀、李大钊、吴虞、鲁迅、钱玄同、胡适、刘半农、沈尹默等人经常为《新青年》撰文。

❖ 鲁迅发表《狂人日记》

1918 年，鲁迅参加了《新青年》的编辑工作；同年5月，他在该刊发表了他的第一篇白话小说《狂人日记》。小说通过一个患迫害狂的精神病人的心理活动和精神状态，把对社会生活的具体描写和对狂人特有的内心感受的刻画结合在一起，指出封建社会的历史是人吃人的历史。作者借狂人之口，拆穿了旧中国历史的真相："我翻开历史一查，这历史没有年代，歪歪斜斜的每页上都写着'仁义道德'几个字。我横竖睡不着，仔细看了半夜，才从字缝里看出字来，满本都写着两个字是'吃人'"。小说的艺术构思也是新颖的。鲁迅在中国首创了日记体小说，并吸收了象征主义的手法，让狂人于胡言乱语中道破历史的真相，令读者耳目一新。

《狂人日记》亦是现代文学史上第一部白话小说，它堪称向封建社会讨伐的第一声号角，它是鲁迅沉寂多年后的第一声呐喊。

鲁迅1902 年到日本留学后，剪去长辫拍的"断发照"。

❖ 李大钊宣传布尔什维主义

1918 年 11 月 15 日，《新青年》第五卷第五号发表李大钊的文章《庶民的胜利》。李大钊说："我们这几天庆祝第一次世界大战胜利，究竟是为哪个庆祝？我老老实实讲一句话，这回战胜的，不是联合国的武力，是世界人类的新精神。不是哪一国的军阀或资本家的政府，是全世界的庶民。劳工主义既然胜利，今后人人都成了庶民，也就都成了工人。"

11 月 15 日，李大钊在《新青年》杂志上发表另一文章《布尔什维主义的胜利》，更明确地指出，第一次大战的结局"是民主主义的胜利，是社会主义的胜利，是布尔什维主义的胜利，是赤旗的胜利，是世界劳工阶级的胜利，是二十世纪新潮流的胜利"。他们的目的"在把现在为社会主义的障碍的国家界限打破，把资本家独占利益的生产制度打破"，"他们的战争，是阶级战争，是全世界无产庶民对于世界资本家的战争"。李大钊对马克思主义在中国的传播起了很大的作用。

1918 年的李大钊。

❖ 邵飘萍创办《京报》

邵飘萍（1886 年—1926 年），曾用名镜清、振青，笔名飘萍、素昧，浙江东阳人，是中国现代著名的新闻记者、报刊活动家和新闻教育家。1918 年，邵飘萍创立《京报》。

《京报》从它诞生的第一天起，就极力关注时局、政局的变化，旗帜鲜明地反帝反军阀。创办不到一年，就因载有指责段祺瑞政府的新闻评论而遭查封。1920 年复刊后，又极力支持国共合作，支持孙中山先生的国民革命，支持"联俄、联共、扶助农工"的三大政策，并多次刊登有关社会主义理论的著作，出版"马克思纪念专刊"和"列宁专刊"。特别是在 1925 年邵飘萍秘密加入中国共产党后，《京报》更将犀利的笔锋指向帝国主义和军阀主义，刊出"打倒外国强盗"、"打倒帝国主义"的斗争口号。

邵飘萍因多次在《京报》上著文批评反动军阀的卖国行为，多次受迫害，在 1926 年被奉系军阀杀害。《京报》被迫停刊，但时隔两年，在邵夫人汤修慧的主持下，《京报》又得以复刊。直至 1937 年 7 月才最终停刊。

邵飘萍像。他在 1926 年 4 月 26 日被奉系军阀以"宣传赤化"的罪名杀害。

❖ 胡适发表《文学改良刍议》《尝试集》

1917年2月，胡适尚在美国时，即在《新青年》上发表了他回国前写成的《文学改良刍议》一文，首先提出文学改良所必须做到的八件事，又称为"八不主义"："一曰，须言之有物。二曰，不摹仿古人。三曰，须讲求文法。四曰，不作无病之呻吟。五曰，务去滥调套语。六曰，不用典故。七曰，不讲对仗。八曰，不避俗字俗语。"并提出今人文学和活文学之说，认为每个时代都要有适应于时代而生的文学，"古人已造古人之文学，今人当造今人之文学"。而活文学的产生，首要的是在文学媒体上下功夫，"中国若想有活文学，必须用白话，必须用国语，必须做国语的文学"，极力强调白话文作为文学媒介的重要性，正如他在《建设的文学革命论》中所说的，"建设新文学论的宗旨只有十个大字：'国语的文学，文学的国语'"。

不但在文学改良的理论上，在文学实践中胡适也颇有建树，他的《尝试集》中所收集的一些白话诗，就是现代文学史上的第一批新诗，这些新诗采用自然音节和自由句式，作品所表达的内容也是民主主义和人道主义方面的思想。另外，胡适还翻译了一些外国文学作品，并自己尝试着写剧本。

胡适像。

❖ 蔡元培改革教育制度

蔡元培（1868年—1940年），中国近代著名教育家、科学家和民主革命家。字鹤卿，号孑民，浙江绍兴人。1917年出任北京大学校长，支持新文化运动，奉行"思想自由、兼容并包"的方针，引进资本主义国家的教育制度与方法，整顿校风，改革教学，网罗人才，使北大面貌焕然一新。

蔡元培在出任北京大学校长时，进行了改革。他提出大学的性质在于研究高深学问。为使学术昌盛，提倡思想自由，兼容并包。并主张学与术分校，文与理通科，"学为学理，术为应用"，"学必借术以应用，术必以学为基本"，"治学者可谓之'大学'，治术者可谓之'高等专门学校'"。

在这一思想指导下，他将北京大学的工科并入北洋大学，取消文理各科界限，全校整编为14个学系，且改

蔡元培像。

"学年制"为"选科制"。不仅如此，他还首先在北京大学设立研究所，作为研究学术和培养研究生的专门机构；倡议改良讲义；改进教学方法；组织学术活动，聘请国内外专家讲学，使学生得以广泛涉猎各种学理。

另外，蔡元培也很重视劳动教育、平民教育和女子教育，他在北京大学办校役班和平民学校，在上海创办爱国女校，并使北京大学在全国高等学校中率先招收女大学生。这些实践都反映了他的先进的教育思想。

❖ 北京大学文科研究所创立

北京大学文科研究所为北京大学所属研究文、史、哲等学科和培养研究生的科研机构，创立于 1918 年。1921 年称北京大学研究所国学门，后又改称北京大学研究院文史部。由沈兼士、刘复先后负责。1934 年始称北京大学文科研究所。抗日战争爆发后，该所随北京大学南撤，并于 1939 年在昆明恢复。1945 年抗战胜利后随校迁回北平（今北京）。1952 年院系调整时停办。

该所学术资料丰富，工作范围广泛，其不同阶段的工作重点也不尽相同。在历史、考古方面，整理编纂清内阁大库档案，两次参加西北科学考察团考古工作，整理所藏甲骨文、封泥、古钱币、金石拓片和古籍，编纂太平天国史料，整理民国史料等；在语言、文学方面，研究文字学、音韵学、中国文学史和文学古籍以及西洋文学等，并整理研究西南少数民族语言、关中方言、歌谣等；在哲学方面，则有中国哲学和宗教史研究、西洋哲学编译等。研究范围广泛，硕果累累。

该所除出版多种专著外，还出版有学术刊物《国学季刊》。

辛亥革命后，京剧名旦梅兰芳首创演出了一场古装新戏。上图是京剧《黛玉葬花》中的林黛玉（梅兰芳饰）。

1918 年 6 月北京大学第二次毕业生与老师在北大办公处门前合影。前排左起第 5 人为蔡元培，第 6 人为陈独秀，第 7 人为梁漱溟；2 排左起第 4 人为冯友兰。

专题八：　新民主主义革命的兴起

中国在巴黎和会上外交的失败

1919年1月18日—6月28日，27个第一次世界大战战胜国成员，在巴黎举行处置战败国的"和平会议"。中国作为战胜国派团参加会议。1919年2月15日，中国代表向巴黎和会提交要求，强调德国在山东的各项权益应直接归还中国。

1919年4月30日，英、法、美所操纵的五国会议对山东问题作出最后裁决，在对德和约中，将山东问题从中国问题中单列出来，成为一个单独的问题。山东问题共有三项条款，即第一条、五条、六条：德国将按照1898年3月6日与中国所订条约，及关于山东省之其他条件所获得之一切权利、所有权名义及特权，其中关于胶州领土、铁路、矿产及海底电线为主要，直接转交给日本，再由日本转交还中国。顾维钧进行激烈争持，但是操纵会议的英、法、美等国，对中国的正义要求置若罔闻。三条款中没有写上日本须将山东交还中国的字样。至此，中国在山东问题上的交涉完全失败。

中国在巴黎和会上的失败，引发了"五四"爱国运动。

❖ 五四运动爆发

巴黎和会中国外交失败的消息传到国内后，人们对"巴黎和会"谈判的幻想破灭了。1919年5月4日，"五四"运动爆发了。北京十余所学校的3000多爱国学生，齐集天安门，北大学生傅斯年作为总指挥。他们手执写有"还我青岛"、"保我主权"、"惩办卖国贼曹汝霖、章宗祥、陆宗舆"等口号的标语，在广场散发油印的《北京学生界宣言》。

学生们在天安门举行集会后，决定到东交民巷向各国驻华使馆请愿。游行队伍来到赵家楼胡同时，曹宅大门紧闭。此时曹汝霖仓促避入一小储藏室中，章宗祥则由仆人引到地下锅炉房躲藏。一学生由窗爬入，打开大门，学生蜂拥而入，但未找到曹汝霖，愤怒的人群便放起一把火。章宗祥从锅炉房中跑出，被学生发现，遭到痛殴。随后，警察总监吴炳湘率大批人马赶到，逮捕了32名学生。北京专科以上学校学生开始罢课，通电全国各地表示抗议，要求释放被捕学生。天津、长沙等城市学生纷纷集会游行，声援北京学生。在巴黎的中国代表也拒绝签约。

1919年6月初，北京政府下令查禁学生联合会，逮捕上街讲演的学生近千人，激起了全国人民更大的愤怒。上海人民首先行动起来，学生罢课，商人罢市，六七万工人联合举行了政治大罢工。上海的"三罢"斗争，很快波及全国20多个省、150多个大中小城市，形成了全国性的声势浩大的爱国运动，终于迫使北京政府释放了全部被捕学生，免去曹、章、陆的官职，并拒绝在和约上签字。"五四"爱国运动的直接目标得以实现。

在"五四"运动中，学生火烧赵家楼后，北京政府出动警察逮捕30多名学生。激起了全国人民更大的愤怒。5月7日，北京政府被迫释放了全部被捕学生。右图是北京高校爱国学生7日返校时的摄影。

中国共产党成立

1921年7月23日晚8时，中国共产党第一次全国代表大会在上海租界贝勒路树德里3号开幕。出席会议的有国内各地和旅日共产主义小组的代表12人，他们是：毛泽东、何叔衡、董必武、陈潭秋、王烬美、邓恩铭、李达、李汉俊、张国焘、刘仁静、陈公博、周佛海，参加会议的还有陈独秀指派的代表包惠僧。共产国际代表马林、尼科尔斯基也出席了会议。会议原定由陈独秀主持，因陈未能出席，遂推举张国焘主持会议，毛泽东与周佛海做记录。

7月30日，一个法租界的侦探闯进会场，环视一周后说了句："我找错了地方"，便匆匆退出。代表们迅速离开会场。十几分钟后，法租界巡捕包围了会场，结果扑了空。会议被迫中止。当晚代表们决定，大会转移到浙江嘉兴南湖的一艘游船上继续举行。陈公博和共产国际代表马林、尼科尔斯基等没有参加南湖会议。大会通过了中国共产党第一个纲领，还通过了中国共产党的第一个决议《关于当前实际工作的决议》。大会于7月31日下午闭幕。大会选举产生了党的领导机关中央局，推选陈独秀为中央局书记，张国焘为组织主任，李达为宣传主任。中国共产党宣告正式成立。

在这艘游船上，中国共产党宣告诞生。

香港海员大罢工

1922年1月13日，香港海员为要求增加工资、取消包工制、改良待遇而举行的罢工。起初，只有1500人参加。后来，由于港英当局迟迟不答复工人群众的罢工要求，并以武力相威胁，激起工人愤怒，3月1日，全港工人举行同盟罢工，以援助海员。参加罢工的人数达到10万余人。约有几万海员陆续离港回广州。广州工人热情接待，全省27万工人自愿每人捐赠一日工资供罢工海员费用。

2月9日，共产党广东支部发出《敬告罢工海员书》鼓励他们坚持到底。广东政府、上海、武汉和北方各铁路工人相继成立香港罢工后援会。这次罢工，使香港海运、内河航运中断，工业生产和商业贸易几乎完全停止，生活用品来源断绝，物价上涨，使繁荣的香港变成了"死港"。经过56天斗争，到同年3月6日，终于迫使港英当局接受了工人的要求，同意增加工资20%，宣布撤销封闭工会的命令，送还海员工会的会牌和物品，释放被捕工人，并抚恤被杀害的工人。罢工斗争取得了完全胜利。

1924年6月16日黄埔军校举行开学典礼。右图是参加典礼的国民党要员。前排左二起：邹鲁、胡汉民、孙中山、蒋介石、廖仲恺。

❖ 革命统一战线的建立

1924年1月20日，中国国民党第一次全国代表大会在广州召开。大会代表196人，其中共产党员24人。孙中山以总理身分担任大会主席，并指定胡汉民、汪精卫、林森、谢持、李大钊五人组成主席团。大会通过了《国民党章程》和《中国国民党第一次全国代表大会宣言》。宣言以反帝、反封建为主要内容，确定了联俄、联共、扶助农工三大政策，重新解释了三民主义，把旧三民主义发展为新三民主义。

民族主义主张"一则中国民族自救解放，二则中国境内各民族一律平等"。民权主义主张权利"为一般平民所共有，非少数人所得而私也"。"凡真正反对帝国主义之个人及团体，均得享有一切自由及权利；而凡卖国罔民以效忠于帝国主义及军阀者，无论其为团体或个人，皆不得享有此等自由及权利"。民生主义，一是平均地权，国家依报价收买地主土地，给农民耕作；二是节制资本，由国家经营管理有独占性质的企业，或规模过大为私人之力所不能办的企业，"使私有资本制度不能操纵国民之生计"。这样解释的新三民主义，其主要内容和中国共产党在民主革命阶段的纲领基本是相同的，因而成为国共合作的共同政治基础。大会选出新的有共产党人参加的中央执行委员会。随后，一届一中全会组建了中央党部，设立秘书处及组织、宣传、青年、工人、农民、妇女、海外、军事等八部。从此在国共合作统一战线的组织和领导下，国民革命运动在中国南部广泛展开，并迅速扩展到北方。

❖ 黄埔军校

　　1924 年 5 月，孙中山在苏联和中国共产党的帮助下建立了"黄埔军校"。1926 年 1 月更名为"中央军事政治学校"，国共两党均派有重要干部到校任职。孙中山任学校总理，蒋介石任校长，廖仲恺为党代表。周恩来、熊雄曾任政治部主任，叶剑英曾任教授部副主任。孙中山亲自制定了"精诚团结"的校训。黄埔军校自创建至 1927 年 4 月共举办四期，毕业学员 4981 人，培养了一支保卫广州革命政权和进行北伐战争的骨干力量。其中不少人成为中国共产党领导的军事力量的领导骨干。1925 年 6 月，为培养部队党代表及政治干部，新设政治训练班负责培训各部队所送之下级干部，并设军官政治研究班。1926 年 2 月又设宪兵教练所，3 月增设军医补习所。黄埔军校还设立了分校。毛泽东、鲁迅等许多知名人士曾亲临学校讲演。

　　1927 年 4 月 12 日蒋介石背叛革命后，国民党反动派在学校组织了清党运动，逮捕屠杀共产党人，至此军校的性质发生了根本性的变化，不久更名为"中央陆军军官学校"，并成为蒋介石破坏国共合作、反对民主革命的工具。

任黄埔军校政治部主任时的周恩来。

孙中山逝世

　　1925 年 3 月 12 日上午 9 时 30 分，中华民国与中国国民党的缔造者孙中山先生因患肝癌医治无效，在北京东城铁狮子胡同 5 号行辕逝世，终年 59 岁。临终前，他说的最后一句话是："和平、奋斗、救中国。"孙中山留有国事遗嘱，给家人的遗嘱和致苏联遗言。孙中山的逝世，举国为之震惊。中共中央发表《中国共产党为孙中山之死告中国民众书》，沉痛哀悼这位同中共正在密切合作的伟人。斯大林等许多国家领导人和知名人士发来唁电。

　　3 月 19 日，由协和医院向中央公园移灵，沿途肃立的有十几万人，到处是花圈、挽联。直到晚上 7 时，送殡队伍尚未从公园散尽。从 3 月 24 日—27 日为受吊之期。数十万人前往中央公园公祭孙中山，以表达人们的怀念之情。30 日，苏联赠送的玻璃棺由专人护送到京。从 3 月 12 日—31 日，治丧处收到花圈 7000 多个，挽联、挽幅 500 余种。吊唁签名者达 74 万多人，连同接待的其他吊唁者共约 200 万人。1929 年 6 月 1 日，遗体安葬于南京中山陵园，将他的衣帽封于碧云寺石塔中，封为"衣冠冢"。

1924 年 6 月 16 日，黄埔军校正式开学。上图是黄埔军校校址。

"二次东征"

1925 年 10 月 1 日，蒋介石以黄埔军校校长的身份召开东征誓师大会。国民革命军开始第二次东征，讨伐军阀陈炯明。

1925 年 9 月，被广东革命政府击溃的军阀陈炯明部，在英国和段祺瑞政府的支持下重占潮州、汕头，并集结重兵于惠州，向广东进攻。为彻底消灭陈炯明部，统一广东，国民政府任命蒋介石为东征军总司令，第一政治部主任、共产党人周恩来为东征军总政治部主任。东征军分 3 个纵队，有何应钦、李济深、程潜任纵队长。这次东征得到了广大工农群众的支持。10 月初，东征部队陆续出发，10 月 13 日，东征军发起攻打惠州的战役，经过 30 多个小时的激战，东征军于 14 日攻下陈炯明的大本营所在地惠州城，歼灭了陈炯明的精锐部队，乘胜前进。11 月初，收复潮州、汕头，陈炯明逃入香港，其残部逃往闽南。11 月 8 日，东征军分兵三路跟踪入闽，陈炯明残部很快全部就歼。经过一个多月的激战，东征军歼敌 1.2 万多名。这样盘踞东江一带 10 多年的国民军的心腹大敌陈炯明叛军被彻底消灭。

1926 年 9 月 16 日，冯玉祥在五原誓师，率部参加北伐。图为冯玉祥（左一）在誓师大会上。

❖ 国民革命军誓师北伐

1926 年 5 月初，国民革命军第四军叶挺独立团和第七军第八旅第十五团，分别自广东肇庆和广西桂林挺进湖南，援助唐生智，揭开北伐序幕。6 月 4 日，国民党中央执行委员会临时全体会议通过国民革命军出师北伐提案。6 月 5 日，广州国民政府任蒋介石为国民革命军总司令。6 月 28 日，蒋介石命第四军第十、第十二两师自韶关出发援湘。

7 月 1 日，蒋介石发布北伐部队动员令。7 月 4 日，国民党中央临时全体会议通过《国民革命军北伐宣言》。7 月 9 日，在广州东校场隆重举行国民革命军北伐誓师大会。党政军负责人和各界民众 5 万余人参加大会。国民党中央党部代表吴稚晖授旗，李济深任总指挥，蒋介石宣告北伐正式开始。同日，由蒋介石制定、国民政府颁布的《国民革命军总司令部组织大纲》规定，凡国民政府下之陆、海、空各军，均归其统辖；国民革命军总司令，对国民政府与中国国民党，在军事上完全负责并兼任军事委员会主席；出征动员令下后，即为战争状态。凡国民政府所属军、民、财政各部机关，均须受总司令指挥，秉其意旨，办理公事。

国民革命军自出师以来，进展迅速。7 月 6 日，国民革命军第七、第八军在湘潭以西强渡涟水，攻占娄底镇；9 日晨，湘军向常德、长沙溃退。7 月 9 日，国民革命军第八军占领湘乡，7 月 10 日进占湘潭市，7 月 11 日占领长沙。

❖ 收回汉口、九江

在北伐胜利进行的形势下，已经为北伐军解放的长江沿岸掀起了革命高潮和爱国主义激情。

1927 年 1 月 1 日，武汉各界庆祝北伐胜利和国民政府由广州迁都武汉。武汉中央军事政治学校成立宣传队，3 日下午，政治科学生 30 余人的宣传队到汉口江汉关码头宣传讲演，英租界的印度巡捕越过租界线到华界内进行干涉，听众不予理睬。靠在英租界江面的英国兵舰水兵，冲上岸来，用刺刀将海员李大生腹部戳穿，李当即亡故。又有码头工人宿明生腹部被刺，市民祝香山、张文贵、方汉生等均受重伤，轻伤者 30 余人。群众徒手夺下了英水兵马枪一支，作为罪证。当晚，以码头工人和海员为主体的群众向英租界集中，在工人纠察队的带领下，集体冲进英租界。当晚，武汉国民政府外交部长陈友仁就汉口惨案，向英国驻汉口领事葛福提出口头抗议，要求其立即下令撤退武装水兵，由中国军警接防。

1 月 4 日，英国水兵撤退江岸。同日，武汉各界在总商会议定对英办法，共八条。并请政府根据八条向英领事提出严重交涉，限 24 小时内圆满答复。如答复不圆满，则请政府封锁汉口英租界；收回汉口英租界；收回海关；通知英政府不负在华的英人治安责任。4 日下午，英领事及英国侨民逃往英国兵舰和商轮，英巡捕和水兵也撤至兵舰不敢上岸，汇丰银行和各洋行亦均完全停业，其银钱财物全运兵舰，准备离汉。4 日晚，工人纠察队和少数卫戍部队，开进英租界，驻扎英巡捕房和附近仓库，维持租界治安。5 日晚间，国民政府成立英界临时管理委员会，由外交部长陈友仁任管委会主席，主持英租界一切公安、市政事宜。2 月 9 日，英政府被迫与武汉国民政府签订协议，无条件将汉口、九江的英国租界交还中国。

汀泗桥、贺胜桥战役

叶挺像。国民革命军第四军叶挺独立团作为北伐先头部队，率先北上。

汀泗桥战役是北伐中国民革命军进行的一次著名战役。汀泗桥是武汉南面的门户，地形险要，易守难攻。1926 年 8 月 25 日，北伐军开始攻打武长铁路线上的军事要隘汀泗桥、贺胜桥。北洋军直系首领吴佩孚把司令部设在贺胜桥，下令死守汀泗桥。8 月 26 日，国民党革命军第四军以 6 个团的兵力发动进攻，双方争夺激烈，汀泗桥四次易手，仍不能决定胜负，双方伤亡惨重。27 日晨，独立团在敌人背后发起猛攻，敌人慌乱溃退。当天北伐军占领汀泗桥。第四军英勇善战，获得了"铁军"称号。

1926 年 8 月 29 日，首先有北伐军第四、第七军向贺胜桥发起总攻。30 日下午叶挺独立团来助战，突破吴军防线，当日占领贺胜桥，胜利进军武昌。

1927 年 1 月 4 日，武汉各界召开会议，决定收回英租界。左图为国民革命军一部开入英租界维持秩序。

李大钊从容就义

1927年4月6日，张作霖搜查苏联大使馆，逮捕了在这里躲避的李大钊等共产党人和国民党左派人士。4月28日，李大钊等20人被奉系军阀处以绞刑。首登绞刑台者为李大钊，他神色未变，从容就义，时年38岁。李大钊，河北省乐亭县人。1913年留学日本，1916年回国，历任北京《晨钟报》总编辑、北京大学经济学教授兼图书馆主任、《新青年》杂志编辑。十月革命后，他接受并宣传马列主义，领导"五·四"运动。1920年在北京组织共产主义小组。中国共产党成立后，任中国共产党北方区执行委员会书记。在国共合作期间，帮助孙中山确定联俄、联共、扶助农工三大政策，领导改组后的国民党在北京的组织。

1927年4月28日，中共创始人李大钊被奉军杀害。上图是临刑前从容赴死的李大钊。

❖ "四·一二"反革命政变

武汉政府初期在国民党左派和中国共产党人的共同领导下，继续执行孙中山的三大政策，提高了党权。这引起蒋介石的不满，他由南昌到达上海后，便与帝国主义和大资产阶级势力勾结在一起，在国民党右派的支持下发动"四·一二"政变，对共产党人和革命工农群众进行血腥大屠杀。

1927年4月12日，蒋介石在上海发动政变，白崇禧在上海具体执行蒋介石的政变计划。凌晨，早已准备好的全副武装的青红帮、特务约数百人，先后在闸北、南市、沪西、吴淞、虹口等区，袭击工人纠察队。工人纠察队仓猝抵抗，双方发生激战。事先埋伏在工人纠察队周围的大批军警，以调解"工人内讧"为名，强行收缴枪械。造成工人纠察队队员牺牲120余人，受伤180人。当天上午，上海总工会会所和各区工人纠察队驻所均被占领。在租界和华界内，外国军警搜捕共产党员和工人1000余人，交给蒋介石的军警。为了抗议血腥暴行，当天，上海各区工人分别召开了几万人以至几十万人参加的大会，并立即召开工人代表大会，决定4月13日上午10时举行总同盟罢工。

4月13日，总工会在闸北青云路广场召开工人群众大会，会后约有10万人整队去周凤岐二十六军二师司令部请愿。二师司令部已经接到蒋介石命令，当请愿队伍走到宝山路时，用机枪猛烈扫射，当场被枪击而死者在百人以上，伤者无数，被捕200余人。

从4月12日—15日的3天内，上海被屠杀者300余人，被拘捕的共产党人1000多人，流亡失踪者5000多人。工人领袖赵世炎、陈延年等被杀。26日，清党反共工作全面展开。成千上万的共产党人惨遭屠杀。第一次国共合作彻底破裂。

❖ "七·一五"反革命政变

1927年7月15日，汪精卫召开武汉国民党中央常务委员会，公开提出取缔中国共产党，正式宣布要进行反共清党。"七·一五"反革命政变开始。

7月26日，武汉国民党中央发表《统一本党政策案》，宣布国民党各级党部、各级政府及军队中的共产党员，应自即日起声明脱离共产党，否则一律停止职务。28日，武汉国民党中央又发表《告中国共产党书》，声称要对共产党"执行相当的纪律"。汪精卫的"和平分共"很快发展成为"武力清党"。

8月2日，武汉国民政府发出布告，宣布凡是继续从事革命活动的共产党员"一经拿获，即行明正典刑，决不宽恕"。5日，九江警备司令金鼎汉枪杀了共产党员彭江等多人。同日，汪精卫在国民党中央常委扩大会上声称对共产党"要用对付敌人的手段对付，捉一个杀一个……把他们一个个抓来枪毙"。汪精卫集团在"宁可错杀一千，不可使一人漏网"的反革命血腥口号下，大规模屠杀、逮捕共产党员及革命群众。国民党中除宋庆龄、何香凝、邓演达等少数左派外，绝大多数背叛了革命，轰轰烈烈的大革命就这样失败了。"七·一五"反革命政变后，以中国共产党和国民党的合作为标志的革命统一战线彻底破裂。

❖ 南京国民政府

南京国民政府是继北京北洋政府之后，1927—1949年中华民国的最高行政机关。"四·一二"反革命事变后，蒋介石在南京建立国民政府，同以汪精卫为首的武汉国民政府争夺国民党最高领导权。

1927年秋，武汉国民政府同意迁往南京，与南京国民政府合并，史称"宁汉合流"。1928年初，蒋介石改组南京国民政府，实行独裁统治，同年底，东北易帜归顺国民政府，国民政府形式上统一了全国。

在经济上，国民政府通过整顿税务、控制金融、改革币制等措施，增加中央财政收入，建立了官僚资本对国民经济的统治。在对外政策上，发起"改订新约运动"，实际上仍对帝国主义妥协投降。

抗日战争胜利后，南京国民政府拒绝中国共产党提出的成立联合政府、和平建国的方针，于1945年6月挑起全面内战。1949年4月23日，人民解放军渡过长江，占领了国民政府的首都南京。10月1日，中华人民共和国中央人民政府在北京宣告成立。

上图为1927年4月，一位国民党哨兵正在搜查一位被怀疑携带左派传单的男子。

1927年8月，武汉政府委员孙科（右二）等到达南京车站后，与前来欢迎的南京国民政府委员伍朝枢（右一）、蔡元培（右四）、李烈钧（右五）等合影。

1927年8月7日中共中央在汉口召开会议，李维汉担任会议主席，瞿秋白代表中央常委作了报告。八七会议是中国共产党在国民党叛变革命、大肆屠杀共产党人的危急关头而召开的紧急会议。这次会议在党的历史上有伟大的功绩。它在中国革命的危急关头结束了陈独秀右倾投降主义在中央的统治，确立了土地革命和武装反抗国民党反动统治的总方针，并把发动农民举行秋收起义作为当时最主要的任务。但在反对右倾时却没及时注意到防止"左"倾错误的滋长。

1927年8月1日，中国共产党发动南昌起义，打响武装斗争的第一枪。这是南昌起义时的周恩来。

❖ 南昌起义

第一次国共合作破裂以后，国民党反动派疯狂地屠杀共产党员和革命群众，破坏了北伐取得的革命成果。为了挽救革命，1927年7月上旬中国共产党召开了中央紧急会议，调整革命的方向，决定在江西南昌发动一次武装起义。为此，中共中央成立了一个以周恩来为书记的前敌委员会，负责组织和领导这次起义。

1927年7月25日前后，周恩来、刘伯承、李立三等相继来到南昌。当时起义主要依靠三支军队：一是叶挺率领的由北伐中叶挺独立团改编的1万多人；二是贺龙率领的第二方面军的一部分军队；三是朱德领导的原属第三军的军官教育团。在校的学生有300多人，都是中、下层军官。当时朱德还兼任南昌公安局长，掌握着两个警察大队。

7月27日，前敌委员会扩大会议在南昌市中心的江西大旅社（现在为八一南昌起义纪念馆）召开。到会的有周恩来、朱德、叶挺、刘伯承以及江西党组织的负责人等。在会上，大家分析了敌我的力量对比：敌人只有1万多兵力，我军有3万多人，而且又是先发制人，敌人没有准备，估计这次起义能够成功。会议决定任命贺龙为起义的代总指挥，叶挺为前敌代总指挥。

7月31日下午五点左右，前敌委员会召开团级以上干部会议，布置具体的战斗任务。晚上九点以后，起义部队进行动员，秘密进入指定的战斗岗位。不料有一个姓赵的副营长叛变，当他准备向敌人告密时，被该营的战士发现，立即报告了贺龙。贺龙马上告诉了周恩来，于是他们决定提前发动起义。

8月1日凌晨，南昌城内外响起了激烈的枪声。起义按照原定的计划进行。经过几个小时的战斗，歼灭了敌人三个师六个团共1万多人，缴枪1万多支。南昌起义取得了胜利。

8月5日，起义军撤离南昌，挥师南下，不料，在潮汕地区遭到优势敌人的围攻，损失严重。剩下的部队一部分转移到海陆丰，与当地的农民军会合，继续坚持战斗；一部分由朱德、陈毅率领，转战到湖南，1928年4月与毛泽东领导的秋收起义部队在井冈山会师。

这幅画描绘的是井冈山会师这一历史性场面。

❖ 井冈山根据地的建立和巩固

　　1927年10月7日，毛泽东带领部队到达井冈山北麓的宁冈县茅坪，27日抵达茨坪，开始了创建井冈山农村革命根据地的伟大斗争。

　　井冈山根据地位于湖南、江西两省边界罗霄山脉中段，包括江西的宁冈、永新、莲花、遂川和湖南的酃县、茶陵等县。秋收起义部队在三湾改编后，10月3日到达江西省宁冈县的古城，前敌委员会召开会议，总结了起义的经验教训。然后起义部队沿罗霄山脉南下，且走且战，行程约千里，于27日到达井冈山地区，在宁冈、永新、茶陵、遂川等县恢复和建立了党的地方组织，建立工农兵政府，建立各县农民赤卫队，将当地袁文才、王佐领导的两支地方武装，经改造编为工农革命军第一师第二团，为建立井冈山根据地奠定了基础。井冈山革命根据地是第一个农村根据地。

　　1928年4月下旬，朱德、陈毅率领的部队抵达井冈山，与毛泽东领导的秋收起义部队胜利会师。由朱德任军长、毛泽东任党代表、王尔琢任参谋长、陈毅任政治部主任，下辖3个师，共1万余人。5月，两军合编为工农革命军第四军。井冈山会师有力地促进了革命根据地的巩固发展。

秋收起义

领导秋收起义时的毛泽东。

　　秋收起义是中国共产党于1927年秋在湘赣边界领导的武装起义。中共八七会议确定了土地革命和武装反对国民党反对派的总方针，并决定发动农民在秋收季节举行武装起义。

　　1927年9月9日，毛泽东根据八七会议的决定，作为中共中央特派员和中共湖南省委一起领导了湘赣边界秋收起义。起义军分三路攻打长沙。由于敌人势力强大，起义军损失严重。毛泽东于19日晚，在文家市召开了前敌委员会会议，决定放弃夺取长沙的计划，改为向敌人统治力量薄弱的井冈山地区进军。29日部队在江西永新三湾进行了改编，确立了党对军队的绝对领导。

　　1927年10月下旬，部队到达井冈山地区，创立了中国共产党领导下的第一个农村革命根据地。

红色革命根据地

随着红四军的发展壮大，井冈山地区作为革命根据地，经济困难、供应紧张和军事上缺乏足够回旋余地的弱点逐渐显露出来。

1929年1月，毛泽东、朱德、陈毅率红四军主力离开井冈山（彭德怀、滕代远指挥一部分红军留守井冈山），向自然条件和群众基础较好的赣南、闽西进军，先后开辟了这两块新根据地，为后来的中央革命根据地奠定了基础。与此同时，各地红军利用国民党新军阀混战的有利时机，主动出击，发展工农武装，扩大红色区域。

1930年7月4日，湘鄂西红四军与洪湖地区红六军会师，两军合编，成立中国工农红军第二军团。红四军与红六军的会师，将湖南、湖北两省的西部地区，包括湘鄂边、洪湖、巴兴归、襄枣宜等红色地区连成一片，从而形成了湘鄂西红色根据地。

其中较大的根据地，除中央革命根据地外，鄂豫皖、赣东北、左右江革命根据地等。全国10多个省300多个县建立了十几块农村革命根据地。

琼崖红色根据地的女战士。

1933年2月，在第四次反"围剿"战斗中，红一方面军部分领导人在福建建宁合影。左起：叶剑英、杨尚昆、彭德怀、刘伯坚、张纯青、李克农、周恩来、滕代远、袁国平。

❖ 中华苏维埃共和国的建立

1931年11月7日—20日，中华苏维埃第一次全国代表大会在江西瑞金召开。中央、闽西、湘鄂赣、湘赣、湘鄂西、豫东北、琼崖等各苏区及红军各部均选派代表出席大会，共610人参加。大会通过了《中华苏维埃共和国宪法大纲》《中华苏维埃共和国劳动法》《中华苏维埃共和国土地法》《中华苏维埃共和国关于经济政策的决定》等文件，发表了《中华苏维埃共和国临时政府对外宣言》和《中华苏维埃第一次全国代表大会告全中国工人与劳动民众书》。大会产生了中华苏维埃共和国临时中央政府，并选出63人为中央执行委员。25日，组成中华苏维埃共和国中央革命军事委员会（也称中国工农红军革命军事委员会），以朱德为主席，王稼祥、彭德怀为副主席。

1931年11月27日，中央政府执行委员会举行第一次会议，选举毛泽东为中华苏维埃共和国中央执行委员会主席，项英、张国焘为副主席。

1933年1月，中共临时中央政治局被迫由上海迁至中央革命根据地瑞金。临时中央政治局主要成员博古、张闻天、陈云于1932年底先后由上海出发，经福建永定、上杭，抵达瑞金。临时中央迁到苏区后，中共中央政治局总负责。

❖ 五次反"围剿"

反"围剿"是第二次国内革命战争时期，中国工农红军为反对国民党军对中央革命根据地的大规模"围剿"而进行的战争。共有5次。 1930年10月，蒋介石调集军队10万多人，企图一举消灭红一方面军主力。此时红一方面军发展到4万多人，国民党军第十八师师长张辉瓒率师部和两个旅进入龙冈地区的狭窄山路，遭预先设伏的红军猛烈袭击。激战一天，红军全歼敌军近1万人活捉张辉瓒。随后乘胜追击，又在东韶歼灭谭道源师一半，粉碎了国民党发动的第一次"围剿"。

1931年4月，国民党军由军政部长何应钦兼任陆海空军总司令和南昌行营主任，率20万大军，发动第二次"围剿"。红一方面军自5月16日—31日，从富田开始连打5个胜仗，横扫700里，自赣江之畔直达福建建宁，共歼敌3万多人，打破国民党军队的第二次"围剿"。两次"围剿"失败后，蒋介石自任"围剿"军总司令，调集军队30万，于6月间发动第三次"围剿"，"长驱直入"。毛泽东、朱德率红军主力绕道千里，到赣南兴国集中，然后向东出击，4天之内，3战3捷，歼敌1万多人。在红军机动灵活的运动战打击下，敌军饥疲沮丧，只好退却。红军乘势追击，再歼敌3万多。第三次"围剿"又被粉碎。

1932年底，蒋介石调集30多个师的兵力向中央根据地发动第四次"围剿"。分兵三路向南丰、广昌进犯。中央红军在周恩来、朱德指挥下，继续坚持前几次反"围剿"的正确方针，取得了黄陂、草台岗两次伏击战的胜利，歼敌近3个师，打破国民党军队对中央苏区的第四次"围剿"。

1933年9月，蒋介石调集约100万兵力，采取堡垒主义的新战略，进行第五次"围剿"。这时王明左倾冒险主义极端错误的战略已在红军中取得统治地位，导致中央红军屡战不胜，丧失主动权。1934年春，广昌战役失利，他们转而采用防御中的保守主义，完全陷于被动。又拒绝采纳毛泽东等先后提出的以红军主力突进浙江和湖南中部去，打破敌人"围剿"的正确建议。经一年苦战，终于未能打破"围剿"。1934年10月中央领导机关和红军主力被迫退出根据地进行长征。

土地改革

第二次国内革命战争时期，中国共产党在根据地开展的以土地问题为中心的革命运动。目的是满足农民的土地要求，主要内容是打土豪，分田地，废除封建剥削制度。

1931年春，毛泽东总结土地革命的经验，制定出一条完整的土地革命路线，即依靠贫农、雇农，联合中农，限制富农，保护中小工商业者，消灭地主阶级，变封建半封建的土地所有制为农民的土地所有制。为了保证土地革命的顺利进行，县、区、乡各级建立了土地委员会。分田的大体步骤是：调查土地和人口，划分阶级；发动群众清理地主财产、焚毁田契、债约和账簿，把牲畜、房屋分给贫雇农，现金和金银器交公；丈量土地，插标定界，标签上写明田主、地名和面积。原来地主的土地分到了农民的手中。农民为了保卫胜利果实，热烈参加红军，支援革命战争。

上图是湘鄂西革命根据地写满了革命标语的民房。

遵义会议后不久的毛泽东。

❖ 遵义会议·确立毛泽东领导地位

1935年1月1日，红军抢渡乌江成功。1月8日，红军总司令部进驻遵义。

1935年1月15日—1月17日，中共中央政治局在贵州省遵义召开扩大会议。出席会议的有中央政治局委员毛泽东、朱德、周恩来、张闻天、陈云、博古，政治局候补委员王稼祥、邓发、刘少奇、何克全，红军总参谋长刘伯承，总政治部代主任李富春，各军团主要负责人林彪、聂荣臻、彭德怀、杨尚昆、李卓然，中央秘书长邓小平，共产国际军事顾问李德及其翻译伍修权等。

毛泽东在会上作了重要发言，对第五次反"围剿"和长征以来的"左"倾军事路线进行了分析批判。到会的许多同志发言，支持毛泽东的意见。经过讨论，通过了《中共中央关于反对敌人五次"围剿"的总结决议》。决议明确指出红军第五次反"围剿"的失败以及退出根据地后遭到的严重挫折，主要原因是博古和李德在军事指挥上犯了一系列原则错误。会议选举毛泽东为中央政治局常委，取消了博古、李德的最高军事指挥权，决定由中央军委负责人周恩来、朱德负责军事工作。随后根据会议精神常委进行分工，由张闻天代替博古总负责，毛泽东、周恩来负责军事。这次会议结束了王明"左"倾冒险主义在中央的统治，确立了毛泽东在中共中央的领导地位。

遵义会议会址。

1935 年 5 月 25 日，红军强渡大渡河安顺场渡口。29 日，飞夺泸定桥。这是大渡河上的泸定铁索桥。

❖ 红军到达陕北·长征结束

1935 年 9 月 16 日，陕甘支队抵达甘肃南部的天险关隘腊子口。国民党军鲁大昌部 3 个团据险阻击红军前进。17 日，红军两个连攀悬崖陡壁，穿插国民党军侧背，一举将守军击溃。天险腊子口突破后，中央红军进入甘南开阔地带，北上陕甘地区的通道开辟出来了。22 日，毛泽东等在哈达铺期间，通过国民党的报纸了解到陕北红军的大致情况。27 日，中共中央政治局在榜罗镇召开会议，正式决定以陕北作为领导中国革命的大本营。

9 月 16 日，红二十五军与陕甘红军会师。10 月 19 日，红军陕甘支队到达陕甘革命根据地的保安县吴起镇。至此，中共中央、红一方面军主力历时一年的长征结束。途经了 11 个省，四渡赤水河，巧渡金沙江，强渡大渡河，飞夺泸定桥，走过终年积雪的高山，越过人迹罕至的草地，历经艰险，击溃敌人的多次围追堵截，连续行军 25000 华里，终于在 1935 年 10 月胜利到达陕北的革命根据地。一年前，红一方面军撤出中央苏区踏上长征路途时，有近 10 万之众，而到达陕北的陕甘支队，人数不满 8000。

红一、红四方面军会师

中央红军强渡大渡河，在汉源击溃川军杨森部后经天全、芦山抵宝兴。

1935 年 6 月 12 日，中央红军自宝兴县硗碛村出发，翻越长征以来的第一座雪山夹金山。同日，红一方面军先头部队翻越终年积雪的夹金山后，到达四川懋功达维地区，与李先念率领在此迎接中央红军的红四方面军第三十军会合。14 日，中共中央、中革军委到了达维镇。接着在懋功以北的两河口举行红一、红四方面军会师大会。毛泽东、朱德、周恩来和领导红四方面军的张国焘都出席了大会。两大主力红军会师，增强了红军的战斗力，总兵力达 10 多万人。

1927 年 8 月 21 日，红一、四方面军混编为左、右路军后，开始穿越草地。

长征到达陕北的红军将领的一部分（1935 年）。右起：邓小平、徐海东、聂荣臻、程子华。

专题九：　抗日战争

"九·一八"事变·东三省沦陷

1931年9月18日，日本关东军制造"柳条湖事件"，对中国东北地区发动了武装进攻。18日22时20分，以爆炸声为信号，早已准备好的全副武装的日军，向预定目标攻击，同时沈阳站附近的日军大炮向北大营猛烈轰击。柳条湖事件发生后，日军连夜向沈阳增兵。由于东北军绝大多数部队执行了蒋介石"不准抵抗"的命令，一夜之间，日本侵略军轻而易举地占领了沈阳城。

9月19日，日军攻占南满、安奉两铁路沿线的重要城镇营口、田庄台、盖平、复县、大石桥、海城、辽阳、鞍山、铁岭、开原、昌图、四平街、公主岭、安东、凤凰城、本溪、抚顺、沟邦子等地。19日凌晨4时，日军向长春发动总攻，中国守军奋起抵抗，后在吉林军署参谋长熙洽"毋须抵抗"的命令下含愤撤退。当日22时许，长春陷落。

"九·一八"事变时，张学良传达蒋介石的命令不抵抗。张学良说："蒋指示暂不抵抗，准备好了再干，一切事先从外交解决"。不抵抗主义，从中央到地方层层下达。"柳条湖事件"爆发后，蒋介石仍令不抵抗。

留居北平的张学良一夜之间十几次致电南京蒋介石请示，均不准抵抗。从9月18日—25日一周内，关东军占领辽宁、吉林两省的30座城市，并完全或部分控制了12条铁路线，完成了"九·一八"事变军事进攻的第一阶段。

1932年1月1日，日本侵略军从三面向锦州发动总攻，3日占领锦州。中国驻军3万余人奉国民政府命令，稍作抵抗即撤往山海关内，东北全部沦陷。

在"九·一八"事变发生之前。日军在东北一带加紧军事演习，图谋侵占东北。上图是正在演习的日军。

溥仪像。

❖ 伪满洲国成立

日军占领东三省后，一直寻求将占领合法化的手段，而隐居天津的溥仪等人在日本利诱下，叛国潜往东北，投靠日军。

1932年3月1日，日本假借"满洲国"政府的名义，发表《建国宣言》，正式宣布"满洲国"成立。同时，按照关东军的安排，张燕卿、谢介石等到达旅顺，作"请驾"。溥仪表示"暂任执政一年"。3月6日上午，溥仪和婉容以及郑孝胥等人，在日本特务的严密监视下，乘火车离开旅顺。3月8日，火车到达长春。3月9日，举行溥仪"就职典礼"。"满铁"总裁内田康哉、关东军司令官本庄繁、参谋长三宅光治、参谋板垣等都到场。10日，溥仪根据关东军司令部提出的名单，任命了伪满洲国的官吏。伪满洲国的各级政权组织均设日本顾问和官吏以掌握实权。

❖ 东北抗日联军

　　"九·一八"事变后，中国共产党领导东北人民拿起武器，抗击日本侵略军。1932年，抗日游击队在东北各地出现。至1933年初，中共先后组建多支抗日部队。

　　1936年2月—1937年10月，各抗日部队先后改编为东北抗日联军，共11个军。联军组成后，各军积极出击，以原来的山地游击区为依托，实行远征或转移，扩大了活动范围。全国抗战开始后，为适应联合作战、共同开辟新区的要求，各部队又组成3个路军的司令部，分别在南满、东满和北满地区统一指挥。第1路军由杨靖宇任总指挥，率部在辽宁东部和吉林南部战斗；第2路军由周保中任总指挥，率部在辽宁东北部和吉林东部战斗；第3路军由李兆麟任总指挥，率部在松花江两岸、小兴安岭和黑龙江、嫩江平原战斗。这三路军的总兵力达到5万多人。他们到处打击日军，被日寇称为"满洲治安之癌"。从1936年—1937年，东北游击战争达到了最高峰。

　　1938年起，东北地区的抗日斗争进入了形势严峻的时期。日军调动大批兵力，对抗日联军和游击区进行大"讨伐"，实行"梳篦"式进攻，并广泛实行"保甲制"和"并户、归屯"政策，企图断绝人民群众与抗联部队的联系。我部队被迫撤离老游击区，转入深山老林，建立起军事密营，在极其艰苦的条件下继续坚持斗争。

　　1940年冬，抗日联军受到严重挫折。为了保存实力，部分进入苏联境内，余部仍然坚持斗争。抗日联军在严酷环境中的长期斗争，紧紧拖住了日本关东军的主力，在战略上配合了全国的抗日战争，也使敌人无法放手向苏联进犯。

　　右图是赵一曼像。

赵一曼英勇就义

　　赵一曼是中国共产党派到东北组织抗日游击斗争的女共产党员，在东北抗日联军第三军任团政治委员。1936年赵一曼任东北人民解放军第三军第一师第二团的政治委员。

　　1936年8月1日，赵一曼不幸被捕，在押解途中的火车上，她给儿子写了遗书，8月2日，日军将赵一曼绑在马车上，游街示众，马车到了珠河县北门，日军问他还有什么话要说，赵一曼昂然地说："为抗日斗争而死是光荣的！"8月2日，赵一曼在黑龙江省珠河县英勇就义，时年31岁。

上图为察哈尔民众抗日同盟军成立。总司令冯玉祥对抗日同盟军讲话。

《塘沽停战协定》

1933年8月30日，国民政府同日本在塘沽会晤，国民党代表是参谋本部厅长熊斌，日方首席代表为关东军副参谋长冈村宁次。冈村宁次首先提出了停战协定草案，并说明这是关东军的最后案，一字不容更改，要求中国代表在上午11时前作出答案，对中国代表熊斌提出的《中国军代表停战协定意见书》，弃而不顾。冈村宁次强硬表示，一切声明必须等停战协定签订以后再行商量。最后熊斌被迫在日方提案上签字，即卖国的《塘沽停战协定》。

《塘沽停战协定》划河北东部为非武装区，国民政府军队从那里撤走。从此，日军打开了入侵华北的门户。

❖ 察哈尔民众抗日同盟军

1933年5月26日，冯玉祥、吉鸿昌、方振武在张家口宣布组建"察哈尔民众抗日同盟军"，冯玉祥任总司令，方振武任前敌总司令，吉鸿昌任前敌总指挥。同日，冯玉祥发表就职通电说："日本帝国主义对华侵略得寸进丈，直以灭我国家，奴我民族，为其绝无变更之目的。握政府大权者，以不抵抗而弃三省，以假抵抗而失热河，以不彻底局部抵抗而受挫于淞沪平津。"他还说："率领志同道合之战士及民众，结成抗日战线，武装保卫察省，进而收复失地，争取中国之独立自由。有一分力量，尽一分力量，有十分力量，尽十分力量，大义所在，死而后已。"

7月1日，同盟军左路收复宝昌，乘胜发起多伦战斗。7日23时，同盟军分路发动进攻，经两天三夜激战不下，吉鸿昌乃亲率敢死队，赤膊匍匐前进，连续三次登城，仍未奏效，伤亡200余人。12日晨1时，吉鸿昌利用夜暗再次组织猛攻，城内鸣枪响应，同盟军终从北、西、南三门攻入城内，经3小时巷战，收复多伦，为"九·一八"以来中国军队首次收复失地之举。消息传开，全国振奋，而南京政府反而派兵压迫同盟军。方振武、吉鸿昌所率抗日同盟军连日受到国民党军及日军的围攻，又遭飞机轰炸，伤亡惨重。

10月16日，北平军分会派北平慈善团体代表刘砥泉等4人到战地晤方、吉，促其罢兵；日军限其下午3时前退出战区。方、吉被迫派代表到顺义第三十二军商震部洽商解决办法。下午2时，方、吉至马家营与商震、徐庭瑶晤面。下午4时半，方、吉通电申述抗日经过及不得已离军之苦衷，旋被押解北平。二人中途脱逃，吉避入天津租界，方则辗转流亡国外，所部6000余人被缴械。抗日同盟军在日军蒋军的夹击之下到此完全失败。

抗日英雄吉鸿昌。1934年11月9日，被蒋介石杀害。

❖ 华北事变

    1935 年，日本军国主义的魔爪已经伸入华北，他们不断制造事端，向中国政府提出攫取华北统治权的无理要求。该年 5 月，日本特务 4 人潜入察哈尔境内进行军事侦察活动，6 月 5 日，日本特务在张北县被中国驻军扣留。日本竟以"张北事件"为藉口，提出一些无理的要求。

    日本侵略者为进一步控制华北，又藉口天津两个汉奸报社社长被杀和东北义勇军孙永勤部进入滦东"非武装区域"，指责中国方面"破坏"《塘沽协定》，由日本天津驻军参谋长酒井于 5 月 29 日向国民政府提出交涉。同时，自东北调遣日本军队入关，以武力相胁迫。

    6 月 9 日，日本东北驻屯军司令官梅津美治郎向国民政府北平军分会代理委员长何应钦提出了苛刻要求：中国政府在河北的党政机关要取消，中国驻河北的中央军和东北军一律撤退，禁止一切抗日活动。7 月 6 日达成《何梅协定》。于是，中央军和东北军撤离河北省，日本侵略军占领了平、津一带战略要地。

    接着，日本侵略者又策动汉奸制造所谓华北 5 省"自治运动"，企图使河北、察哈尔、绥远、山东、山西等省脱离中国政府。华北局势危急，面对各方面的压力，国民政府于 12 月指派宋哲元成立冀察政务委员会，想以此来应付当时的危局，但华北已名存实亡，政治、经济实权都已落入敌手。

    日本军国主义者在 1935 年侵略华北的这一系列事件，其目的是炮制一个伪"华北国"。时局的演变，使全中国人民加深了对民族危机的认识。

溥仪访问日本

    1935 年 4 月 2 日，溥仪启程访问日本。4 月 8 日，溥仪在东京车站与日本天皇会晤。当天晚上，天皇和皇后在宫中举行宴会。溥仪受宠若惊，感激不已。溥仪回东京后，颁发《回銮训民诏书》说：自登极以来，朕与日本天皇陛下，精神如一体。尔众庶等，更当仰体此意，与友邦一德一心，以奠定两国永久之基础，发扬东方道德之真义，则大局和平，人类福祉，必可致也。凡我臣民务遵朕旨，以垂万祀。

    溥仪试图以此来巩固伪满洲国的不合法地位。此举引起了全国人民的极大愤慨。

溥仪访问日本的时候，溥仪与裕仁天皇同乘马车前往代代木练兵场。

    左图是日本侵略者为进一步控制华北，正在向天津地区调动军队。

瓦窑堡会议

　　1935年12月25日中共中央政治局在陕北瓦窑堡召开的扩大会议。讨论了建立抗日民族统一战线问题。通过了《关于目前政治形势与党的任务》决议。

　　决议规定，中国共产党的路线、策略是发动、团结与组织全中国全民族一切革命力量，建立抗日民族统一战线去反对当前主要的敌人日本帝国主义和汉奸卖国贼。会后，毛泽东作了《论反对日本帝国主义的策略》的报告。

上图是西安事变和平解决后，蒋介石离开西安之前在机场的情形。

西安事变中的张学良（左）和杨虎城（右）像。

❖ 西安事变

　　"九·一八事变"后，东北军将领张学良丢失了东北家园，背着"不抵抗将军"的罪名，带领东北军奉令来到西安。此时张学良感到国难当头，只有抗日才能挽救东北军，才能拯救国家的危亡。这时的中共为了团结一切抗日力量，也在积极争取东北军，周恩来亲自和张学良进行了会谈。同时，又派人做西北军将领杨虎城的工作。张学良和杨虎城苦谏蒋介石不成，不得已实行了"兵谏"。

　　1936年12月12日凌晨，全副武装的东北军100多人，直奔蒋介石的住处，经过一阵激烈的枪战，东北军士兵解除了卫队的武装，冲进了蒋介石的卧室。蒋介石已经不在了，但他的假牙还在桌子上，鞋子仍在床下，有人用手试了一下被窝，还暖暖的。士兵们立刻搜索附近地区。原来，蒋介石在睡梦中，忽然听到枪声，感到大事不好，慌忙向后山逃去，急乱中摔倒在乱草沟里，脊骨摔伤了，躲在一块长满杂草的大石头后面。东北军经过紧张的搜索，终于找到了蒋介石。与此同时，西北军在西安城内扣押了随蒋介石前来的各军政要员。这就是震惊中外的"西安事变"（又称"双十二事变"）。

中国共产党从全国大局出发，主张和平解决西安事变，放回蒋介石，让他答应共同抗日。西安事变获得了和平解决。

❖ 国共合作

1937年2月15日，国民党五届三中全会在南京开始举行。国民党虽然没有根本放弃反共立场，没有制定明确的抗日方针，但在中国共产党的推动和国民党内进步人士的积极努力下，内外政策上不得不都做了某些重要调整。在对内政策上，基本确定了停止内战，实行国共合作的原则；在对外政策上，公开表示"如果让步超出了限度，只有出于抗战为惟一途径"。

2月11日，中共代表周恩来同国民党代表张冲、顾祝同在西安开始就国共合作的具体问题进行谈判。2月12日，中共代表周恩来同国民党代表顾祝同继续会谈，双方达成协议。

9月23日，蒋介石发表《对中国共产党宣言的谈话》，承认中国共产党的合法地位。国共两党合作关系正式建立，以国共两党合作为基础的抗日民族统一战线正式形成。

1937年4月2日，周恩来飞回延安，向中共中央汇报在杭州同蒋介石的谈判情况。

"七君子事件"

1936年11月23日，南京政府以"危害民国"的罪名在上海将全国各界救国联合会领导人沈钧儒、章乃器、邹韬奋、李公朴、沙千里、史良、王造时逮捕入狱。南京政府企图将7人转解苏州高等法院审判，在张志让等辩护律师的反对下，当日在江苏高等法院第二分院刑庭开庭，法官被迫驳回捕房律师和公安特务的请求，裁定将"被告""责付"辩护律师，听候审判。

11月24日，北平文化教育界李达、许寿裳等109人联名致电国民政府，提出"国难严重，不容再事其豆之争"。同时，全国各界救国会要求立即释放七君子，保护救国运动。国民党上层人士冯玉祥、于右任发起签名营救运动。各地的爱国华侨以及国际知名人士罗曼·罗兰、爱因斯坦等人也致电国民政府，要求释放沈钧儒等人。西安事变发生以后蒋介石答应释放七君子，但其后不久，蒋介石却罗织"十大罪状"，对七君子提出控诉。1937年6月下旬，宋庆龄、何香凝等16人发起声势浩大的营救运动，蒋介石最后不得不释放七君子。

卢沟桥事变

卢沟桥横跨永定河，属河北省宛平县管辖，距北平仅15千米，是捍卫北平的屏障。驻守在平津一带的中国军队是第29军，总兵力约有10万人。

1937年7月7日夜10时，驻丰台日军河边旅团第一联队第三大队第八中队，由中队长清水节郎率领，在卢沟桥以北地区举行以攻取卢沟桥为假想目标的军事演习。7月7日11时，日军诡称演习时一士兵离队失踪，要求进城搜查。在遭到中国严词拒绝后，日军迅即包围宛平县城。

第二天早晨2时，第29军副军长兼北平市长秦德纯为防止事态扩大，经过与日方商定，双方派员前往调查。但日军趁交涉之际，于8日晨4时50分，向宛平县城猛烈攻击，并强占宛平东北沙岗，打响了攻城第一枪。中国守军忍无可忍，奋起还击。日军在同一天内，连续进攻宛平城三次，均遭中国守军的英勇抵抗。日本帝国主义为了实现其征服中国的计划，由此发动大规模的侵华战争。

7月17日，国民政府军事委员会委员长蒋介石在庐山发表谈话，宣布准备对日作战。中国人民历时八年的抗日民族解放战争由此开始。

上图是中国驻军第29军战士守卫在卢沟桥上。

❖ "八·一三"事变·淞沪会战爆发

1937年8月13日，日军在上海发动"八·一三"事变，淞沪会战开始。

1937年8月13日晨，日军以日租界和黄浦江上的军舰为基地，向闸北一带进行炮击，中国军队奋起还击。日军以松井石根大将为总司令，先后投入陆、海、空军与特种兵部队近30万人，动用舰船130余艘、飞机400余架、战车300余辆，狂妄地宣称1个月内占领上海。中国军队先由冯玉祥，后由蒋介石（兼）任第3战区司令长官指挥，下设左翼军（总司令陈诚）、中央军（总司令张治中、朱绍良）、右翼军（总司令张发奎），先后调集总计兵力约70余师的部队，奋勇迎战。战争一开始，我军采取进攻态势，猛烈攻击日军在沪据点，压迫敌军滞于黄浦江左岸狭隘地区，予敌重创。

8月下旬，日军大批援军在吴淞、川沙登陆，我军在宝山、月浦、罗店、浏河等地与日军反复争夺阵地。至9月17日，中国军队退守北站、江湾、庙行、罗店、双草墩一线，坚持防御。直至11月5日，日军在杭州湾北岸的金公亭、金山嘴等地登陆，中国军队被迫于11月9日开始从上海周围撤退。至12日，上海除租界"孤岛"外，全部沦陷。在历时3个月的淞沪抗战中，中国广大官兵在上海人民和全国同胞的支持下，冒着敌人现代化装备和陆、海、空军联合作战的猛烈炮火，前赴后继，奋力拚搏。11月，上海失陷，淞沪会战结束。

淞沪会战挫败了日军中央突破、速战速胜的战略意图，迫使日军在华北战场上转攻为守，在青岛地区暂停军事行动，打乱了日本军国主义者侵华的全盘计划，粉碎了他们3个月灭亡中国的狂妄计划。这次战役，日军伤亡6万多人，被中国军队击毁、击伤飞机200多架、舰船20余艘。中国军队的牺牲精神和战斗能力，赢得了各国军事观察家的高度评价。但是，中国军队以落后的武器用死守的方法来对付日军优势火力控制的战线，加上指挥失当，伤亡重大，有10多万将士献出了宝贵生命。

中国第三战区司令长官冯玉祥（右）与淞沪警备司令张治中在一起研究作战方案。

1937年8月28日，日本飞机轰炸上海南站，炸死了200多人，伤者不计其数。上图是轰炸后一位被炸伤的儿童在大声啼哭。

这幅《东渡黄河》的图画，描绘的是毛泽东、周恩来率领八路军东渡黄河，奔赴抗日前线。

洛川会议

抗日战争全面爆发后，1937年8月22日—25日，中共中央政治局在陕北洛川召开的扩大会议。

会议分析了抗战形势，认为抗日战争胜利的关键是实行全民族的抗战路线和艰苦的持久战，要求党站在抗日最前列，坚持抗日战争中的领导权。会议通过《关于目前形势与党的任务的决定》和《抗日救国十大纲领》，作为党领导全国人民争取抗日战争胜利的指针。会议决定成立新的中共中央军事委员会，毛泽东为书记，朱德、周恩来为副书记。

❖ 八路军成立

1937年8月25日，中共中央发布了改红军为八路军的命令。

前总指挥部改为第八路总指挥部，以朱德为总指挥，彭德怀为副总指挥，叶剑英为参谋长，左权为副参谋长。总政治部改为第八路政治部，任弼时为主任，邓小平为副主任。第一军团、十五军团及七十四师合编为陆军第一一五师，以林彪为师长，聂荣臻为副师长；二方面军二十七军、二十八军、独立第一、第二两师及赤水警卫营、前总直之一部等部，合编为陆军第一二〇师，以贺龙为师长，肖克为副师长；四方面军二十九军、三十军、陕甘宁独立第一、第二、第三、第四团等部，改编为陆军第一二九师，以刘伯承为师长，徐向前为副师长，以上各部改编后，人员委任照前总命令行之。

八路军成立后，即东渡黄河、奔赴抗日前线。9月25日，八路军取得了平型关大捷的胜利。11月起，八路军、新四军各部队开始创建敌后抗日根据地。

❖ 平型关大捷

1937年9月22日黄昏，日军第二十一旅团向平型关进攻，被中国军队的第七十三师击退。第二天，日军再度向平型关、团城口一线进攻。平型关守军第七十三师、第八十四师独立第八旅诸部，与日军展开血战。为配合第二战区友军防守平型关至茹越口和雁门关的内长城一线，八路军总部令第一一五师进至平型关以西的大营镇待机。林彪、聂荣臻等决心抓住日军骄横、疏于戒备的弱点，利用平型关东北的狭窄谷道伏击歼敌。23日夜，八路军第一一五师师部进至平型关以东之冉庄、东长城村地域。

9月25日，日军第五师团第二十一旅团一部及大批辎重车辆，沿灵丘至平型关公路西进。7时，全部进入第一一五师之伏击圈。第一一五师乘机全线突然开火，并发起冲锋。日军第五师团长板垣征四郎急从蔚县、涞源调兵增援，被第一一五师独立团、骑兵营阻击于灵丘以北及以东地区，并毙伤日军其300余人。战斗持续到13时，被围的日军全部就歼。这次战役，第一一五师共歼日军1000余人，缴获步枪1000余支、机枪20余挺、击毁汽车100余辆、马车200余辆，八路军伤亡600余人。

平型关大捷，振奋全国，各地纷纷电贺。26日，蒋介石特电朱德、彭德怀，称："二十五日一战，歼敌如麻，足证官兵用命，深堪嘉慰。"

新四军建立

1937年10月13日，国民革命军新编第四军（简称"新四军"）成立。抗战爆发后，国共两党就南方各省红军游击队改编问题举行了多次谈判。

最后国共两党达成协定，将在江西、福建、广东、湖南、湖北、河南、浙江、安徽等8省13个地区（琼崖除外）的红军游击队，改编为国民革命军陆军新编第四军。叶挺任军长，项英任副军长，张云逸任参谋长，周子昆任副参谋长，袁国平任政治部主任，邓子恢任副主任。下辖4个支队，陈毅、张鼎丞、张云逸、高敬亭分任4个支队的司令员。全军共1万余人，归属第三战区。

八路军第一一五师在平型关战斗中的指挥所。

南京大屠杀

1937年12月13日，日军侵占南京城，在日军司令官松井石根大将和第6师团团长谷寿夫中将等法西斯分子的指挥下，对南京手无寸铁的人们进行了长达6周惨绝人寰的大规模屠杀。

12月13日晨，日军谷寿夫师团首先从中华门进入南京，血洗了聚集在中山北路、中央路的难民区，约有十余万难民和被解除武装的中国士兵，被日军围逼到燕子矶江边的沙滩上，数十挺机枪疯狂扫射，顿时间，至少有5万余人惨遭杀害。14日，日军在汉西门外又集体屠杀难民和非武装军警7000余人。

15日夜，被日军俘虏的南京军民9000余人，被押往上元门外鱼雷营江边，遭到集体屠杀，除9人侥幸逃生外，余者全部遇难。

16日，日军在下关煤炭港、鼓楼四条巷一带屠杀南京军民数万人。17日，日军在下关上元门屠杀南京军民3000余人，在三叉河杀害四五百人。

18日，日军在下关草鞋峡将中国男女老幼5.7万人集体残杀，在这前后，日军还在上新河一带残杀中国被俘军人及难民28730人。

大屠杀后中国红十字会掩埋尸体22300余具。此外，日军也处理了大量尸体。据日本南京碇泊场司令部少佐太田寿男交待，该司令部于下关地区"处理掉"尸体10万具，为此动用的船只有30只，卡车10辆，负责搬运尸体的士兵800人。

南京大屠杀，主要方式是集体枪杀和活埋。侵略者以机枪扫射成百、成千甚至上万人，其间伴以步枪点射、刺刀捅戮，最后焚尸灭迹。大屠杀还伴随着劫掠、纵火和奸杀妇女，南京约三分之一的建筑物和财产化为灰烬，无数妇女惨遭强奸。据战后国际法庭认定，日军侵入南京市内后的一个月中，发生了2万起左右的强奸案件。从10来岁的幼女到70岁的老妇，不仅遭兽兵蹂躏，还遭到割乳、剖腹等凌虐。

日本在南京近郊举刀斩杀被俘的中国士兵。

上图是日军少尉向井、野田在南京紫金山下进行杀人竞赛。日本《东京日日新闻》对此津津乐道，称向井杀了106人，野田杀了105人，他们还要以杀150个中国人为目标比赛下去。

❖ 台儿庄战役

台儿庄，位于津浦路台枣（庄）支线及台潍（坊）公路的交叉点，扼运河的咽喉，是徐州的门户。日军由于前一阶段在津浦路南北的侵犯都无法进展，便改谋先攻下台儿庄，再围取徐州。1938年3月中旬，北线日军分左右两翼，向台儿庄进犯。左翼日军第5师团，自青岛崂山湾、福岛登陆后沿胶济路西进，以坂本支队向临沂猛攻。我军以庞炳勋第3军团第40军马法五师等部坚守临沂，调张自忠第59军，于3月14日向日军侧翼反击。经数日激战，有效地阻击了敌人，使日军攻占临沂的企图终未得逞。右翼日军第10师团濑谷支队沿津浦路南下，进攻滕县。我第22集团军122师与敌血战两昼夜，师长王铭章以下大部殉国。

日军在攻陷滕县后移军东向，沿枣台支线进攻台儿庄。3月23日，日军开始猛攻台儿庄。我第2集团军池峰城率31师官兵坚守台儿庄城寨，与敌炮火、坦克相拚，至死不退，后又加入27师等部，于城外与日军浴血近战，反覆肉搏冲锋，还组织敢死队夜袭。日军因第10师团伤亡惨重，便命临沂方向的败军第5师团坂本支队放弃进攻临沂，加入台儿庄方面作战，被我军击破。4月3日，第5战区指挥汤恩伯部第20军团由东向西、第2集团军由南向北、孙桐萱部第3集团军由北向南，大举反攻。日军遭我内外夹击，死伤枕籍，至7日夜，除小部突围逃跑外，大部被歼。此役，我军摧毁了日军第5、第10两个师团之精锐部队，歼灭日军1万余人，缴获了大批武器和装备，这是我国抗战以来正面战场取得的最重大的胜利。

❖ 武汉会战

1938年6月11日，侵华日军从长江西上，进攻安庆，拉开了武汉会战的序幕。1938年7月26日，日军攻陷九江，我第29军团退守庐山两测，奋勇抵抗。全歼日军第145联军。10月上旬，我军又歼灭日军4个联队。10月中、下旬，日军已逼近武汉。我军于10月25日撤出武汉，武汉沦陷。

武汉会战中，由于战线太长，兵力与资源不足，加上敌后抗日根据地的日益发展壮大，日军不得不放弃"速战速决"的企图，抗日战争由此便进入了相持阶段。

毛泽东发表《论持久战》

1938年5月26日，毛泽东在延安抗日战争研究会上作了《论持久战》的讲演。

他全面考察了抗日战争的发生和发展，指出：中日战争不是任何别的战争，在这场战争中，中日双方存在着互相矛盾的四个基本特点：第一，日本是个帝国主义强国，中国是个半殖民地半封建弱国；第二，日本的侵略战争是退步的、野蛮的，中国的反侵略战争是进步的、正义的；第三，日本战争力量虽强，但它是个小国，人力、军力、财力、物力均感缺乏，经不起长期的战争；第四，日本的非正义战争在国际上是失道寡助的，中国的正义战争却是得道多助的。第一个特点决定了日本的进攻能在中国横行一时，中国不能速胜，抗战要走一段艰难的历程。后三个特点决定了中国不会亡国，经过长期抗战，最终一定胜利。

台儿庄大战前，第五战区司令长官李宗仁在台儿庄车站留影。

日军对华进行细菌战

1940年7月，日本"七三一部队"队长石井四郎亲率一支远征队携带70千克伤寒菌、50千克霍乱菌和5千克染有鼠疫菌的跳蚤，开赴华中战区宁波一带进行细菌战。造成该地鼠疫流行。同时，"七三一部队"另一支远征部队，携带130千克的炭疽菌、副伤寒菌和鼠疫菌，到重庆及浙赣铁路干线一带进行细菌战，造成被污染地区传染病流行，大批居民死亡。日军还将注射了伤寒菌和副伤寒菌的食物分给南京战俘营的3000名战俘食用，然后释放战俘，传播疾病。

在敌后抗日根据地，站岗放哨的儿童团员。

❖ 八路军反"扫荡"胜利

1940年3月9日，日伪9000余人，在50余门大炮和10余架飞机的配合下，分数路向八路军平西根据地中心斋堂地区进行合围"扫荡"，企图破坏春耕，摧毁根据地，迫使八路军退出平西。八路军对来犯之敌予以多次伏击和袭击，迫使"扫荡"日伪军于22日撤回据点，这次反"扫荡"，平西八路军共作战30多次，毙伤日伪军800余人，击落飞机1架。

4月1日，晋西北抗日根据地反"扫荡"战役结束，这次战役是从2月23日开始的。日军为查明八路军在晋西北的兵力配备及作战能力，先后调遣1.2万余人的兵力，兵分六路进攻岚县、临县、方山、兴县等地，窜扰五寨、文水、交城、静乐、三交等地区，对晋西北抗日根据地作试探性"扫荡"。晋西北八路军与新四军采取游击战术打击敌人，而不与敌人进行大规模作战。在38天的反"扫荡"作战中，与敌交战30余次，毙伤敌军1100余名，俘敌200余名，收复方山、临县、岚县三座县城。

1940年春，日军为在华北推行"囚笼政策"，修筑白晋铁路以分割和封锁太行、太岳抗日根据地。八路军第一二九师于5月5日起，在太行、太岳2万余名群众和民兵的配合下，向白晋铁路长治以北各段展开大破击，并袭击了铁路沿线的日军据点，至5月7日凌晨，共破坏铁路50余千米，毁大小桥梁50余座，炸毁火车1列，歼敌350余人，缴获炸药1000余箱及其他许多军用物资。

5月31日，冀中反"扫荡"战役取得胜利。这次扫荡经过大小90余次战斗，毙伤日伪军3300余人，迫使敌人撤走。

6月20日起，冀南各路日军6000余人，汽车10余辆，坦克3辆，分途向冀鲁豫地区进行"扫荡"。八路军各部队进行侧击、伏击敌人，至27日，击退各路日军，毙敌500余人。

7月6日，在晋西北"扫荡"的日军和伪军全面溃退，八路军反"扫荡"取得胜利，巩固了晋西北抗日根据地。

❖ 百团大战

　　1940年8月20日，八路军发动了"百团大战"。在战役发起前，八路军总司令朱德、副总司令彭德怀和副总参谋长左权于7月22日下达了关于以破击正太路为中心的《战役预备命令》。决定利用青纱帐与雨季时节对敌人发动进攻。《命令》规定此次战役的目的是："彻底破坏正太线若干要隘，消灭部分敌人，收复若干重要名胜关隘据点，较长期截断该线交通。"

　　8月20日，正太铁路破击战按计划全面展开。随后迅速扩展到除山东以外的整个华北地区和主要交通线。在这些地区和交通线，驻有日军共20余万人，飞机150架，另有伪军约15万人。八路军参战兵力实际达105个团，共20余万人。此外，尚有许多地方游击队和民兵参加作战。故称"百团大战"。

　　9月16日，八路军总部发出"百团大战"第二阶段作战命令。具体任务是要求各兵团继续破坏敌人的主要交通，摧毁被日军占领的中国军队根据地的某些据点。

　　12月5日，八路军发动的"百团大战"基本结束。历时3个半月，八路军在地方武装和广大人民群众的紧密配合下，共作战1800余次，毙伤日军2万余人，伪军5000余人，俘日军280余人，伪军1.8万余人；日军投降47人，伪军1845人；破坏铁路470余千米，公路1500余千米，桥梁、隧道260多处；缴获各种炮53门，各种枪5800余支。

在"百团大战"中彭德怀亲临前线指挥作战。

国民党的黑暗统治

　　抗日战争时期，四大家族大发国难财，官僚资本迅速膨胀。他们利用手中控制的中央、中国、交通、农民四大银行，无限制的发行纸币，独占全国金融业，获取暴利。国民党统治区物价暴涨。

　　同时，以四大家族为首的大地主、大买办，还大量兼并土地，残酷剥削农民。

到1948年，国统区已是物价飞涨，民不聊生。上图为南方一市民带着大捆钞票去买一袋米。

中华民族同仇敌忾，全民皆兵。上图为一位参军抗日的小战士。

在皖南一带反"扫荡"的新四军正在伏击日军。

抗日战争进入新阶段

1941年底，太平洋战争爆发后，中日战争进入新阶段。

12月6日，日军攻占香港后，开始攻占厦门鼓浪屿。12月9日，国民政府对日、德、意宣战，12月，中共发表《中国共产党为太平洋战争的宣言》。12月10日，中国军队入缅对日作战，中国战场与世界反法西斯战场联为一体，美、英与中国正式结盟，在重庆召开了"东亚军事会议"。蒋介石出任中国战区最高统帅，美国将军史迪威为总参谋长。中国远征军进入缅甸配合盟军作战，给日军以重创。1942年，中国从美、英国家得到大量贷款和军火物资援助。1943年经过谈判，中国政府与美英等国签订新约，废除了不平等条款，取消了领事裁判权。中美英三国首脑举行开罗会议，商定了联合对日作战计划。此后，中国开始积极参加组建联合国的活动。

❖ 皖南事变

抗日战争时期国民党蓄意制造的反共事件。1940年10月，国民党强令新四军、八路军有关部队全部开赴黄河以北。中国共产党为维护抗日大局，同意将安徽南部的新四军部队调到江北。

1941年1月，皖南新四军9000余人向北转移。行至泾县茂林地区时遭到七八万国民党军队的突然袭击，蒋介石竟反诬新四军"叛变"，宣布取消其番号。中共提出严重抗议，坚决要求其在皖南停止进攻，撤围让路。蒋介石一面口头答应下令查处，一面却督令顾祝同加紧围攻，务期"一网打尽，生擒叶项"。皖南新四军在叶挺指挥下，多次打退敌军的进攻，但因仓促应战，地形不利，寡不敌众，弹尽粮绝，经八昼夜血战之后，至14日，除2000余人分散突出重围外，新四军指战员部分被俘，大部壮烈牺牲。军长叶挺和新四军政治部敌工部长林植夫、政治部秘书黄诚在根据组织决定与上官云相谈判时被扣，副军长项英被叛徒杀害。政治部主任袁国平在突围中牺牲。这就是震惊中外的"皖南事变"。

至此，国民党发动的第二次反共高潮达到了顶峰。

在"皖南事变"中被国民党无理扣押的新四军军长叶挺。

❖ 八路军坚持敌后游击战

　　抗战初期，共产党在各地通过组织游击队、自卫队，进行战争动员、武装起义和争取、改编游杂武装等方式扩大了军队，新建了许多抗日武装。抗战中期，敌后战场已形成了主力军、地方游击兵团和人民自卫武装三种武装力量相结合的体制。于是，以主力部队和地方基干兵团为骨干，以广大群众为基础，组织党、政、军、民各方面的力量，展开了群众性的人民游击战争，使侵略者在其整个占领区一刻也不得安宁。敌后也变成了抗日前线。主要由共产党领导的敌后战场与主要由国民党承担的正面战场相对独立，又相互配合，构成了中国抗日战争的整体。

　　敌后军民在游击战中创造和发展了许多灵活、巧妙的新战法，如地道战、地雷战、破袭战、"麻雀战"等等，经常有效地用于袭扰和消灭日军，使敌人攻防无措、疲于奔命。

　　此外，还有敌后武工队，这是深入到敌后的精干武装工作队，斗争方式多样，有文有武，有明有暗，经常配合外线部队作战，达到里应外合以摧毁敌伪政权的目的。

　　中国抗日战争以来，在松花江畔，长城内外，中原大地，珠江两岸，五指山下，游击战的烽火遍地燃烧。特别是各抗日根据地，军民一条心，不怕物质条件的严重困难，充分发挥人的机智、勇敢，男女老少都直接参加战斗，甚至连儿童也参加站岗放哨。日本侵略者在正面战场和敌后战场的两面夹击下，陷入焦头烂额的境地。

边区一位老大爷在鼓励八路军小战士上前线英勇杀敌。

延安整风运动

在延安领导抗日斗争时的毛泽东。

　　1942年2月，中国共产党在延安和各抗日根据地进行的整顿党的作风的运动，由准备阶段进入普遍整风阶段。针对党内存在的种种问题，1941年5月，毛泽东作了《改造我们的学习》的报告，又作了《整顿党的作风》《反对党八股》的报告，毛泽东指出整风运动的内容是"反对主观主义以整顿学风，反对宗派主义以整顿党风，反对党八股以整顿文风"。

　　自此，全党范围的整风运动开始。整风运动的学习文件是毛泽东的《改造我们的学习》《整顿党的作风》《反对党八股》，及其他有关文件和论著。整风运动的方针是"惩前毖后，治病救人"。其具体方法是：在学习文件的基础上，检查自己的工作、思想，开展批评与自我批评，找出错误产生的根源及克服错误的方法。党的高级干部还着重学习、讨论了党史。

豫湘桂战役

1943年前后，国际形势发生了重大而深刻的变化。日本通往太平洋前线的海上交通已失去保证。日本开始垂死挣扎，为了强行扭转军事上的不利态势，从1944年春开始，集中50多万侵华兵力，又向中国正面战场发动了一次长达10个月的战略性进攻。实施打通大陆交通线的作战。

1943年，日军调集14万余人向河南进攻，国民党驻河南的40万大军不战而逃。仅一个多月，河南全部失陷。河南失陷以后，日军又相继占领长沙、衡阳、桂林等军事要地。同年，日军不费一枪一弹，占领南宁。为了扩大战果，日军仅以3000多人，追击国民党军队。国民党军队望风而逃，一直被追到贵州省的独山镇。1945年2月，日军又以一部兵力打通了粤汉铁路广东段，并先后占领该路东侧之盟军空军基地遂川、赣州。至此，日军一度在形式上打通了中国大陆交通线。国民党军队却丢失了河南、湖南、广西三省大片领土。这就是"豫湘桂战役"。

❖ 八路军、新四军转入反攻

1945年4月，冀鲁豫八路军对日伪军的春季攻势作战取得了战果。这次攻势从1月16日发起，冀鲁豫八路军在宋任穷、黄敬等指挥下，首先进攻盘踞在大名地区的"东亚同盟自治军"，争取其"突击团"起义作为内应，一举攻克该城，歼日伪军800多人，击毙该军军长刘坤。21日，八路军发起道清战役，歼日伪军2500余人。4月24日，八路军发起南乐战役，27日攻下南乐县城及周围据点30多处，扩大了根据地。

4月，新四军第三师趁日军从盐城、阜宁南撤，伪第二方面军第五军第四十一师等部忙于交接防务之际，集中11个团，1.4万余人，发起阜宁战役。此役，共俘伪副师长以下2000余人，毙伤300余人，解放阜宁城及市镇20余处。5月1日，山东八路军展开反"扫荡"作战。八路军各军区采取相互协同合作，以部分主力结合地方武装和民兵，在内线展开广泛的游击战，以大部主力集中于外线，来歼灭敌人，并组织群众广泛袭击交通线。经过近1个月的作战，歼灭日军3300余人，日军第五十四旅团长田坂被击毙，取得了反"扫荡"的胜利。

5月，华北各地区八路军开始陆续发起猛烈的夏季攻势。八路军在5月间共歼日伪军6.8万人，收复县城33座，扩大解放区6万多平方千米，解放人口240余万人，进一步将日伪军压缩到大中城市、交通要道和沿海一带。

6月12日，八路军发起热辽战役，粉碎了日伪军3万余人的反扑。八路军共作战2700多次，歼日伪军近2.8万人，拔除据点、碉堡790多处，收复县城15座，解放人口500多万人，扩大解放区面积13.5万平方千米，部队发展到11万多人，争取了战略上的主动权，为大反攻创造了有利条件。

国民党军机械化部队的装甲运兵车。

❖ 中共七大召开

　　1945年4月23日，中共第七次全国代表大会在延安开幕。大会选出毛泽东、周恩来、朱德、刘少奇等15人组成主席团，任弼时为大会秘书长。大会的中心任务是动员和领导全国人民最后打败日本帝国主义，建立独立、自由、民主、富强的新中国。毛泽东主持了大会并致开幕词。

　　24日，在中共七大上，毛泽东作《论联合政府》的政治报告。报告总结了抗战胜利前夜的国内外形势和国共两党两条抗战路线斗争的经验。指出中共所面临的斗争是激烈的两个前途、两种命运的斗争。为了争取光明的前途，克服黑暗的前途，党应有自己的政治路线，即："放手发动群众，壮大人民力量，在我党的领导下，打败日本侵略者，解放全国人民，建立一个新民主主义的中国。"

　　25日，在中国共产党第七次全国代表大会上，朱德作了《论解放区战场》的军事报告。报告主要论述人民军队和解放区的创造、发展过程，指出敌后解放区战场的伟大作用和战绩。

　　5月14日，在中共七大上，刘少奇作了《关于修改党章的报告》。

　　中国共产党第七次全国代表大会于11日闭幕。自4月23日起—6月11日止，大会历时50天。

对日军展开全面反攻

　　1945年7月7日，国民政府军事委员会宣布：战局现已转守为攻。八年抗战截止现今，计毙伤及俘虏日军250余万人；中国军队阵亡130余万人，负伤170余万人。

　　7月12日，中国伞兵首次作战。伞兵一队180人，凌晨3时从昆明起飞，8时抵广东开平县附近空降，对日军展开袭击。

　　7月14日，中国陆军总司令部制定以桂林、雷州半岛、衡阳、曲江、广州、香港为作战目标的反攻计划。

　　18日，中国伞兵在广西丹竹空降，在地面部队的配合下，一度占领日军的丹竹机场，袭击日军的补给基地。

　　7月21日，中国空军出击，轰炸河南遂平日军。夜，中国空军再次出击，猛烈轰炸汉口日机场。

　　7月24日，第二十军、第二十九军等部，分3路沿湘桂铁路及其两侧向桂林急进，24日，连克中渡、黄冕、阳朔、白沙，并经激战夺占桂林南方门户永福。同日，第二十六军、第九十四军等部，自越城岭方面向桂林西北进逼，各路大军包围桂林。

　　7月25日，中美空军协同，以305架战机猛袭上海日空军基地。

　　7月27日，中国伞兵在湖南衡阳附近空降，伏击日军运输车队。同日，国民党军向桂林日军发起总攻，收复桂林。日军仓皇向广西全县方向逃窜。

晋察冀边区军民游行庆祝七大召开。

陈纳德离开中国

　　1945年8月1日清晨，美国空军退役军官克莱尔·李·陈纳德离开了中国。他组建志愿军航空队"飞虎队"来华投入对日作战。从1937年自上海港登岸至今，陈纳德领导的飞虎队和第十四航空队，在中国与日军英勇作战，以1：80的惊人损失比，共摧毁了2600架日机，击毙了66700名以上的日军。他在向重庆市民告别的那天，汽车在市内被人群堵塞，人们在广场上为他搭了一个鲜花和松针装饰的台子，热烈欢送他。

身经百战的空中骑士陈纳德将军。

　　来华参战的美国空军志愿队"飞虎队"的飞机，上面都画着鲨鱼的利牙大口。

❖ 苏军进入东北

　　1945年，战胜德国后，苏军开始对日作战。

　　1945年8月8日，苏联外交人民委员部部长莫洛托夫接见日本大使佐藤，向日本政府递交《苏联对日宣布进入战争状态宣言》。宣言指出，美、英、中7月26日要求日本武装力量无条件投降，已遭日本拒绝。由此可见，日本政府向苏联提出的关于调停远东战争的建议失去了一切根据。苏联政府忠于对自己盟邦的义务，参加7月26日同盟国的公告，从8月9日起，苏联将认为自身和日本处于战争状态。

　　8月9日零时10分，苏联百万大军分四路越过中苏、中蒙边境，向驻守东北之关东军发动全线进攻。同时，苏海军太平洋舰队也先后在朝鲜北部、千岛群岛登陆，协同陆军作战。在苏军的强大攻势面前，关东军节节后退。

　　到1945年8月初，苏联已在东北边境部署了150多万军队、26000多门大炮、5500辆坦克、5000架飞机，总兵力远远超过日本关东军。

　　8月15日，日本天皇广播投降诏书。17日，苏联元帅、远东军总司令华西列夫斯基向日军发出通牒，要日军放下武器，全部投降。18日，关东军司令官山田乙三下令向苏军投降。20日，关东军开始向苏军缴械。至8月30日止，在中国东北和朝鲜北部的关东军全部解除武装，苏军对日作战结束。

日本投降　举国欢庆

随着德意法西斯相继灭亡，在中国抗日军民、苏军和英美军的打击下，日本被迫无条件投降。

1945年8月9日，日本政府召开最高战争指导委员会紧急会议，讨论是否接受命令日本投降的《波茨坦公告》。由于主战派的反对，延迟到14日才作出了最后决定。8月14日上午，日本最高首脑在日本皇宫防空室举行御前会议，讨论无条件投降的诏书问题。8月15日中午，日本天皇的《停战诏书》正式播发，宣布无条件投降。15日，日本天皇向全国广播了《停战诏书》，宣布日本无条件投降。

日本无条件投降的消息经重庆电台传出后，成千上万的重庆市民涌上街头游行。联珠炮似的鞭炮声、狂热的鼓掌声掩盖了整个山城。

在敌后的晋察冀、晋绥、冀鲁豫等抗日根据地，当边区政府和报社接到日本无条件投降的消息后，连夜组织宣传队奔赴附近农村，传播胜利的消息，赶印号外和传单，飞送各地。人们奔走相告，一群一伙的人们欢呼聚谈，庆贺胜利的到来。

8月15日，延安，中国共产党中央和八路军总部所在地，听到日本无条件投降的消息后，万人欢腾。街上张灯结彩，各处黑板报都用大字报报道了胜利的消息，各机关和群众的乐队、秧歌队纷纷出发游行。入夜，人们用柴棍扎起火炬，举行了火炬游行。

同日，蒋介石对全国军民和世界人士发表广播演说，他说："我们的'正义必然胜过强权'的真理，终于得到了它最后的证明，……我们中国在黑暗和绝望的时期中，八年奋斗的信念，今天才得到了实现。"

17日，日本天皇向国内外武装部队发布了一道敕谕，命令他们投降。从这时起到9月中旬，散布在亚洲和太平洋诸岛的230多万日军陆续向盟国投降。

1945年9月2日，日本投降的签字仪式在停泊于东京湾的美国战列舰"密苏里号"上举行。在中国战区，蒋介石指派陆军司令何应钦为代表接受日本投降。中国战区日本投降签字仪式于9月9日在南京举行，至此抗日战争取得了最后胜利。

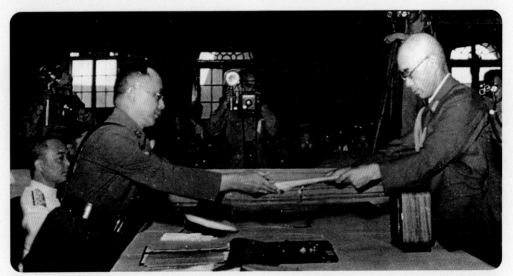

在侵华日军投降受降仪式上，侵华日军总司令冈村宁次向中国战区陆军总司令何应钦呈递降书。

简明中国史大事记（3）（1839年—1945年）

1839 年	虎门销烟
1840 年—1842 年	第一次鸦片战争
1842 年	中英《南京条约》签订
1851 年	金田起义、太平天国建立
1856 年—1860 年	第二次鸦片战争
1858 年	中俄《瑷珲条约》、中美《天津条约》
1858 年	中英《天津条约》和中法《天津条约》
1860 年	中英《北京条约》、中法《北京条约》和中俄《北京条约》签订
19 世纪 60 年代—90 年代	洋务运动
1864 年	天京陷落、太平天国运动失败
1894 年—1895 年	甲午中日战争
1895 年	中日《马关条约》签订
19 世纪 90 年代	帝国主义掀起瓜分狂潮
1898 年	戊戌变法
1899 年	"门户开放"政策
1900 年	义和团运动
1900 年 6 月	八国联军侵略中国
1901 年	《辛丑条约》签订
1905 年	中国同盟会成立
1905 年	废除科举制度
1911 年	黄花岗起义
1911 年 10 月 10 日	武昌起义
1912 年	中华民国成立
1912 年 2 月 12 日	宣统帝下诏退位
1912 年 3 月	袁世凯就任中华民国临时大总统
1913 年	二次革命
1915 年	新文化运动开始
1915 年	护国运动开始

1917 年	张勋复辟失败
1918 年	护法运动失败
1919 年 5 月 4 日	五四运动爆发
1921 年 7 月	中国共产党成立
1922 年初	香港海员大罢工
1922 年 7 月	中国共产党第二次全国代表大会召开
1924 年	革命统一战线形成
1925 年	五卅运动
1926 年	国民军出师北伐
1927 年 4 月 12 日	"四·一二"反革命政变
1927 年 7 月 15 日	汪精卫发动反革命政变
1927 年 4 月	南京国民政府建立
1927 年 8 月 1 日	南昌起义
1927 年 8 月 7 日	"八七"会议
1927 年 9 月	秋收起义
1927 年 10 月	井冈山革命根据地建立
1928 年	井冈山会师
1931 年 9 月 18 日	"九·一八"事变
1931 年 11 月	中华苏维埃共和国临时政府成立
1934 年 10 月	中央革命根据地主力红军开始长征
1935 年 1 月	遵义会议
1935 年 10 月	中国工农红军第一方面军长征到达陕北
1936 年 12 月 12 日	西安事变
1937 年 7 月 7 日	卢沟桥事变,全面性抗战开始
1937 年 12 月	日军南京大屠杀
1940 年	百团大战
1945 年	中国共产党第七次全国代表大会召开
1945 年 8 月	日本宣布无条件投降

CONCISE HISTORY OF

简明中国史　简明中国史　简明中国史　简明中国史　简明中国史　简明中国

CHINA

简明中国史　简明中国史　简明中国史　简明中国史　简明中国史　简明中国史

简明中国史

CONCISE HISTORY OF CHINA

第四册

目录

专题十：人民解放战争

❖ 毛泽东飞抵重庆

抗战胜利后，饱受战争苦难的中国各阶层人民迫切需要国内和平，休养生息，强烈反对内战。国际进步舆论也认为中国应该走和平发展的道路。在国内外舆论的压力下，蒋介石于1945年8月电邀毛泽东到重庆进行和平谈判，会谈的中心是政权和军队问题，同时斯大林也致电中共中央，说中国应该走和平发展的道路，要毛泽东赴重庆同蒋介石谈判。

8月23日，中共中央举行政治局扩大会议，讨论同国民党谈判问题。会议根据国内外政治形势，决定同国民党进行谈判。这次会议还决定朱德继续兼任中共中央海外工作委员会主任，周恩来兼任副主任。

8月27日，美国驻华大使赫尔利、国民政府军事委员会政治部部长张治中，由重庆飞抵延安，迎接毛泽东到重庆进行和平谈判。8月28日，毛泽东、周恩来、王若飞乘27日国民党派来的专机，在赫尔利、张治中陪同下，于下午3时45分飞抵重庆。到机场欢迎的有蒋介石的代表周至柔、参政会秘书长邵力子、副秘书长雷震，及各界著名人士张澜、沈均儒、章伯钧、黄炎培、郭沫若等。当晚8时，蒋介石设宴为毛泽东等洗尘，有美国大使赫尔利、驻华美军总司令魏德迈和张群、王世杰、邵力子、陈诚、张治中、蒋经国等作陪。28、29日，毛泽东下榻于蒋介石官邸林园。

国民政府争抢受降

抗日战争胜利后，蒋介石把全国划为十五个受降区。各区受降长官都委派了国民党系统的战区司令长官或方面军司令官，但国民党的主力部队大都远在西南、西北，调动需要一定的时间。而共产党领导的抗日武装却大都在华北、华东地区，这一带正是日军主要占领区。

蒋介石为了阻止共产党领导的抗日武装受降，他命令国民党的部队照计划推进，而命令共产党的军队，原地"驻防待命"，勿"擅自行动"。由于美国陆海空军直接帮助运送了几十万国民党军队，国民党接收了许多大城市及战略要地，收编伪军数十万人，并将各大城市敌伪经营的庞大的工商业资产变为所谓"国有"企事业，从而使官僚资本恶性膨胀。

中国共产党坚决拒绝蒋介石"驻防待命"的命令，并声明国民党不能代表解放区接受日伪投降。朱德总司令和彭德怀副总司令命令各解放区所有抗日武装，夺取并解除日军武装，迫使敌伪无条件投降，并配合进入东北的苏联红军作战。对此蒋介石惶恐不安，借口"恢复铁路交通"派国民党军队进犯解放区，造成严重的内战危机。

1945年8月28日，毛泽东、周恩来、王若飞等乘专机，在张治中和美国大使赫尔利陪同下，离开延安，赴重庆与蒋介石谈判。右图为飞机起飞前，毛泽东一行在机场合影。

❖ 《双十协定》签定

国共领导人在重庆开始谈判，共产党要求国民党承认解放区政权和军队，以实现国内和平，避免内战。而蒋介石则坚持所谓"军令、政令统一"，其目的是要共产党交出军队和解放区政权。蒋介石一边谈判一边派兵进攻华北各地解放区，施加军事压力。共产党采取"针锋相对、寸土必争"的方针，实行自卫反击，于绥远、上党及邯郸等地接连粉碎国民党军队的进攻。蒋介石不得不承认共产党提出的和平建国的基本方针，并承诺召开政治协商会议，共商国事。

1945年10月10日，《国共双方会谈纪要》在重庆曾家岩桂园张治中寓所客厅内签订。双方代表王世杰、张治中、邵力子和周恩来、王若飞在纪要上签字。

国民党方面表示同意和平建国的基本方针，承认各党派的平等合法地位和人民的某些民主权利，但是拒不承认中共解放区的政权和解放区的军队。

1946年1月3日，周恩来、张群、马歇尔在重庆签署停战协议。

周恩来从重庆返回延安，中共领导到机场迎接。

较场口血案

1946年2月10日，重庆各界20多个团体在较场口广场联合举行庆祝政协成立大会。

到会的群众达1万多人。会议开始的时候，国民党当局派遣大批特务、打手七八百人强行入场，强占主席台，殴打大会主持者李公朴，出席会议的演讲人郭沫若、马寅初等人也遭辱骂追打，郭沫若被踢到台下，被人扶起的时候，仰首大笑，表示对特务罪行的极度蔑视。沈钧儒面对特务行凶，连声说："不怕，不怕！"暴徒打手们用事先准备的铁条、砖头来毒打参加会议的记者、群众，当场致伤者多达60多人，制造了震惊中外的"较场口血案"。

李闻惨案

1946年7月11日，中国民主同盟中央委员李公朴在昆明被暗杀。7月15日，中国民主同盟中央委员、西南联大教授闻一多毅然主持李公朴追悼大会。当天下午，闻一多在出席民盟在《民主周刊》社为李公朴被害事件举行的记者招待会回家途中，遭到国民党特务暗杀。17日，周恩来在南京记者招待会，发表《反对扩大内战和政治暗杀的严正声明》。10月4日，上海各界追悼李公朴、闻一多先生。周恩来写了悼词："心不死，志不绝，和平可期，民主有望，杀人者终必覆灭。"

1946年6月26日，国民党军进攻中原解放区。中原解放军主力由司令员李先念率领突围。下图是毛泽东（前排左5）同突围至延安的359旅干部王震（前排左6）等合影。

❖ 全面内战爆发

1946年5月，国民政府从重庆还都南京，国共谈判也转到南京举行。蒋介石借口共产党拒绝从苏北、皖北等地撤退，公然调集20万军队，于6月大举围攻以宣化店为中心的中原解放区，发动全面内战。

1946年6月26日，国民党以30万大军围攻中共中原解放区，全面内战爆发。国民党制定了全面进攻、速战速决的战略方针，投入全部正规军的80%，即193个旅、158万兵力。

国民党围攻湖北宣化店一带中共中原解放区，预定于7月1日发起总攻并"全歼"解放区的军队。中共中央为保存有生力量，命中原部队立即突围，并选定"主力向西"的转移方向。中原解放军突围成功，并在突围中歼灭了5万余敌军。

10月，中共中央决定中共代表团撤回延安。周恩来在上海中共代表团办事处，请郭沫若、许广平、马叙伦、马寅初开座谈会。周恩来对他们说，蒋介石已经完全撕毁了和谈的假面具，大打起来了。在我党中央和毛泽东领导下，我们一定能够以自卫战争，粉碎蒋介石的进攻。

❖ 国民党召开"制宪国大"

1946 年 12 月 25 日，伪"国民大会"闭幕，这次国民党召开的国民大会主要任务是制定宪法，故称"制宪国大"。会议从 11 月 15 日开幕，共 41 天，开大会 20 次，最后通过《中华民国宪法》，宪法共 14 章 175 条。主要条文为：人民各项自由应予保障，非必要情形外，"不得以法律限制之"；国民大会"代表全国国民行使政权"，选举、罢免总统、副总统，修改宪法；代表任期 6 年；总统统帅军队、公布法令、发布命令，并可于立法院休会时，发布紧急命令；总统任期 6 年，可连选连任一次；行政院为最高行政机关，院长由总统提名，经立法院同意任命，对立法院负责；立法院为最高立法机关等。它基本是以根本大法的形式确定了蒋介石独裁统治的国家制度。

1946 年 12 月 21 日，中国中央发表声明，中国人民决不承认"蒋记"宪法。

❖ 国统区通货膨胀严重

国民党法币制度开始于 1935 年，1939 年以前，通货膨胀速度较为缓慢。1940 年起进入恶性通货膨胀阶段，物价上升指数超过通货增发指数。1947 年开始，法币进入崩溃阶段。原因是 1946 年 6 月，国民党政府发动全面内战，军费支出庞大，黄金外汇大量消耗，不得不超限度地发行法币，使法币发行如脱缰野马，通货膨胀达到历史最高点。法币由此陷于崩溃，国民党政府被迫改发金圆券，以每 300 万元法币兑换金圆券 1 元。但金圆券亦因国民党内战的节节败退，民众争相挤兑黄金，而告崩溃。

国民党违反经济规律，滥发纸币，造成长达 12 年的通货膨胀，是对工人、农民、知识分子的残酷掠夺。由于严重的通货膨胀，物价飞涨，工人、职员和知识分子的实际收入大大减少，生活日益贫困，激起人民群众的强烈愤慨与反抗，加速了国民党统治的灭亡。

刘胡兰被害

1947 年 1 月，共产党员刘胡兰壮烈牺牲，年仅 15 岁。刘胡兰，山西省文水县人，1946 年，她在文水县云周西村积极领导群众进行土地改革和支援前线的工作。同年加入中国共产党。1947 年 1 月 12 日，国民党阎锡山的部队突袭云周西村，她因叛徒出卖被捕。面对凶残的敌人她坚贞不屈，痛斥敌人，最后牺牲在铡刀下。同年 2 月，毛泽东为她亲笔题词："生的伟大，死的光荣。"

刘胡兰像。

华东解放军接连大捷

1947年1月20日，华东解放军攻克枣庄。

1947年2月23日，华东野战军在莱芜地区歼灭蒋军李仙洲部7个旅。5月16日，国民党王牌军五大主力之一的整编第七十四师被华东野战军全歼，师长张灵甫被击毙。9月9日，华东野战军在沙土集战役中获胜。

9月7日，华东野战军根据陈毅、粟裕的部署，第三、第六、第八纵队在野战军参谋长陈士榘、政治部主任唐亮指挥下，在山东巨野以西、菏泽以东之沙土集地区，全歼国民党军整编第五十七师及所属两个旅，此战迫使国民党军从山东及大别山区抽调4个整编师来援，国民党对山东和大别山的压力有所减轻。

11月17日，历时两个月的陈、粟野战军挺进豫皖苏计划实施成功，此举进一步扩大了豫皖苏解放区。陈、粟野战军集中主力7个纵队分成3个集团，共破坏敌人的铁路150余千米，歼国民党军1万余人，攻克萧县、砀山等9座县城，进逼徐州。刘邓、陈粟、陈谢三路野战军以"品"字形阵势展开于中原地区，把战线由黄河南北推移到了长江北岸。12月13日，华东野战军攻克莱阳。

经过4个月的战斗，华东野战军在山东共歼灭国民党军6.3万人，攻克掖县、胶县、诸城等10余座县城，国民党军队在山东的重点进攻失败。

1947年3月19日，延安失陷。毛泽东、周恩来主动撤出延安，继续留在陕北指挥全局。上图为毛泽东在行军途中。

❖ 毛泽东转战陕北

1947年3月13日，胡宗南指挥14个旅23万人在空军配合下，从洛川、宜川分两路直取延安。彭德怀指挥西北野战军1个旅另1个团共26000人驻于延安以南地区。双方激战持续6天，胡宗南部被歼5000余人。18日晚，毛泽东、周恩来、任弼时等撤离延安。毛泽东在临行前说，打仗不在一城一地得失，而在于消灭敌人有生力量，有人失地，地终可得，有地失人，必将人地皆失；少则1年，多则2年，延安仍要回到人民手中。

3月19日，西北野战军在掩护中共中央机关疏散后撤离延安，延安保卫战结束，国民党胡宗南的部队占领了延安。

3月26日，中共中央在陕西清涧县枣林沟举行会议。会议决定中共中央和解放军总部仍留在陕北。决定由毛泽东、周恩来等组成前敌委员会，继续留在陕北，指挥全国和西北战场的解放战争。

❖ 孟良崮战役歼灭蒋军王牌师

1947年5月16日，以美械装备、经美国军事顾问团特种训练、国民党军队五大主力之一的整编七十四师，被陈毅指挥的华东野战军全部歼灭。

整编七十四师为国民党军队山东战场主力，处于战线中央。该师装备精良，作战力强，在攻击中总是处于先锋的位置。华东野战军司令员陈毅调集10个纵队，决定将七十四师与国民党军队各部割裂，在坦埠以南、孟良崮以北地区将其围歼。5月13日晚，华东野战军2个纵队猛插七十四师两翼，将其从敌线中割裂出来，2个纵队攻下垛庄，断其敌人的退路。15日，以6个纵队向整编七十四师发起总攻，经2日激战，终获得了大胜。整编七十四师中将师长张灵甫在此战中被击毙。其部3.2万人被全歼。

❖ 刘、邓大军挺进大别山

1947年8月7日，刘、邓大军自6月下旬中原突围后，又进军大别山。起初，蒋介石对刘、邓大军挺进大别山的意图竟然毫无察觉，从山东战场调集18个旅约14万的兵力分进合击，并利用连日大雨，黄河水位猛涨，破坏黄河大堤，企图淹没刘、邓野战军。8月7日黄昏，刘、邓野战军即以第十一纵队和地方武装在黄河口，假装北渡、以进攻山东郓城以东的国民党整编第五师等部。刘、邓率主力4个纵队经巨野、定陶之间跳出合围圈南进。

8月11日，刘、邓大军分3路向大别山疾进。这时，蒋介石迅速调集20个旅的兵力分路尾追。企图把刘、邓大军围歼于黄泛区。17日，刘、邓大军以惊人的毅力，战胜重重困难，胜利通过黄泛区。27日，刘、邓大军全部渡过淮河，胜利的进入大别山，完成了千里跃进任务，敌人的围追剿截计划全部破产。刘、邓大军进入大别山以后，随即乘敌人兵力空虚之际，实行战略展开。随后的两个月内，共歼灭敌人3万多人，解放县城24座，建立了33个县政权。

国民党当局镇压学生请愿团

1947年5月20日，南京、上海、苏州、杭州地区16所大专院校的学生6000多人在南京组成请愿团，提出挽救教育危机等五项要求，举行示威游行。游行队伍向正在举行"国民参议会"的"国民大学堂"进发的时候，遭到了国民军警镇压。被木棍、铁棍、皮鞭打伤的学生有100多人，重伤19人，20多人被捕。这就是"五·二〇"惨案。

6月1日，大批国民党政府军警包围武汉大学，闯进学生宿舍按照黑名单上逐舍搜查。学生们闻讯赶来援救被捕学生，军警当场开枪打死学生3人，重伤学生、职工各1人。惨案发生后，全国各地学生纷纷罢课，声援武汉学生的斗争。

6月2日，华北学生联合会成立，领导华北地区国统区学生运动。

6月3日，中共中央发出《关于学运方针的指示》，指出：国统区学生运动的任务，主要是在学校内建立和巩固统一战线；指出可能实现的条件（释放被捕学生教师、医治受伤学生、惩办暴徒、取消戒严等）；利用适合斗争形势的组织形式，先进行几个地区的联合，以达到成立全国性学联的目的。

下图为1947年10月，刘、邓南征大军渡过浠水，直逼长江北岸。

解放区土地改革

解放区翻身农民在批斗地主。

解放战争期间中国共产党在解放区领导广大农民废除封建土地所有制的革命运动。解决解放区的土地问题，是夺取全国胜利的基本保证。1946年5月4日，中共中央发出《关于清算减租及土地问题的指示》，把抗日战争时期削弱封建制度的减租减息政策改变为消灭封建制度实行"耕者有其田"的政策，因而获得了广大农民的拥护。

1947年9月，中共中央在河北省平山县西柏坡村召开全国土地会议，制定了《中国土地法大纲》，并于10月10日经中共中央批准正式公布。《土地法大纲》的公布，明确了土地改革的方向和办法。各大解放区还根据各自的具体情况，分别制定了实行《土地法大纲》的补充条例。接着在各解放区迅速掀起了轰轰烈烈的土地改革运动。

❖ 辽沈战役

1948年9月12日，根据中央军委指示，东北野战军突然奔袭北宁线，打响了战略决战的第一个战役，即辽沈战役。

蒋介石原以为东北野战军会先攻长春，当发现解放军在锦州城下布兵时，于9月30日、10月2日，接连亲自飞到北平、沈阳，决定以锦西、葫芦岛的4个师及由华北海运来的5个师组成东进兵团，以侯镜如为指挥，沿铁路东进。以沈阳主力5个军11个师及3个骑兵旅组成西进兵团，由廖耀湘指挥西进，支援锦西。10月1日，完全切断华北蒋军从陆上增援东北的道路，并孤立、包围锦州、锦西、山海关。东北野战军预先配置了两个纵队，把东路顽强阻击于塔山一线，并于10月14日对锦州发起总攻，经过31小时激战，全歼守军，俘敌东北"剿总"副总司令兼锦州指挥所主任范汉杰以下10万余人，解放锦州。在解放军的威慑与争取下，长春守军国民党六十军军长曾泽生率部2.6万余人于17日起义，其余守军在东北"剿总"副总司令郑洞国率领下于19日投降，长春遂告解放。25日，西路廖耀湘兵团停止对黑山的进攻，开始向营口撤退。26日，东北野战军在约20平方千米的区域内，开始了规模巨大的围歼战，至28日晨，将廖耀湘兵团全部歼灭，并俘廖耀湘。

11月2日，东北野战军解放沈阳、营口。辽沈战役历时52天，共歼国民党军47万余人。东北全境获得解放。

1948年10月26日，在辽沈战役中东北野战军在黑山、大虎山地区全歼敌人兵团。

❖ 淮海战役

　　辽沈战役后，国民党统帅部为避免徐州部队重蹈卫立煌集团全军被歼的覆辙，决定将刘峙集团主力收缩到津浦路徐州至蚌埠段两侧，采取攻势防御阻止解放军南下，必要时放弃徐州，凭借淮河抗击，确保南京、上海。以徐州为中心的国民党部队有 5 个兵团，共约 80 万兵力。解放军参战的有华东、中原野战军 16 个纵队及地方武装共 60 余万。由刘伯承、陈毅、邓小平、粟裕、谭震林组成总前委，邓小平任总前委书记，统一领导。

　　1948 年 11 月 8 日，国民党第五十九军、七十七军，在第三绥靖区副司令何基沣、张克侠率领下，在淮海前线驻地台儿庄地区举行起义。11 月 22 日，蒋军第七兵团司令黄伯韬，在淮海战役碾庄战斗中被解放军击毙。所剩部队被解放军包围于碾庄地区，全军覆没。11 月 29 日，正当双堆集地区的战事紧张进行之际，国民党第八十五军——零师 5000 余人，在师长廖运周率领下，举行战场起义。这一行动打乱了黄维兵团的突围计划，使其全部被歼。

　　1949 年 1 月 10 日，淮海战役胜利结束。淮海战役历时 65 天，人民解放军共歼灭敌人 55 万余人。至此，蒋介石在华东、中原战场上的主要力量和精锐师团已丧失殆尽，南京、上海及武汉重镇，已处于人民解放军的直接威慑之下。

平津战役

　　1948 年 12 月初——1949 年 1 月 31 日，华北和东北两大野战军在北平、天津及周围的广大地区与国民党军队进行大决战。由林彪、罗荣桓、聂荣臻组成总前委，以林彪为书记，统一领导平津前线解放军的一切行动。战役分为三个阶段。解放军首先将敌军分割包围，截断其西窜、南逃的通路，接着攻克新保安、张家口和天津。天津解放之后，解放军发动的平津战役进入第三阶段，人民解放军兵临北平城下。为了维护古都风貌，使人民免遭战火涂炭，平津前线司令部林彪司令员向北平守军最高长官华北"剿总"司令傅作义发出关于和平解放北平的公函。迫于形势，傅作义同意进行谈判。经过林彪的代表陶铸与傅作义的代表邓宝珊、周北峰等人商议，1 月 15 日，双方基本达成了协议。21 日，双方在《和平解放北平问题具体实施方案》上签字。

　　1949 年 1 月 22 日，傅作义率部按协议撤离市区，这样既保护了历史文化名城，又避免了人民生命财产的损失。1 月 31 日，北平宣告和平解放，平津战役就此结束。平津战役共歼灭和改编敌军 52 万多人，基本上解放了华北地区。

　　左图是 1949 年 12 月 20 日，解放军发动天津战役时集结在天津市外围的人民解放军炮群。

中共七届二中全会

1949年3月5日—13日，中国共产党第七届中央委员会第二次全体会议在河北省平山县西柏坡村召开。

全会讨论和决定的问题有：（1）确定了彻底推翻国民党统治、夺取全国的方针；（2）指出中共工作重点应从农村转向城市，并以生产建设为中心；（3）阐述了在全国胜利后仍会存在两种基本矛盾，一种是无产阶级和资产阶级之间的矛盾，一种是中国人民同帝国主义之间的矛盾；（4）强调了加强党纲建设，规定了禁止给领导人祝寿，禁止以领导人的名字命名街道、企业等，防止对个人的歌功颂德；（5）肯定了军队的作用，通过了《关于军旗的决议》。全会剖析了当时中国各种经济成分的状况和党必须采取的正确政策，指出实现社会主义改造是中国的必由之路，批判了在该问题上的"左"倾和"右"倾观点，指明了中国由农业国转变为工业国、由新民主主义社会发展到社会主义社会的总任务和主要途径。全会告诫全党要加强思想建设，警惕资产阶级糖衣炮弹的进攻；肯定了1945年七届一中全会以来中央政治局的工作；批准了由中国共产党发起，以各民主党派、人民团体及民主人士协同，召开没有反动分子参加的新的政治协商会议及成立民主联合政府的建议。

全会使全党在思想上和政治上作好了夺取全国胜利和实现革命转化的充分准备，奠定了党在过渡时期的总路线的根本思想。

❖ 人民解放军全线渡江

1949年4月20日午夜，人民解放军中、东、西三集团从西起湖口，东至江阴长达千里的长江北岸，以木帆船为主要航渡工具，强渡长江。江阴要塞7000余官兵在炮台总台长唐秉林、游击炮团团长王德熔、守备总队长李云蔡等率领下战场起义，控制了江阴炮台，封锁了江面，致使国民党海军无法进入这段江域。

4月23日，解放军先后攻占丹阳、常州、无锡等城，切断了宁沪铁路。国民党海军第二舰队司令员林遵率25艘舰艇在南京以东江面起义，另一部23艘舰艇在镇江江面向解放军投降。解放军东突击集团第八兵团第三十四军乘胜渡江，以猛烈攻势突入南京、镇江。

中突击集团一部占领芜湖，主力渡过青弋江，并在湾址地区歼灭国民党军第二十军大部和第九十九军一部。西突击集团乘胜攻占贵池、青阳等地，歼灭国民党第八兵团一部。中国人民解放军冲上南京总统府大厦，摘下了国民党党旗，换上了红色的解放军军旗，宣告国民政府22年的统治结束了。

5月12日，解放军第三野战军分别从浦东、浦西迫近吴淞口，阻敌退路。解放军在作了充分准备之后，发动上海战役。至22日，解放军逼近市区，并完成对汤恩伯部的合围。解放军于23日晚发起总攻，部队迅速跃进，很快占领了市区及高桥、吴淞口。亲临督战的蒋介石见大势已去，遂命汤恩伯逐次掩护，从海上撤出。上船逃走的残兵败将约5万余人，其余15万人全部被歼。5月27日，苏州河以北最后一股蒋军被消灭。上海战役宣告胜利结束。

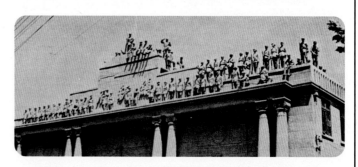

1949年4月23日，占领国民党总统府的中国人民解放军。

专题十一：民国时期的科技与文化

❖ 钱塘江大桥

　　钱塘江大桥位于杭州市六和塔下，全长1453米，内正桥16孔计长1072米，两岸引桥计共长381米。桥身用钢梁建造，分上下两层，下层为铁路，上层为公路。

　　1937年9月26日全桥工程就绪，铁路通车（公路随即竣工，但为预防日本飞机轰炸未向行人和汽车开放）。由于日本帝国主义侵略战火日近，同年11月16日夜在靠岸第二个桥墩造桥时预留的一个方洞内安放了炸药，接出引线，待命炸桥。17日，敌机轰炸猛烈，待渡难民因缺船而愈聚愈多，不得不将大桥公路开放，一日过桥在10万人以上。从这天起，不论是步行的，坐汽车的，乘火车的，无一不是在炸药上过江的。

　　1937年12月21日，日军进攻武康，杭州危在旦夕，大桥上南渡行人更多，过桥的铁路机车有300多辆，客货车2000多辆。23日下午5时，已隐约见有敌骑奔向桥头，这才断然禁止行人，起爆炸桥，这座雄跨钱塘江上的刚刚竣工三个月的新桥，就告中断。在大桥工程进行时，有人出了一幅对联的上联，征求下联，上联是"钱塘江桥，五行缺火"（钱塘江桥四个字的偏旁是：金、土、水、木），谁能想到这个"火"字是为了全民抗战忍痛炸桥而引火烧身呢！抗战胜利后，茅以升又负责修桥，1947年3月1日全桥铁路与公路恢复通车。

　　上图是钱塘江大桥，由茅以升设计、中国自己建造的第一座现代化公路铁路两用桥，全长1453米。

茅以升

　　茅以升（1896年—1989年），我国近代著名科学家、桥梁专家。江苏镇江人。

　　1916年，茅以升毕业于唐山工业专门学校，考取清华官费赴美国留学，1917年获美国康奈尔大学土木工程硕士学位，1921年获美国加利基理工大学工学博士学位。

　　回国后，茅以升历任交通大学唐山学校副主任、教授，南京东南大学工科主任、教授，河海工科大学校长、教授，天津北洋工学院院长、教授。1933年任杭州钱塘江桥工程处处长，1938年任交通大学唐山工程学院院长、教授，1942年任交通部桥梁设计工程处处长，1943年任交通部中国桥梁公司总经理兼总工程师，1947年任北京中国交通大学校长。1948年被选为南京国立中央研究院数理组院士。

　　新中国成立后，1952年，茅以升任铁道研究所所长，1953年起为中国土木工程学会理事长，1955年—1958年任武汉长江大桥技术顾问委员会主任委员，1956年任铁道科学研究院院长，1958年起为中国科学技术协会副主席，中国科学院学部委员。1949年为全国政治协商会议代表，1954年起为全国政协一至五届委员、全国人大常委会一至五届委员、全国政协副主席，1959年起为九三学社副主席。主要著作有《桥梁应力》《习而学的工程教育》《钱塘江桥》《武汉长江大桥》《中国古桥与新桥》《茅以升文存》《茅以升科普著作选》等。

甲骨文、金文研究的发展

进入民国后，甲骨文的研究出现了新的局面。

罗振玉是最初在甲骨学研究方面取得主要进展的学者。他从1906年着手搜集甲骨，成为早期最多的收藏家。罗振玉在金石铭刻和古器物资料的汇编方面做了大量工作。

1898年，王国维与罗振玉在上海创设的东文学社半工半读。在罗振玉的影响下转治经史金石之学。王国维注重新发现，采取新方法，创立和提倡著名的"二重证据法"。王国维研究商代甲骨，又提出商周之际礼制截然不同的独到看法。

郭沫若于1928年开始进行甲骨文字的研究。在抗日战争期间，他写了《青铜器时代》一文，对陕西新出土的西周铜器作了研究。中华人民共和国成立后，他对各地出土的许多重要商周铜器，也曾有专文论述。

中国科学院副院长竺可桢教授。

❖ 竺可桢和气象学

竺可桢（1890年—1974年），字藕舫，浙江上虞县东关镇人（旧属绍兴县），中国著名地理学家、气象学家、教育家，是中国近代地理学的开创者和现代气象事业的主要奠基人。哈佛大学博士。学成归国后历任南开大学教授，东南大学、浙江大学校长，中央研究院评议员、院士，解放后任中国科学院副院长，还长期担任中国地理学会理事长、中国气象学会理事长、中国科学技术协会副主席等职，为中国近代地理学和气象事业做出了卓越贡献。

1921年竺可桢在东南大学筹建并主持了中国第一个地理系，编著中国高等教育第一部地理学教材《地理学通论》。并开创了中国季风、中国气候区划和自然区划、中国历史气候和中国物候等研究，有创造性成就。领导组建了中国科学院地理研究所及其10多个大型自然资源考察队，筹划中国多个地区性和专业性地理研究所。领导或指导了历次地理学发展规划的制订和中国自然区划工作的开展，以及《中华人民共和国自然地图集》和《中国自然地理》的编纂工作，指出中国地理学为生产建设特别是为农业服务的方向，以及地理学在发挥综合性研究特点的同时，要注意部门地理学研究的对象。另外，竺可桢在筹划组建早期的中国气象观测网，开展中国高空探测和天气预报业务方面，也做出了卓越贡献。

竺可桢共发表论著270余篇。较著名的有《中国气候区域论》《中国气流之运行》《东南季风与中国之雨量》《中国气候概论》《历史时代世界气候的变动》《中国近五千年来气候变迁的初步研究》《论我国气候的几个特点及其与粮食作物生产的关系》等。

❖ 李四光和地质力学

李四光（1889年—1971年），原名李仲揆，湖北黄岗人。中国著名地质学家和地质教育家。中国地质事业的奠基人之一和主要领导人。曾先后留学日本和英国。他于1923年提出十则鉴定标准。他是中国第四纪冰川的发现者和研究的奠基人。

李四光的科学论著很多，有《中国地质学》《冰期之庐山》等。李四光将力学理论引入地质学的研究之中。早在1926年，他发表的《地球表面形象变迁的主因》便是关于全球构造及其综合解释的尝试。他肯定了魏格纳的大陆漂移说，提出地壳运动以水平运动为主的观点，并提出"大陆本阀"自动控制地球自转速度变化的假说。1929年又发表了《东亚一些典型构造型式及其对大陆运动的意义》。40年代，李四光正式提出"地质力学"一词，并于1947年出版了《地质力学之基础与方法》。

1962年李四光著成《地质力学概论》，这是这一理论体系进一步成熟的重要标志。

❖ 徐志摩

徐志摩（1897年—1931年），初字森，留学美国时改字志摩，小字又申，浙江省海宁县人。1910年，徐志摩进入杭州府中学堂，接受"新学"教育，1916年入北京大学法科，1918年赴美学习银行学。1919年国内爆发的"五四"运动，使他激动不已，激起了他的爱国热情，从而接触了社会主义的各种学说。

徐志摩对于"五四"前后中国黑暗的封建势力强烈不满，表现在《志摩的诗》和《翡冷翠的一夜》中的诗。在《大帅》《人变兽》《太平景象》等诗中用含蓄的意象谴责北洋军阀的血腥暴行。他的诗中显现出他对阻碍个性解放与个人幸福的封建势力的蔑视与抗争。

1921年春，徐志摩成为英国剑桥大学特别生，并违背父亲让他当银行家的期望，开始新诗创作。1922年回国，随后在《民国日报》副刊《小说月报》《晨报副刊》上发表大量诗文，并在归国的英美留学生群体中提名成立新月社，同时加入文学研究会。

1930年任中英文化基金委员会委员，被选为英国诗社社员，1931年9月发表同情中国左翼作家联盟烈士的小说《王当女士》。

徐志摩的著作，除前面提到的诗集外，有散文集、译著等作品。

1931年11月19日，徐志摩因飞机失事遇难。

史语所发掘殷墟

1928年，中央研究院历史语言研究所开始发掘殷墟遗址。

1899年，王懿荣首先在被称为"龙骨"的中药上发现契刻文字。其后罗振玉等通过调查，弄清了甲骨文出土于今安阳市的小屯村，并证明其为商代甲骨。

1928年，中央研究院历史语言研究所成立考古组，负责殷墟的发掘工作。主持发掘的主要有李济、梁思永等人。自1928年10月—1937年6月，10年内共发掘了15次，取得了较大收获。

殷墟遗址的发掘成为中国文化的一件大事，殷墟出土甲骨文填补了中国史料的空白，其研究成为中国历史研究的一个重要组成部分，引起高度重视，殷的遗址、遗物也为研究商代历史提供了丰富资料。

徐志摩像。

❖ 侯德榜和"侯氏制碱法"

曹禺（1910年—1996年），原名万家宝，字小石，祖籍湖北省潜江县，为现代著名剧作家。他出身于封建官僚之家，家庭背景使他非常熟悉封建官僚买办家庭及其上层人物的生活。他目睹了社会上的各色人，对下层人民的悲惨处境亦有所了解。这对他创作思想倾向的形成有极大影响，亦为他的作品提供了某些人物原型和素材。

曹禺的第一部多幕话剧《雷雨》完成于1933年。1935年底，曹禺的第二部多幕话剧《日出》完成。曹禺后来发表的重要剧作还有1937年写的农村题材的《原野》。抗战初期他写了歌颂战争中社会进步的《蜕变》。

中华人民共和国成立后，曹禺历任北京人民艺术剧院院长。他创作了话剧《明朗的天》历史剧《胆剑篇》（执笔）、《王昭君》，出版有散文集《迎春集》及《曹禺选集》《曹禺论创作》《曹禺戏剧集》等。他的一些剧作已被译成日、俄、英等国文字出版。

青年时期的曹禺像。

侯德榜（1890年—1974年），字致本。福建闽侯（今福州市）人。清华留美预备学堂高等科毕业。后入美国麻省理工学院学习化工。1921年获美国哥伦比亚大学哲学博士学位。同年被范旭东聘为塘沽永利制碱公司技师长。从此成为范兴办化学工业的主要技术伙伴。1926年6月，在索尔维法保密的情况下，自行研制，生产出洁白的纯碱。其产品红三角牌纯碱在美国费城万国博览会和比利时工商博览会上获金奖，被誉为中国近代工业进步的象征。1935年被中国工程师学会广西年会公推为第一届金质奖获得者。1934年后，负责筹建中的永利化学工业公司宁厂的技术工作，引进美国氮气工程公司的先进技术，并亲自选购设备，监督施工，培训人才。1937年，宁厂建成投产，侯德榜出任厂长。陆续生产出合成氨、硫酸、硫酸铵、硝酸等产品。抗日战争爆发以后，为了战线前线军队的需要，侯德榜和职工一起冒着生命危险赶制炸药。直到工厂遭到严重破坏才被迫停产。

1941年，侯德榜制造纯碱与氯化铵的新工艺研制成功，经范旭东提议，命名为"侯氏碱法"。1943年完成了从合成氨开始的联合制碱流程，使大批量制碱变为现实。同年在中国化学学会第十一届年会上，"侯氏碱法"获"中国工程学会一届化工贡献最大者奖"。侯氏制碱法的成功，把世界纯碱工业技术推向了一个新的高峰。它是在国难深重的抗战时期对祖国作出的一项重大贡献。中国化工技术也一跃登上了世界舞台。

1959年9月，他被任命为化工部副部长。他积极致力于侯氏制碱法的投产。

1964年，"侯氏碱法"实现工业化生产，正式命名为"联合制碱法"。侯德榜以其卓越成就成为中国现代化工技术的奠基者。

侯德榜的著作有《纯碱制造》（英文版、俄文版）和《制碱工学》（中文版）。除研制成功"侯氏碱法"外，还研制成功以碳化法生产碳酸氢铵的工艺，使化肥产量迅速增加。

1974年8月26日，侯德榜病逝于北京，享年84岁。

❖ 郭沫若

　　郭沫若（1892年—1978年）是一位诗人、戏剧家、作家，曾留学日本。1918年开始新诗创作。1921年出版的《女神》以其对新生活热烈的向往，强烈的、冲决封建藩篱的激情和形式的绝对自由，成为中国新诗的奠基作。与郁达夫等人发起组织创造社，创办《创造季刊》，提倡浪漫主义文学，产生很大影响。抗日期间，主编《救亡日报》。从事文化界抗日救亡活动，创作历史剧，并写下了大量的诗文。

　　1949年，在全国文学艺术工作者代表大会上，被选为全国文联主席。中华人民共和国成立后，曾任中国科学院院长、中国文学艺术界联合会主席、全国人大常委会副委员长等职。主要著作有新诗集《女神》《星空》《瓶》《前茅》《恢复》《战声集》《蝴蝶集》《新华颂》《百花齐放》；戏剧《叛逆三女性》《棠棣之花》《屈原》《虎符》《高渐离》《南冠草》《蔡文姬》《武则天》；小说集《塔》《橄榄》《水平线下》《豕蹄》；传记文学《我的童年》《反正前后》《创造十年》《北伐途次》《洪波曲》等。其外还有大量散文、词、论著、译著等作品。其中《女神》和《屈原》为代表作。前者为中国现代诗歌走向成熟的开卷之作，后者开辟了历史剧与时代脉搏一同跳动的创作道路。

郭沫若的画像。

老舍

　　老舍（1899年—1966年），原名舒庆春，字舍予，北京市人，现代优秀小说家、剧作家。

　　1924年老舍去英国伦敦大学任教，开始文学创作。1930年回国后，他先后写出了《猫城记》《离婚》《牛天赐传》等长篇小说。在此期间，老舍亦开始写短篇小说，作品大多收入《赶集》《樱海集》《蛤藻集》中。老舍的短篇亦以揭露社会黑暗为主要内容，如《月牙儿》。

　　抗日战争期间，主持全国文艺界抗敌协会工作，从事抗战文学活动。

　　中华人民共和国成立后，曾任全国文联副主席、中国作家协会副主席、北京市文联主席等职。主要作品有长篇小说《老张的哲学》《赵子曰》《二马》《小坡的生日》《离婚》《骆驼祥子》《四世同堂》，短篇小说集《赶集》《樱海集》《火车集》，剧本《龙须沟》《茶馆》等。其中《骆驼祥子》《四世同堂》《茶馆》是享有世界声誉的代表作。作品大多取材于"京味"十足的市民生活，具有鲜明的主旨，浓郁的地方色彩，富于幽默讽刺的妙趣，语言洗练传神。

　　1966年9月24日，老舍在遭受红卫兵的毒打和侮辱后在北京投入太平湖自尽，终年67岁。

　　1978年6月3日，在北京八宝山革命公墓为老舍举行了隆重的骨灰安放仪式。

1934 年巴金在北京沈从文家中的照片。

❖ 巴金

　　巴金（1904 年—　　），原名李尧棠，字芾甘，四川省成都市人，现代著名作家，"巴金"是他的第一部小说《灭亡》1929 年发表时开始使用的笔名。巴金出身于一个封建官僚地主的大家庭，少年时期目睹了封建家庭内当权势力的专制冷酷及其腐朽丑恶的生活，感受到旧礼教对青年一代的压迫和摧残，了解了下层人民的悲惨命运，由此而产生强烈的激愤。在五四新文化新思想的浪潮冲击下，巴金接受了反帝反封建的民主主义革命思想，对家庭产生了叛逆心理。早年的经历和思想变化，为他后来的文学活动奠定了坚实的基础。1923 年，巴金离开封建家庭到上海、南京读书；1927 年赴法留学，广泛接触到各种社会思潮，主要受无政府主义思想影响。这一年，巴金开始了他的创作生涯。

　　巴金早期的作品《灭亡》《新生》《爱情三部曲》（《雾》《雨》《电》）等都是写知识青年在军阀统治的环境中进行的种种活动。巴金的代表作是完成于 1931 年的《家》。这部长篇小说与抗战期间完成的续篇《春》《秋》一起，组成了《激流三部曲》。《激流三部曲》奠定了巴金在中国现代文学史上的地位。

　　抗日战争期间，巴金写了长篇小说《火》。抗战后期及战争结束后，巴金又写了中篇《憩园》和长篇《寒夜》。巴金创作力最旺盛的时期是青年时期，他的作品中最引人注目的人物也是青年，他笔下充满青年人特有的浪漫主义的激情，他歌颂青春的成长和美丽，诅咒摧残青春的腐朽势力。这一创作特色贯穿在他的主要作品中。他的作品鼓动起许多青年读者的正义感和不满旧现实的激情，在青年中影响广泛，这在五四以后的新文学中，是一项特殊的成就。此外，巴金还写了许多短篇小说和散文，具有广泛的国际影响。

❖ 茅盾

　　茅盾（1896 年—1981 年），原名沈德鸿，字雁冰，出生于浙江桐乡县乌镇，为现代著名作家，"茅盾"是他常用的笔名。由于父亲早逝，母亲成了茅盾童年时期的启蒙老师。五四运动后，茅盾参加了新文学运动。1920 年 11 月，

茅盾像。

他接编并全部革新了大型文学刊物《小说月报》。1921年7月，中国共产党成立，他成为最早的党员之一。1925年，茅盾在上海积极投入五卅运动。1927年他回到上海，开始创作和参加其他文学活动。

1927年秋—1928年春，他创作了三部曲《蚀》，它由《幻灭》《动摇》《追求》三个连续性的中篇小说组成，在1930年4月，茅盾加入了中国左翼作家联盟，与鲁迅共同从事革命文艺活动和社会斗争。自"五四"以来，茅盾在文学创作、评论以及翻译外国文艺理论等方面都做了大量工作，又参加过实际的革命活动，在文学、思想、生活上经历了长期积累。因此到了1932年前后，茅盾的创作力达到了全盛时期，其代表作长篇小说《子夜》即诞生在这一阶段。在创作《子夜》的同时，茅盾还写了短篇小说《林家铺子》和《春蚕》。还有其续篇《秋收》《残冬》。《春蚕》《秋收》《残冬》这三个连续的短篇在当时被称为"农村三部曲"。抗战期间，茅盾写了长篇小说《霜叶红似二月花》。还有揭露抗战后期雾都重庆豺狼当道、特务横行的《腐蚀》；描绘三四十年代到抗战胜利前夕黑暗社会的剧本《清明前后》。

❖ 延安鲁迅艺术学院成立

1938年4月10日，"鲁迅艺术学院"（简称"鲁艺"）在延安成立。这是共产党创办的一所综合性艺术学校。

抗日战争全面爆发后，抗日民族统一战线迅速扩大，许多革命的、进步的文艺工作者和文艺团体，先后从北各地来到延安投身于抗日战争的洪流。随着抗日战争形势的发展，急需培养大批的文艺人才，中共中央决定创办"鲁艺"。1939年夏，根据中共中央决定，"鲁艺"一部分与陕北公学、工人学校、青训班合并组成华北联合大学开赴前方，另一部分"鲁艺"师生组成华北联大文艺学院留住延安。1939年11月28日根据中共中央决定，留住延安的部分"鲁艺"师生恢复"鲁艺"。"鲁艺"的学生毕业后大部分赴前方工作，1939年还曾组成一个纵队深入敌后开展工作。它为国家培养了大批革命文艺工作者和干部，为抗日战争的最后胜利作出了积极的贡献。

1940年后校名全称为"鲁迅艺术文学院"。1943年4月，"鲁艺"并入延安大学。

延安开展新歌剧运动

抗日战争爆发后，延安鲁迅艺术学院的文艺工作者先后创作和演出了许多部歌剧，如向隅等创作的《农村曲》和冼星海作曲的《军民进行曲》等，在艺术上作了新的尝试和努力。

1942年延安文艺座谈会以后，延安掀起了一场波及整个解放区的新歌剧运动。《兄妹开荒》是其中的代表作。新歌剧溶戏剧、音乐、舞蹈于一炉，是一种新型的广场歌舞剧。

新歌剧《白毛女》是这种结合的典型代表作品。《白毛女》是延安鲁迅艺术学院于1944年底开始创作和排演的，由贺敬之、丁毅编剧，马可、张鲁、瞿维、李焕之等人作曲。首演成功后，又经多次修改加工，更趋完善。

新歌剧《白毛女》的成功创作和演出，有力地推动了新歌剧运动的发展。解放区又产生了不少新歌剧作品，《刘胡兰》（魏风等编剧、罗宗贤等作曲）和《赤叶河》（阮章竞编剧、梁寒光等作曲）是其中较重要的作品。新歌剧运动的开展，对丰富人民群众的业余文化生活，起了重大作用，在中国现代音乐戏剧发展史上占有重要地位。

新歌剧《白毛女》里面的插图。

齐白石老人的画像。

❖ 南张北齐

　　齐白石(1864 年—1957 年)，湖南湘潭人，后来定居北京。他家境贫寒，年轻时曾做过木匠，后来改为画匠，靠卖画度日。后来成为独树一帜的国画艺术大师。齐白石对艺术有独到的见解，认为"作画妙在似与不似之间"，只有使作品达到"不似之似"、"天趣自然"的艺术境界，才能获得活力。

　　1952 年，齐白石被选为中国文联主席团委员，1953 年又被选为中国美协第一任理事会主席，并任北京中国画研究会主席。1956 年 4 月，世界和平理事会书记处确定齐白石为 1955 年度全世界四个国际和平奖获得者之一。

　　1957 年 9 月 16 日下午，一代艺术大师齐白石与世长辞，享年 94 岁。1963 年，齐白石当选为世界十大文化名人之一。

　　张大千 (1899 年—1983 年)，名权，后改作爰，号大千，小名季爰。生于四川内江，祖籍广东番禺。青年时代，从师于曾熙、李瑞清，与吴昌硕、黄宾虹等人常有交往。曾潜心于历代名家杰作，对石涛十分推崇。

　　1936 年，出版《张大千画集》，徐悲鸿为其作序，称"五百年来一大千"。1938 年，张大千在四川青城山上清宫临摹宋元名迹。1940 年，赴敦煌临摹历代壁画，共摹 276 幅，并于 1943 年出版《大风堂临摹敦煌壁画》。1950 年，留居印度，临摹阿旃陀石窟壁画，与敦煌壁画比较。其后，曾移居阿根廷、巴西和美国。1978 年移居台北，居台北摩耶精舍。1983 年 4 月 2 日逝世。

❖ 徐悲鸿

　　徐悲鸿 (1895 年—1953 年)，江苏宜兴人。父徐章达精擅书画诗文。徐悲鸿幼从家学，少有所成。1916 年入上海复旦大学法文系半工半读。同年赴日本学习美术。年底返国，后任北京大学画法研究会导师。1919 年入法国国立巴黎高等美术学校留学。并往访德国、英国、比利时、瑞士、意大利等国美术学院、博物馆、美术馆、美术遗址等，悉心研究和临摹。1927 年返国，任上海南国艺术学院美术系主任，兼中央大学艺术系教授。1929 年出任北京大学艺

徐悲鸿画的《奔马》。

术学院院长。

30 年代徐悲鸿先后赴法国、比利时、意大利、德国及苏联举办中国美术展览和个人画展，蜚声国际画坛。

1938 年赴新加坡举办筹赈画展，宣传抗日救亡，卖画所得全部捐献祖国用以救济难民。期间创作了《晨曲》《逆风》《壮烈之回忆》《风雨鸡鸣》《漓江春雨》《巴人贫妇》等写实主义作品。1940 年，徐悲鸿应泰戈尔之邀赴印度讲学，并举办画展，将所筹画款全数捐寄回国。"七·七"事变后，徐悲鸿以画笔为武器，投入抗日救亡斗争。他的中国画巨著《愚公移山》，是徐悲鸿艺术思想的又一次升华。他的作品还有《田横五百士》《九方皋》《晨曲》《逆风》《壮烈之回忆》《风雨鸡鸣》《漓江春雨》《巴人贫妇》等。抗战胜利后，徐悲鸿任北平艺术专科学校校长、北平美术工作者协会名誉会长。1949 年当选全国文联常务委员、中华全国美术工作者协会主席，并任中央美术学院院长。

1952 年 6 月 6 日，他为志愿军画《奔马》，后又做中国画《奔马》献给毛泽东主席，表达了他对党领导下新中国前途光明的信心。1953 年 9 月 23 日第二次文代会召开，徐悲鸿担任执行主席，当晚脑溢血症复发。26 日晨，逝世于北京医院，享年 58 岁。

一代绘画大师、中央美术学院院长徐悲鸿正在作画。

陶行知

陶行知（1891 年—1946 年），原名文浚，又名知行，是我国伟大的人民教育家。出生在安徽歙县。他自幼聪明好学，他从童年时代起就对民间的疾苦有深切的感受。他立志为改变中国贫穷落后的面貌和广大中国农民受剥削压迫的悲惨处境去奋斗。1906 年，他进入本县的教会学校崇一学堂免费读书，开始接受西方资产阶级的新教育。

在 1914 年，陶行知以名列第一的优异成绩在南京金陵大学文科毕业后，便远渡重洋赴美国留学。最初攻读市政，后来进入哥伦比亚大学师范学院主攻教育，期望通过教育来救国救民。

1939 年 7 月他回国后创办了育才学校。学校根据学生的兴趣和条件，聘请大批专家学者担任教师，对学生因材施教。

抗日战争胜利后，陶行知以更大的政治热情投入反内战、争和平、反独裁、争民主的群众斗争。他在重庆创办的社会大学成了一座民主革命的堡垒，成为在国民党统治区向青年进行马克思列宁主义教育的重要基地。他无情地揭露和抨击国民党推行的法西斯教育，提出了生活教育的四大方针，这就是民主的、科学的、大众的、创造的教育。

1946 年 4 月，陶行知来到上海，继续奋不顾身地进行争取和平民主的斗争，并为在上海创办社会大学和育才学校的迁址问题多方奔波。后来听说国民党特务已经把他列为暗杀对象，他无所畏惧，始终站在民主运动的最前列。7 月 25 日，陶行知因劳累过度和受刺激过深，突发脑溢血不幸逝世。

冼星海像。

❖ 冼星海

　　冼星海（1905年—1945年），曾用名黄训、孔宇，生于澳门，祖籍广东番禺，为中国著名作曲家、人民音乐家。1929年冬，冼星海赴法国巴黎学习音乐，后入巴黎音乐学院学习作曲。1935年秋回到上海，投身抗日救亡运动，开始了救亡歌曲和进步的电影音乐的创作。1938年11月，冼星海到延安鲁迅艺术学院音乐系任教。次年6月加入中国共产党。1940年冼星海赴苏联工作，后又到过蒙古教音乐，1945年病逝。

　　他创作的歌曲有《救国军歌》《青年进行曲》《到敌人后方去》《在太行山上》《游击军》《拉犁歌》《路是我们开》《三八妇女节歌》《祖国的孩子们》《夜半歌声》《莫提起》《热血》《黄河之恋》等。冼星海的音乐作品在全国产生巨大影响的是大型声乐套曲，如《生产大合唱》《九一八大合唱》等，最著名的是《黄河大合唱》。

　　冼星海在创作实践中坚持聂耳开始确立的革命音乐的创作方向，重视思想内容的深刻性和艺术的易解性的统一，将民族风格与现代音乐技巧相结合，其代表作《黄河大合唱》在中国音乐史上有不朽的地位。

❖ 田汉

　　田汉（1898年—1968年），原名寿昌，生于湖南省长沙县一个贫民之家，自幼受近代改良主义思想家谭嗣同和民主革命的先驱者陈天华、黄兴等人的影响，具有爱国志向和政治热情。1916年，他东渡日本留学，后在东京加入李大钊等组织的少年中国学会；1921年与郭沫若、成仿吾等组织创造社，投身新文学运动。1927年发起并领导了以戏剧活动为主的南国社，大力推动话剧的创作和演出。在1929年，田汉发表了现实主义剧作《名优之死》。1932年他加入了中国共产党，从此参与了党对文艺的领导，在后来的抗战救亡、争取民主、反对内战及解放后的各个时期都做了大量工作。他毕生从事文艺事业，共创作了话剧、歌剧60余部，电影剧本20多部，戏曲剧本24部，歌词和新旧体诗近2000首。他的创作成就以剧本为主，对戏剧事业作出了重大贡献。

20世纪30年代初《义勇军进行曲》的词作者田汉（右）和《黄河大合唱》的曲作者冼星海（左）在一起的合影。

解放后，田汉创作了话剧《关汉卿》《文成公主》《十三陵水库畅想曲》及整理戏曲《白蛇传》《谢瑶环》等，在历史剧的创作和改编方面达到了新的高度。

❖ 聂耳谱写《义勇军进行曲》

1934年，聂耳谱写了《义勇军进行曲》。该曲由田汉作词，是影片《风云儿女》的主题歌。

聂耳（1912年—1935年），原名守信，字子义，又作紫艺，云南玉溪人，是中国杰出的作曲家、音乐活动家。聂耳自幼丧父，家境贫寒。入学后他成绩出众，课余帅从民间乐人学习笛子、胡琴、三弦、月琴等民族乐器的演奏，熟悉传统乐曲。1930年聂耳到了上海，11月加入"反帝大同盟"。当时他接受了严格的小提琴训练，并自修钢琴、和声学、作曲法和作曲等。"九·一八"事变后，日趋严重的民族危机促使他去思考自己的生活和艺术道路。1932年4月，他与左翼作家兼诗人田汉建立了友谊，这对其艺术成就产生了深刻的影响，并从此与左翼文艺界取得了联系。次年聂耳加入了中国共产党。在积极从事创作和评论活动的同时，他还组织了"中国新兴音乐会"，加入了中国左翼戏剧家联盟音乐小组，积极进行左翼音乐、戏剧、电影等多方面的工作。1935年7月，他在日本学习考察时不幸溺水而死，当时年仅23岁。

聂耳一生创作的37首歌曲，都是在他生命的最后两年间完成的。有《开矿歌》《开路先锋》《新女性》《打长江》《毕业歌》《前进歌》《自卫歌》等。他谱写的《义勇军进行曲》以极富感召性的音调，果敢的节奏，雄伟磅礴的气势，表现了灾难深重的中国人民不畏强暴、英勇战斗的革命精神，在群众中得到了广泛的传播。聂耳还创作了《飞花歌》《塞外村女》《告别南洋》《铁蹄下的歌女》《梅娘曲》等抒情歌曲；《卖报歌》则是他创作的反映儿童生活的歌曲中的代表作。

聂耳在短暂的一生中取得歌曲创作方面如此杰出的成就，他奠定了中国群众歌曲的历史地位，第一次提高了这种体裁的音乐的艺术价值。他开辟了中国无产阶级革命音乐的道路，影响极为深远。他所创作的《义勇军进行曲》后来成为中华人民共和国国歌。

《铁蹄下的歌女》

《铁蹄下的歌女》是许幸之词，聂耳曲。原来是影片《风云儿女》插曲。歌曲描述了旧社会城市中被蹂躏的善良妇女形象。他们不甘愿做奴隶，不愿让乡土沦丧，挺起那遍体鳞伤的身躯，向吃人的社会发出悲愤的控诉。整个歌曲哀而不伤，怨中有愤。旋律与节奏的变化深化了歌曲的感情。

聂耳的画像。

第十一部分 中国现代史

中国现代史时期是中国共产党领导全国人民进行社会主义现代化建设的时期。1949年中华人民共和国的成立是中国现代史的开端。

新中国成立初期，我国经过了镇压反革命、土地改革、抗美援朝等运动，巩固了人民政权，迅速恢复了国民经济。从1953年开始，我国进行了三大改造。到了1956年，我国基本建立了社会主义制度，进入社会主义初级阶段。我国在全面建设社会主义的进程中，取得了巨大的成就。但是，在社会主义道路的探索中出现了失误，出现了"文化大革命"这样的严重错误。

中国共产党十一届三中全会后，我国实现了历史上的伟大转折，进入了改革开放和社会主义现代化建设的新时期。我国进行了农村经济体制改革和国有企业改革，建立了沿海经济特区等多层次的对外开放格局，确立了社会主义市场经济体制，社会主义民主与法制建设逐步推进。从此中国共产党领导中国人民走上了建设有中国特色社会主义的道路，中国的社会生活和社会面貌发生了深刻的变化，我国的综合国力得到了大大提高。中国主动参与国际竞争，积极推动建立合理的国际政治经济新秩序，进一步树立了中国维护世界和平和稳定的良好形象。香港、澳门回归使"一国两制"的构想变成了现实，祖国的和平统一大业取得了历史性的进展。

专题一：　中华人民共和国的成立和巩固

新中国的国徽、国旗、国歌

中华人民共和国国徽。

1949年6月19日，新政协筹备会决定成立国旗、国徽图案初选委员会，并于1949年7月14日—8月15日在《人民日报》等报纸发表征求启事。9月，中国人民政治协商会议第一届全体会议期间，当选委员会在收到的3012幅图案中选了38幅印发全体代表讨论。

9月25日晚，毛泽东主席召开国旗、国歌、纪年、国都协商座谈会，9月27日，全国政协第一届全体会议决定：中华人民共和国定都于北平，即日起改名北京；采用公元纪年；以五星红旗为国旗，旗面的红色象征革命，旗上的五颗五角星及其相互关系象征共产党领导下的革命人民大团结；在国歌未正式制定前，以1935年由田汉作词，聂耳作曲的《义勇军进行曲》为代国歌。

❖ 人民政协的召开

1949年9月21日—30日，中国人民政治协商会议第一届全体会议在北平中南海怀仁堂召开。这是一次由中国共产党发起并领导的，有各民主党派、无党派民主人士和人民团体代表参加的，协商成立中华人民共和国有关事宜的会议。毛泽东主持会议并致开幕词。会议通过了《中国人民政治协商会议共同纲领》。会议还通过了《中国人民政治协商会议组织法》《中华人民共和国中央人民政府组织法》，并作出以下决议：（1）中华人民共和国定都北平，即日起改名为北京；（2）中华人民共和国纪年采用公元纪年；（3）中华人民共和国国歌未确定前，以《义勇军进行曲》为代国歌；（4）国旗定为五星红旗。大会选举出以毛泽东为主席的由180人组成的第一届中国人民政治协商会议全国委员会；选举了由63人组成的中央人民政府委员会，毛泽东为中央人民政府主席，朱德、刘少奇、宋庆龄、李济深、张澜、高岗为副主席，周恩来、陈毅、董必武等56人为政府委员会委员。

9月30日，周恩来在全国政协第一届会议上提议将"为国牺牲的人民英雄纪念碑建立在天安门广场"。闭幕式后全体代表在北京天安门外举行人民英雄纪念碑奠基典礼。周恩来代表主席团致词。毛泽东主席宣读碑文。

上图是新当选的中央人民政府的主席与副主席在政协大会闭幕式主席台上。

中华人民共和国成立

　　1949年10月1日，中华人民共和国正式宣告成立。下午2时，中华人民共和国中央人民委员会第一次会议在北京天安门城楼举行，中央人民政府主席毛泽东、副主席朱德、刘少奇、宋庆龄、李济深、张澜、高岗及全体委员宣布就职，宣告中华人民共和国中央人民政府成立。

　　会议宣布接受中国人民政治协商会议共同纲领为本政府的施政纲领。会议选举林伯渠为中央人民政府委员会委员长，毛泽东为中央人民政府人民革命军事委员会主席，朱德为人民解放军总司令，沈钧儒为中央人民政府最高人民法院院长，罗荣桓为中央人民政府最高检查署检查长。会议决定向各国政府宣布，中华人民共和国中央人民政府为代表中华人民共和国全国人民惟一合法政府，愿与遵守平等、互利及互相尊重领土主权等项原则的任何外国政府建立外交关系。

　　下午3时，首都各界群众30万人在天安门广场集会，隆重举行开国大典。林伯渠宣布典礼开始，军乐队奏《义勇军进行曲》，毛泽东主席亲手升起第一面五星红旗，54门礼炮齐鸣28响，毛泽东主席宣读中央人民政府公告，向全世界宣告中华人民共和国成立。随后，举行了阅兵式。大典历时3小时，之后是盛大游行。

　　中国历史从此进入了一个新的时代。

　　1949年10月1日下午3时，毛泽东在天安门城楼宣读《中华人民共和国中央人民政府公告》，宣告中华人民共和国成立。

国民经济开始恢复

由于帝国主义的长期掠夺，国民政府肆意搜刮和多年战争的严重破坏，全国解放前夕，国民党统治区的经济已趋于全面崩溃。当时，工业技术低下，农业生产落后，物资紧缺，物价飞涨，市场混乱。5亿多人民生活痛苦不堪。这是解放初期国民党留下的基本情况。

为了国民经济的恢复。1950年中国人民政府在财政经济方面做了两件大事。第一件是1950年3月间的统一财经工作。这一举措使财政收支接近平衡，控制住了通货的大量发行，稳定了市场物价，为整个经济的恢复和发展创造了必要的前提。第二件是6月间的调整工商业，通过调整公私关系、产销关系、克服了物价平稳以后由于虚假购买力的消失而产生的工商业萧条的困难，使经济得到恢复和发展。同时在农村依照统一的部署，采取正确的政策，继续进行尚未完成的土地改革工作，农业生产也得到初步的恢复。据统计，全年工农业总产值为575亿元，比1949年增长23.4%。其中工业总产值191亿元，比1949年增长36.4%；农业总产值384亿元，比1949年增长17.8%；钢61万吨，比上年增长2.86倍；粮食2643亿斤，比1949年增长16.7%，其中棉花、油料都有所增长。财政总收入65.2亿元，总支出68.1亿元。收支逆差2.9亿元。

1950年10月，解放军进军西藏。右图是人民解放军行进在海拔5000米的怒山山脉雪岭上。

❖ 西藏和平解放

1949年10月1日中华人民共和国成立时，西藏地区尚未解放。1950年中央人民政府下达了解放西藏的命令，又同时通知西藏地方政府派遣代表到北京谈判，真诚地谋求和平解放西藏。

然而西藏一小撮反动势力在外国势力的支持下，阴谋阻挠西藏解放，分裂祖国。美国利用联合国大做文章，印度更是赤裸裸地对中国主权进行干涉。1950年7月，西藏地方政府派出代表准备绕道印度来北京谈判，但代表在印度被阻无法赴京。

为了惩罚反动分子，扫清西藏和平解放的障碍，中央人民政府于1950年10月命令进藏部队解放昌都。人民解放军分数路渡过金沙江向昌都方向挺进，于10月19日歼灭藏军主力5000余人，昌都获得解放。至此，西藏地方当局依靠武力阻挠西藏解放的妄想被彻底打碎。

1951年2月，西藏地方当局派出以阿沛·阿旺晋美为首的代表团来北京谈判，于4月抵京。中央人民政府委派李维汉、张经武等同志为中央全权谈判代表，和西藏代表团举行正式会谈。在周恩来总理的亲自主持下，谈判进展顺利，于1951年5月23日签订《中央人民政府和西藏地方政府关于和平解放西藏办法的协议》

1951年8月，中国人民解放军根据"十七条协议"的规定，分别由四川、青海、新疆、云南4路，向和平解放西藏大进军。8月8日，中央政府代表抵达拉萨。10月26日，先头部队胜利到达拉萨。随后，人民解放军先后进驻察隅、江孜、日喀则、亚东等地。西藏和平解放。

❖ 镇压反革命

　　新中国成立以后，大陆上残留着200万土匪以及大批恶霸、特务、反动党团骨干分子、反动会道门头子和其他反革命分子，反革命活动十分猖狂。为此，1950年3月18日，中共中央发出《关于镇压反革命活动的指示》。同时中共中央部署解放军，进行大规模剿匪活动。各剿匪部队在当地党委的统一领导和广大人民群众协助下，采用军事清剿与政治斗争相结合的方针，对国民党残余部队、特务土匪及其他反动地方武装展开清剿。到1953年，解放军剿灭土匪240万人。

　　在镇压反革命运动中，查出了"二七"惨案的刽子手赵继贤、杀害杨虎城将军的国民党特务杨进兴。对他们进行依法惩处。

　　1951年17日，北京市军管会军法处对充当美国间谍、阴谋武装暴动、危害我国的7名罪犯进行判决。主犯李安东（意大利人）、山口修（日本人）企图于1950年10月1日炮击天安门检阅台，谋害我国领导人。上述两人于逮捕当日被处决。

　　到了1951年，国内的反革命势力基本上肃清了，社会秩序趋于安定。

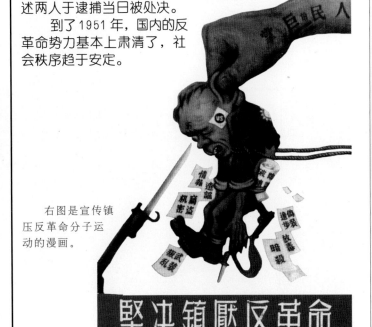

　　右图是宣传镇压反革命分子运动的漫画。

谴责美国侵略朝鲜、台湾

　　1950年6月25日，朝鲜内战爆发。26日，美国总统杜鲁门给美国远东军总司令麦克阿瑟下达"对韩国予以海空军支援"的训令，武装干涉朝鲜内政，扩大朝鲜战争。27日，杜鲁门发表声明，宣布美国政府决定以武力阻止中国政府解放台湾。美国第七舰队随即奉命向台湾沿海出动。28日，外交部长周恩来代表中华人民共和国政府发表声明：强烈谴责美国政府侵略朝鲜、台湾及干涉亚洲事务的罪行。同日，毛泽东在中央人民政府委员会第八次会议的讲话中指出，美国对亚洲的侵略，只能引起亚洲人民广泛的和坚决的反对。并号召全国和全世界人民团结起来，进行充分的准备，打败帝国主义的任何挑衅。

　　1950年6月25日，朝鲜战争爆发。上图是28日，毛泽东在中央人民委员会第八次会议上讲话，号召全国和全世界人民团结起来，打败美帝国主义的任何挑衅。

土地改革

1950 年 6 月 28 日，中央人民政府会第八次会议讨论通过《中华人民共和国土地改革法》。30 日，中央人民政府公布施行。此后，土地改革运动在新解放区迅速展开。

《土地改革法》规定土地改革的根本目的是要"废除地主阶级封建剥削的土地所有制，实行农民的土地所有制，借以解放农村生产力，发展农业生产，为新中国的工业化开辟道路"。根据建国后的新情况，该法将解放战争时期征收富农多余土地财产的政策，改变为保存富农经济的政策，以便更好地孤立地主，保护中农和小土地出租者，稳定民族资产阶级。

中共中央决定，从 1950 年冬开始，分期分批地在拥有 3.1 亿人口的新解放区全面实行土改。其总路线和总政策是：依靠贫农雇农，团结中农，中立富农，有步骤有分别地消灭封建剥削制度，发展农业生产。其过程一般分为发动群众、划分成分、没收和分配土地、总结复查等几个阶段。各地政府都派出大批土改工作团，深入群众，领导土改。

到 1952 年底，除新疆、西藏和一些边远少数民族地区外，土改工作基本完成。农民的生产积极性空前高涨，农业生产力得到了解放。

《土地改革法》受到广大农民的热烈拥护。

❖ 抗美援朝

彭德怀（前排右二）在朝鲜战场上。

朝鲜战争是在 1950 年 6 月 25 日爆发的，战争开始的时，朝鲜人民军一直把南韩军队逼到朝鲜半岛南端的大邱、釜山一线，整个朝鲜即将获得解放。但是，由于美国纠集了 15 个国家（联合国）的军队，突然在仁川登陆，使朝鲜人民军前后受敌，遭受很大损失。

为了保家卫国，1950 年 10 月 8 日，毛泽东下令将东北边防军改组为中国人民志愿军，准备入朝作战。10 月 19 日晚，由彭德怀任司令员，率领中国人民志愿军大部队雄赳赳气昂昂地跨过鸭绿江，正式开进朝鲜境内。

朝鲜战争是于 6 月 25 日爆发的，战争开始时，朝鲜人民军势如破竹，一直把南韩军队逼到朝鲜半岛最南端的大邱、釜山一线，整个朝鲜即将获得解放。但是，由于美国纠集了 15 个国家（联合国军）的军队，突然在仁川登陆，使朝鲜人民军前后受敌，遭受很大损失，撤至北部山区及鸭绿江沿线。敌军此时长驱直进，气势正盛。

面对武器装备占有绝对优势的敌军，志愿军与朝鲜人民军并肩作战，敢打敢拼，先后进行了五次战役，将敌军打回到"三八线"附近。

1951年7月，美国被迫坐到谈判桌前。在随后的两年时间里，由于美国无和谈诚意，形成了边谈边打的局面，战斗一直在"三八线"附近展开。到1953年7月，美国终于被迫在停战协定上签了字，历时3年的朝鲜战争宣告结束。

❖ 上甘岭战役

1952年，侵朝美军为迫使中朝接受其无理的谈判要求，改善金化地区的防御态势，破坏志愿军的战术反击作战，从10月14日起向上甘岭地区597.9高地和537.7高地北山两个志愿军加强连守卫的阵地发动"金化攻势"，企图迫使志愿军后退，造成谈判中的有利地位。双方争夺十分激烈。在不到3.7平方千米的阵地上，美军先后投入3个师共6万人以上的兵力，动用18个炮火营，集中300多门大炮、178辆坦克，出动3000多架次飞机向上甘岭阵地轮番攻击。阵地被敌人发射的190多万发炮弹和投掷的几千枚重磅炸弹削低2米。志愿军依托以坑道为主体的防御阵地，先后投入4万余人的兵力，与敌人进行反复的争夺战。平均每天打退敌人30～40次的进攻，打破敌人对坑道的封锁，阵地数次失而复得。经过43天的激战，至11月25日战斗结束，共歼敌2.5万余人，创造了我军依托坚固阵地进行坚守防御战役的光辉范例。

"三反""五反"运动

共和国成立后，党政军机关、人民团体和经济部门中开始滋生贪污、浪费、官僚主义的现象，不仅给国家经济事业造成损失，还严重地从政治和思想上腐蚀了少数干部。中央决定采取自上而下和自下而上相结合的方法，把反贪污、反浪费、反官僚主义作为贯彻精兵简政、增产节约这一中心任务的重大措施，在全国普遍地检查贪污浪费现象。

1951年8日，中共中央再次发出《关于反贪污斗争必须大张旗鼓地去进行的指示》，强调"三反"斗争的重要性和紧迫性。1951年12月，中共中央发出《关於实行精兵简政，增产节约，反对贪污、反对浪费和反对官僚主义的决定》，指示在全国各地开展以反贪污、反浪费、反官僚主义为中心内容的"三反"运动。自此，一个全国规模的"三反"运动迅速展开。

1952年1月26日，中央发出《关于在城市中限期开展大规模的坚决彻底的"五反"斗争的指示》。开始在全国资本主义工商业中开展"反对行贿、反对偷税漏税、反对盗骗国家财产、反对偷工减料和反对盗窃国家经济情报"的"五反"斗争。中央要求，首先在大城市和中等城市中，对违法工商业者进行定案处理。

左图是一幅名为《失败者的冒险》的讽刺画。美国在朝鲜战场接连失败后，打算把侵略的重点放到印度支那。此画讽刺美帝国主义的狼狈下场。

罗盛教像。

❖ 罗盛教舍身救人

　　1952年2月，在朝鲜战场上，中国人民志愿军某部侦察队文书罗盛教在部队早操过后，向河边走去。4个朝鲜少年正在滑冰。一个名叫崔莹的少年突然压碎冰面，跌入8尺多深的冰窟窿里，另外3个少年吓的哭叫起来。罗盛教边跑边脱棉衣，只剩下一身单衣跳进冰窟窿。在零下20度的严寒里，他在水中一连探摸了3次才找到了崔莹。他几次把崔莹拖到水面上来，可是冰窟窿四边的冰太薄了，每次崔莹刚要爬上来，冰块便塌了，罗盛教全身发紫，面色苍白，已经筋疲力尽，他又一次深深的吸了一口气，沉入水中，双脚踏着河底的碎石，竭尽全力用自己的头将崔莹顶出水面。这时候连部的理发员拿着一个电线杆子赶到，崔莹抱着电线杆子才被救上来。但罗盛教却再也没有浮出水面。等人们用刀斧砍开冰层，将他捞上来，罗盛教已经停止了呼吸。罗盛教牺牲时年仅21岁。

❖ 邱少云舍己为国

　　1952年10月11日，志愿军战士邱少云和战友奉命到敌人阵地前沿潜伏。战士们秘密地摸到了潜伏地，每个人从头到脚都插上了野草。12日11时，敌人盲目发射的一颗燃烧弹突然落到了邱少云的身边，烧着了他身上的野草。他完全可以就地翻滚或退到身后的雨水坑，扑灭身上的火苗。为了不被敌人发觉，邱少云忍着难以想像的肉体痛苦，一直到牺牲时，也没有动一下。当攻击时刻到来时，满山响起了"为邱少云报仇"的声音。不到15分钟，战士们占领了敌军阵地，取得了歼灭李伪军一个加强连的胜利。

邱少云的塑像。

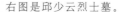

右图是邱少云烈士墓。

❖ 黄继光舍身堵枪眼

1952年10月20日，在争夺上甘岭某高地的一次战斗中，敌人的地堡封锁了志愿军某部前进的道路。黄继光对指导员说："我去炸毁它。"他朝战友吴三羊和肖登良一摆手，三人就消失在林枪弹雨中。炸掉三个碉堡后吴三羊牺牲了，肖登良受了重伤，在接近第四个地堡时，黄继光中弹栽倒了。当枪炮再次惊醒黄继光时，他用力支起上身，奋起一跃，用胸膛堵住地堡的枪眼。为了扫除前进道路上的障碍，黄继光光荣的献出了他年轻的生命。

黄继光获得中央军委和志愿军总部颁发的"特级英雄"的殊荣。

❖ 朝鲜战争宣告结束

1953年7月26日，朝鲜停战谈判达成协议。

7月27日，朝中方面谈判代表团首席代表南日大将和美方谈判代表团首席代表哈利逊中将，在板门店正式签署朝鲜停战协定及其附件和临时补充协议。同日，"联合国军"总司令克拉克于汉山在停战协定和临时补充协议上正式签字；金日成于平壤在停战协议和临时补充协议上正式签字。彭德怀28日于开城在朝鲜停战协定和临时补充协议上正式签字。金日成、彭德怀27日向朝中部队发布停战令：自1953年7月27日22时起，全线完全停火；同时，命令我军保持高度戒备，防止来自对方的任何袭击和破坏行为。7月29日，朝中方面与"联合国军"方面交换经由两国司令官签署的停战协定及其临时补充协议。至此，历时3年多的朝鲜战争宣告结束。"联合国军"总司令克拉克在签字时哀叹，"我是美国历史上第一个在没有取得胜利的停战协议上签字的将军。"

上图是志愿军战士黄继光的塑像。

上图是1953年7月28日，彭德怀于开城在朝鲜停战协定及其临时补充协议上正式签字。

1953年7月27日，朝鲜停战协定在板门店正式签定。左图为朝中方面和联合国军代表正式签署朝鲜停战协定。

专题二：社会主义道路的探索

我国开始执行第一个五年计划

1953 年，第一个五年计划开始执行。从 1953 年到 1957 年的第一个五年计划的基本任务是：集中主要力量，进行以苏联帮助我们设计的 156 项建设项目为中心，由限额以上的 694 个建设项目组成的工业建设，建立我国社会主义工业化的初步基础；发展部分集体所有制的农业生产合作社和手工业生产合作社，建立对农业、手工业的社会主义改造的初步基础；基本上把资本主义工商业分别地纳入各种形式的国家资本主义的轨道，建立对于私营工商业的社会主义改造的基础。计划要求以发展重工业为主，到 1957 年主要经济指标达到：钢 412 万吨、煤 1.13 亿吨、粮食 3856 亿斤，基本建设投资 5 年共 427 亿元，工业增长率为 14.7%。这个计划积极又留有余地，第一个五年计划的实施，标志着我国有计划进行社会主义建设的开始。

闻名中外的长江第一座铁路、公路两用桥长江武汉大桥于 1957 年 10 月 15 日建成，上图为通车典礼。

1953 年，全国掀起了宣传和学习总路线的热潮。上图是鞍钢工人正在学习总路线。

❖ 过渡时期总路线

1953 年，中国共产党公布了过渡时期的总路线。

过渡时期总路线的内容是：要在一个相当长的历史时期内，基本上实现国家工业化和对农业、手工业和资本主义工商业的社会主义改造。实现社会主义的国家工业化，这是国民经济发展的基本要求，又是实现三大改造的物质基础；而实现对农业、手工业和资本主义工商业的社会主义改造又是实现国家工业化的必要条件。两者互相依赖、相辅相成。社会主义建设和生产资料所有制的社会主义改造同时并举，是这条路线的基本特点。两者的同时并举保证了新民主主义向社会主义的胜利过渡。过渡时期总路线的实质是解决所有制问题。一方面是社会主义公有制的扩大，即国营企业的新建、扩建；另一方面，是把个体小私有制改造成社会主义集体所有制，把资本主义私有制改造成为社会主义全民所有制。

这是一幅巩固农业合作化制度的宣传画。

❖ 手工业社会主义改造全面展开

　　1953年11月20日—12月17日，中华全国合作社联合总社召开第三次全国手工业生产合作社的发展经验，讨论改造的计划和设想。建国初全国城乡手工业工人和手工业独立劳动者1930多万人，截止1953年底，手工业合作社4806个，社员30多万人，全年总产值5.2亿元。

　　会议提出：在1954年内，参加各种形式手工业合作组织的手工业劳动者达到90余万人，总产值增至10亿元以上。在第一个五年计划内，要为手工业合作化运动建立巩固的基础，到了1957年各种手工业合作社组织成员发展到500万人，总产值达到60亿元以上。到第二个五年计划中期，全国范围内基本上完成手工业合作化的任务。

　　会议确定：手工业进行社会主义改造的方针是积极领导、稳步前进；组织形式是由手工业生产小组、手工业供销生产社到手工业生产合作社；方法是从供销入手，实行生产改造。步骤是由小到大，由低级到高级。此后，手工业的社会主义改造全面展开。

　　到了1956年底，我国基本上完成了对手工业的社会主义改造。

农业合作化运动

　　为了进一步提高农业生产力，逐步克服农业同工业发展不相适应的矛盾，中共中央引导农民组织起来，走集体化道路。1953年2月15日，中共中央正式公布了《关于农村生产互助的决议》，明确规定了中共对农业实行社会主义改造的路线、方针、政策，全国各地开始普遍试办初级农业合作社。合作化以后，以评工记分方式计酬。1955年，全国掀起农业合作化的高潮。

　　1956年，90%以上的农户参加了农业生产合作社。到了1956年底，我国基本上完成了对农业的社会主义改造。

这是一幅农民拿着自己的农具，牵着自己家的牛去入社的宣传画。

全国人大一届一次会议召开

　　1954年9月15日—28日，第一届全国人民代表大会第一次会议在北京举行。出席会议的代表1226人。

　　大会通过了《中华人民共和国宪法》。并即日公布。大会还通过了《中华人民共和国全国人民代表大会组织法》《中华人民共和国国务院组织法》《中华人民共和国法院组织法》《中华人民共和国人民检察院组织法》《中华人民共和国地方各级人民代表大会和地方各级人民委员会组织法》。

　　大会选举了新的国家领导人。选举毛泽东为中华人民共和国主席，朱德为副主席。选举刘少奇为全国人民代表大会常务委员会委员长，宋庆龄等13人为副委员长，彭真为秘书长，王昆仑等65人为委员。选举董必武为最高人民法院院长，张鼎丞为最高人民检察院检察长。会议根据毛泽东主席的提名，一致通过决定周恩来为国务院总理。

上图是毛泽东在全国人大一届一次大会的开幕式上。

❖ 资本主义工商业的改造

　　在农业合作化高潮的推动下，对资本主义工商业的社会主义改造也迅速展开。在这个改造过程中，我国实行了"利用、限制、改造"的政策，从以加工订货为主逐步向公私合营过渡。

　　1954年是有计划扩展公私合营工业的第一年，计划将500个私营厂矿（17亿元产值）转化为公私合营。

　　中国共产党对民族资本家采取团结和改造的政策。在改造他们的同时，给予他们必要的工作安排；不削夺资产阶级的选举权，并且对于他们中间积极拥护社会主义改造而在这个改造事业中有所贡献的代表人物给以适当的政治安排。国家用定息和安排资本家工作这样的代价，对资本家进行赎买的政策，就可以使资本家决心放弃剥削制度，而且可以使这些人用他们的文化、技术、经验来为社会主义建设服务。所以赎买不仅对资本家有利，而且对社会主义、对工人阶级和全体人民也是有利的。

　　1956年初，出现了全行业公私合营的浪潮，并迅速席卷全国。

　　到了1956年底，我国基本上完成了对资本主义工商业的社会主义改造。

　　1955年11月，全国已经有近半数的私营商业分别纳入各种形式的国家资本主义轨道。上图为上海市区私营棉布商业实行全行业公私合营时，职工们组织了报喜队互相庆祝。

左图是群众抬着《中华人民共和国宪法》的巨大模型，高呼着口号前进。

❖ 中华人民共和国第一部宪法颁布

　　1954年9月20日，第一届全国人民代表大会第一次会议通过《中华人民共和国宪法》。它是中华人民共和国的第一部宪法。

　　宪法的主要内容：（1）认真总结了历史经验，特别是新中国建国五年来的革命和建设的经验，充分反映了中国历史的特点和过渡时期的特点；（2）把马列主义与中国具体实践相结合、体现了原则性和灵活性的结合，民主原则和社会主义原则始终贯穿在宪法中，确认中国的国家性质是以工人阶级为领导、以工农联盟为基础的人民民主专政，国家的基本政治制度是人民代表大会制度；规定实现过渡时期总任务是实现国家工业化和完成社会主义改造。宪法从实际出发，要求一步步地实现社会主义，既规定社会主义的全民所有制，又要求逐步实行国家资本主义；既规定要坚持工人阶级领导和工农联盟，又要求发展革命统一战线；既强调公民的权利和自由，又注重逐步扩大物质保障；既明确我国是统一的多民族国家，又规定民族区域自治和照顾少数民族的政治、经济和文化特点。

　　《中华人民共和国宪法》，确定了我国过渡时期的经济制度和政治制度，把实现过渡时期总任务的具体步骤用法律形式固定下来。关于经济制度，总纲规定：中华人民共和国依靠国家机关和社会力量，通过社会主义工业化和社会主义改造，保证逐步消灭剥削制度，建立社会主义社会。

　　1954年9月20日，第一届全国人民代表大会第一次会议通过《中华人民共和国宪法》。上图是《中华人民共和国宪法》。

中共八大召开

　　1956年9月15日—27日，中国共产党第八次全国代表大会在北京举行。1026名代表出席了会议。

　　毛泽东向大会致开幕词。刘少奇代表七届中央委员会作政治报告。16日，邓小平作《关于修改党的章程的报告》，周恩来作《关于发展国民经济的第二个五年计划的建议的报告》，17日开始，朱德、陈云等68人作大会发言，45人作书面发言。26日，新党章通过。八大选出中央委员97人，候补中央委员73人。

　　八大认为，在社会主义改造基本完成后，国内主要矛盾已不再是工人阶级和资产阶级的矛盾，而是人民对于经济文化迅速发展的需要同当前经济文化不能满足人民需要的状况之间的矛盾。

　　八大提出在经济建设中既要反对保守又要反对冒进，要在综合平衡中稳步前进。

　　八大强调要坚持实事求是的思想路线和民主集中制、集体领导制度。

　　八大还确定要加强人民民主专政和进一步扩大国家的民主政治生活。

1956年9月15日，中国共产党第八次全国代表大会在北京全国政协礼堂举行。上图为大会的会场。

这是一幅命名为《为第一个五年计划的伟大成就欢呼吧》的一幅宣传画。表现了第一个五年计划的伟大成果。

❖ 第一个五年计划超额完成

1957 年，我国社会主义建设超额完成了第一个五年计划。

工业方面，一大批基本建设项目建成并投入生产。我国有了自己的汽车、飞机、重型机器和精密仪器等制造业，有了高级合金钢、有色金属冶炼等新的工业部门。

农业连年丰收，粮棉产量连年增产。以铁路为中心的交通运输业，也有很大的发展。人民生活水平得到进一步的提高。

1953 年—1957 年的五年内，我国先后施工的工业项目有 1 万多个。其中有 600 个大中型项目建成后投入生产。

整风运动

1957 年 4 月 1 日，中共中央正式发出《关于整风运动的指示》，再次发动整风运动。

自 1956 年 9 月—1957 年 3 月，由于东欧波兰、匈牙利事件的影响，加上国内社会改造的急促和变化的深刻，政治和经济生活中出现了一些紧张气氛。全国先后有万余工人、学生罢工、罢课，部分敏感的知识分子纷纷批评党和政府工作中的缺点，提出了较尖锐的意见。许多党员和干部思想上缺乏准备，面对各种来自于人民内部的问题陷于被动，采取简单粗暴的方法进行压制。

针对这种情况，毛泽东于 2 月发表《关于正确处理人民内部矛盾的问题》，3 月在中宣部讲话，号召整顿党内作风，解决执政党和人民的矛盾。经 2 个多月的酝酿，中共中央正式决定整风。

《关于整风运动的指示》指出：由于党已经在全国范围内处于执政党的地位，得到广大群众拥护，有许多同志就容易采取单纯的行政命令的办法处理问题，部分人甚至形成特权思想，用打击压迫的方法对待群众。因此有必要在全党进行一次普遍的、深入的反对官僚主义、宗派主义和主观主义的整风运动。本次整风的主题是正确处理人民内部矛盾问题。方式应多采取个别谈心或开小型的座谈会和小组会，一般不要开批评大会或斗争大会。方针是"从团结的愿望出发，经过批评和自我批评，在新的基础上达到新的团结"。

《指示》指出，本次整风，应该是一次既严肃认真又和风细雨的思想教育运动。

毛泽东关于人民公社的设想

1958年7月，《红旗》杂志刊载陈伯达的文章《全新的社会，全新的人》和在《毛泽东的旗帜下》，传达了毛泽东关于人民公社的构想。

毛泽东说："把一个合作社变成为一个既有农业合作社又有工业合作社的基层组织单位，实际上是农业和工业相结合的人民公社。""我们的方向，应该逐步地、有秩序地把'工、农、商、学、兵'组成一个大公社，从而构成为我国社会的基本单位。这样的公社里面，工业、农业和交换是人们的物质生活；文化教育是反映这种物质生活的人们的精神生活；全民武装是为保卫这种物质生活和精神生活，在世界上人剥削人的制度还没有彻底消灭以前，这种全民武装是完全必要的。"河南省遂平县卫星社根据《红旗》所登毛泽东的这两段话，建立了全省第一个人民公社，河南各县也都开始试办人民公社。

下图是"大跃进"时的宣传画《大南瓜》。

❖ 中共八大二次会议

1958年5月5日—23日，中共八大二次会议在北京举行。会议正式通过了中共中央根据毛泽东的倡议而提出的"鼓足干劲、力争上游、多快好省的建设社会主义"的总路线。会议正式改变了八大一次会议关于国内主要矛盾已转变的正确分析，认为当前中国社会的主要矛盾仍然是无产阶级和资产阶级、社会主义道路同资本主义道路的主要矛盾，并肯定了毛泽东提出的两个剥削阶级和两个劳动阶级的论断。会议肯定了"大跃进"，认为这标志着中国正在经历着"一天等于二十年的伟大时期"，号召全党和全国人民，认真贯彻执行社会主义建设总路线，争取15年，或者在更短的时间内，在主要工业产品产量方面赶上和超过英国。会议提出了新的第二个五年计划的高指标。

会后，大跃进运动在全国范围内发动起来，主要标志是盲目求快，片面追求工农业生产和建设的高速度，并掀起全民大炼钢铁的群众运动。

❖ 大跃进运动

1958年—1960年，在中国大地上开展了一场规模空前的"大跃进"运动。这是一场从良好愿望出发，但由于脱离实际而给我国建设造成严重损失的运动。

整风运动的发展和第一个五年计划的超额完成，使毛泽东同志、中央和地方不少领导同志滋长了骄傲自满情绪，急于求成，夸大了主观意志和主观努力的作用，没有经过认真的调查研究和试点，就在总路线提出后轻率地发动了"大跃进"运动，使得以高指标、瞎指挥、浮夸风和"共产风"为主要标志的"左"倾错误严重地泛滥开来。

1957年11月13日，《人民日报》发表了题为《发动全民讨论四十条纲要，掀起农业生产的新高潮》的社论，社论批评"有些人害了右倾保守病，像蜗牛一样爬行得很慢"；说1956年的成绩充分显示了"跃进发展的正确性"，首次提出"在生产战线上来一个大的跃进"。

在 1958 年 1 月召开的南宁会议上，毛泽东批评了"反冒进"，说"反冒进"距离右派只有 50 米了，以后不要再提"反冒进"这个名词。进入夏收后，一些地方虚报高产，竞放"卫星"，出现小麦亩产 7320 斤，早稻亩产 13 万余斤的虚假记录。有人提出："人有多大胆，地有多大产"、"不怕做不到，就怕想不到"。

同年 8 月，北戴河中央政治局扩大会议召开，会议估计 1958 年粮食产量将达到 6000～7000 亿斤，棉花产量将达 7000 万担，农产品产量将"成倍、几倍、十几倍、几十倍地增长"。基于对农业生产形势的这种过高估计，会议决定把全党的工作重心从农业转到工业方面来，并正式确定 1958 年钢产量要在 1957 年的 535 万吨的基础上翻一番。会后，开展了规模空前的"全民大炼钢铁运动"。各级党委第一书记挂帅，实行"大兵团作战"，全国 9000 万人上阵，各地大搞"小（小高炉）、土（土法炼铁、炼钢）、群（群众运动）"。大炼钢铁成为压倒一切的中心任务，各行各业都停车让路，让"钢铁元帅"升帐。结果，付出了巨大的人力物力，炼出 300 万吨钢却效用很差。这与既定的 1070 万吨钢指标相差甚远。

从 1958 年底到 1959 年 7 月中央政治局庐山会议前期，毛泽东同志和党中央曾经努力领导全党纠正已经觉察到的错误。但是，庐山会议后期，毛泽东同志错误地发动了对彭德怀同志的批判，进而在全党错误地开展了"反右倾"斗争。这场斗争在政治上使党内从中央到基层的民主生活遭到严重损害，在经济上打断了纠正"左"倾错误的进程，使错误延续了更长时间。

1960 年冬，党中央和毛泽东同志开始纠正农村工作和"大跃进"中的"左"倾错误，并且对国民经济实行"调整、巩固、充实、提高"的方针。在刘少奇、周恩来、陈云、邓小平等同志的主持下，制定和执行了一系列正确的政策和果断的措施。于是，持续了 3 年之久的"大跃进"运动终于停止。

农村人民公社化运动

1958 年 3 月，有的地方办起"一大二公"的人民公社。8 月，中央政治局在北戴河召开的政治局扩大会议上通过了《关于在农村建立人民公社问题的决议》。全国迅速形成了大办人民公社运动的热潮。到 10 月底，全国办起 2.6 万多个人民公社。

到了 1958 年 9 月，农村基本实现人民公社化。有的地方宣布把社员衣食住行、生老病死等所有费用都包下来，打算两三年"过渡到社会主义"。人民公社的一个典型做法是大办公共食堂，吃饭不要钱。这被当作共产主义因素。但是，农村经济水平普遍很底，大食堂难以维持，农民的劳动积极性受到严重的挫伤，农副产品产量急剧下降，城乡粮油棉等生活必需品严重匮乏，许多地方农村人口死亡率增高。人民公社运动中发生了混淆了社会主义和共产主义、集体所有制和全民所有制界限的问题，引起一平二调的共产风。这些问题严重影响了农民的积极性和农业生产的发展。

1959 年 2 月 27 日—3 月 5 日，中共中央在郑州举行政治局扩大会议，开始研究整顿和建设人民公社的方针和政策。

左图是宣传画《好大的南瓜呀》。这幅画描绘的是一位老农早晨起来看到了自家的瓜棚都被南瓜快压塌了。在"大跃进"时期，"浮夸风"的现象特别严重，这幅画也是当时"浮夸风"的一个写照。

雷锋因公殉职

雷锋像。

1962年8月15日，雷锋因公殉职，年仅22岁。雷锋是中国人民解放军沈阳部队工程兵某部运输连的班长。

雷锋1960年参军，同年入党。他苦练军事技术，积极学习毛泽东著作，决心把有限的生命投入到无限的为人民服务当中去。他经常利用节假日到车站服务，帮助建筑工地推砖以及其他为群众服务的工作，并用自己节约下的钱支援灾区和社会主义建设，帮助有困难的同志。

生前，他曾多次立功受奖。1962年3月5日，毛泽东发出"向雷锋同志学习"的口号。在全国范围内展开了向雷锋同志学习的活动，这一活动。对学习先进人物、树立良好的社会道德风尚起到了积极的作用。

❖ 中共中央提出调整国民经济方针

1960年8月，国家计委在向国务院汇报1961年计划时，提出对国民经济进行调整、巩固、提高的问题。周恩来听取汇报并加以完善，形成了"调整、巩固、充实、提高"的八字方针。

9月30日，中共中央在转发国家计委党组关于1961年国民经济控制数字报告的批语中说：我们要"使各项生产、建设事业在发展中得到调整、巩固、充实和提高"，从此中央文件第一次正式提出了调整国民经济的八字方针。

❖ 焦裕禄

在困难时期，中国共产党内涌现出大批以身作则，带领群众艰苦奋斗，努力改变贫困面貌的优秀干部。像党的好干部焦裕禄就是代表。

焦裕禄自1962年冬担任河南省兰考县县委书记后，为解除兰考36万人民遭受内涝、风沙、盐碱三害的痛苦，在一年多的时间里，跑遍全县149个大队中的120个生产队，跋涉5000多里，查清了全县的风口和沙丘。焦裕禄心里装着全体党员和人民，惟独没有他自己。

1964年5月14日，焦裕禄因患肝癌逝世，年仅42岁。在弥留之际，他深情的对同事说："我不行了，你们要领导兰考人民坚决的斗争下去，我死了不要花一分钱。我死后只有一个要求，要求组织上把我运回兰考，埋在沙滩上，活着我没有治好沙丘，死了也要看着你们把沙丘治好"。

解放军总政治部、全国总工会、青年团中央先后发出向焦裕禄学习的通知。全国掀起了向焦裕禄学习的热潮。

右面这幅画是描绘焦裕禄和农民们在共同劳动的情景。

❖ 七千人大会

1962年1月11日—2月7日，中共中央在北京召开中央工作扩大会议。中央、各中央局，各、省、市、自治区党委及地、县委、重要厂矿、企业和部队的负责干部共7000多人与会。因此又称"七千人大会"。"七千人大会"的主要任务是：总结建国12年来，特别是1958年以来的工作经验，统一全党的认识，加强团结，加强纪律，加强民主集中制，加强集中统一，以迅速扭转国民经济的困难局面。在29日的大会上，毛泽东说，没有民主就不可能有集中，关键是要上下通气。他号召要发扬民主，"开出气会"，得到与会者的热烈欢迎。

1月30日，毛泽东在全体会议上作了重要讲话，指出必须健全党内民主集中制，加深认识社会主义建设的规律，并作了自我批评，把会议推向发扬民主、开展批评与自我批评的高潮。"七千人大会"动员全党切实抓好国民经济的调整工作，决定为在"反右倾"斗争中处理错了的干部甄别平反。这次大会对于纠正"左"倾错误，统一全党认识，加强党的团结，动员全党坚决贯彻执行以"调整"为中心的八字方针，促进国民经济的恢复和发展起到了积极的作用。然而，因历史局限，大会还没能从根本上认识"左"的指导思想的错误，因而不可能彻底纠正实际工作中的错误，对阶级斗争扩大化的错误，也没能进行认真的清理。

❖ 调整国民经济任务的胜利完成

1960年冬，中共中央决定全面调整国民经济。具体办法是：加强农业生产，增加粮食产量；缩短基本建设战线，保证重点工程；在农村坚决纠正"共产"风，在城市精简职工，减少城镇人口，压缩城镇粮食供应量。

1964年，国民经济全面好转，调整国民经济的任务基本完成。社会主义建设虽然有过严重的失误，但是，仍然取得了很大的成就，各条战线出现无数的英雄、模范人物。如王进喜、雷锋、焦裕禄。

"铁人"王进喜

1970年11月15日，王进喜因病于北京逝世，终年47岁。

王进喜，甘肃玉门人。1938年进入甘肃玉门油矿当学徒工。新中国成立后，在玉门石油管理局勘探公司三大队当工人、副司钻。1956年任钻井队队长。同年加入中共共产党。1958年率钻井队创造月进尺5000米的全国钻井进尺最高记录，被命为"钢铁钻井队"。

1960年，王进喜率1205钻井队赴东北参加大庆油田大会站。仅用6天时间就打下大庆油田第一口井，创造了当时油田钻井速度的最高记录。当地群众称赞他像个"铁人"。大庆在"铁人"精神的鼓舞下，会战5年，拿下了大油田，终于结束了中国使用"洋油"的历史。

1965年，王进喜任大庆油田钻井指挥部副指挥。1966年率1205钻井队奋战11个月，突破进尺10万米大关，创造了世界钻井的最高记录。1968年任大庆油田革委会副主任。1969年选为第九届中共中央委员。

上图是王进喜正在和群众谈心。

专题三：文化大革命

❖ 中共中央发出《五·一六通知》

姚文元歪批《海瑞罢官》

1965年11月10日，上海《文汇报》发表姚文元的《评新编历史剧〈海瑞罢官〉》。《海瑞罢官》是当时北京市副市长、明史专家吴晗于1960年底写成的，1961年1月在北京首次上演。

毛泽东在1959年4月在党中央会议期间讲话时，为提倡敢讲真话的作风讲了海瑞的故事，提出要学习海瑞"直言敢谏"的精神，因此吴晗决定要写这部戏。可是姚文元的《评新编历史剧〈海瑞罢官〉》，硬把剧中所写的"退田、平冤狱"，与所谓"单干风，翻案风"结合起来，说成是当时资产阶级反对无产阶级专政和社会主义革命的斗争焦点。这篇文章是在上海由江青组织、张春桥策划的。当时，由于中央书记处采取慎重态度，《人民日报》11月30日才转载了姚文元的文章。姚文元文章发表后响应者寥寥，反对者却发表了大量不同的意见。但是在江青、张春桥、姚文元直接操纵下，《文汇报》围绕文章发动了一场"大辩论"，成为文化大革命的直接序幕和导火线。

1966年5月16日，中央政治局扩大会议通过了经毛泽东多次修改的《中国共产党中央委员会通知》（即《五·一六通知》）。

《通知》宣布，中央决定撤销《二月提纲》和文化革命五人小组及其办事机构，重新设立隶属于政治局常委之下的中央文化革命小组。《通知》列举了《二月提纲》的所谓"十条错误"，说它"为资本主义复辟做舆论准备"，是"彻头彻尾的修正主义"。《通知》认为，中央和中央各机关，各省、市、自治区都有一大批反党反社会主义的资产阶级代表人物，他们混进党里、政府里、军队里和各种文化界，一旦时机成熟，就会要夺取政权，由无产阶级专政变为资产阶级专政。"这些人物，有些已被我们识破了，有些则还没有被识破，有些正在受到我们的信用，被培养为我们的接班人，例如赫鲁晓夫那样的人物，他们现正睡在我们的身旁。"

《通知》号召全党必须高举无产阶级文化革命的大旗，彻底批判学术界、教育界、新闻界、文艺界、出版界的资产阶级反动思想，夺取这些文化领域中的领导权。要做到这一点，必须同时批判混进党里、政府里、军队里和文化领域各界的资产阶级代表人物，清洗这些人，有些则要调动他们的工作。《五·一六通知》和8月八届十一中全会通过的《关于无产阶级文化大革命的决定》，标志着"文化大革命"的全面发动。

1960年，吴晗与毛泽东在一起。

南京大学贴出大字报，开始攻击该校校长。

1966年8月5日，毛泽东写了《炮打司令部—我的一张大字报》，很快传遍全国。图为群众游行队伍举着毛泽东的《炮打司令部》游行。

❖ 《我的一张大字报》的发表

1966年8月5日，毛泽东在八届十一中全会期间写了一张大字报。

7日，这张大字报作为会议文件，印发给八届十一中全会的代表。后经红卫兵辗转传抄，很快传遍全国。大字报的主要内容如下：在50多天里，从中央到地方的某些领导同志，站在反动的资产阶级立场上，实行资产阶级专政，将无产阶级轰轰烈烈的文化大革命运动打下去，颠倒是非，混淆黑白，围剿革命派，压制不同意见，实行白色恐怖，自以为得意，长资产阶级的威风，灭无产阶级的志气，又何其毒也。这张大字报矛头直指刘少奇等人。从此，全国迅速掀起一个针对中央各党政部门和各省市党政领导机关的"炮打"狂潮，党的各级组织遭到严重冲击，党的建设受到严重破坏。

右图是在江青等"四人帮"的煽动下，1966年清华大学附中的红卫兵在斗争该校的领导。

首都红卫兵开始破"四旧"

在破"四旧"的狂潮中，红卫兵在肆意破坏文物和字画。

1966年8月19日，清晨起，先后有近30万红卫兵冲向北京的各个角落，破"四旧"。全城都燃起烟火，红卫兵们焚烧他们认定的资产阶级的书籍、照片及其他艺术品，全城都响彻红卫兵们的"造反歌"；他们到处涂抹、书写革命标语和大字报、传单，把沿袭很久的街名、站牌都冠以"革命的色彩"和红色的内容，"长安街"被改为"东方红大路"，王府井大街被改为"防修路"。此类事例，不胜枚举。

上海造反派掀起"一月风暴"

1967年1月4日,《文汇报》社"星火燎原革命造反总部"宣布接管《文汇报》。5日,"上海工人革命造反总司令部"等造反组织在《文汇报》发表《抓革命,促生产,彻底粉碎资产阶级反动路线的新反扑—告上海全体人民书》。张春桥、姚文元以"中央文革小组调查员"的身份在上海接见"工总司"等造反组织的头头。张春桥说:当前的:"基本问题是把领导权从走资派手里夺回来,希望革命造反派把要害部门控制起来"。

6日,《解放日报》社"革命造反联合司令部"《告读者书》在《解放日报》发表,宣布1月5日下午8时接管了《解放日报》。同日,在张春桥、姚文元的策划指挥下上海造反派组织上百万群众在人民广场召开"打倒市委大会",篡夺了上海市的市委大权,刮起了所谓"一月革命"的风暴。

串连到西安的北京红卫兵向中共西北局"造反"。

在"二月逆流"中周恩来尽最大努力制止林彪、江青一伙揪斗老干部的行为。图为他与受他保护的陶铸(右一)、陈毅(右三)、贺龙(右四)在批斗大会上。

❖ "二月逆流"

1967年1月9日,中央军委在京西宾馆召开碰头会,讨论军队要不要搞"四大"。叶剑英、聂荣臻、徐向前等军委领导同江青、陈伯达、叶群进行了针锋相对的斗争。

2月11日,周恩来在怀仁堂主持中央碰头会。陈毅、叶剑英等对"文化大革命"的错误做法提出了强烈的批评,同陈伯达、康生、张春桥、谢富治一伙进行了面对面的斗争。13日、16日在周恩来主持的怀仁堂碰头会上,斗争更加激烈,时称"大闹怀仁堂"。斗争涉及三个原则问题:(1)运动要不要党的领导。(2)老干部应不应该都打倒。(3)要不要稳定军队。从2月25日—3月18日,在怀仁堂召开了七次"政治生活会",江青、康生、陈伯达、谢富治等以"二月逆流"的罪名,批斗这些同志。此后,中央政治局实际上停止了工作,党和国家大事完全由"中央文革碰头会"讨论决定。中央文革完全取代了中央政治局。为彻底打倒这批老干部,林彪、江青、康生等在中共八届十二中全会公报中和中共九大报告上又一再批判"二月逆流",并把党中央的内部问题公诸于众,掀起反击"二月逆流"的浪潮。

在八届十二中全会上,毛泽东认为这些老同志的行动不是"阴谋",是内部矛盾。"九·一三"事件后,毛泽东指示"不要再讲'二月逆流'了"。粉碎江青反革命集团后,中共中央作出决定,正式为"二月逆流"平反。

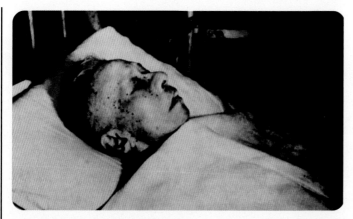

1969年11月2日，国家主席刘少奇在河南开封含冤去世。

❖ 刘少奇含冤病逝

刘少奇，1898年生于湖南宁乡，1921年加入中国共产党。参加领导了安源煤矿大罢工、五卅运动、省港大罢工等一系列工人运动。曾先后担任满洲省委书记、中央职工部部长、总委员长、福建省委书记等职。1936年任北方局书记、中原局书记等职，先后组织和建立了华北和华中抗日根据地。皖南事变后任新四军政委。1943年刘少奇回到延安。1947年，任中央工作委员会书记，在华北和朱德一起负责党中央的日常工作。1949年9月，在中国人民政治协商会议上，当选为中央人民政府副主席。

1954年，刘少奇在第一届全国人民代表大会上当选为全国人民代表大会常务委员会委员长。1956年9月，当选为中央政治局委员、中央常委和副主席。1959年第二届和1965年第三届全国人民代表大会，都选举刘少奇为中华人民共和国主席兼国防委员会主席。在60年代初，中国经济发生严重困难时期，他进行了大量调查研究，倾听群众呼声，深切关怀国家的安危和人民的疾苦，参与制定了一系列重要的政策措施，坚决支持调整、巩固、充实、提高的调整国民经济方针，使国民经济得到恢复和发展。1966年文革开始后，遭到错误批判。

1969年11月2日，国家主席刘少奇因倍受"四人帮"迫害，在河南开封含冤病逝。

"九·一三"事件

1971年9月5日和6日，林彪一伙窃知毛泽东南巡期间的谈话内容，遂决定发动反革命政变。8日，林彪在北戴河下达了政变手令。林立果等人具体策划了一系列谋害毛泽东的办法。但是，毛泽东突然改变了行程。

9月12日，叶群、林立果得到毛泽东已离开上海的密报后，准备南逃广州，并将250号专机秘密调往山海关，供在北戴河的林彪等使用。当晚，毛泽东抵北京。驻北戴河的警卫部队将林彪、叶群之女林立衡的关于叶群、林立果要带林彪坐飞机叛逃的报告，转报北京。周恩来悉知后，立即查问256号专机突然去山海关的行动，并下达限制飞机起飞的命令。当晚深夜11点半左右，周恩来接到叶群企图试探情况的电话。周恩来机智的问答，使叶群心中十分慌恐，于是决定改南逃为北叛。13日零点左右，林彪、叶群、林立果、刘沛丰等人不顾警卫部队的阻拦，乘车从北戴河逃往山海关机场。在256号飞机强行起飞后不久，毛泽东、周恩来断然发出全国禁空令。雷达发现256号飞机向蒙古方向飞行，吴法宪请示要不要拦截，毛泽东说：天要下雨，娘要嫁人，都是没有办法的事，由他去吧。

9月14日下午，周恩来得到外交部转来我驻蒙使馆的报告：9月13日凌晨3时，在蒙古温都尔汗附近肯特省贝尔赫矿区南10千米处，中国民航256号飞机坠毁。乘员9人，8男1女，全部死亡。

邓小平主持工作

1975年1月，邓小平根据毛泽东提出的"安定团结"、"把国民经济搞上去"的方针，开始着手对各方面的工作进行整顿，纠正"文化大革命"的错误。他概括为"全面整顿"。

整顿期间，邓小平发表了一系列讲话，体现了他的全面整顿的思想。讲话的要点是：要把国民经济搞上去；各方面都要整顿，整顿的核心是党的整顿，关键是解决领导班子的"软懒散"问题；要安定团结，坚决同派性作斗争；在整顿中落实干部政策；要抓规章制度；要重视教育；要抓科学技术；加强党的领导，发扬党的优良作风；全面学习毛泽东思想，反对庸俗化，反对割裂毛泽东思想。整顿分五个步骤进行：一是工业整顿；二是农业、教育、文艺和科技的整顿；三是军队整顿；四是加紧落实干部政策，一大批老干部在这一时期被解放了出来；五是采取果断措施，制裁打砸抢分子，打击"四人帮"的帮派势力。整顿工作实际上是系统地纠正"文化大革命"的错误，在短短一年里，卓见成效，使停滞、下降的国民经济迅速回升。

1975年6月—7月，中共中央军委召开扩大会议，对军队进行调整。图为邓小平同广州军区司令员许世友交谈。

❖ 天安门事件

1976年4月1日，"四人帮"一伙把持的北京市公安局召开会议，要阻止群众到纪念碑送花圈悼念周总理。2日，北京重型机电厂工人制作的第一个铁花圈送到天安门广场。3日，天色阴沉，下着小雨。纪念碑上已被花圈堆满，但冒雨送花圈的队伍仍继续不断。晚上，有人把悼念周总理的诗词谱成歌曲，出现了万人大合唱的动人场面。4日，清明节。天安门广场的悼念活动达到了高潮。5日凌晨1时—2时，广场上花圈惨遭洗劫。在清理广场时，57名在场群众均遭审查，其中7人因抄诗被捕。6时左右，北京市一七二中学三十几名学生在群众支持下，冲破了封锁线把花圈送到了纪念碑上。中午，群众包围了联合指挥部，提出归还花圈、释放被捕群众、保障群众悼念总理的权利等三项要求，谈判无结果。12时58分，愤怒的群众烧着了指挥部头头乘坐的上海牌轿车一辆。下午5点零4分，小灰楼被群众点燃起火。晚6时25分，天安门广场开始播放《广播讲话》。9时，在广播声中，广场上未及撤出的群众遭到包围毒打，200余人被捕。7日，北京市各单位传达市革委会的《紧急通知》说："天安门广场事件"是"解放以来前所未有的最大的反革命事件"。

1976年4月5日，天安门广场的群众手挽手，肩并肩，高唱《国际歌》，冲向指挥镇压群众的"联合指挥部"小楼。

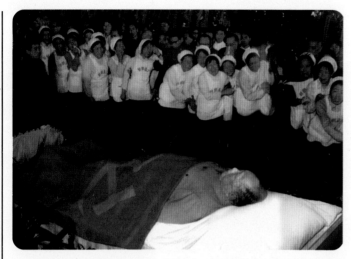

1976年9月9日，中国人民的伟大领袖毛泽东与世长辞。首都各界和全国各地代表到人民大会堂向毛泽东遗体告别。

❖ 毛泽东逝世

1976年9月9日，伟大的无产阶级革命家、战略家和马克思主义理论家，中国共产党、中国人民解放军和中华人民共和国的主要缔造者和领导人、全国各族人民敬爱的领袖毛泽东逝世，终年83岁。

1976年9月9日，中共中央、全国人大常委会、国务院、中央军委发布《告全党全军全国各族人民书》。沉痛宣告毛泽东同志逝世。11日—17日，在人民大会堂举行了隆重的吊唁仪式。党和国家领导人参加了吊唁仪式和守灵。首都30多万群众及国际友人，参加了吊唁仪式并瞻仰了遗容。9日—18日，全国各地下半旗志哀，同时停止一切娱乐活动。18日，首都百万群众在天安门广场举行了追悼大会。与此同时，在全国，人民肃立默哀，工厂、矿山、火车、轮船和军舰，汽笛齐声长鸣，为毛泽东致哀。

右图是漫画《别的飘子》，"四人帮"现形记之一。是来讽刺"四人帮"的。

江青反革命集团覆灭

9月9日，毛泽东逝世后，中央政治局常委多数人与"四人帮"的矛盾、斗争日益白热化，华国锋、叶剑英等开始研究解决"四人帮"的问题。他们一致认为，江青、张春桥、姚文元和王洪文是一个反革命阴谋集团，党同他们的斗争是捍卫党的团结统一，捍卫马列主义和毛泽东思想的重大斗争。他们决定以召开会议的形式，对"四人帮"采取断然措施，实行隔离审查。此时，"四人帮"插手军队，突然调换了北京郊区某装甲兵部队的两个师参谋长，准备随时指挥坦克车从东南、西北方向开进北京，进行夹攻。"四人帮"还大造"10月7、8、9日将有特大喜讯"的舆论。这些迹象表明，"四人帮"的反革命政变迫在眉睫。华国锋、叶剑英等果断地决定：先发制人，以快打慢，提前行动。

10月6日晚，中共中央召开政治局常委会，王洪文、张春桥、姚文元3人依次来到会场时，华国锋代表党中央宣布了对他们隔离审查的决定，随即把3人送到审查的隔离处所。同时，党中央对江青、迟群、谢静宜等也采取了隔离审查的措施。中共中央一举粉碎"四人帮"，结束了延续十年之久的"文化大革命"。7日，中共中央政治局作出决议：华国锋任中共中央主席、中共中央军委主席，并立即传达到全党。

10月14日，中共中央公布了粉碎"四人帮"的消息。

专题四：建设有中国特色的社会主义

中共十一届三中全会的召开

中共第十一届中央委员会第三次全体会议于1978年12月18日开幕，12月22日会议闭幕。

会议重申，"大规模的急风暴雨式的群众阶级斗争已经基本结束"。关于真理标准问题的讨论在全会上受到高度评价，"两个凡是"方针受到"坚决地批判"。全会认为："一个党，一个国家，一个民族，如果一切从本本主义出发，思想僵化，那它就不能前进，它的生机就停止了，就要亡党亡国。"全会要求完整地准确地掌握毛泽东思想，把马列主义、毛泽东思想同中国社会主义建设的具体实践结合起来。全会确定了今后工作的指导方针：解放思想，开动脑筋，实事求是，团结一致向前看。把全党的工作着重点和全国人民的注意力转移到社会主义现代化建设上来。

十一届三中全会还决定增选陈云为中央政治局委员、常委、中央副主席，增选邓颖超、胡耀邦、王震为中央政治局委员，增补黄克诚、宋任穷、胡乔木、习仲勋、王任重、黄火青、陈再道、韩光、周惠为中央委员。

全会选出了由100人组成的中央纪律检查委员会。陈云当选为第一书记，邓颖超为第二书记，胡耀邦为第三书记，黄克诚为常务书记。

会议审查和纠正了过去对彭德怀、陶铸、薄一波、杨尚昆等人所作的错误结论，肯定了他们对党和人民的贡献。充分肯定了1975年邓小平受毛泽东委托主持中央工作期间的成绩。决定撤销中央发出有关"反击右倾翻案风"运动和1976年4月5日天安门事件的错误文件。

中共十一届三中全会会场。

1978年12月18日，中共十一届三中全会在北京召开，上图（左起）为邓小平、华国锋、叶剑英在十一届三中全会上。

❖ 安徽凤阳农民揭开农村改革新篇章

　　1979 年 1 月，安徽省凤阳县梨园公社小岗生产队 18 个农民冒着风险，"偷偷"将集体耕地承包到户，搞起了大包干。他们在一张纸上按了红指印，发誓："哪个因大包干进大牢，全村养活他一家。"临村得知后，也模仿着悄悄干起了大包干。

　　1979 年 6 月，安徽省委第一书记万里来到凤阳听了有关大包干的汇报后，当即表示支持。从此，中国开始了一场深刻的革命。

❖ 家庭联产承包责任制

　　十一届三中全会以后，经济体制改革首先在农村展开，农民创造了"包产到户"这一家庭联产承包为主要形式的责任制。

　　1982 年中央发出一号文件《全国农村工作会议纪要》，第一次正式肯定了"包产到户"等农业生产责任制的社会主义性质。1983 年的一号文件则更进一步对家庭联产承包责任制作了高度评价，指出："联产承包责任制采取了统一经营与分散经营相结合的原则，使集体优越性和个人积极性同时得到发挥。这一制度的进一步完善和发展，必将使农业社会主义合作化的具体道路更加符合我国的实际。这是在党的领导下我国农民的伟大创造，是马克思主义农业合作化理论在我国实践中的新发展。"

　　从十几年的实践看，以"包产到户"为主要形式的家庭联产承包责任制，对发展农业生产、繁荣农村经济起了显著的作用。以家庭联产承包责任制为主的农村经济体制改革，一方面有力地推动了农业生产的发展，提高了农民的生产积极性和劳动生产力水平。另一方面，随着生产力水平的提高，农村出现了越来越多的剩余劳动力。因此，农村改革有了逐步发展工业生产的物质条件和人力基础。在农村由于经济和人力积累而开始向专业化、商品化、现代化方向发展的过程中，蓬蓬勃勃发展起了一大批乡镇企业。乡镇企业的总收入占农村经济总收入的近一半，乡镇企业已经成为整个国民经济特别是农村经济的重要组成部分，并推动了中国农业的大发展。

安徽省凤阳县小岗生产队带头签定合同、人称"包大胆"的 3 名队干部。

实行家庭联产承包责任制以后，农村的副业生产也迅速恢复和发展起来。上图是一个农家的饲养院。

珠海特区一角的夜景。

❖ 中共中央决定在深圳等地试办经济特区

　　1979年4月，邓小平在中央工作会议期间提出的建立经济特区的设想。

　　1979年7月，中共中央和国务院正式批准广东、福建两省在对外经济活动中实行特殊政策和灵活措施，决定在深圳、珠海、汕头、厦门4个市划出部分地区试办特区，当时称"出口特区"，后更名为"经济特区"。

　　深圳市原属广东省宝安县。1980年中央决定将深圳市的蛇口、罗湖、沙头角等地，划分为经济特区。这里原来是一个贫穷落后的小镇。划为经济特区以后，大力引进外资和先进科学技术，大办工业、商业和旅游业。现在已经发展成为现代化的城市，人民生活开始步入小康水平，成为我国对外开放的窗口。有人以"一夜城"来形容深圳发展变化之快。

　　同时，珠海、汕头、厦门也发生了很大的变化，很快，珠海、汕头、厦门变成了高楼矗立、初具规模的现代化城市，成为引进外资和先进技术的前沿地区。

　　1984年初，邓小平南下视察深圳等经济特区的时候，充分肯定了建立经济特区的政策和特区建设的成就。并指出特区是个窗口，是技术、管理、知识和对外政策的窗口。

坚持四项基本原则

　　1979年3月30日，邓小平在中共中央召开的理论务虚会上，作《坚持四项基本原则》的讲话。

　　邓小平说："我们要在中国实现四个现代化，必须在思想上政治上坚持四项基本原则。这是实现四个现代化的根本前提。这四项是：第一，必须坚持社会主义道路；第二，必须坚持无产阶级专政；第三，必须坚持共产党的领导；第四，必须坚持马列主义、毛泽东思想。"

　　邓小平强调："这四项基本原则不是新的东西，是我党长期坚持的。"

　　这是邓小平针对会上出现的一些否定和歪曲十一届三中全会路线的思想动向而讲的。

　　邓小平提出的四项基本原则，成为中共改革建设的指导方针和基本点之一。

中国第一个经济特区深圳在建设中。

❖ 第一部民事法律

我国第一部民事法律是1986年4月20日由第六届全国人民代表大会第四次会议通过，于1987年1月1日起施行的《中华人民共和国民法通则》。

《中华人民共和国民法通则》，是为了保障公民、法人的合法的民事权益，正确调整民事关系，适应社会主义现代化建设事业发展的需要，根据宪法和我国实际情况，总结民事活动的实践经验而制定的。共分9章156条，它是我国调整平等主体的公民之间、法人之间、公民和法人之间的财产关系和人身关系的重要的基本法。

❖ 《中华人民共和国刑法》

中国最高权力机关制定的、关于犯罪和刑罚的比较集中和系统的法律文件。

《中华人民共和国刑法》是在彻底摧毁旧法制的基础上，系统地总结了新民主主义革命时期各革命根据地和中华人民共和国成立以来的刑事立法和审判经验，同时吸取了中国历史上和国际上在刑事立法方面对人民有益的经验而制定的。

中华人民共和国刑法于1954年第一届全国人民代表大会第一次会议通过中国第一部宪法以后开始起草，先后修订过38个稿本，于1979年7月1日由第五届全国人民代表大会第二次会议通过，7月6日由全国人民代表大会常务委员会委员长命令公布，并自1980年1月1日起施行。

《中华人民共和国刑法》分两编共192条。第1编总则，计89条，规定有关犯罪和刑罚的基本原理原则，分5章：刑法的指导思想、任务和适用范围；犯罪；刑罚；刑罚的具体运用；其他规定。第2编分则，计103条，是刑法原则的具体化。它把实际生活中所发生的各式各样的犯罪，以及所侵害的社会关系分别合并为八大类，并规定各种犯罪的构成要件及适用的刑罚和量刑幅度，作为处理刑事案件的准则。它对：反革命罪；危害公共安全罪；破坏社会主义经济秩序罪；侵犯公民人身权利；民主权利罪；侵犯财产罪；妨害社会管理秩序罪；妨害婚姻、家庭罪；渎职罪等罪行的适用刑罚和量刑幅度作了具体规定。

《刑事诉讼法》

规定司法机关与诉讼参与人进行刑事诉讼法活动的原则、程序和权利，义务的法律规范。他具体规定了刑事诉讼法的性质、任务、基本原则、制度、案件管辖；国家专门机关在追诉犯罪中的职责及相互关系；诉讼参与人的范围及其权利义务；收集、审查和判断证据的规则；强制措施的种类和适用情况；立案、侦察、起诉、审判、执行的具体程序和步骤。

《中华人民共和国刑法》。

十四个沿海开放城市

1984年3月26日，中共中央和国务院召开沿海部分城市座谈会，建议进一步开放14个沿海港口城市。

它们是：大连、秦皇岛、天津、烟台、青岛、连云港、南通、上海、宁波、温州、福州、广州、湛江、北海。这些沿海城市拥有7000多万人口，是中国经济文化最发达的地区，交通方便，工业基础较好，科技力量较强。实行进一步开放，即扩大这些城市对外经济活动的权力，放宽吸引外资项目的审批权限，对到这些城市投资办厂的外国人士、华侨、港澳台同胞及其公司、企业给予政策上的优惠，以充分发挥这些城市的优势。

十四个沿海城市开放以后，各城市都充分发挥自己的优势，引进先进设备。上图是引进了先进设备的青岛第三棉纺厂的气流纺纱车间。

❖ 我国最大的经济特区

1988年4月13日，七届人大一次会议正式批准海南建省。同日，七届人大通过关于建立海南经济特区的决议，同意把海南岛建设为中国最大的经济特区，对外商投资可以给予比其他经济特区规定更加放宽的政策，经济管理体制也可以更为灵活。9月5日，中共海南省第一届委员会第一次会议选举徐士杰为省委书记，在此之前召开的人民代表会议上选出梁湘为省长。海南建省后简称"琼"。

❖ 中国特区建设形成三个层次

1985年1月25日—31日，国务院在北京召开长江、珠江三角洲和闽南、厦门、漳州、泉州三角地区座谈会，建议将这3个"三角"开辟为沿海经济开放区，从而使中国的对外开放形成了有重点、有层次、点面结合、从沿海到内地逐步推进的新格局。

深圳、珠海、汕头、厦门4个经济特区，这是一个层次。对这4个经济特区实行特殊政策和灵活措施的原则是"特事特办，新事新办，立场不变，方法全新"。14个沿海开放港口城市，再加上一个对外开放的海南岛，是第二个层次，享受特区的某些政策。这3个"三角"沿海经济开放区，又是第三个层次，基本上享受14个沿海开放城市的政策。

1985年1月成立的福州市经济技术开发区一角。

❖ 中共第十三次全国代表大会召开

1987年10月25日—11月1日，中国共产党第十三次全国代表大会在北京举行。

出席大会的代表1936人，代表着全国4600多万名党员。邓小平主持大会开幕式。他在大会作了题为《沿着有中国特色的社会主义道路前进》的报告，指出，这次大会的中心任务是加快和深化改革。改革是振兴中国的惟一出路，是人心所向，大势所趋，不可逆转。我们要总结经验，坚持和发展十一届三中全会以来的路线，进一步确定今后经济建设、经济体制改革和政治体制改革的基本方针。

报告提出，中国从50年代生产资料私有制的社会主义改革基本完成，到社会主义现代化的基本实现，至少需要上百年时间，都属于社会主义初级阶级。在社会主义初级阶段，我们党的建设有中国特色的社会主义的基本路线是：领导和团结全国各族人民，以经济建设为中心，坚持四项基本原则，坚持改革开放，自力更生，艰苦创业，为把中国建成富强、民主、文明的社会主义现代化国家而奋斗。大会通过了《关于十二届中央委员会报告的决议》《关于〈中国共产党章程部分条文修正案〉的决议》《关于中央纪律检查委员会工作报告的决议》。

11月2日，十三届一中全会选举邓小平为中央军委主席。

1987年10月25日—11月1日，中国共产党第十三次全国代表大会在北京举行。左图为大会会场。

中国军民抗洪抢险

1991年5月18日以来，安徽省江淮流域连降大到暴雨，造成山洪暴发，江河水位猛涨，其累计降雨量，是70年来这一地区最为罕见的。6月12日—15日，江淮流域再次普降大暴雨，长江支流滁河发生了大洪水，滁河大堤全线漫堤，致使7万多人被洪水围困。6月29日以来，湖北省发生历史上罕见的连续性强降雨。面对严重的洪灾，人民解放军出动50多万人次，组织民兵、预备役人员200多万人次，奋勇参加抗洪救灾，为抢救、保护人民的生命财产做出了重大贡献。国家领导人江泽民、李鹏等人亲自到灾区察看灾情。

江淮流域洪水爆发后，江泽民立即奔赴苏州灾区查看灾情，慰问灾民。

邓小平南巡讲话

1992年1月初，邓小平由北京南下，在武昌作短暂停留后，于1月19日—29日视察了深圳、珠海和广东顺德县，随后前往上海，沿途作了重要谈话。

邓小平在谈话中涉及了许多问题，提出了很多观点。主要包括：革命是解放生产力，改革也是解放生产力。不坚持社会主义，不改革开放，不发展经济，不改善人民生活，只能是死路一条。基本路线要管一百年，动摇不得。改革开放要大胆地试，大胆地闯。改革开放迈不开步子，要害是姓"资"姓"社"的问题。计划和市场不是社会主义与资本主义的本质区别。社会主义的本质是解放生产力，发展生产力，消灭剥削，消除两极分化，最终达到共同富裕。中国要警惕右，但主要是防止"左"。发展才是硬道理。要提倡科学，靠科学才有希望。坚持两手抓，两手都要硬。两个文明建设都要超过资本主义，这才是有中国特色的社会主义。在整个改革开放过程中都要反对腐败，必须始终注意坚持四项基本原则。

邓小平的这次谈话，是在中国社会主义现代化建设的关键时期作出的重要讲话，为全党和全国人民所衷心拥护。

南巡中，邓小平在仙湖植物园观赏热带珍稀花卉。

新当选的中共十四届政治局常委同采访大会的中外记者会面。
左起：江泽民、李鹏、乔石、李瑞环、朱镕基、刘华清、胡锦涛。

❖ 十四大确立市场经济体制

1992年10月12日，中共第十四次全国代表大会在北京举行。李鹏主持开幕大会，江泽民向大会作题为《加快改革开放和现代化建设步伐，夺取中国特色社会主义事业的更大胜利》的报告。报告称，经济体制改革的目标，是建立社会主义市场经济体制。

计划经济是社会主义经济的基本特征，这是此前占据主导地位的传统观念。江泽民表示，自十一届三中全会以来，中共已逐步摆脱了这种观念，形成了新的认识。

江泽民的报告称邓小平年初在视察南方时发表的谈话中有关计划经济和市场经济的提法是"精辟论断"，赞扬它从根本上解除了把计划经济和市场经济看作属于社会基本制度范畴的思想束缚。

报告表示，要使市场在社会主义国家宏观调控下对资源配置起基础性作用，使经济活动遵循价值规律的要求，适应供求关系的变化。

报告又表示，中国的所有制结构，应是以公有制包括全民所有制和集体所有制经济为主体，个体经济、私营经济、外资经济为补充，多种经济成分长期共同发展，不同经济成分还可以自愿实行多种形式的联合经营。国有企业、集体企业和其他企业都要进入市场，国有企业的主导作用应通过平等竞争发挥出来。

大会于18日闭幕。

❖ 转换国企经营机制，建立现代企业制度

1993年11月，中共中央通过《关于建设社会主义市场经济体制若干问题的决定》，规定了国有企业改革的方向是建立现代企业制度。

以公有制为主体的现代企业制度是社会主义市场经济体制的基础。十几年来，采取扩大国有企业经营自主权、改革经营方式等措施，增强了企业活力，为企业进入市场奠定了初步基础。继续深化企业改革，必须解决深层次矛盾，着力进行企业制度的创新，进一步解放和发展生产力，充分发挥社会主义制度的优越性。

建立现代企业制度，是发展社会化大生产和市场经济的必然要求，是我国国有企业改革的方向。其基本特征，一是产权关系明晰，企业中的国有资产所有权属于国家，企业拥有包括国家在内的出资者投资形成的全部法人财产权，成为享有民事权利、承担民事责任的法人实体。二是企业以其全部法人财产，依法自主经营，自负盈亏，照章纳税，对出资者承担资产保值增值的责任。三是出资者按投入企业的资本额享有所有者的权益，即资产受益、重大决策和选择管理者等权利。企业破产时，出资者只以投入企业的资本额对企业债务负有限责任。四是企业按照市场需求组织生产经营，以提高劳动生产率和经济效益为目的，政府不直接干预企业的生产经营活动。企业在市场竞争中优胜劣汰，长期亏损、资不抵债的应依法破产。五是建立科学的企业领导体制和组织管理制度，调节所有者、经营者和职工之间的关系，形成激励和约束相结合的经营机制。所有企业都要向这个方向努力。

按照现代企业制度的要求，现有全国性行业总公司要逐步改组为控股公司。发展一批以公有制为主体，以产权联结为主要纽带的跨地区、跨行业的大型企业集团，发挥其在促进结构调整，提高规模效益，加快新技术，新产品开发，增强国际竞争能力等方面的重要作用。

一般小型国有企业，有的可以实行承包经营、租赁经营，有的可以改组为股份合作制，也可以出售给集体或个人。出售企业和股权的收入，由国家转投于急需发展的产业。

《中华人民共和国劳动法》

1994年7月5日，八届全国人大常委会第八次会议表决通过了《中华人民共和国劳动法》。《劳动法》从改革新形式，新要求出发，至少在六个方面有了新的突破。

《劳动法》最重要的规定之一，是企业单位用人必须建立劳动合同，这是保护职工权益、也是保证用人单位合法权益的基础。《劳动法》还规定了用人单位的工资保障制度和不能克扣及无故拖欠职工工资。《劳动法》出台，填补了中国法律体系的一大空白，是中国市场经济法律体系的一次完善。

这是一幅讽刺"铁饭碗"和"大锅饭"的漫画。这种旧的就业观念严重影响了人们的劳动积极性，阻碍了生产力的发展。转换国企经营机制，建立现代企业制度，通过公平竞争获得工作岗位，才能适应生产力的发展。

邓小平逝世

1997年2月19日，中国各族人民公认的享有崇高威望的卓越领导人、伟大的马克思主义者、伟大的无产阶级革命家、政治家、军事家、外交家，久经考验的共产主义战士，中国社会主义改革开放和现代化建设的总设计师、建设有中国特色社会主义理论的创立者邓小平在北京逝世，享年93岁。

20日发表邓小平的亲属致江泽民和党中央的信。22日，新华社播发了《邓小平伟大光辉的一生》。一些国际组织和许多国家领导人及知名人士相继发来唁电、唁函，对邓小平的逝世表示深切哀悼。24日，江泽民、李鹏、乔石、李瑞环、朱镕基、刘华清、胡锦涛、荣毅仁等到医院为邓小平送别，并护送遗体到八宝山火化。首都各界人士和群众十多万人在灵车经过的路途两旁挥泪送别。25日，邓小平追悼大会在北京隆重举行。

3月2日，遵照邓小平及其亲属的意愿，邓小平的骨灰撒入祖国辽阔的大海。

1997年2月24日，邓小平遗体火化。北京道路两旁十多万群众饱含深情为灵车送行。

全国加强了精神文明建设，市民们爱护环境已蔚然成风，从小培养孩子们爱护环境的习惯，从而养成良好的社会风气。上图是一位母亲正在协助孩子把废物扔到垃圾箱里。

❖ 加强我国社会主义精神文明建设

从1996年—2010年，是建设有中国特色社会主义事业承前启后、继往开来的重要时期。

在这个时期，要巩固和发展十一届三中全会以来取得的伟大成就，促进经济体制和经济增长方式的根本性转变，推动经济发展和社会全面进步；要面对世界范围各种思想文化相互激荡和科学技术的迅猛发展，迎接综合国力剧烈竞争的挑战；要在前进道路上战胜各种困难，坚持党的基本路线不动摇。这一切，不仅要求物质文明有一个大的发展，而且要求精神文明有一个大的发展。必须指出，社会主义精神文明是社会主义社会的重要特征，是现代化建设的重要目标和重要保证。

建设社会主义精神文明，关系跨世纪宏伟蓝图的全面实现，关系我国社会主义事业的兴旺发达。物质文明是基础，经济建设这个中心必须牢牢把握，毫不动摇，但是精神文明搞不好，物质文明也要受破坏，甚至社会也会变质。在把物质文明建设搞得更好的同时，切实把精神文明建设提到更加突出的地位，认真解决当前一系列紧迫问题，进一步开创新形势下精神文明建设的新局面，已经成为全党和全国各族人民极其关注的大事。

中共十五大的召开

中共十五届一中全会上新当选的中央政治局常委（自左向右）：江泽民、李鹏、朱镕基、李瑞环、胡锦涛、尉健行、李岚清与中外记者见面。

1997年9月12日—18日，中国共产党第十五次全国代表大会在北京举行。

大会通过了关于十四届中央委员会报告的决议。大会批准江泽民同志代表十四届中央委员会所作的报告，高度评价十四届中央委员会的工作。大会认为，报告确定高举邓小平理论伟大旗帜，把建设有中国特色社会主义伟大事业全面推向21世纪的主题，完全符合时代的要求和人民的愿望。一致赞同把邓小平理论确立为我们党的指导思想，明确写进党章。同意报告提出的党在社会主义初级阶段的基本纲领；同意报告关于我国经济、政治、文化领域改革和发展的部署；同意报告关于国防和军队建设的部署；强调要坚持"一国两制"的方针，最终实现祖国的完全统一；同意报告对国际形势的分析和提出的对外工作的各项方针。强调实现报告确定的战略目标和各项任务，关键在于坚持、加强和完善党的领导。大会强调，全党要高举邓小平理论的旗帜不动摇，抓住机遇，开拓进取，围绕经济建设这个中心，经济体制改革要有新的突破，政治体制改革要继续深入，精神文明建设要切实加强，各个方面相互配合，实现经济发展和社会全面进步。

大会选出新一届中央委员会和中央纪律检查委员会，通过关于十四届中央委员会报告的决议、关于《中国共产党党章修正案》的决议和关于中央纪律检查委员会工作报告的决议。江泽民、李鹏、乔石、李瑞环、朱镕基、刘华清、胡锦涛等大会主席团常委会成员出席了开幕和闭幕大会。大会号召，全党同志高举邓小平理论伟大旗帜，在党中央的领导下，团结和带领全国各族人民，满怀信心地把建设有中国特色社会主义伟大事业全面推向21世纪。

参加十六大时的江泽民（左）和胡锦涛（右）。

十六大期间，北京街头呈现出一派喜气洋洋的景象，家家户户悬挂起五星红旗。

❖ 中共十六大的召开

2002年11月8日—14日，党的十六大在北京召开，这是我们党在新世纪召开的第一次代表大会，也是我们党在开始实施社会主义现代化建设第三步战略部署的新形势下召开的一次十分重要的代表大会。

参加大会的代表共有2154名（其中包括40名特邀代表），代表全国6600多万党员。大会的主要议程是：听取和通过了十五届中央委员会的报告，审议和通过了中纪委的工作报告，审议通过了《中国共产党章程（修正案）》，选举产生了新一届中央委员会和中央纪律检查委员会。大会高举邓小平理论伟大旗帜，全面贯彻"三个代表"重要思想，认真总结党的十五大以来5年的工作，总结改革开放以来特别是党的十三届四中全会以来，以江泽民同志为核心的党的第三代领导集体团结带领全国各族人民，在建设有中国特色社会主义的伟大成就实践中取得的基本经验，对新世纪新阶段我国改革开放和现代化建设做出了全面部署，动员全党和全国人民，继续团结奋斗，进一步开创中国特色社会主义事业的新局面。

大会盛况空前，是高举邓小平理论伟大旗帜，全面贯彻"三个代表"重要思想，继往开来，与时俱进的大会。

十六届中央委员会共有356名成员，中央委员198名，候补中央委员158名。成员主要来自中央和国家机关、中央金融机构、国有重要骨干企业、省区市和军队。新进入中央委员会的委员和候补委员180名，占一半以上。

11月14日，具有重大历史意义的中国共产党第十六次全国代表大会，在人民大会堂胜利闭幕。

❖ 中共十六届中央委员会全体会议

2002年11月15日，中国共产党第十六届中央委员会第一次全体会议在北京举行。

出席会议的有中央委员198人，候补委员158人。中央纪律检查委员会委员列席会议。全会选举了中央政治局委员、候补委员，中央政治局常务委员会委员，中央委员会总书记；根据中央政治局常务委员会的提名，通过了中央书记处成员；决定了中央军事委员会组成人员；批准了中央纪律检查委员会第一次全体会议选举产生的书记、副书记和常务委员会委员人选。中央政治局常务委员会委员为：胡锦涛、吴邦国、温家宝、贾庆林、曾庆红、黄菊、吴官正、李长春、罗干。中央委员会总书记为：胡锦涛。中央军事委员会主席为：江泽民。中央纪律检查委员会书记为：吴官正。

❖ 长江三峡工程

三峡工程全称为长江三峡水利枢纽工程。整个工程包括一座混凝重力式大坝，泄水闸，一座堤后式水电站，一座永久性通航船闸和一架升船机。三峡工程建筑由大坝水电站、厂房和通航建筑物三大部分组成。大坝坝顶总长 3035 米，坝高 185 米，水电站前排是容量为 70 万千瓦的小轮发电机组，总装机容量为 1820 千瓦时，年发电量 847 亿千瓦时。

三峡工程分三期，总工期是 18 年。

一期工程是 5 年（1992 年—1997 年）。

二期工程是 6 年（1988 年—2003 年）。2002 年 11 月 6 日，举世瞩目的长江三峡工程导流明渠截流胜利合龙。

三期工程是 6 年（2003 年—2009 年）。

长江三峡水利枢纽，是当今世界上最大的水利枢纽工程。

1994 年 6 月，由美国发展理事会（WDC）主持，在西班牙第二大城市巴塞罗那召开的全球超级工程会议上，长江三峡工程被列为全球超级工程之一。三峡工程在工程规模、科学技术和综合利用效益等许多方面都堪称为世界级工程的前列。长江三峡工程将为我国带来巨大的经济效益，还将为世界水利水电技术和有关科技的发展作出有益的贡献。

李鹏正在主持长江三峡水利枢纽工程开工典礼。

1997 年 11 月 8 日 15 时 30 分，长江三峡工程胜利完成大江截流。这是人类改造和利用自然史上的一个壮举。

1996 年 8 月，三峡库区居民开始搬迁。上图是 8 月 28 日，秭归县 156 户 600 余名移民搬迁的景象。

当选为国家主席的胡锦涛。

出任中华人民共和国国务院总理的温家宝（左）。朱镕基到会向他表示祝贺。

右图是当选为十届全国人大常委会委员长的吴邦国（左）。九届全国人大常委会委员长李鹏到会向吴邦国表示祝贺。

❖ 十届人大的召开

2003年3月5日—3月18日，十届全国人大一次会议在北京举行。

这次会议，是继党的十六大之后我国政治生活中的又一件大事。代表们肩负着全国各族人民的重托，以高度的主人翁责任感，认真履行宪法和法律赋予的职责，会议通过的各项决议和决定，充分体现了人民的意志，代表了人民的利益。

会议审议批准的《政府工作报告》和其他各项重要报告，总结了在以江泽民同志为核心的第三代中央领导集体的领导下，五年来我国经济社会发展、民主法制建设等方面取得的巨大成就和有益经验，明确提出了今年乃至今后五年的工作部署。

会议依法选举和决定任命了新一届国家机构领导人员。会议选取胡锦涛为国家主席、吴邦国为全国人大常委会委员长、温家宝为国务院总理。

十届全国人大及其常委会将坚持以邓小平理论和"三个代表"的重要思想为指导，全面贯彻党的十六大精神，紧紧围绕国家工作大局和经济建设这个中心，在党中央的坚强领导下，把坚持党的领导、人民当家作主和依法治国有机统一起来，继续把发展社会主义民主、健全社会主义法制作为根本任务，认真履行宪法和法律赋予的职责，坚持和完善人民代表大会制度，继往开来，与时俱进，努力开创人大工作新局面，更好地发挥人民代表大会制度的优越性，为把中国特色社会主义事业不断推向前进作出更大的贡献。

2003年18日上午9时，十届全国人大一次会议在人民大会堂隆重举行闭幕会。

专题五： 国家统一和民族团结

中央代表团在拉萨郊区农村了解群众生产生活情况。

❖ 西藏自治区成立

1965 年 9 月 1 日，西藏自治区首届人民代表大会在拉萨举行，西藏自治区正式成立。会议期间，西藏自治区筹备委员会代理主任委员阿沛·阿旺晋美作工作报告。

1956 年，西藏建立自治区的筹委会。几年来，西藏在政治、经济、文化战线上，出现了欣欣向荣的局面。农业连续 6 年获得丰收。解放前，西藏没有一座工厂，而到1964 年年底，全区已经建立水电站、汽车修配厂等许多现代化中小型工厂。修筑了 15000 余千米的公路，建立 93 处邮电局（所），改变了西藏交通邮电闭塞的状况。全区已经建立中学 7 所、公办小学 86 所，还建立了专门培养藏族干部的西藏民族学院、西藏民政干校和师范学校。建立设备比较完善的医院 15 所，免费为西藏人民治病。

报告指出，西藏今后的主要任务是，继续开展互助合作运动，在条件成熟地区，有计划有领导地、稳妥地、经过试办逐步进行社会主义改造。

少数民族进入社会主义

我国有 56 个民族，是个统一的多民族国家。新中国成立以前，由于国民政府实行民族压迫政策和历史条件及地理环境等原因，各民族的发展很不平衡，少数民族地区的社会经济状况一般比较落后。

新中国成立以后，党和国家对少数民族实行民族平等、民族团结和各民族共同繁荣的原则，反对民族歧视和压迫，在少数民族地区，先进行民族改革，废除剥削和压迫，发展生产。接着，又进行社会主义改造。这样，少数民族由不同的社会阶段直接过渡到社会主义社会，实现了历史的飞跃。

同时，人民政府在少数民族地区实行民族区域自治。先后建立了内蒙古自治区、新疆维吾尔自治区、广西壮族自治区、宁夏回族自治区和西藏自治区。

新中国成立以后，各族人民欢天喜地，满怀信心地迎接新生活。

右图是1983年6月，邓小平会见澳门知名人士马万祺。

《告台湾同胞书》

1979年1月1日，全国人大常委会发表《告台湾同胞书》。指出，台湾自古就是中国不可分割的一部分，与祖国分离的局面是违背我们民族利益和愿望的，统一祖国是摆在海峡两岸每一个中国人面前的不能回避的任务。《告台湾同胞书》建议台湾和祖国大陆之间尽快实现通航通邮，以利双方同胞直接接触，互通讯息，探亲访友，旅游参观，进行学术文化教育交流和工艺观摩，发展贸易、互通有无，进行经济交流。

1983年4月，台湾陆军航空队少校分队长李大维驾驶U—6A型飞机回归祖国大陆。上图是李大维。

❖ 邓小平提出"一国两制"的构想

从新中国成立那天起，实现祖国统一就成为全国人民的心愿。为了早日实现祖国的统一大业，1983年6月26日，邓小平首次公开具体地阐述"一国两制"的构想。"一国两制"是指在一个中国的前提下，我国的主体部分坚持社会主义，香港、澳门和台湾是中国不可分割的部分，作为特别行政区仍然保持资本主义制度。

"一国两制"的构想首先是针对台湾问题提出来的。邓小平说，和平统一已成为国共两党的共同语言。但不是我吃掉你，也不是你吃掉我。我们希望国共两党共同完成民族统一，大家都对中华民族作出贡献。他说，制度可以不同，但在国际上代表中国的，只能是中华人民共和国。祖国统一后，台湾特别行政区可以有自己的独立性，可以实行同大陆不同的制度。司法独立，终审权可以不需到北京。台湾还可以有自己的军队，只是不能构成对大陆的威胁。大陆不派人驻台，不仅军队不去，行政人员也不去。台湾的党、政、军等系统，都由台湾自己来管。中央政府还要给台湾留出名额。

1997年"一国两制"的构想首先被应用到解决香港的问题上。开始由构想进入实践，并取得了成功。

❖ 汪辜会谈

中国政府一直积极致力于最终解决台湾问题，汪辜会谈是中国大陆在解决台湾问题过程中一个重要转折点。1993年海峡两岸关系协会会长汪道涵与台湾海峡交流基金会董事长、台湾工商界巨头、国民党中央常委辜振甫在新加坡举行会议。

1992年1月8日汪道涵曾两度邀辜振甫，希望就两岸关系发展和两会会务交换意见，洽谈方案，推动两岸关系的交流与发展。3月12日，辜振甫先生正式回函受邀，这就是"汪辜会谈"。

海基会副董事兼秘书长邱进益与海协会常务副会长唐树备先后在北京、新加坡举行磋商，为"汪辜会谈"作好准备，最后确定会谈地点在新加坡，定调为"民间性，事务性，经济性，功能性"，汪辜会谈的顺利举行是两岸关系发展的里程碑。"汪辜会谈"取得了一系列积极成果。使两岸交流有了正常化、制度化的联系渠道；两会领导人达成新的共识；确立加强两岸科教新闻交流原则；两地议定成立经济科技小组和综合事务小组，指定专人联系、处理两岸紧急事务问题。正式签署了《两岸公证书使用查证协议》《两岸挂号、函件查证、补偿事宜协议》《两岸联系与会谈制度协议》，发表了《汪辜会谈共同协议》。"汪辜会谈"为两岸进一步对话铺平了道路。

推进祖国和平统一的主张

1995年1月30日，江泽民在人民大会堂新春茶话会上发表题为《为促进祖国统一大业的完成而继续奋斗》的重要讲话，提出了推进祖国和平统一进程的若干重要问题的八项看法和主张。

一、坚持一个中国原则。中国的主权和领土绝不容许分割。二、对于台湾同外国发展民间性经济文化关系，不持异议。但是，反对台湾以搞"两个中国"、"一中一台"为目的的所谓"扩大国际生存空间"的活动。三、进行海峡两岸和平统一谈判。谈判过程中，可以吸收两岸各党派、团体有代表性的人士参加。四、努力实现和平统一，中国人不打中国人。五、大力发展两岸经济交流与合作，以利于两岸经济共同繁荣，造福整个中华民族。六、中华文化是维系全体中国人的精神纽带，也是实现和平统一的一个重要基础。两岸同胞要共同继承和发扬中华文化的优秀传统。七、要充分尊重台湾同胞的生活方式和当家作主的愿望，保护台湾同胞一切正当权益。八、我们欢迎台湾当局的领导人以适当身份前来访问，我们也愿意接受台湾方面的邀请前往台湾。中国人的事我们自己办，不需要借助任何国际场合。江泽民最后说，早日完成祖国统一，是中国人民的共同心愿。我们呼吁所有中国人团结起来，高举爱国主义的伟大旗帜，坚持统一，反对分裂，全力推动两岸关系发展，促进祖国统一大业的完成。

左图是第一个组团赴大陆旅游的16名台湾青年，他们有幸成为第一批登上天安门城楼的台湾游人。

香港回归

　　1997年6月30日午夜—7月1日凌晨，中英两国政府香港政权交接仪式在香港隆重举行。江泽民主席庄严宣告：中国对香港恢复行使主权。

　　当天凌晨，中华人民共和国香港特别行政区政府成立，特区政府宣誓就职仪式隆重举行。国务院副总理、全国人民代表大会香港特别行政区筹备委员会主任委员钱其琛主持仪式。1时30分，中华人民共和国国歌在大厅里响起。随后，江泽民主席宣布：中华人民共和国香港特别行政区政府现在成立。1时35分，全部由港人组成的香港特别行政区政府开始宣誓就职。香港特区首任行政长官董建华健步走到主席台前第一个宣誓就职，国务院总理李鹏监誓。

　　当天上午，香港特别行政区成立庆典在香港会议展览中心举行。江泽民在庆典上发表讲话。下午，国务院在人民大会堂隆重举行庆祝香港回归招待会。当晚，中共中央、全国人大常委会、国务院、全国政协、中央军委举行首都各界隆重庆祝香港回归祖国大会，江泽民发表讲话。

　　当天零点—8时38分，中国人民解放军驻香港部队全部顺利抵达营区，接管香港防务。零时零分，五星红旗升起在中华人民共和国外交部驻香港特别行政区特派员公署的办公大楼前。6月30日—7月1日，京、津、沪、渝等大城市彻夜举行庆祝香港回归祖国活动。

1997年7月1日凌晨，中英两国政府香港政权交接仪式在香港会议展览中心隆重举行。

1998年5月5日，中国政府对澳门恢复行使主权到计时牌在北京天安门广场矗立。澳门在1999年12月20日回到祖国怀抱，这是中华民族的又一盛事。

澳门回归

　　中葡两国政府于1987年3月26日在北京草签了关于澳门问题的联合声明。宣告澳门将继香港之后回到祖国怀抱。中华人民共和国政府于1999年12月20日对澳门恢复行使主权。

　　1999年12月20日零时，在雄壮的《义勇军进行曲》乐曲声中，中华人民共和国国旗和中华人民共和国澳门特别行政区区旗在澳门庄严升起。从此，澳门回到祖国怀抱，中国人民在完成祖国统一大业中又迈出重要的一步。在雷鸣般的掌声中，中华人民共和国主席江泽民宣告：中国政府对澳门恢复行使主权。当天凌晨，中华人民共和国澳门特别行政区成立暨特区政府宣誓就职仪式在澳门综艺馆隆重举行。以此为标志，"一国两制"、"澳人治澳"、高度自治的基本方针在澳门正式实施，澳门进入发展的新纪元。

　　当天上午，澳门特别行政区成立庆祝大会在澳门举行，江泽民在庆祝会上发表重要讲话。当天下午，国务院在北京人民大会堂举行庆祝澳门回归祖国盛大招待会，朱镕基发表讲话。当晚，中共中央、全国人大常委会、国务院、全国政协、中央军委在首都体育馆隆重举行"首都各界庆祝澳门回归祖国大会"，江泽民发表讲话。当天，中华人民共和国外交部驻澳门特别行政区特派员公署开署。

　　左图是国务院总理朱镕基5月24日在北京钓鱼台宾馆向何厚铧颁发国务院令，任命他为中华人民共和国澳门特别行政区第一任行政长官。

专题六：我国的国防建设和外交成就

人民空军成立

新中国成立伊始，准备参加抗美援朝战争的中国人民解放军空军指战员们。

新中国即将成立时，党中央把创建空军摆到了重要议事日程。1949年11月11日，中央军委宣布中国人民解放军空军司令部成立。从此，11月11日成为中国空军的节日。

新中国空军成立伊始，即奉命参加了抗美援朝的战斗，并在空战中打出自己的威风。此后，人民空军获得了迅速发展。

到了20世纪70年代，人民空军的装备已由仿制转向自行研制，飞机、地空导弹等武器装备基本实现了国产化。目前人民空军已陆续装备了大批我国自行设计的歼击机、轰炸机、空中运输机、侦察机、直升机和特种飞机，以及无人驾驶侦察机等。为了提高战斗力，缩小与国外先进水平的差距，人民空军加强与国外合作，改进战机的电子、火控系统。

目前，人民空军已具备一定水平的远程作战、高速机动、猛烈突击和对空防御的能力，在保卫和建设祖国中发挥着越来越大的作用。

❖ 人民海军成立

新中国人民海军的创建始于1949年4月23日，当天，华东军区海军在江苏白马庙成立，也正好是国民党海军第二舰队在南京投降的同一日。新中国在上海、青岛、江阴、南京等地共接收了国民党遗留或投降的日制护卫舰8艘、各式炮舰江防舰7艘、战士登陆舰1艘、中型登陆舰1艘、炮艇登陆艇等40艘、修理舰2艘、货船2艘、拖船4艘、各式杂艇26艘；其中多艘后被国民党空军派机炸沉。国民党军之所以如此紧张，是因为深知这些舰艇就是新中国渡海解放台湾的重要装备。

早年，新中国海军所使用的军舰基本上十分老旧，来源种类复杂，保养与状况皆不佳，战斗力十分低落，所以很少正面与国民党军队舰艇交锋。1952年初，根据毛泽东的要求，把海军有限的购舰外汇转向苏联采购战机用以抗美援朝。直到1954年新中国与苏联签定"六四协议"大量获得俄制驱逐舰、潜艇、扫雷舰、驱潜艇，尤其以苏制K—123鱼雷艇搭配自制的55甲高速护卫艇采取"狼群突袭"战术后，人民海军舰队的装备才有所提高。

1997年中国海军舰艇编队首次在太平洋上成功地进行航行中横向干货补给。

人民解放军战略导弹部队

　　战略导弹部队是人民解放军中以装备战略导弹武器系统为主体，担负战略核反击任务的军种，是核反击的主要力量。战略导弹部队由近程、中程、远程和洲际导弹部队，以及工程、情报、侦察、测地、计算、气象、通信、防化、伪装等作战保障、技术保障和后勤保障部队组成，直属中央军委领导。它的基本任务是遏制敌人对中国使用核武器，在敌人对中国发动核袭击时，遵照统帅部的命令，独立地或与其他军种的战略核部队共同对敌人实施有效的自卫反击，打击敌人的重要战略目标。

　　战略导弹部队是随着中国导弹事业的建立和发展而发展起来的。1966年7月1日，中国战略导弹部队领导机关在北京宣告成立，周恩来总理亲自为它命名：第二炮兵。

　　70年代中期，中国战略导弹部队组织了规模宏大的导弹团远距离机动作战实弹发射演习。80年代初，中国战略导弹部队又成功进行了首次规模庞大的合成训练战役演习，检验了部队整体作战能力。1984年10月1日，中国战略导演部队第一次公开接受检阅。

　　近年来，中国战略导弹部队取得了近千项科技成果。在气象、测地、防化、后勤保障等方面也取得了一大批成果。经过20年的发展，中国战略导弹部队武器装备初步形成固体与液体并存，核导弹与常规导弹兼有，近程、中程、远程和洲际导弹齐备的武器系列。另外，到目前为止，我国战略导弹部队已拥有200多名博士、硕士生导师，所有军事主管都是大学毕业生。

接受检阅的战略导弹部队正在通过天安门广场。

亚太区域和平会议在京召开

1952年10月2日，亚洲及太平洋区域和平会议于北京隆重开幕。出席这次会议的代表、特邀来宾来自41个国家和9个国际民主组织。

大会议题包括：日本问题、朝鲜问题、文化交流问题、经济交流问题、民族独立问题、保护妇女儿童福利问题、缔结五大国和平公约问题。此外，还有伊拉克代表吉姆·艾尔·隆马威作了关于中东、近东和平运动的发言。

10月12日晚间—13日晨，举行最后一次全体会议，会上一致通过了告世界人民书、致联合国书，并且通过关于朝鲜问题的决议、关于民族独立问题的决议，以及关于文化交流、经济交流、妇女权利与儿童福利、加紧争取五大国缔结和平公约运动、拥护召开世界人民和平大会的决议。为了加强亚洲及太平洋区域和平运动，大会一致决定建立一个常设的联络机构：亚洲及太平洋区域和平联络委员会。在团结和友好的气氛中，大会胜利闭幕。

宋庆龄在亚太区域和平会议开幕式上致词。

1954年6月25日—28日，周恩来应邀访问印度，与印度总理尼赫鲁举行了会谈。上图为周恩来会晤尼赫鲁。

❖ 周恩来提出和平共处五项原则

1953年12月31日，在同印度政府代表团谈话时，周恩来首次提出和平共处五项原则，简称"五项原则"，用于指导国家之间的关系。该原则写入了1954年4月29日中印两国政府达成的《关于中国西藏地方和印度之间的通商和交通协定》。6月，中印、中缅总理的联合声明中又重申并确定把五项原则作为处理国家关系的指导原则。五项原则是：互相尊重主权和领土完整，互不侵犯，互不干涉内政，平等互利，和平共处。现在世界上许多国家已接受该原则，认为它是处理社会制度不同或相同的国家之间相互关系的基本原则。该原则已成为现代国际法的重要内容。

❖ 万隆会议

1955年4月18日—24日，周恩来率领中国代表团出席在印度尼西亚万隆举行的有29个国家参加的亚非会议。针对与会各国对新中国缺乏了解和各国之间存在的分歧，周恩来在会上提出了"求同存异"的著名方针。

周恩来说，中国代表团是来求团结而不是来吵架的。中国代表团是来求同而不是来立异的。求同的基础就是亚非绝大多数国家和人民自近代以来都曾经受过、并且现在仍在受着殖民主义所造成的苦难和痛苦。从解除殖民主义痛苦和灾难中找共同基础，我们就很容易互相了解和尊重，互相同情和支持，而不是互相疑虑和恐惧、互相排斥和对立。我们的会议应该求同而存异。同时，会议应将这些共同愿望和要求肯定下来。这是我们中间的主要问题。在中国代表团和与会各国代表团的共同努力下，会议终于对议程中的各项问题达成了一项协议，在和平共处五项原则的基础上，制定了著名的万隆会议十项原则。

这次会议所体现的亚非国家团结合作，反对帝国主义和殖民主义，争取和维护民族独立，发展各国人民友好往来以及保卫亚非和世界和平的精神，被称为"万隆精神"。

❖ 周恩来出访亚非十四国

1963年12月13日—1964年2月5日，为了支持非洲人民的正义斗争，打破帝国主义、新老殖民主义的封锁和破坏，本着寻求和平和友谊、增进知识和了解的精神，周恩来总理在副总理兼外交部长陈毅的陪同下，先后访问了埃及、阿尔及利亚、摩洛哥、突尼斯、加纳、马里、几内亚、苏丹、埃塞俄比亚和索马里等非洲十国和阿尔巴尼亚。2月14日—3月1日，又访问了缅甸、巴基斯坦和新西兰三国。共历时72天，行程5.4万千米。在访问埃及时，周恩来总理亲自拟定出中国同非洲国家和阿拉伯国家相互关系的五项原则。中国支持非洲和阿拉伯各国人民反对帝国主义、新老殖民主义，争取和维护民族独立的斗争，支持他们奉行和平中立的不结盟政策；支持他们用自己选择的方式实现统一和团结的愿望，通过和平协商解决彼此之间的争端；主张这些国家的主权应当得到一切其他国家的尊重，反对来自任何方面的侵略和干涉。这些原则是中国外交上的创举。在访问加纳时，周恩来提出了中国对外援助的八项原则。在访问索马里时，周恩来提出了"整个非洲大陆是一片大好的革命形势"的著名论断。访问期间，周恩来总理还和这些国家政府的领导人分别举行了坦率而友好的会谈，就共同关心的国际问题交换了意见，并分别发表了会谈联合公报。

1956年12月20日—30日，周恩来访问巴基斯坦时在欢迎仪式上。

1957年1月31日—2月5日，周恩来访问锡兰（今斯里兰卡）时参观农村。

乒乓外交

1971年4月，中国乒乓球代表队在日本名古屋参加世界乒乓球锦标赛时，邀请美国乒乓球队访问中国。美国乒乓球队接受了邀请，于4月10日访问北京。

4月14日。周恩来总理接见了美国乒乓球队，表示了对美国人民的友好态度。同日，美国总统尼克松发表声明，将就改善两国关系采取一系列措施，中美两国乒乓球队的友好往来，推动了中美两国关系正常化的进程。

1971年3月29日，在日本举行的第三十一届世界乒乓球锦标赛的比赛现场。

1971年10月25日，第二十六届联合国大会通过决议，恢复中华人民共和国在联合国的一切合法权利。右图是五星红旗在纽约联合国总部前升起。

❖ 中国恢复联合国合法席位

1971年11月11日—12月18日，中华人民共和国代表团出席在纽约举行的第二十六届联合国大会。

1945年，50个国家在美国旧金山举行联合国组织成立大会。中国作为发起国之一，当时共产党派出董必武参加大会，并在《联合国宪章》上签了字。

中华人民共和国成立后，宣布中央人民政府为中国惟一合法政府，并致电联合国要求恢复在联合国的合法权利。但美国从中阻挠，使台湾国民党当局得以继续占有中国在联合国的席位。自1961年第十六届联大起，联合国内外开展了恢复中国在联合国合法权利的一系列斗争。

1971年第二十六届联大又展开了"恢复中华人民共和国在联合国组织的合法权利"和"中国在联合国的代表权问题"两项议案的争论。

10月25日，联合国大会终于以76票赞成、35票反对、17票弃权的压倒多数，通过阿尔巴尼亚、阿尔及利亚等23国的联合提案，恢复中华人民共和国在联合国的一切合法权利，并立即把台湾国民党当局的代表从联合国及其所属一切机构中驱逐出去。

11月11日，中华人民共和国代表团到达纽约，出席该会。从此，中华人民共和国恢复了在联合国的合法权利，并成为联合国安理会五个常任理事国之一。

❖ 尼克松访华

　　1972年2月21日—28日，美国总统理查德·尼克松应周恩来的邀请，访问了中国。陪同访问的有尼克松夫人、美国国务卿威廉·罗杰斯、总统助理亨利·基辛格博士和其他美国官员。

　　2月21日，毛泽东会见了尼克松，两位领导人就中美关系和国际事务认真、坦率地交换了意见。

　　2月27日，中美双方在上海就《联合公报》达成协议。28日，《联合公报》发表。《联合公报》说："中美两国的社会制度和对外政策有着本质的区别。但是双方同意，各国不论社会制度如何，都应根据尊重各国主权和领土完整、不侵犯别国、不干涉别国内政、平等互利、和平共处的原则来处理国与国之间的关系。国际争端应在此基础上予以解决，而不诉诸武力和武力威胁。美国和中华人民共和国准备在他们的相互关系中实行这些原则。""中国方面重申自己的立场：台湾问题是阻碍中美两国关系正常化的关键问题；中华人民共和国政府是中国的惟一合法政府；台湾是中国的一个省；解放台湾是中国的内政，别国无权干涉；全部美国武装力量和军事设施必须从台湾撤走。中国政府坚决反对任何旨在制造'一中一台'、'一个中国、两个政府'、'两个中国'、'台湾独立'和鼓吹'台湾地位未定'的活动。"美国方面声明：美国认识到，在台湾海峡两边的所有中国人都认为只有一个中国，台湾是中国的一部分。

基辛格秘密访华

　　1971年7月9日—11日，美国总统尼克松的国家安全事务助理基辛格博士秘密访华。国务院总理周恩来同他举行会谈。

　　7月16日发表的会谈公告宣布，尼克松总统应邀将于1972年5月以前的适当时间访问中国。周恩来同基辛格会谈时，着重讨论了台湾问题。周恩来坚持，美国必须承认台湾是中国的一个省，台湾问题是中国的内政，因而不容外人干预；美国还必须确定撤走驻台美军的期限，并废除美蒋《共同防御条约》。

　　基辛格表示：承认台湾属于中国，不支持台湾反攻大陆，希望台湾问题和平解决；美国不再与中国为敌，不再孤立中国，在联合国内将支持恢复中国的席位，美国承认中华人民共和国为中国惟一合法政府的问题，留到尼克松总统第二届任期去解决；美国准备在印度支那战争结束后一个规定的短时间内撤走其驻台美军的三分之二，还准备随着中美关系的改善进一步减少其余驻台的美军；至于美蒋《共同防御条约》，美国认为历史可以解决这个问题。

　　1972年2月21日，美国总统尼克松访问中国。左图为毛泽东正在和理查德·尼克松总统握手。

中日建交

1972年9月25日—30日，日本内阁总理大臣田中角荣应中国政府的邀请到中国访问。27日，毛泽东会见田中角荣。

9月28日，周恩来出席田中首相举行的答谢宴会，席间发表祝酒词说：我们即将结束两国间迄今存在的不正常状态。战争状态的结束，中日邦交的正常化，中日两国人民这一长期愿望的实现，将打开两国关系中的新篇章，并将对缓和亚洲紧张局势和维护世界和平，做出积极的贡献。又说，我们双方富有成果的会谈证明，只要双方都具有信心，两国间的问题是可以通过平等协商得到解决的。我相信，只要我们双方信守和平共处五项原则，我们两国伟大的人民定能世世代代地友好下去。

29日，中日两国在北京签署《中华人民共和国政府和日本国政府联合声明》，决定自1972年9月29日起建立外交关系。《联合声明》表示："自本声明公布之日起，中华人民共和国和日本国之间迄今为止的不正常状态宣告结束"；"日本国政府承认中华人民共和国是中国的惟一合法政府"。

毛泽东在中南海会见田中角荣。上图右边是田中角荣。

❖ 中美建交

1978年12月16日，中美两国同时发表建立外交关系的联合公报，两国自1979年1月1日起互相承认并建立外交关系，美国承认中华人民共和国政府是中国惟一合法政府，中国政府重申台湾是中国领土不可分割的一部分。

❖ 中英签订《关于香港问题的联合声明》

中英两国1984年9月26日草签了中英《关于香港问题的联合声明》。

声明规定：为了维护国家的统一和领土完整，并考虑到香港的历史和现实情况，中华人民共和国决定对香港恢复行使主权时，根据中华人民共和国宪法第31条的规定，设立香港特别行政区；行政区直辖于中华人民共和国中央人民政府，行政区享有高度的自治权；香港现行的法律、现行社会、经济制度、生活方式50年不变等。联合声明的签署，圆满解决了中国恢复对香港行使主权问题，也对香港的长期繁荣和稳定提供了坚实的基础。双方重申，两国政府将不折不扣地执行中英关于香港问题的联合声明，以便中国能顺利地在1997年恢复对香港行使主权，两国友好合作关系今后将进一步发展。

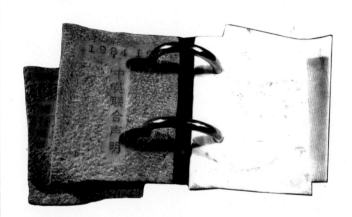

为纪念中英《关于香港问题的联合声明》的签订而设计的样本。

中央军委主席邓小平和戈尔巴乔夫在北京会晤。

❖ 戈尔巴乔夫访华

　　1989 年 5 月 15 日—18 日，苏联最高苏维埃主席团主席、苏共中央总书记戈尔巴乔夫来华访问。

　　访问期间，杨尚昆主席、邓小平主席分别同戈尔巴乔夫主席举行了会晤，双方宣布中苏关系实现正常化。会晤时邓小平说，这次会晤可以概括为八个字：结束过去，开辟未来；并提出中苏两党关系以独立自主、完全平等、相互尊重、互不干涉内部事务四项原则为基础。李鹏总理同戈尔巴乔夫主席举行了会谈。

　　18 日，中苏联合公报在北京发表。中苏两国领导人一致认为，中苏两国高级会晤标志着中苏两国人民的利益和愿望，有助于维护世界的和平和稳定。中苏关系正常化不针对第三国，不损害第三国的利益。双方同意采取措施将中苏两国边境地区的军事力量裁到与两国正常睦邻关系相适应的最低水平。双方主张公正合理地解决历史遗留下来的边境问题。中苏两国认为在两国关系中应当摒弃任何国家把自己的意志强加于人和在任何地方谋求任何形式的越权企图和行动。中国方面重申了奉行独立自主的和平外交政策，坚持不同任何国家结盟的立场。双方同意，中国共产党和苏联共产党将根据独立自主、完全平等、互相尊重、互不干涉内部事务的四项原则进行接触和交往。

江泽民访问美国

　　1997 年 10 月 26 日—11 月 3 日，江泽民应邀对美国进行国事访问。这是中国国家元首 12 年来第一次对美国进行正式访问。

　　访问期间，江泽民同克林顿总统举行了会议，就两国关系和共同关心的世界与地区问题深入交换了意见，达成了广泛的共识，发表了《中美联合声明》，确定了中美面向 21 世纪的建设性的战略伙伴关系。

　　在美国期间，江泽民广泛接触了美国社会各界人士，在华盛顿和纽约等地以及在哈佛大学发表了演讲，阐述了中国改革开放和现代化建设的方针政策和未来前景。江泽民对美国的国事访问，达到了增进了解、扩大共识、发展合作、共创未来的目的，取得了重大成果。

访美期间，江泽民主席和美国总统克林顿在华盛顿联合举行记者招待会。

朱镕基总理访问美国

1999年4月6日—14日，国务院总理朱镕基应美国总统克林顿的邀请，对美国进行正式访问。朱镕基此次访问将为两国关系的进一步发展提供重要机遇。1997年，江泽民主席成功地对美国进行了国事访问；1998年，克林顿总统对中国进行了富有成效的国事访问。朱镕基此次访美就是要落实两国元首的访问成果。

4月6日晚，美国南加州各界华侨华人举行盛大宴会，朱镕基在讲话中承认，目前中美关系气氛并不好，中国内地和香港的很多人都认为他在这时候出访美国并不适宜，"但是我终于来了"，"我此行到美国，一是给美国人消消气，另外一方面是来给华侨们打打气。"他的这番讲话赢得了华人华侨的掌声和欢呼。

4月8日，朱镕基在白宫联合记者招待会上发表了讲话。他说："中美两国不应成为对手，而应成为伙伴"。

4月10日，朱镕基、克林顿就中国加入世贸组织问题发表了联合声明。

1999年4月6日—14日，中国国务院总理朱镕基应邀对美国进行正式访问。上图是朱镕基在白宫举行的联合记者招待会上发表讲话。

1998年6月25日，美国总统克林顿对中国进行国事访问，上图是江泽民与克林顿正向人们招手致意。

❖ 克林顿访华

1998年6月25日，应江泽民主席的邀请，美国总统克林顿对中国进行了国事访问。这是继江泽民1997年访美之后中美关系中的又一件大事。27日上午，江泽民在人民大会堂外广场上举行隆重仪式，欢迎美国总统克林顿对中国进行国事访问。中美两国300多名各界人士参加了欢迎仪式。

随后，江泽民和克林顿在人民大会堂进行了会谈。会谈是积极的、建设性的和富有成果的。双方就中美关系和重大的国际和地区问题深入地交换了意见，达成了广泛而重要的共识，决定互不将各自控制下的战略核武器瞄准对方。两国元首发表了《关于〈生物武器公约〉议定书的联合声明》《关于杀伤人员地雷问题的联合声明》和《关于南亚问题的联合声明》。双方同意加强各自对化学品出口的控制，并签署了《中美能源和环境合作倡议书》《中美城市空气质量监测项目合作意向书》。会谈中，江泽民强调，台湾问题是中美关系中最重要的、最敏感的问题，恪守中美三个联合公报的各项原则及有关承诺，妥善处理台湾问题是中美关系健康、稳定发展的关键。克林顿总统重申了美国在台湾问题上的有关承诺。在9天时间里，克林顿总统及其夫人一行访问了西安、北京、上海、桂林和香港特别行政区。

❖ 我国参与"亚太经合组织"

　　亚太经济合作组织于1989年11月成立。1990年7月在新加坡举行的亚太经合组织第二届部长级会议通过的《联合声明》，欢迎中国、中国台北和香港三方尽早同时加入这一组织。1991年11月，在"一个中国"和"区别主权国家和地区经济"的原则基础上，中国、中国台北和香港（1997年7月1日起改为"中国香港"）正式加入亚太经合组织。

　　中国自加入亚太经合组织以来，始终本着积极参与，求同存异，推动合作的精神全面参与该组织各项活动，对亚太经合组织近年的合作进程发挥了重要的影响。迄今为止，中国国家领导人已参加了8次亚太经合组织领导人非正式会议，表明了中国改革开放、积极参与亚太经济合作的决心。

　　亚太经合组织现有21个成员，成员总人口占世界人口的45%，国内生产总值占世界的55%，贸易额占46%。这一组织在全球经济活动中具有举足轻重的地位。

　　亚太地区是中国对外经济贸易的重要依托。近年来，中国与亚太经合组织其他成员之间每年的贸易额均占中国当年贸易总额的70%以上。2000年中国与亚太经合组织其他成员的贸易额为3517.2亿美元，其中出口额1827.81亿美元，进口额1689.4亿美元。2001年上半年，中国与亚太经合组织其他成员的贸易额为1765.5亿美元，其中出口额899.38亿美元，进口额为866.12亿美元。

东南亚经济危机对中国的影响

　　1997年国际上的一个重大事件就是东南亚的金融危机。这次的东南亚金融危机，发生在我国的邻国，而且发展水平、文化背景与我国相近，不仅与我国有着较为紧密的经济联系，而且我们也与他们面临一些同样或相似的问题，如银行坏债、房地产积压、固定汇率制度等等，于是引起了普遍的关注。从一定意义上说，这次的东南亚危机，相当于我们的一次"免费授课"——我们没有付出很大的代价，但却受到了几乎与我们自己遭遇金融危机一样的深刻教训。

　　东南亚一些国家这次遭受金融危机的困扰，从宏观经济管理方面看的一个重要原因就是投资过度、经济过热，因此我们首先要记取的一个教训就是要警惕经济再次过热。

　　再者就是由于银行不良债务严重等。在这种情况下，1996年全球半导体需求下降、价格下跌，严重影响了出口和国际收支，导致一系列债务问题暴露，企业破产，国际信用等级、融资能力也随之下降，最终酿成了全面的经济危机。

　　我国目前银行不良债务严重，同时出现了通货紧缩和增长速度下降的局面；在东南亚经济危机的背景下，近期内就更是面临出口增长趋缓、外国直接投资趋于下降的可能性。在此情况下，适当调整宏观政策，扩大国内投资需求（主要应是基础设施投资），已成为当务之急。

　　1996年11月，江泽民在菲律宾参加亚太经济合作组织第四次领导人非正式会议。左图为江泽民在菲律宾中央银行大厦与美国总统克林顿举行会晤，取得了重要成果。

我国加入WTO

"世贸"指世界贸易组织，缩写为WTO，中国为加入世贸进行了数十年艰苦的谈判。

2001年11月20日，世贸组织总干事迈克尔·穆尔致函世贸组织成员，宣布我国政府已于2001年11月11日接受《中国加入世贸组织议定书》，这个议定书于12月11日生效，我国也于同日正式成为世贸组织第143个成员。

中国加入世界贸易组织，可以全面参与世贸组织的各项工作，全面享受世贸组织赋予其成员的各项权利。并要遵守世贸组织的规则，认真履行义务，积极参加世贸组织新一轮多边贸易谈判。

中国对经济改革的承诺会遇到新的挑战。在履行WTO承诺的道路上，中国可能会遇到很多困难。但是中国加入WTO，意味着中国参与世界经济的进程正在加快，随着这一进程的加快，将会进一步促进中国与世界各国经济贸易关系的发展。

预测表明，截止到2005年，中国加入WTO这一事实会推动美国向中国的出口额增加140亿美元。这意味着在美国因向中国出口创造了几百万就业机会之后，又将产生成千上万的高薪职位。这一事实大家都不难看到，整个国际社会都在从同中国出口贸易的过程中受益。

1999年11月15日，中美两国就中国加入WTO签署双边协议后，双方首席谈判代表热烈握手，以示庆贺。

中国加入世贸组织这条路足足走了15年，一轮接一轮的谈判，和新西兰谈、跟美国谈、同欧盟谈……到乌拉圭谈、到日内瓦谈、到美国谈……艰难曲折地谈到了2001年底，谈到了最后胜利的多哈会议。图为1999年11月15日，中美两国就中国加入WTO签署双边协议。

专题七：社会主义时期的科技、教育与文化

❖ 牛胰岛素合成

　　人和动物胰脏内有一种岛形细胞，分泌出的激素叫胰岛素，具有降低血糖和调节体内糖类代谢的功能。胰岛素是蛋白质的一种，蛋白质是生物体内不可缺少的物质，生命活动主要通过蛋白质来体现。

　　1958年，我国科学工作者首先提出人工合成胰岛素的科研课题。人工合成胰岛素，首先要把氨基酸按照一定的顺序连结起来，组成A链、B链，然后再把A、B两条链连在一起。这是一项复杂而艰巨的工作。1959年就实现了构成天然胰岛素的A、B两条肽链的拆分和重新组合的工作。在此基础上，科学工作者经过不断努力，成功地完成了人工半合成结晶胰岛素。

　　1965年9月17日，中国科学院上海生物化学研究所在所长王应睐的组织领导下，与北京大学和中国科学院上海有机化学研究所的科学家通力合作，在经历了多次失败后，终于在世界上第一次用人工方法合成出具有生物活性的蛋白质结晶牛胰岛素。

　　人工牛胰岛素的合成，标志着人类在认识生命、探索生命奥秘的征途中，迈出了关键性的一步，其意义与影响是巨大的。这一重大科研成果轰动了当时的国际学术界，为祖国赢得了巨大的荣誉。

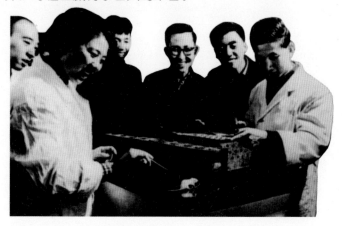

科研人员将人工合成结晶胰岛素注入小白鼠体内，测验其生命活力。

中国第一颗原子弹爆炸成功

　　1964年10月16日15时（北京时间），中国制造的第一颗原子弹在本土西部地区爆炸成功。这次试验比美、英、法等国的首次核试验在技术上更为先进。它的成功，标志着中国国防现代化进入一个新的阶段，对于打破帝国主义霸权主义的核讹诈、核垄断，加强和巩固国防具有重要意义。当天，中国政府宣布：中国在任何时候、任何情况下，都不会首先使用核武器。并建议召开世界各国首脑会议，讨论全面禁止和彻底销毁核武器问题。

　　中国核工业创建于1955年初，由中共中央指定陈云、聂荣臻、薄一波负责领导筹建工作。以后周恩来、聂荣臻领导制定了两次科学技术长远规划。1962年11月，中共中央决定成立以周恩来为首的专门领导机构。

中国第一颗原子弹爆炸后升起的蘑菇状烟云。

邓稼先

"两弹元勋"邓稼先，核物理学家。安徽怀宁人。为我国原子弹、氢弹的发展作出了杰出贡献。

邓稼先1945年毕业于西南联合大学。1950年，26岁的邓稼先在美国获得了物理学博士学位。他带着当时最先进的物理学知识，涉洋归来报效祖国。

50年代末，邓稼先从物理学讲坛上"消失"了，他的身影闪现在核武器研制的基层第一线：在北京郊外的高粱地里参加研究所的兴建，在罗布泊国家试验场的土路上颠簸，在云遮雾罩的山区指挥着原子弹、氢弹的研制。邓稼先为我国的核武器研制事业兢兢业业、呕心沥血，孜孜不倦地奋斗了28年，从原子弹、氢弹原理的突破和试验成功及其武器化，到新的核武器的重大原理突破和研制试验，都作出了重大贡献，为我国第一颗原子弹和第一颗氢弹试验成功立下了卓越的功勋。邓稼先曾荣获全国自然科学奖一等奖和国家级科技进步奖特等奖，以及"全国劳动模范"等荣誉称号。

新中国成立以后，为发展科学事业成立了中国科学院，由郭沫若任院长。随后组织了一批专家，制定了我国科学技术发展的远景计划，以发展原子能、火箭、电子计算机等技术为重点，计划用几十年时间达到世界先进水平。70年代后期，邓小平又提出"科学技术是生产力"的论断，推动了科学技术事业的发展。右图是中国科学院院长郭沫若正在进行学术研究。

❖ 第一颗氢弹爆炸成功

1967年6月17日凌晨，由中国科技工作者自行设计、自行制造的第一颗氢弹，在新疆罗布泊上空试爆成功。这标志着中国核武器的发展进入了一个新阶段。

当时，中国科技人员顶住了各方面的压力，排除了"左"倾思想的影响，依靠自己的力量在最短的时间内先后试制成功了原子弹、核导弹及氢弹。氢弹的爆炸成功，更是中国核武器发展史上的飞跃，使中国跨入了核大国的行列。

早在1964年10月原子弹爆炸成功以后，核科技工作者就马不停蹄地转入下一个目标研制氢弹。1965年1月，毛泽东在听取长远计划汇报时坚定地指出：敌人有的，我们要有；敌人没有的，我们也要有。原子弹要有，氢弹要快。1965年12月，周恩来主持召开中央有关专门会议，提出要争取在1968年进行氢弹爆炸试验。邓稼先等一批核科技工作者接受了这个尖端的任务。他们通过自己的摸索，在1965年底终于有了重大突破。这时传闻法国也要爆炸氢弹，中国科技工作者暗下决心，要与法国赛跑，抢在法国前头！他们日夜奋战，终于在1967年6月17日提前实现了自己的目标，为中国人争了光。

从原子弹到氢弹，美国用了7年4个月时间，苏联用了4年，英国用了4年7个月，而中国仅用了2年8个月。

❖ 中国第一颗人造地球卫星上天

　　1970年4月24日，中国在酒泉卫星发射场成功地发射了第一颗人造地球卫星。

　　人造地球卫星是现代尖端科学技术的重要标志。1957年，苏联第一颗人造地球卫星上天，标志着人类航天活动的开始。1965年8月，中央专门委员会原则批准了中国科学院《关于发展我国人造卫星工作规划方案建议》，确定中国发展人造地球卫星，将采取由简到繁，由易到难，从低级到高级，循序渐进，逐步发展的方针并确定整个卫星工程由国家科委负责组织协调，卫星本体和地面测控系统由中国科学院负责，运载火箭由七机部负责，卫星发射场由国防科工委试验基地负责建设。中国第一颗人造地球卫星进入工程研制阶段。

　　1965年9月，中国科学院开始组建卫星设计院。1965年10月，召开了中国第一颗人造卫星方案论证会议，即代号为"651"会议，初步确定了第一颗人造地球卫星的总体方案。1967年12月，国防科工委正式命名这颗卫星为"东方红一号"。

　　1970年4月24日，在酒泉卫星发射场。24日21时35分，火箭在震耳的隆隆声中离开了发射架，火箭越飞越快，直冲云霄。24日21时48分，从现场指挥所的广播里传来了"星箭分离、卫星入轨，全过程仅用13分钟"的喜讯。24日21时50分，国家广播事业局报告，收到了中国第一颗卫星播送的《东方红》乐曲，声音清晰洪亮。中国第一颗人造地球卫星发射成功了。

　　这颗人造地球卫星的发射成功，使中国成为继苏联、美国、法国和日本之后第五个能够独立研制发射卫星的国家。

　　中国第一颗人造卫星与苏、美、法、日等4国的第一颗卫星相比，技术方案和设计指标更先进。它的重量比苏、美、法、日的第一颗卫星重量之和还要多24千克。由于能源系统的保证，卫星上各种仪器实际工作的时间远远超过了设计要求。卫星设计寿命15天，实际工作24天，取得了大量的工程遥测系数，为后来的卫星设计和研制工作提供了依据和经验。

1970年4月24日，中国成功地发射了第一颗人造地球卫星。上图是中国人民解放军某部通讯兵战士，正迅速地通过电话向边防哨所指挥员传达喜讯。

中国自行设计研制的第一颗人造地球卫星———"东方红一号"于1970年4月24日成功地发射升空。

水稻专家袁隆平。

杂交水稻的育成和推广

我国农业科学工作者袁隆平等，1964年开始对杂交水稻进行研究，经过一些挫折，1970年冬在海南岛发现雄花不育的野生稻，为我国育成杂交水稻打开了突破口。

1971年由中国农业科学院和湖南省农业科学院共同组织全国性的科研协作，把我国解放后育成的一些（米山）型矮杆稻品种二九南、珍汕九七、威二十、威四一等转育成雄性不育系和保持系，经过与国内外大量水稻品种测试实验，找出国际水稻所育的IR24和IR26等品种作雄性不育恢复系，配置一批一代毁交种，如南优二号、六号、威优二号、六号等，优势很强，一般比水稻良种增产20%左右。

❖袁隆平

袁隆平，1930年9月7日生，中国工程院院士，现任国家杂交水稻工作技术中心暨湖南杂交水稻研究中心主任、湖南省政协副主席。中国研究杂交水稻的创始人，世界上成功利用水稻杂交优势的第一人。他于1964年开始从事杂交水稻研究，用九年时间于1973年实现了三系配套，并选育了第一个在生产上大面积应用的强优高产杂交水稻"南优2号"。为此，他于1981年荣获我国第一个国家特等发明奖，被国际上誉为"杂交水稻之父"。

袁隆平先后获得了联合国知识产权组织"杰出发明家"金质奖、联合国教科文组织"科学奖"、英国让克基金会"让克奖"、美国费因斯特基金会"拯救世界饥饿奖"、联合国粮农组织"粮食安全保障奖"、日本"日经亚洲大奖"、作物杂种优势利用世界"先驱科学家奖"、"日本越光国际水稻奖"等八项国际奖。

中国农民说，吃饭靠"两平"，一靠邓小平（责任制），二靠袁隆平（杂交稻）。西方世界称，杂交稻是"东方魔稻"。他的成果不仅在很大程度上解决了中国人的吃饭问题，而且也被认为是解决下个世纪世界性饥饿问题的法宝。国际上甚至把杂交稻当作中国继四大发明之后的第五大发明，誉为"第二次绿色革命"。

中国农业研究人员在海南岛从事水稻育种研究。

❖ 计算机网络推动了教育现代化

现代教育十分注意学生计算机技能的培养，上图是正在学习计算机的学生们。

20世纪80年代以来，计算机和网络技术得到广泛应用，人类的经济社会生活开始发生新的巨大变化。我国紧紧抓住信息化带来的机遇，加快发展信息技术和网络技术，并在经济、社会、科技、国防、教育、文化、法律等方面积极加以运用。我国政府的战略是以信息化带动工业化，努力实现科学技术和社会生产力的跨越式发展。

计算机网络的发展使我们的教育信息化水平大大提高，有力地推动了教育现代化。到2001年底，中国教育科研网（CERNET）已经覆盖了我国的主要城市，建成两万千米的高速传输网，目前已经有28条国际和地区性信道，成为我国第二大互联网络。70%左右的高校建立了校园网。

2000年开通的远程教育卫星宽带多媒体传输平台，具备了播出8套电视、8种语音、20套以上IP数据广播的能力，与CERNET网一起构成了现代远程教育网络的"天罗地网"。充分利用电视、广播、VCD／DVD、放像设备、互联网等多种形式，推动了优质教育资源的共享。实施"校校通"工程以来，中小学信息技术教育发展迅速，高中信息技术课开课率达九成多，中小学拥有的计算机，从1999年底的平均121人一台提高到51人一台。

"863计划"的制定和实施

为了在世界新技术革命的浪潮中争取主动，1986年初，我国著名科学家王大珩、王淦昌、杨嘉墀、陈芳允等联名上书邓小平，提出发展我国高新技术的建议。

各领域专家经过近一年时间的反复论证，根据世界新技术革命的发展趋势，并结合我国的具体实际，提出了《我国高技术研究发展纲要》（由于这一计划于1986年3月作出决策，简称"863计划"）。1987年3月，中共中央、国务院批准了这一纲要，并决定从1987年开始实施。

《纲要》提出了7个技术领域的十几个主要项目作为研究发展目标。

这项计划贯彻了"有限目标，突出重点"的方针，并充分利用我国对外开放的有利条件，通过政府间的多边关系、双边关系和各种民间的渠道，采取灵活多样的形式开展国际合作与交流，使"863计划"实施的进展十分顺利。

1987年8月，该项计划的实施工作开始起步，制定了生物、能源、新材料3个领域的可行性报告和计划任务书，9月便落实了一批专题和课题的承担单位。随后，信息、自动化、航天和激光技术领域的专题和课题计划也陆续出台。

从1987年—1990年间，国家向"863计划"投入资金近7亿元人民币，有500多个单位，1.2万多名科技人员在生物、航天、信息、激光、自动化、新能源和新材料7个领域开展了研究，承担了900多项课题的研究，取得400多项阶段成果，有52项阶段成果达到国际先进水平。

少数民族地区的教育

新中国成立以后，党和政府十分重视少数民族地区的文化教育，以提高少数民族的文化水平。

1981年在全国各级各类学校中，少数民族在校学生达到九百多万人，比1951年增加8.3倍。其中小学生七百多万，增长了6.8倍多；普通中学在校生一百多万，增长了4.3倍多；各类中等专业学校在校生70多万，增长了42倍多；大学生在校生5万多，增长了23倍多。

1981年全国少数民族教职工总人数已达五十多万人。据16个省、自治区的不完全统计，现有民族师范学校83所。

全国10所民族学院从50年代到1981年共培养各民族干部近10万人，占全国现有民族干部总数的10%以上。这些干部已成长为民族地区政治、经济、文化、教育等战线的骨干力量。

建国后，少数民族地区文化教育事业显著发展，高等学校和中等学校相继建立。上图为正在上课的新疆医学院学生。

1977年，参加高考的考生在答卷。考场气氛肃静，秩序井然。

❖ 全国恢复高考

1977年12月，我国恢复高等学校招生考试，这是粉碎"四人帮"后举行的第一次高等学校招生考试。

1977年我国对高等学校招生制度进行了重大改革。采取自愿报名，统一考试，地市初选，学校录取，省、市、自治区批准的方法。凡是符合招生条件的工人、农民、上山下乡和回乡知识青年、复员军人、干部和应届高中毕业生，均可自愿报名，并可根据自己的爱好和特长，选报几个学校和学科类别。这次改革废除了"文化大革命"期间实行过的"群众推荐、领导批准、学校复审"的招生办法，大大调动了广大青年的学习积极性。

❖ 我国实行9年制义务教育

1986年4月12日，第6届全国人大第四次会议通过了《中华人民共和国义务教育法》。《中华人民共和国义务教育法》规定，社会、学校和家庭依法保障年满6周岁的儿童、少年接受9年制义务教育；国家对接受义务教育的学生免收学费；国务院和地方各级人民政府负责筹措实施义务教育的费用和培训师资。国务院根据各地经济、文化发展不平衡的实际情况，确定全国分为3类地区，逐步推行9年制义务教育。

1991年4月，安徽省金寨县桃岭乡三合中心学校的小学生苏明娟在认真听取老师讲课。这位大眼睛姑娘渴望求知的形象神态，成为"希望工程"的形象标志。

❖ "希望工程—百万爱心行动"

1991年4月15日，团中央中国青少年发展基金会在京举行新闻发布会，公布了自1990年9月以来，邓小平、江泽民和李鹏等国家领导人为"希望工程"作的题名和题词。

基金会还宣布从即日起在全国实施"希望工程—百万爱心行动"计划。该计划旨在动员更多的人参与"希望工程"，尽快使中国因贫困而失学的儿童享有受教育的基本权利。"希望工程"是动员公众和私人的财力资源，以民间的方式，为政府排忧、为社会解难的一项社会公益事业。

到1999年，先后有1亿多人次为"希望工程"捐款，筹集资金累计17.8亿元人民币，已经救助200多万贫困地区失学少年儿童重返校园，为贫困地区援建7000多所"希望小学"。

科技兴国

科技兴国是中国的一项关于跨世纪发展的战略决策。

其内容是：全面落实科学技术是第一生产力的思想，坚持以教育为本，把科技和教育摆到经济、社会发展的重要位置，增加国家的科技头力及向现实生产力转化的能力，提高全民族的科技文化素质，把经济建设真正转化到依靠科技进步和提高劳动者素质的轨道上来，加速实现国家的繁荣强盛。科技兴国战略是我国的一项具有里程碑意义的国策，是保证国家经济持续、快速、健康发展的根本措施，是实现社会主义现代化宏伟目标的必然选择，也是振兴中华民族的必由之路。

受到希望工程捐助的孩子们拿起书本，发奋学习。

文学的繁荣

上图为《红岩》中的一幅插图。

20 世纪五六十年代，我国比较著名的长篇小说有《红旗谱》《青春之歌》《创业史》《红岩》《保卫延安》《红日》等。

"文化大革命"以后，长篇小说《许茂和他的女儿们》《东方》《将军吟》等，也比较著名。这时候的中篇小说《人到中年》《高山下的花环》等，受到群众的欢迎。

新中国的诗歌《毛泽东诗词》是中国文学宝库中的瑰丽奇珍。《复仇的火焰》《将军三部曲》《雷锋之歌》等，都是脍炙人口的诗篇。

其中话剧、散文、报告文学等也硕果累累。

1956 年，毛泽东在中南海怀仁堂接见文艺界著名人士巴金（右一）、周信芳（右二）等。

❖ "百花齐放、百家争鸣"的方针

1956 年 4 月 28 日，毛泽东在中共中央政治局扩大会议上正式提出"百花齐放、百家争鸣"的方针。即"双百"方针。

1951 年，毛泽东为中国戏曲研究院的成立写了"百花齐放，推陈出新"的题词。1953 年，毛泽东提出历史研究要"百家争鸣"。至此，双百方针的思想已初具雏形。5 月 26 日，陆定一代表中共中央向知识界作了题为《百花齐放、百家争鸣》的讲话，系统地阐述了双百方针，指出它是繁荣和发展社会主义科学工作和文化艺术事业的基本方针。

双百方针的基本点是：艺术问题上百花齐放，学术问题上百家争鸣。即在马克思主义指导下，发扬社会主义的学术民主和艺术民主，艺术上不同的形式、风格、流派可以自由发展，科学上的不同学派可以自由讨论，使社会主义的科学、文化、艺术事业迅速而健康地发展。以后，毛泽东在《关于正确处理人民内部矛盾问题》和《在中国共产党全国宣传工作会议上的讲话》等文章中，进一步论述并指出双百方针是一个基本性的同时也是长期性的方针。但是，由于"左"倾思想影响，从 1957 年反右派斗争后，双百方针的贯彻受到干扰和损害。

中共十一届三中全会后，中国共产党认真总结了贯彻执行双百方针的经验教训，更加自觉、坚定不移地贯彻双百方针。

❖ "五个一工程"开始实施

　　由中共中央宣传部组织的精神文明建设"五个一工程"评选活动，自1992年起每年进行一次，评选上一年度各省、自治区、直辖市以及解放军总政治部等单位组织生产、推荐申报的精神产品中五个方面的精品佳作。这五个方面是：一部好的戏剧作品，一部好的电视剧（片）作品，一部好的图书（限社会科学方面），一部好的理论文章（限社会科学方面）。并对组织这些精神产品生产成绩突出的省、自治区、直辖市党委宣传部和部队有关部门，授予组织工作奖。对获奖单位与入选作品，颁发获奖证书与奖金。

　　1995年度起，将一首好歌和一部好的广播剧列入评选范围，"五个一工程"的名称不变。

　　"五个一工程"实施以来，对各地、各单位精神文明产品生产的发展与提高，产生了积极的促进作用，体现了中央提出的精神文明重在建设的方针，把以科学的理论武装人、以正确的舆论引导人、以高尚的精神塑造人、以优秀的作品鼓舞人的号召落实到实际工作中。"五个一工程"中文艺项目的评选，贯彻了文艺为人民服务、为社会主义服务的方向和百花齐放、百家争鸣的方针，对繁荣社会主义文艺创作，促进富有鲜明时代精神和浓郁生活气息、思想性与艺术性完美结合、为广大人民群众喜闻乐见的文艺精品的问世，起到了有力的推动作用。

茅盾文学奖设立

　　茅盾文学奖是根据茅盾先生生前遗愿，为鼓励优秀长篇小说的创作，推动我国社会主义文学的发展而设立的，是我国具有最高荣誉的文学奖项之一。茅盾文学奖由中国作家协会主办。

　　茅盾文学奖评选工作，以马列主义、毛泽东思想、邓小平理论和"三个代表"重要思想为指针，坚持文艺为人民服务、为社会主义服务的方向，贯彻百花齐放、百家争鸣的方针，弘扬主旋律，提倡多样化，坚持导向性、公正性、群众性，注重鼓励关注现实生活、体现时代精神的创作，推出具有深刻思想内容和丰富审美意蕴的长篇小说。

　　茅盾文学奖每四年评选一次。凡评选年度内在我国大陆地区公开发表与出版的由中国籍作家创作的，能体现长篇小说艺术构思与创作要求，字数13万以上的作品，均可评选。评选年度以前发表或出版的、经过时间考验的优秀之作，也可由有关单位慎重推荐参评，通过初选审读组筛选认同并以无记名投票方式获得评委会半数以上委员的赞同后，亦可列入评委会备选书目。

　　多卷本长篇小说，应在全书完成后参加评选。

　　鉴于评选工作所受的语言限制和其他困难，凡用少数民族语言创作的长篇小说，以汉文的译本出版后参加评选。

　　左图是江泽民在视察八一电影制片厂，他勉励广大电影工作者以饱满的热情创造更多的优秀作品，推动社会主义精神文明的发展。

戏曲艺术的繁荣

革命现代剧《红灯记》剧照。

建国以来，艺术创作和艺术表演获得丰硕成果。传统的戏曲艺术，也得到蓬勃发展。戏曲艺术继承与发扬民族戏曲音乐的传统，去粗取精，戏曲界对旧戏进行了改造，创作出不少新的戏目。新编历史剧和表现现代生活题材的现代戏，都受广大观众热烈欢迎。如京剧表演艺术家梅兰芳的《穆桂英挂帅》，现代京剧《红灯记》《智取威虎山》《红色娘子军》《沙家浜》《磐石湾》等，舞剧《白毛女》，越剧《半篮花生》，从思想性和艺术性都达到新的水平，获得了广大观众的称赞。

不少地方戏，如京剧、昆曲、越剧、豫剧、粤剧、秦腔、川剧、评剧、黄梅戏、湖南花鼓戏等，经过改造，很受群众喜爱。

容国团与西德选手安特交锋。1959年4月6日，中国21岁的优秀乒乓球运动员容国团，在第25届世界乒乓球锦标赛中荣获男子单打世界冠军称号。这是中国运动员在世界体育比赛中获得的第一个世界冠军。

❖ 第一届全运会

1959年9月13日，中华人民共和国第一届运动会在北京工人体育场开幕。毛泽东、刘少奇、朱德、宋庆龄等莅临开幕式，观看了有8000人参加表演的大型团体操《全民同庆》。

在20天的赛程中，超过1万名运动员和教练、裁判参与了36个项目的比赛和6个项目的表演。有7人分别打破了男子100米蛙泳、女子日间定点跳伞、女子小口径步枪卧射和无线电操纵活塞式发动机模型飞行高度4项世界纪录。另有106项全国纪录被刷新。

建国以来曾打破世界纪录和获世界冠军的40多名运动员，获体育运动荣誉奖章。

❖ 中国参加第二十三届奥林匹克运动会

1984年7月28日—8月12日，第二十三届奥林匹克运动会在美国洛杉矶举行。阔别奥运会达32年之久的中国，派出了以李梦华为团长、共计353人的中国体育代表团参加盛会。353人中，有运动员225人，他们参加了16个项目的比赛和1个项目的表演。

7月29日，第二十三届奥运会战幕拉开。在开赛的第一天，许海峰以566环的成绩获得了自选手枪慢射冠军。这是本届奥运会产生的第一个冠军，也是中国人在奥运会上第一次获得金牌。对于这一历史性的胜利，世界各国反响强烈，国际体育界也高度关注。国际奥委会主席萨马兰奇郑重宣布："这是中国体育最伟大的一天！"

在举重比赛中，中国选手连获4枚金牌。在体操项目的比赛中，中国体操运动员连夺4个单项的金牌。在排球比赛场地，中国女排坚韧不拔，在比分落后的情况下转败为胜，摘取了奥运会金牌，实现了"三连冠"。在击剑台上，女将栾菊杰，结束了奥运会60年击剑比赛史上欧美选手垄断前 6 名的局面，赢得了"天下第一剑"的声誉。

　　8 月 12 日，盛况空前的奥运大赛结束了。中国运动员经过顽强拼搏，夺得了 15 枚金牌。

❖ 十一届亚运会

　　1990 年 9 月 22 日—10 月 7 日，第十一届亚洲运动会在北京隆重举行。

　　9 月 22 日下午，第十一届亚运会在首都北京隆重开幕，运动会有 37 个国家和地区参加，参加人数 6578 人。其中，中国体育代表团人数最多，为 838 人。其中包括首次派出大型体育代表团来大陆比赛的中国台北队。江泽民、杨尚昆、李鹏、万里等领导人和国际奥林匹克委员会主席萨马兰奇等出席了开幕式。

　　这届亚运会迎接了海外十几万宾客、朋友来京观光、游览。甚至包括巴基斯坦总统、朝鲜国家副主席、伊朗副总统、日本前首相、泰国副总理、越南部长会议第一副主席、新加坡第二副总理、日本文部大臣以及国际奥委会主席和众多的委员都来到北京。

　　在历时 15 天的亚运会比赛中，共有 52 人 79 次打破 42 项亚洲纪录，9 人 10 次平 5 项亚洲纪录，109 人 64 次打破 98 项亚运会纪录，14 人 19 次平 12 项亚运会纪录。

　　中国体育代表团以绝对优势坐上第一把交椅：摘取全部 310 枚金牌中的 183 枚，夺得银牌 107 枚、铜牌 51 枚。韩国、日本分获金牌数第二、第三。这一出色成绩，奠定了中国在亚洲的"体育强国"地位。这届亚运会的巨大成功，其意义是极为重大的。

　　第十一届亚运会中有 109 位运动员共 7 次刷新世界纪录，打破了 89 项亚洲纪录，成为打破纪录最多的一届亚运会。

中国女排姑娘们在洛杉矶第 23 届奥林匹克运动会上夺冠后，欢呼雀跃，热泪盈眶的情景。

在十一届亚运会开幕式上，中国著名射击运动员许海峰高举火炬，在原女排世界冠军队成员张蓉芳（右）和跳水运动员高敏（左）的护卫下跑入会场。

十一届亚运会的吉祥物"盼盼"。

右图为听到申奥成功的消息后，在北京的人们正在庆祝胜利。

二十五届奥运会

1992年8月9日第25届奥运会在西班牙巴塞罗那圆满闭幕。172个成员国和地区的运动员参加了25个项目的比赛，刷新了19项世界纪录。

中国体育代表团在15个比赛项目中夺得54枚奖牌，其中金牌16枚、银牌22枚、铜牌16枚，金牌数和奖牌数均居第4位。中国台北运动员获得银牌1枚。独联体队、美国队和德国队列前3名。

❖ 中国申办 2008 年奥运会成功

2001年7月13日，北京击败了加拿大多伦多、法国巴黎、土耳其伊斯坦布尔、日本大阪，最终获得了2008年奥运会举办权。所有候选城市向国际奥委会各作了45分钟的陈述报告后，最终结果在莫斯科的俄罗斯首都世界贸易中心公布。

这次选举中，国际奥委会的122名委员中有105名是通过电子装置投票的。北京在第一轮获得了44票，依次是多伦多20票，伊斯坦布尔17票，巴黎15票和大阪6票。大阪在第一轮即被淘汰，但由于北京并没有获得绝对多数，所以需要继续第二轮投票。在第二轮秘密投票中，北京赢得了56票，从而打败获22票的多伦多、18票的巴黎和9票的伊斯坦布尔。

北京市市长刘淇在向国际奥委会作陈述报告时这样说："我国95%的人都支持申奥，因为他们相信举办2008年奥运会能提高老百姓生活水平。""它有助于推动经济和社会事业的发展，也能进一步促进我国人权事业的发展。"

中国国家主席江泽民与其他国家领导人参加了北京世纪坛的狂欢活动，他们祝福北京并"号召全民为成功举办2008年奥运会而努力"。

萨马兰奇（左）正在向国际奥委会执委何振梁（右）表示祝贺。

"神舟" 5 号发射前，正在入舱时的杨利伟。

❖ "神舟" 5 号载人飞船发射成功

　　2003年10月15日9时，中国载人飞船"神舟"5号在甘肃酒泉发射成功，经过21小时23分、围绕地球飞行4圈、飞行了60万千米之后，于16日凌晨6时多，飞船安全降落在内蒙古预定主着陆区，返回舱在降落时顺利打开降落伞，6时38分，中国第一位航天员杨利伟凯旋归来。此次中国首次载人航天飞行圆满成功，使中国成为继美国、俄罗斯之后第三个依靠自己的力量成功将航天员送入太空的国家，显示出中国的航天科技已达到国际尖端水平，中国跃身成为世界第三航天大国。中国人数千年来的飞天梦想终于得以实现，中国的国际声望大为提高。

　　中国的载人航天工程包括航天员、飞船应用、载人飞船、运载火箭、航天发射场、航天测控通信和着陆场等七大系统：这项工程是迄今为止中国航天史上规模最大、系统最复杂、技术难度最高的国家重点工程。载人航天工程开展近11年来，迄今为止花费了180亿元人民币。

　　"神舟"5号返回舱着陆后，其轨道舱仍然留在太空中继续运作，通过将多个轨道舱衔接，就有可能建成太空站，开展太空科学实验和应用技术研究。

依靠科学、战胜非典

　　2003年春夏之际，一场来势凶猛的非典型肺炎侵袭中华大地。面对疫情的肆虐，答案只有一个：发扬科学精神，坚持科学决策，掌握疾病规律，攻克防治难关。要控制几乎所有人都没有免疫力的非典病毒，关键在于控制传染源，切断病毒传播途径，而要做到这一点，急需建立起透明的疫情通报机制。

　　在党中央、国务院的部署下，国家有关部门迅速启动了"非典型肺炎防治紧急科技行动"。与此同时，一场规模空前的科学普及活动也蓬勃展开，科学防疫知识通过各种渠道走进千家万户，科学力量增强了人民群众战胜疫病的信心，科学意识和科学方法提高了人民群众的自我保护能力。

　　在经过近两个月的"抗击非典攻坚战"后，迅速扭转了被动局面，全国的非典疫情峰值迅速下降，亿万人民的生命安全得到了保障。

　　2003年6月24日，世界卫生组织在日内瓦宣布，北京的非典型肺炎疫情明显缓和，同时将北京从非典疫区名单中排除。

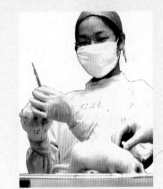

正在做实验的医务人员。

专题八：　社会生活的变化

养老保险制度

基本养老保险亦称国家基本养老保险，它是按国家统一政策规定强制实施的为保障广大离退休人员基本生活需要的一种养老保险制度。在我国，90年代之前，企业职工实行的是单一的养老保险制度。

1991年，《国务院关于企业职工养老保险制度改革的决定》中明确提出："随着经济的发展，逐步建立起基本养老保险与企业补充养老保险和职工个人储蓄性养老保险相结合的制度"。

国务院在决定中指出：要逐步建立基本养老保险与企业补充养老保险和职工个人储蓄性养老保险相结合的制度，改革企业职工养老保险制度。从此，我国逐步建立起多层次的养老保险体系。在这种多层次养老保险体系中，基本养老保险可称为第一层次，也是最高层次。

四川的老人在街头饮茶，享受着悠闲的生活。

广州市105位老人穿上自己设计制作的时装，登台表演。

❖ 改革开放以来人们生活方式的变化

改革开放以来，人民生活方式发生了巨大变化。一是从温饱型到小康型转化。过去，人们生活消费总量中，吃的花费占去绝大部分。到了80年代，占50%左右。二是从自然型向商品型转化。三是从物质型向文化型转化。电视机、收音机等大量进入家庭，人民开始订阅多种报刊。四是从标准型向多样型转化。拿衣服来说，过去是颜色统一、式样统一。现在，人们衣着争奇斗艳，连中、老年人的服装也开始在变化。五是从耐久型向更新型转化。中国大多数人会随着国家经济的高速发展，进一步增加收入。

到了90年代农民的生活水平也得到了进一步的提高，全国农村人均现金收入基本达到千元以上。在有的城市，旅游也成了农民中的时尚，农民的旅游内容和消费水平已与城镇居民无明显差别，城镇家庭半数以上步入小康。

到了2002年，城镇居民的收入保持了两位数的增长，农民的收入也有了相当的提高。

对于城镇中收入较高的阶层而言，汽车、住房、通信产品等新的"导航产品"进入了家庭。人们在汽车方面的消费将有所增加。在通信产品方面，移动电话用户突破2亿，我国的电信业也将加速升级换代。手机、电脑的使用已经很普遍。中国人们越来越体会到改革开放所带给自己生活的变化。

❖ 医疗保险制度的建立

　　建国以后，我国机关事业单位实行公费医疗制度，企业实行劳保医疗制度，基本上是国家和用人单位掏钱、据实报销、单位管理。随着社会主义市场经济体制的确立和国有企业改革的不断深化，这种制度越来越难以解决职工的基本医疗保障问题，其弊端逐步暴露出来。一方面，医疗费用增长过快，财政和用人单位不堪负担；另一方面，部分职工基本医疗没有保障。

　　党的十四届三中全会以来的许多重要会议和文件，都明确提出，要加快建立完善社会保障体系，重点推进养老、医疗、失业保险制度建设。1994 年，国务院在江西省九江市、江苏省镇江市进行医疗保险制度改革试点，1996 年扩大到 40 多个城市。在取得试点经验的基础上，国务院制定了医疗保险制度改革的实施方案。1998 年底，国务院下发了《关于建立城镇职工基本医疗保险制度的决定》，明确了城镇职工医疗保险制度改革的目标、原则和主要政策。国务院又两次召开全国城镇职工基本医疗保险制度和医药卫生体制改革工作会议，要求"三改并举"，同步推进医疗保险、医疗机构和药品流通体制改革。

　　医疗保险制度改革是对原公费、劳保医疗制度的根本性变革。改革的任务是在全国范围内建立与社会主义初级阶段生产力水平相适应的，符合社会主义市场经济体制要求，充分考虑财政、企业和个人承受能力，切实保障职工基本医疗保险的制度。

　　这幅名为《哺》的漫画，表现出了公费医疗的弊端，说明改革医疗保险制度的重要性。

医疗卫生事业迅速发展

　　旧中国的卫生事业十分落后，广大人民健康根本没保障。全国人口平均寿命只有 35 岁。建国以来，政府加强医学科学研究，取得许多重要科研成果，医疗技术水平有了很大的提高。治疗大面积烧伤、断肢再植、针刺麻醉等技术，都已经达到世界先进水平。现在，我国人口平均寿命上升到目前的 70 岁。

　　到 1995 年年底，全国县及县以上卫生防治机构发展到 5895 个，比 1953 年增长了 25 倍，卫生防疫防治人员发展到 27 万多人。妇幼保健机构 3179 个，全国城乡已形成了比较健全的三级预防保健网。

　　为保证儿童的健康成长，中国在 1988 年、1990 年、1995 年分别实现了以乡为单位儿童计划免疫接种率达到 85% 的目标。曾严重危害儿童健康的麻疹、脊髓灰质炎、白喉、百日咳 4 种传染病得到有效控制，挽救了 2000 多万儿童的生命。

　　建国以后江苏省太仓的义务人员在调查农村血吸虫病害的情况。

简明中国史大事记（4）（1945年—2003年）

1945 年 10 月	——————————————————	重庆谈判《双十协定》签订
1945 年 10 月	——————————————————	中国共产党同国民党签订《停战协定》
1946 年初	——————————————————	政治协商会议在重庆开幕
1946 年 6 月	——————————————————	国民党反动派发动全面内战
1947 年 6 月	——————————————————	人民解放军开始全国规模的反攻
1948 年 9 月	——————————————————	人民解放军发起辽沈战役
1948 年 11 月	——————————————————	人民解放军发起淮海战役
1949 年 4 月 23 日	——————————————————	人民解放军解放南京，国民党反动统治灭亡
1949 年 9 月	——————————————————	中国人民政治协商会议第一届全体会议开幕
1949 年 10 月 1 日	——————————————————	开国大典
1950 年 6 月	——————————————————	中央人民政府公布《中华人民共和国土地改革法》
1950 年 6 月	——————————————————	朝鲜战争爆发
1950 年 10 月	——————————————————	中国人民志愿军赴朝作战
1951 年 5 月	——————————————————	中央人民政府同西藏地方政府达成关于和平解放
1951 年 5 月	——————————————————	西藏的办法
1951 年 10 月	——————————————————	人民解放军进驻拉萨、西藏和平解放
1952 年冬	——————————————————	土地改革运动基本结束
1953 年 1 月	——————————————————	制定经济建设的第一个五年计划
1953 年 7 月	——————————————————	《朝鲜停战协定》签订
1954 年 9 月	——————————————————	《中华人民共和国宪法》诞生
1955 年 4 月	——————————————————	万隆会议召开
1956 年 2 月	——————————————————	毛泽东对科学和文艺工作提出"百花齐放，百家争鸣"
1956 年 9 月	——————————————————	中国共产党第八次全国代表大会召开
1956 年底	——————————————————	我国对生产资料私有制的社会主义改造基本完成
1957 年 4 月	——————————————————	中国共产党开展整风运动
1958 年 5 月	——————————————————	中共八大二次会议召开
1958 年—1960 年	——————————————————	全国开展大跃进和人民公社化运动
1960 年 8 月	——————————————————	中共中央提出"调整、巩固、充实、提高"八字方针
1962 年 1 月	——————————————————	"七千人大会"
1964 年 10 月	——————————————————	我国第一颗原子弹爆炸成功
1966 年 5 月	——————————————————	"文化大革命"开始

1966 年 8 月	中共八届十一中全会
1967 年 6 月	我国第一颗氢弹爆炸成功
1970 年 4 月	我国成功发射第一颗人造地球卫星
1971 年 9 月	林彪反革命集团被粉碎
1971 年 10 月	联合国恢复我国的合法席位
1972 年 2 月	尼克松访华
1972 年 9 月	日本首相田中角荣访华
1976 年 9 月	毛泽东逝世
1976 年 10 月	江青反革命集团粉碎，"文化大革命"结束
1977 年 12 月	我国恢复高等学校入学考试制度
1978 年 12 月	中国共产党第十一届三中全会召开
1979 年 1 月 1 日	中美两国正式建交
1979 年 7 月	我国通过《刑法》《刑事诉讼法》等一批法律
1987 年 10 月 25 日—11 月 1 日	中国共产党第十三次全国代表大会召开
1989 年 5 月 15 日—18 日	戈尔巴乔夫访华
1991 年 7 月	中国军民抗洪抢险
1992 年 1 月 19 日—29 日	邓小平南巡讲话
1997 年 2 月 19 日	邓小平逝世
1997 年 9 月 12 日—19 日	中共十五大召开
1997 年 7 月 1 日	香港回归
1999 年 12 月 20 日	澳门回归
2000 年 11 月 15 日	中国加入 WTO
2001 年 7 月 13 日	中国申办 2008 年奥运会成功
2002 年 11 月 8 日—14 日	中共十六大召开
2003 年 3 月 5 日—18 日	十届人大召开
2003 年 10 月 15 日	"神舟" 5 号发射成功

CONCISE HISTORY OF

简明中国史   简明中国史   简明中国史   简明中国史   简明中国史   简明中国史